Peter Meyer Reiseführer **LA GOMERA**

Wer wie Rolf Goetz die Kanaren zur zweiten Heimat erwählt hat und dort jährlich mehrere Monate verbringt, für den paart sich die Neugier für das Fremde mit der Kenntnis des Vertrauten. Und dazu kommt bei ihm die Routine des geübten Sachbuch-Rechercheurs, der weiß, worauf es ankommt: Praxisnähe, klare Gliederung, Lesefreude. Er verfaßte mehrere Titel über Naturkost und gesunde Ernährung; und als *Peter Meyer Reiseführer* erschien sein hochgelobter praktischer Reisebegleiter zu den westafrikanischen Ländern Senegal und Gambia sowie fundierte Führer zur

Kanaren-Insel Lanzarote, der Feurigen, Fuerteventura, der Sandigen, und Gomeras grüner Nachbarinsel La Palma.

In jeder guten Buchhandlung erhältlich

ROLF GOETZ

LA GOMERA

Baden und Wandern auf der
wildesten Kanaren-Insel

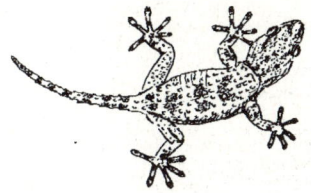

PETER MEYER REISEFÜHRER
3. aktualisierte und überarbeitete Auflage
Frankfurt am Main 1998

IMPRESSUM

© 1995, 1997, 1998 Peter Meyer Reiseführer
Schopenhauerstraße 11, 60316 Frankfurt am Main
Umschlag- und Reihenkonzept, insbesondere die Kombination
von Griffmarken und Schlagwort-System auf dem Umschlag,
sowie Text, Karten, Tabellen und Illustrationen sind urheber-
rechtlich geschützt.
Druck und Bindung: Tiskarna DAN, Ljubljana
Umschlaggestaltung: Fuhr & Partner, Frankfurt am Main
Karten: Elsner & Schichor, Peter Meyer
Zeichnungen: Silke Schmidt, Lisa Noth
Fotos: siehe Fotonachweis siehe Seite 313
Bildbearbeitung: Annette Sievers
Lektorat & Gestaltung: Annette Sievers

VERTRIEB FÜR DEN BUCHHANDEL

PROLIT GMBH, Postfach 9, D-35463 Fernwald-Annerod
AVA/buch 2000, Postfach 89, CH-8910 Affoltern a.A.
FREYTAG & BERNDT, Postfach 169, A-1071 Wien
NILSSON & LAMM, Postbus 195, NL-1380 AD Weesp
auf La Gomera siehe Seite 313
andere Länder über den Verlag

ISBN 3-922 057-46-2

PETER MEYER REISEFÜHRER
sind nach ökologischen Grundsätzen hergestellte Reisebegleiter, gedruckt auf
umweltfreundlichem, chlorfrei gebleichtem Recyclingpapier und ohne Farbfotos:
Für umweltbewußten Urlaub von Anfang an.

INHALT

Zur Einstimmung *9*

E in Ferienziel ohne Flugplatz, dazu noch auf den Kanaren! Ja, so was gibt es schon. La Gomera kann man sich bislang nur über das Meer nähern, mit einer beschaulichen anderthalbstündigen Fährfahrt von der Nachbarinsel Teneriffa aus, oder, wer es schneller will, mit einem

La Gomera, die etwas andere Ferieninsel

rumpelnden Tragflächenboot gar in 35 Minuten. Doch wie lange es noch so weitergehen soll, mag niemand voraussagen. Steht das Thema Flughafen doch schon seit Jahren zur Debatte, die sich allerdings mehr und mehr zu einem absurden Theater zu entwickeln droht. Ein Flughafen, den – abgesehen von den wenigen Einheimischen, die sich benachteiligt fühlen, weil La Gomera die einzige Kanareninsel ohne Flughafen ist – im Grunde niemand so richtig will. Vieles könnte sich durch die Fluganbindung verändern, und, wie Ökologen und Umweltschützer meinen, nicht unbedingt zum Guten. Mit Recht fürchten sie die Zerstörung der paradiesischen Inselruhe, wenn zu den immer zahlreicher werdenden Tagesausflüglern auch noch die Touristen vom Himmel fallen werden. Allen ökologischen und wirtschaftlichen Bedenken zum Trotz wird seit 1991 an einer Landebahn herumgebastelt. Nur gut, daß die Uhren auf La Gomera anders gehen. Wann es endlich so weit ist mit der Eröffnung? *Mañana*, sagen die

Zur Einstimmung

Einheimischen, und das kann noch dauern.

Von allen Kanarischen Inseln ist La Gomera das wildeste und unzugänglichste Eiland. Das kreisrunde Gebilde mißt gerade mal 25 km im Durchmesser, doch besser überschaubar ist es dadurch nicht. Vom zentralen Hochland mit dem 1487 m hohen *Garajonay* winden sich etwa 50 Schluchten zum Meer hinunter. Im fruchtbaren Schwemmland an den Ausgängen der tiefeingekerbten Barrancos liegen oasenartige Täler mit majestätischen Palmenhainen. In die Landschaft modellierte Terrassenkulturen zeugen vom Fleiß der einheimischen Bauern.

Wer von einer Schlucht zur anderen will, muß ein ständiges Auf und Ab in Kauf nehmen, in zahllosen Serpentinen aufwärts zum Kamm und auf der anderen Seite wieder runter. Ob zu Fuß, per Rad oder motorisiert, alles ist gleichermaßen gefordert. Direkte Verbindungswege gibt es nicht. Für die Gomeros ist dieser Umstand sicherlich beschwerlich, für die Besucher dagegen abenteuerlich, sind doch viele Plätze nur zu erwandern. Kein Wunder, daß neben den Alternativtouristen immer mehr Naturfreunde La Gomera als Wanderinsel schätzen und lieben lernen. Das Eiland steht trotz so mancher durch den Straßenbau zugefügter Narben immer noch für unberührte, grandiose Landschaften mit verschiedenen Klimazonen auf engstem Raum. Die ausgedehnten Waldbestände mit moosüberwachsenen Lorbeerbäumen, Erikawäldern und Riesenfarnen sind mittlerweile als Nationalpark vor weiteren menschlichen Eingriffen geschützt.

Auf Strand fixierte Urlauber werden auf La Gomera allerdings nicht problemlos klarkommen. Weite Sandstrände à la Fuerteventura oder Lanzarote sucht man auf der großenteils von Steilküste begrenzten Insel vergebens. Das mag durchaus sein Gutes haben: Trotz umtriebiger Touristikplaner blieb die Insel bislang von Bettenburgen, Vergnügungsmeilen und Shoppingzentren verschont. Es lohnte bislang schlichtweg nicht, die wenigen winzigen Badebuchten sind kaum der Rede wert. Hoffen wir, daß es noch lange so bleibt!

ROLF GOETZ
Winter 1997/98

P.S. Wenn Ihnen dieser *Peter Meyer Reiseführer* gefallen hat, dann empfehlen Sie ihn doch Ihren Freunden und Bekannten weiter oder schreiben Ihre Meinung an den Verlag!

Peter Meyer Reiseführer
– LaGo 1998 –
Schopenhauerstraße 11
60316 Frankfurt am Main

GESTERN & HEUTE

AUF DEN SPUREN DER UR-GOMEROS

*Die Frühgeschichte der Kanarischen Inseln ist nicht viel mehr als eine lose
Sammlung von Hypothesen und Vermutungen, die mit einer gehörigen
Portion von Mythen und Legenden gewürzt ist. Über die Entdeckung des
sagenumwobenen Archipels, dessen Besiedlung und die Kultur der
Ureinwohner sind nur wenig historisch belegte Daten bekannt. Um so mehr
wird die Geschichte zur spannenden Unterhaltung.*

Antike Dichter und Denker ließen ihrer Phantasie freien Lauf, als es darum ging, jene ferne Inselgruppe am Rande der Welt, irgendwo im »Westmeer« (dort, wo die Sonne untergeht), zu charakterisieren. Da ist von den »Inseln der Glückseligen« die Rede, wo das Paradies zum Greifen nahe war, mit fruchtbaren Ländereien und einem immerwarmen milden Klima – ein Paradies, in dem die Menschen ein ruhiges und glückliches Leben führten. So besingt und preist in der im achten vorchristlichen Jahrhundert entstandenen »Odyssee« *Homer* mit überschwenglichen Worten jene Inselgruppe, auf der es keinen Winter gibt und ein sanfter Wind eine erfrischende Kühle bringt. Sollte Homer bereits von den wetterbestimmenden Passatwinden gewußt haben?

Zu jener Zeit wurde die Erde als flache Scheibe angesehen. Geographisch beschränkte sich das antike Weltbild nach Westen hin auf das Gebiet entlang der Mittelmeerküste bis zur Meerenge von Gibraltar, die im Altertum als die »Säulen des Herakles« bekannt war. Die Säulen des Herakles galten als das Ende der Welt. Westlich davon breitete sich das Inselreich der Toten, die »Elysischen Gefilde«, die »Gärten der Hesperiden«

oder Hesiods »Inseln der Seligen« aus, wohin die Lieblinge der Götter versetzt wurden, ohne den Tod zu erleiden.

Auch die Römer machten sich ihre Gedanken über das von Homer besungene Inselreich. In *Ovids* (43 vor – 17 nach Chr.) »Metamorphosen«, einem mythologischen Epos von beeindruckender Sprachgewalt, wird erstmals der für die Kanaren schon zum Klischee gewordene »Ewige Frühling« erwähnt, ein mildes Klima mit Früchten und Nahrung im Überfluß und paradiesischen Lebensverhältnissen. Weder Homer noch Ovid kannten die Inseln der Glückseligen aus eigener Anschauung, was jedoch keinen daran hinderte, sie als das Nonplusultra anzupreisen.

Eines der wenigen Völker, die in vorchristlicher Zeit nachweislich das Meer westlich der Straße von Gibraltar erkundeten, waren die *Phönizier*. Von ihrem Stützpunkt *Gadir*, dem heutigen Cádiz im Süden der Iberischen Halbinsel, unternahmen die als tüchtig bekannten Seefahrer bereits in der Zeit zwischen 1100 und 800 v. Chr. Entdeckungsfahrten entlang der nordwestafrikanischen Küste. Obwohl keine eindeutigen Zeugnisse für eine Landung vorliegen, kann man davon ausgehen, daß die Phönizier vielleicht sogar schon die kleine Insel El Hierro kannten und von dort, mindestens aber von den östlichen Inseln Lanzarote und Fuerteventura, die begehrte *Orchilla-Flechte* mitgebracht haben, eine bis ins Mittelalter hinein überaus geschätzte Färberpflanze, aus der sich ein purpurroter Farbstoff für Wolle und Seide gewinnen ließ. Seither werden die Kanaren oftmals mit dem Namen *Purpurinseln* bezeichnet.

Um die Zeitenwende erwähnt der römische Historiker *Plinius der Ältere* (23 – 79 n. Chr.) eine Expedition des mauretanischen Königs *Juba II.* (gest. 23 n. Chr.). Ob die Mauretanier die Inseln erreichten, ist ebenfalls nicht gesichert. Nach der Überlieferung sollen König Jubas Gesandte an der Küste riesengroße Hunde (lat. canis) gesichtet haben. Zumindest war mit den *Hundeinseln* wieder ein neuer Name geboren, von dem sich auch der Inselname Gran Canaria ableiten soll. Wahrscheinlicher jedoch ist, daß diese Insel ihren Namen zu späterer Zeit dem Kanarienvogel verdankt.

Die erstmals annähernd genaue Lagebeschreibung des kanarischen Archipels verdanken wir der Weltkarte des Geographen und Mathematikers *Claudius Ptolemäus* (85 – 160 n. Chr.) aus Alexandria. Ptolemäus legte den ersten Nullmeridian, der das westliche Ende der Welt bezeichnete, am Kap Orchilla auf El Hierro an. Ganz der antiken Überlieferung entsprechend, nannte er sie *insulae fortunatae* – »Inseln der Glückseligen«. Rätselhafter- und wunderbarerweise zeigte zu dieser Zeit jedoch niemand ernst-

haftes Interesse, den herrenlosen Archipel im Atlantik zu erkunden, so daß die Inseln bis zum Mittelalter vergessen blieben.

Versunkenes Atlantis oder eingewanderte Berber?

Glaubt man den alten Überlieferungen, wonach alle möglichen Völker Kontakte zu den Kanaren gehabt haben sollen, ist es um so verwunderlicher, daß bei der Wiederentdeckung im 13. Jahrhundert durch die europäischen Mächte keinerlei Spuren fremder Völker zu finden waren. Noch kurze Zeit vor der Entdeckung Amerikas fanden genuesische, mallorquinische, portugiesische und spanische Seefahrer eine Bevölkerung vor, die in ihrem Aussehen verblüffend europäische Züge aufwies. Weitaus aufsehenerregender war jedoch das Phänomen, daß die Europäer quasi vor ihrer eigenen Haustür mit einer steinzeitlichen Kultur konfrontiert wurden, die anscheinend über Jahrtausende hinweg von den Errungenschaften moderner Zivilisation unberührt geblieben war. Wie und wann kamen diese Menschen auf die Inseln, und warum konnte sich dort eine »primitive« steinzeitliche Kultur bis weit in die Neuzeit erhalten? – Fragen, die auch heute noch zum Teil ungeklärt sind und vieles im Dunkeln lassen.

Auf die Frage nach dem Woher bietet die Fachwelt ganz unterschiedliche, vielfach spekulative Erklärungsmodelle an. Wissenschaftlich nicht mehr haltbar ist heute die *Atlantis-These*, wonach die Kanarischen Inseln zu den Resten des sagenumwobenen, im Meer versunkenen Atlantis gehört haben sollen (siehe Seite 42).

Eigentlich müßte man annehmen, daß der Archipel vom nordwestafrikanischen Festland aus besiedelt wurde, liegen doch das Kap Juby in der Westsahara und die Ostinsel Fuerteventura nur 100 km auseinander. An klaren Tagen kann man gar den jeweiligen Küstensaum ausmachen. Warum ganze Völkerschaften aus Nordafrika auf den Kanaren ein neues Zuhause gesucht haben könnten, mag verschiedene Gründe gehabt haben. Einmal wird dafür die fortschreitende Verwüstung der Sahara verantwortlich gemacht, die zunehmend den Lebensraum der nomadisierenden Berberstämme einengte. Zum anderen könnte auch die römische Besetzung des Maghreb ein Grund für den unfreiwilligen Exodus gewesen sein.

Dem Naheliegenden zum Trotz stößt diese *Berbertheorie* nicht auf ungeteilte Zustimmung. Dagegen sprechen vor allem nautische Probleme. Strömungsverhältnisse und Passatwinde machen die Überquerung der Meeresstraße zwischen Marokko und Fuerteventura oder Lanzarote mit einfachen Schiffen ohne gute Navigationstechniken, die es damals noch nicht gab, und den Gebrauch von Rudern zu einem äußerst schwierigen Unterfangen. Einen Beweis dafür lieferte in jüngster Zeit *Thor Heyerdal* mit seinen berühmt gewordenen Expeditionen. Heyerdal startete 1970 mit einem Schilfbündelfloß von der Küste Marokkos – und trieb schlichtweg an den Kanaren vorbei! Der österreichische Kanarenforscher

Hans Biedermann folgert daraus, daß angesichts der Strömungsverhältnisse jede Seefahrt zu den Kanaren nur dann gute Aussichten auf Erfolg hat, wenn sie möglichst weit im Norden beginnt, am besten auf der Iberischen Halbinsel. Wenn auch geographisch viel weiter von den Kanaren entfernt, ist es nicht unwahrscheinlich, daß die Besiedlung vom heutigen Cádiz oder von der portugiesischen Algarveküste aus ihren Anfang nahm, von wo aus der Nordostpassat einfache Schiffe genau zu dem Archipel treiben kann. Unterstützend für diese These kommt hinzu, daß im Mündungsdelta des *Tejo* (beim heutigen Lissabon) eine prähistorische Kultur siedelte, welche die Voraussetzungen für die lange Überfahrt durchaus hätte erfüllen können. Und auch Christoph Kolumbus startete nicht von ungefähr seine Expeditionen in die weite Welt von Cádiz aus. Er kannte sich offensichtlich aus mit den Passatwinden – auf allen seinen Reisen legte er jeweils einen Zwischenstop auf den Kanaren ein.

Die Kultur der Altkanarier

Die geographische Isolation des Archipels schuf eine Kultur, die selbst im ausgehenden Mittelalter noch der Steinzeit verhaftet war. Die Altkanarier, vielfach auch *Guanchen* genannt, waren ein Volk, das weder Metall noch das Rad kannte und als Werkzeuge Obsidian-Messer und Trachyt-Beile benutzte. Die Insulaner lebten in Höhlenwohnungen, kleideten sich in Felle und kämpften mit Keulen und Steinen. Vielfach wurde behauptet, daß die Guanchen die Schiffahrt nicht gekannt hätten, doch der Chronist Leonardo Torriani berichtet, daß sie mit einfachen Booten, aus den ausgehöhlten Stämmen des Drachenbaumes hergestellt, die Küsten entlang- und sogar bis zu den in Sichtweite gelegenen Nachbarinseln gefahren seien.

Die Eroberung der Inselgruppe durch die Spanier im 15. Jahrhundert löschte die Spuren der Altkanarier weitgehend aus. Mangels mündlicher oder schriftlicher Überlieferungen durch die Altkanarier selbst ist das Wissen über die Ureinwohner des Archipels begrenzt. Als die beiden wichtigsten historischen Quellen über die Kultur der steinzeitlichen Menschen sind die Texte des italienischen Ingenieurs und Festungsbaumeisters *Leonardo Torriani* (1560 – 1628) sowie des auf Teneriffa gebürtigen Gelehrten und Geistlichen *José Viera y Clavijo* (1731 – 1813) anzusehen. Torriani hielt sich zwischen 1582 und 1597 auf den Kanaren auf, etwa 100 Jahre nach der Eroberung der letzten Insel. Zu jener Zeit gab es zwar keine Augenzeugen der Eroberung mehr, doch trotz der rasch voranschreitenden Assimilation der Altkanarier in die spanische Kultur muß die Erinnerung hinsichtlich Sprache und Sitten noch ziemlich lebendig gewesen sein. Viera y Clavijos 1773 in Madrid erschienene »Noticias de la Historia general de las Islas Canaria« gelten als eine der fundiertesten schriftlichen Hinterlassenschaften über den Archipel.

Als weitere Quelle zu nennen sind die Aufzeichnungen des schottischen Kaufmanns *George Glas* (gest. 1765). Der Händler stieß 1761 auf Teneriffa

Altkanarisches Tongefäß (auf La Palma gefunden)

auf ein bis dato verschollenes handschriftliches Manuskript, verfaßt 1632 von dem Franziskanermönch *Juan Abreu de Galindo,* das präzise die damaligen Lebensverhältnisse auf den Inseln widerspiegelt. Einige Jahre nach Glas bereiste der junge französische Baron *Georges Marie Bory de Saint Vincent* (1780 – 1846) den Archipel. In seinem 1803 in Paris veröffentlichten, in lebendigem Stil verfaßten Buch liefert Bory zahlreiche geographische, historische, botanische und sprachwissenschaftliche Details und wußte von so »mancherlei Merkwürdigkeiten« zu berichten.

Neben den wenigen Chronisten trug in neuerer Zeit die ethnographische und anthropologische Forschung dazu bei, uns die steinzeitliche Kultur der Altkanarier etwas verständlicher zu machen. Heute hat sich mehr und mehr die Theorie durchgesetzt, daß die Altkanarier von Afrika aus auf die Inseln übergesetzt sind. Sprachvergleiche lassen eine Verwandtschaft mit der Berbersprache erkennen, wenn auch das nur bruchstückhaft erhaltene Altkanarische keine erschöpfende Analyse ermöglicht. Schädelfunde weisen ebenfalls Ähnlichkeiten mit nordafrikanischen Berberstämmen auf. Andere Skelettfunde lassen auf kräftige, athletisch gebaute und für die damalige Zeit hochgewachsene Menschen schließen. Mit etwa 1,70 m waren die Insulaner im Schnitt zehn Zentimeter größer als die spanischen Konquistadoren. Daß die Ureinwohner, wie vielfach angenommen, blond und blauäugig gewesen sein sollen, läßt sich nicht belegen.

Die Besiedlung des Archipels muß vor mindestens zweieinhalbtausend Jahren stattgefunden haben. In Icod auf Teneriffa wurden Feuerstellen entdeckt, die mit Hilfe der *Radiocarbonmethode* auf die Zeit um 820 v. Chr. datiert werden. Auf La Gomera gehen die frühesten belegten Siedlungsspuren auf das 5. Jahrhundert n. Chr. zurück, die ersten Einwanderer mögen jedoch bereits weitaus früher gekommen sein. Es wird angenommen, daß die Besiedlung der Inseln in mehreren Schüben verlief, bis schließlich auf bislang unerklärliche Weise alle Verbindungen zum Festland abrissen und bereits weit vor der Zeitenwende eine kulturelle Isolation entstand.

Wohnen

Ganz den steinzeitlichen Gepflogenheiten entsprechend, lebten die Altkanarier überwiegend in Höhlen und einfachen Steinhäusern. La Gomera und die anderen Inseln verfügen über zahlreiche durch vulkanische Gasblasen entstandene Aushöhlungen und natürliche Überhänge. Durch einfache Bearbeitung des weichen Tuffgesteins wurden die Höhlenwände zu Wohnungen umgestaltet und manch-

mal mit Steinbänken ausgestattet. Außer Wohnhöhlen gab es überdachte Wohngruben und Trockensteinbauten. Wenngleich Ton zur Keramikherstellung bekannt war, kamen Lehmbauten, wie in den nordafrikanischen Berberkulturen üblich, nicht vor.

Ziegenfelle als Kleidung

Die Altkanarier kannten weder Leinen noch Baumwolle. Die Kleidung bestand vornehmlich aus gegerbten und genähten Ziegenfellen und einer Art wollenem Fellmantel. Auch Schuhe wurden aus Fellen hergestellt. Da das Weben unbekannt war, konnte die Schafwolle nur einfachst verarbeitet werden. Über die Kopfbedeckung berichtet der Chronist Leonardo Torriani: »*An Stelle eines Hutes trugen sie ein doppeltes Zickleinfell, (...) oben, wo der Hals ist, zusammengebunden und die Felle der Beine herunterbaumelnd*« – für malerisches Outfit war gesorgt!

Als Schmuck dienten Muscheln, Knochen und aus Ton geformte, auf Lederschnüren aufgezogene Terrakottaperlen.

Archaisches Steinwerkzeug und schlichte Keramik

Die kunst- und kulturhistorische Hinterlassenschaft der Altkanarier ist nicht gerade üppig. Viele Gebrauchsgegenstände des täglichen Bedarfs und Zeugnisse dekorativer Kunst (zum Beispiel Schmuck) wurden aus vergänglichen Materialien wie Holz oder Leder geschaffen. Die gefundenen Werkzeuge und Tongefäße sind schlicht und einfach. Beide weisen in

Form und Gestalt typische Merkmale der neolithischen Kultur auf. Mangels Metallen griff man auf den nächstbesten Ersatzrohstoff – den Stein – zurück. Die Werkzeuge sind selbst für steinzeitliche Maßstäbe ausgesprochen wenig entwickelt. Benutzt wurde kaum bearbeiteter Basaltstein. Geschliffene, steinerne Handäxte dienten als Universalwerkzeug. Obsidian, ein schwarzes gesteinsartiges Glas mit scharfen Bruchkanten, war nur vereinzelt in Gebrauch. Aus Knochen und Hörnern stellte man Speerspitzen und Nähwerkzeug her. Hölzerne Schöpfkellen dienten als Küchengerät.

Tonsieb mit Hohlgriffen

Die Töpferscheibe war den Altkanariern nicht bekannt. Die nach unten konisch geformten Keramikgefäße waren mit Hohlgriffen ausgestattet, die gleichzeitig als Ausgußtülle dienten. Als Zierde wurden einfache ornamentale Kerbmuster eingeritzt. Während sich auf Gran Canaria ein gewisser Formenreichtum herausbilden konnte, beschränkte sich auf La Gomera die Töpferware auf einige wenige Grundformen. Anstelle der auf La Palma pechschwarz gefärbten Keramik dominierten auf La Gomera braunrote Farbtöne.

Auf Gran Canaria wurde eine Art aus Ton angefertigter Prägestempel (*pintaduras*) gefunden, die vermutlich als persönliche Besitzmarken dienten.

Was damit bestempelt wurde, weiß man allerdings bis heute nicht.

Waffen und Kampftechniken

Neuere Forschungen belegen, daß die Altkanarier keineswegs, wie oftmals behauptet, ein friedliches Hirtenvolk waren. Kampf und Stammesfehden waren an der Tagesordnung. Meinungsverschiedenheiten wurden auf speziellen Plätzen ausgetragen. Diese waren von einer Steinmauer umschlossen und mit erhöhten Innenräumen versehen, so daß die Zweikämpfe für alle Zuschauer gut sichtbar waren. Der kanarische *Ringkampf* ist eine heute als Sport gepflegte Tradition geblieben (Seite 80). Als Waffen dienten hölzerne Streitkolben und Wurflanzen mit in Feuer gehärteten Spitzen, oder mit einem Ziegenhorn versehen. Im Nahkampf wurden scharfe Steinklingen verwendet; Pfeil und Bogen waren unbekannt.

Eine meisterhaft beherrschte Kampftechnik war der Steinwurf. Von der zielsicheren Wurfkraft der Guanchen wußten die Konquistadoren Erstaunliches zu berichten. Trotz steinzeitlicher Waffen konnten die Altkanarier den gepanzerten Eroberern fast 100 Jahre erfolgreich Widerstand leisten! Die unterlegene Waffentechnik wurde durch Kraft, Geschicklichkeit und Mut ausgeglichen.

Soziale Ordnung

Zur Zeit der spanischen Eroberung sollen auf La Gomera etwa 2000 Menschen gelebt haben, die sich in die vier Stämme *Ipala, Mulagua, Orone* und *Agana* aufteilten. Jeder Stamm wurde von einem König regiert. Zumindest für die Hauptinseln Gran Canaria und Teneriffa kann in Bezug auf die gesellschaftliche Ordnung der Altkanarier von einer Ständeordnung ausgegangen werden. Sie unterteilte sich in den Hochadel mit dem König *(Mencey)* und dessen Familie, den nie-

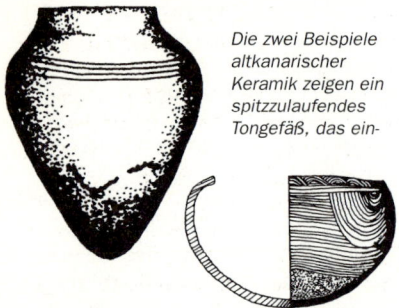

Die zwei Beispiele altkanarischer Keramik zeigen ein spitzzulaufendes Tongefäß, das ein-

fach mit der Spitze in den Sand gesteckt wurde, sowie den Schnitt durch eine Tonschale parallel zur Außenansicht

deren Adel und die Gemeinen, die den überwiegenden Teil der Bevölkerung ausmachten. Der Stand des Adels war nicht erblich bedingt, sondern konnte vielmehr durch persönliche Tugenden und heldenhafte Taten erreicht werden. Von den Privilegien des Adels ist beispielsweise überliefert, daß dessen Angehörigen das Haar lang tragen durften, während die Gemeinen kurzgeschoren durch das Leben zu gehen hatten. Als die niedrigste Sprosse der sozialen Stufenleiter galten die Tierschlächter. So wurden während der Kämpfe gegen die Konquistadoren gemachte spanische Gefangene zum Zeichen ihrer Degra-

dierung als Schlächter beschäftigt. Auf den kleineren Inseln La Gomera und El Hierro dürften die Standesunterschiede weniger ausgeprägt gewesen sein.

Frauen waren in der altkanarischen Gesellschaft den Männern weitgehend gleichgestellt. Sie waren Kämpferinnen, Priesterinnen, Heilkundige, Töpferinnen oder auch Richterinnen und als solche in der Rangordnung sehr hoch angesiedelt. Einige Hinweise sprechen dafür, daß die Sozialstruktur auf La Gomera von matriarchalischen Elementen durchdrungen war. Die Erbfolge war nach mütterlicher Linie geregelt. Dem Mann gehörte zwar der Familienbesitz, beerbt wurde er jedoch nicht von seinen Kindern, sondern von denen seiner Schwester. Dennoch war es auf La Gomera, Lanzarote und möglicherweise auch auf Gran Canaria Sitte, dem Gast die Ehefrau anzubieten.

Glaube und Kult
Anders als in archaischen Gesellschaften weit verbreitet, hielten sich die Altkanarier nicht ein ganzes Pantheon von Göttern, sondern verehrten eine einzige Gottheit, die auf jeder Insel einen anderen Namen trug. Auf Gran Canaria wurde *Acorán* gehuldigt, auf La Palma *Abora* und auf La Gomera *Orahan*. Dem dualistischen Prinzip entsprechend, hatte die gute Kraft einen bösen Gegenspieler.

Mit Ritualen und Opferkulten wurde versucht, die gute Gottheit bei Stimmung zu halten. So soll während lang anhaltender Trockenperioden ein Regenritual abgehalten worden sein, bei dem man Junglämmer so lange von den Mutterschafen trennte, bis diese so jämmerlich blökten, daß sie das Mitleid der Gottheit erregten und Orahan schließlich den ersehnten Regen schickte.

Als einer der wichtigsten Kultplätze La Gomeras wird *Fortaleza de Chipude* angesehen. Der markante Tafelberg wurde im Altkanarischen *Argoday* genannt, was, wie auch im Spanischen, so viel wie »Festung« bedeutet. Während der spanischen Eroberung diente der Berg den Ureinwohnern als Rückzugsgebiet: Auf dem abgeplatteten Kegelstumpf fand man mehrere große und kleine Steinkreise mit gepflasterten Böden und kleinen Menhiren. Knochensplitterfunde weisen auf Opferaltäre hin.

Eine bedeutsame Rolle spielte der *Totenkult*. Auf allen Inseln bestattete man die Toten bevorzugt in Höhlen. Grabfunde im Norden La Gomeras zeigen, daß hier die Toten in Hock-Seiten-Lage bestattet wurden.

Auf den Westkanaren war es üblich, die Toten zu mumifizieren. Parallelen zum altägyptischen Totenkult liegen auf der Hand, obschon sich die angewendeten Techniken unterscheiden. So wurden auf den Kanaren dem Toten weder die Eingeweide noch das Gehirn entfernt. Auch wurde dieser nicht in so kunstvolle Bandagen gehüllt, wie dies am Nil üblich war. Unser französischer Chronist Bory de St. Vincent beschrieb den Vorgang der Einbalsamierung wie folgt: Zunächst wurde der Leichnam gründlich gewaschen. »Dies geschah mit frischem Wasser, worin man so viel Salz auflöste, als dasselbe zu fassen vermochte. Die leeren Teile wurden mit aromatischen Pflanzen ausgestopft, worauf man den Leichnam entweder der stärksten Sonnenhitze aussetzte, oder wenn die Sonne nicht heiß genug schien, denselben in stark geheizten Zimmern vollends austrocknete. Während der Ausstellung überzog man den Leichnam gewöhnlich mit einer gewissen Salbe, die aus Ziegenfett, wohlriechenden pulverisierten Pflanzen, Fichtenrinden, Harz, Lehm, Bimsstein und anderen absorbierenden Dingen bestand.«

Als konservierend wirkte auch das aus dem Drachenbaum gewonnene »Drachenblut«. Alle Körperöffnungen wurden mit Bienenwachs verschlossen. Der Tote wurde schließlich in gegerbte Ziegenhäute eingewickelt und in eigens reservierten Grabhöhlen aufrecht an der Wand stehend aufgebahrt. Die Mumifizierung war nur Angehörigen der Oberschicht vorbehalten. Für das einfache Volk wurde weitaus weniger Aufwand getrieben, sie wurden entweder verbrannt oder vergraben.

Die meisten der Grabstätten wurden im 17. und 18. Jahrhundert geplündert. Die Mumien wurden größtenteils pulverisiert und in europäischen Apotheken als Arznei verkauft, von der man sich ewige Lebenskraft erhoffte. Einige der Mumien sind im ethnologischen Museum in Santa Cruz de Tenerife ausgestellt.

Sprachliche Wurzeln

Das Altkanarische zählt heute zu den toten Sprachen. Nur wenige Überre-

Gofiomühle aus Stein

ste blieben erhalten, und viel zu spät begann man, die Sprache der Ureinwohner zu systematisieren. Man geht davon aus, daß auf allen Inseln die gleiche Sprache gesprochen wurde, wobei sich von Insel zu Insel lokale Dialekte herausbildeten, die voneinander teils so verschieden waren, daß zur Verständigung Dolmetscher gebraucht wurden.

Der überlieferte Wortschatz ist zu klein, um daraus fundierte Schlüsse über die Herkunft der Sprache abzuleiten. Vorspanische Ortsnamen wie *Chipude, Taguluche, Tamargada* oder *Benchijigua* deuten allenfalls auf berberische Wurzeln hin. Der Inselname *Gomera* soll auf das Berbervolk der *Ghomara*, das im marokkanischen Rif-Gebirge lebt, zurückgehen.

Rudimentäre Felskunst

Erst seit etwa 125 Jahren ist bekannt, daß die Altkanarier eine Art »schriftlichen Nachlaß« in Form von Felsbildern hinterließen. Die mit einem harten Stein in den Fels gravierten Zeichen werden als *Petroglyphen* (griech. petra = Fels; glyphein = einritzen) bezeichnet. Während praktisch auf allen anderen Kanaren Felsbilder oder Felsinschriften entdeckt wurden, sind eigenartigerweise auf La Gomera keine Fundstellen bekannt.

Die ersten Zeichen wurden 1867 an der *Cueva de Belmaco* auf La Palma entdeckt. Ähnliche Felsbildstellen sind *El Julan de Los Letreros* auf El Hierro oder die Felsbilder im *Barranco de la Cuatro Puertas* und der *Cueva Pintada* bei Galdar auf Gran Canaria. Zentrum der Petroglyphenkultur ist La Palma mit mehreren Dutzend über die ganze Insel verstreuten Fundorten.

Gängigste Grundmuster sind konzentrische Spiralen, Labyrinthe, mäandernde Schlangenlinien und Wellenkreise. Dazu kommen *Ideogramme* wie einfache Kreise, Linien und Ovale. Vornehmlich auf El Hierro wurden mehr zeichenartige Grundmuster gefunden, die als ein Vorstadium zur Schrift angesehen werden.

Die Zeichen vermitteln teils abstrahierte Vorstellungen und Begriffe, sie sind mehr Sinnschrift als Sprachschrift. Bislang gelang es nicht einmal ansatzweise, die Bilder zu entschlüsseln, die Wissenschaftler (und wir mit ihnen) dürfen weiter rätseln und deuten. Von Kulturhistorikern werden die ornamentalen Spiralbilder mit den Megalithkulturen in der Bretagne und Irland verglichen, wo auf Dolmen ähnliche Felsbilder gefunden wurden.

Dieses auf La Palma gefundene Felsbild ähnelt einer Figur in embryonaler Haltung

Auch Analogien zum Kulturraum der nordafrikanischen Berber werden gezogen.

Die Ära der Konquistadoren

Mit dem Untergang der Antike geriet – trotz der berühmten Weltkarte von Ptolemäus – das Wissen um die »Inseln der Glückseligen« zusehends in Vergessenheit. Das hereinbrechende Mittelalter war mehr mit sich selbst beschäftigt. Man hegte vorerst keinerlei Ambitionen, über die bekannte geographische Welt hinaus neue Territorien zu suchen. Vergessen von den europäischen Machtzentren, blieb der kanarische Archipel ein ganzes Jahrtausend unbehelligt.

Selbst der Islam, der sich im letzten Jahrtausend blitzartig über den gesamten nordwestafrikanischen Raum ausbreitete und mit den Mauren gar auf der Iberischen Halbinsel Fuß faßte, schaffte den Sprung zu den Kanaren nicht. Gab es flüchtige Kontakte, so hatten diese auf die Inselwelt keinen nachweislichen Einfluß.

Erst seit dem 12. Jahrhundert wurde die Inselgruppe wiederholt von Seefahrern und Glücksrittern heimgesucht. Um 1150 soll der arabische Geograph *Al Idrisi* die Kanaren besucht haben. Doch außer von langhaarigen Männern und schönen Frauen wußte der im Dienst des Königshofs von Palermo stehende Araber nicht viel zu berichten. Im Jahr 1292 kreuzten erstmals genuesische Seefahrer in den Gewässern des Archipels. Halbwegs gesicherte Kontakte können auf den Beginn des 14. Jahrhunderts datiert werden: 1312 durchsegelte der Kaufmann *Lancelotto Malocello* (auch Lancarote Molocelli und ein halbes Dutzend anderer Schreibweisen) die Meerenge von Gibraltar. Malocellos Reise zu den Kanaren schien eher Zufall als geplante Entdeckungsreise gewesen zu sein. Der Genuese soll sich mit seinem Handelsschiff auf dem Weg nach London befunden haben, wurde jedoch nach Süden abgetrieben und landete schließlich auf einer der Ostinseln des Archipels, die seither seinen Vornamen trägt. Dem vom Winde verwehten Kaufmann gefiel es anscheinend gut auf *Lanzarote*, er soll sich dort zwei Jahrzehnte aufgehalten haben.

Die Rückkehr Malocellos nach Europa und die erstmalige Eintragung Lanzarotes auf einer Seekarte weckte schlagartig das Interesse an weiteren »Entdeckungen«. Die wiedergefundenen Inseln der Glückseligen zogen alsbald Piraten und Sklavenjäger an. Getrieben von der Suche nach schnellem Reichtum drangen sie wiederholt in die Inselwelt ein, unternahmen Raubzüge und machten auf den freien, »herrenlosen« Inseln Jagd auf menschliche Beute.

Außer Genueser Karavellen kreuzten vor allem die Schiffe der Mallorquiner zwischen den Inseln. Sie errichteten missionarische Stützpunkte auf Gran Canaria und brachten 1342 erste christianisierte Kanarier als Beweis des geistigen Sieges auf die Balearen. Etwa zur gleichen Zeit erreichte eine Expedition des portugiesischen Königs *Alfons IV.* (1279 – 1357) mit zwei Karavellen und einem kleinen

Segler den Archipel. Mitgeführte Pferde, Waffen und Belagerungsmaschinen legen den Schluß nahe, daß es dabei weder um eine friedliche Handelsreise noch um bloße Sklavenjagd ging. Ausgenommen von kurzen Landgängen wurde jedoch nicht versucht, die Inseln zu erobern. Aufgeschreckt durch Sklavenjäger hatten sich die Bewohner bereits in die unzugänglichen Berge zurückgezogen. Dennoch gelang es, vier Ureinwohner gefangen zu nehmen und nebst Ziegenfellen, Talg und Färberholz nach Lissabon zu bringen. Die Portugiesen lieferten nach dieser Expedition eine erste brauchbare Schilderung über Beschaffenheit und Größe des Archipels, was auf der Iberischen Halbinsel endgültig ernsthafte Eroberungsgedanken aufkommen ließ. Auch die Kirche meldete nun Ansprüche an: Papst *Clemens VI.* beanspruchte, das geistige Oberhaupt der Altkanarier zu sein, obwohl bis zum Ende seiner Papstzeit im Jahre 1352 noch keine einzige Insel der Kanaren erobert war.

Spätestens ab der Mitte des 14. Jahrhunderts verbreitete sich die Kunde von der Wiederentdeckung der »verlorenen« Inseln in Europa in Windeseile. Zwischen den Höfen der Könige von Portugal und Kastilien entwickelte sich ein fast zwei Jahrhunderte anhaltendes Gerangel um die Oberhoheit über die Inseln. Die Fremdherrschaft der Mauren war noch nicht ganz abgeschüttelt, da erwachten bei den Kastiliern schon eigene Expansionsgelüste und Christianisierungsgedanken.

Die Landnahme La Gomeras

Die eigentliche *Conquista* (Eroberung) beginnt Anfang des 15. Jahrhunderts mit *Jean de Béthencourt* (1359 – 1425), einem französischen Landadligen aus der Normandie. Bis dato kreuzten mehr oder weniger verwegene Abenteurer und Piraten zwischen den Inseln, ohne nennenswerte Ambitionen, diese zu erobern. Die militärische Expediton von Béthencourt wird professionell vorbereitet. Im Auftrag des Königs von Kastilien, *Heinrich III.,* geht Béthencourt mit 63 Gefolgsleuten im Juli 1402 vor Lanzarote vor Anker. Die Ostinsel kann ohne besonderen Widerstand im Handstreich genommen werden. Eine schnell errichtete Befestigungsanlage dient als Sprungbrett, um die Fühler zu den Nachbarinseln auszustrecken, Fuerteventura ist bald unterworfen.

Im Jahre 1404 landet Béthencourt auf La Gomera. Nachdem er einige Ureinwohner in seine Gewalt gebracht hat, trifft ihn der ganze Zorn der Einheimischen, so daß er schleunigst Segel setzt und unverrichteter Dinge der Insel fluchtartig den Rükken kehrt. Angriffe auf Gran Canaria und La Palma scheitern ebenfalls am erbitterten Widerstand der Einheimischen, das kleine El Hierro kann jedoch eingenommen werden.

Eroberte die Ostkanaren für den König von Kastilien: Jean de Béthencourt

Mit den beiden Ostinseln und El Hierro beherrscht Béthencourt nach vier Jahren fast den halben Archipel. Er läßt Kirchen errichten und bringt Auswanderer und Bauern aus der Normandie auf die neuen Besitzungen. Bei dem erneuten Versuch, auf La Gomera Fuß zu fassen, unterwerfen sich zwei der vier Stämme und lassen sich christianisieren. Die »freien« Stämme ziehen sich ins Bergland zurück.

Béthencourt kehrt 1406 nach Europa zurück und übergibt die Herrschaftsbefugnisse über die bereits eroberten Inseln seinem Neffen *Maciot de Béthencourt.* Dieser errichtet in den folgenden Jahren eine tyrannische Willkürherrschaft. Auf Druck der kastilischen Krone muß Maciot 1418 die Herrschaftsrechte an den spanischen Grafen *de Niebla* abtreten. Um 1420 werden die restlichen Stämme bis auf wenige Widerstandsnester unterworfen und zum christlichen Glauben bekehrt.

Der weitere Lauf der Dinge auf La Gomera verliert sich zunächst im Dunkel der Geschichte. Im Verlauf der nächsten Jahre wechselt die Insel mehrmals den Besitzer. Auf den Grafen de Niebla folgt der spanische Adelsclan von *Alfonso de las Casas.* Von seinem Sohn *Guillen* erwirbt schließlich 1447 *Hernán Peraza d.Ä.* die Insel. Dieser setzt sich während seiner 5jährigen Machtperiode mit dem Festungsbau des *Torre del Conde* in der Hauptstadt San Sebastián ein bleibendes Denkmal auf der Insel. Nach seinem Tod 1452 erbt seine Tochter *Inés* die Insel, deren Sohn *Hernán Peraza d.J.* ab 1477 die Macht übernimmt und zusammen mit *Beatriz de Bobadilla* ein Regime des Schreckens auf der Insel ausübt. Beide sind bereits durch Affairen vorbelastet. Peraza wird zur Last gelegt, aus Neid und Machtgier seinen Gegenspieler Juan Rejón, den Eroberer von Gran Canaria, umgebracht zu haben, was jedoch der weiteren Karriere des Despoten keinen Abbruch tut. Von der schönen Beatriz von Bobadilla wird erzählt, daß sie eine Mätresse des spanischen Königs gewesen sei und auf sanften Druck von Königin Isabella auf das ab vom Schuß gelegene La Gomera abgeschoben und mit Peraza zwangsverheiratet wurde.

Ein berühmter Gast: Christoph Kolumbus

Kaum sind die Wogen des Aufstandes von 1488 geglättet und La Gomera endgültig befriedet, geht im Hafen von San Sebastián ein bis dato recht unbekannter Mann namens *Cristóbal Colón* vor Anker. Der Besuch von Kolumbus wird im Nachhinein zum bedeutsamsten geschichtlichen Ereignis La Gomeras und hat die direkte Teilnahme an der »Entdeckung« Amerikas zur Folge. Kolumbus geht am 12. August 1492 in San Sebastián an Land. Warum er gerade das kleine La Gomera für sein letztes Stopover vor der großen Reise über den Atlantik auserkoren hat, ist wie so vieles um die Gestalt des großen Entdeckers nicht eindeutig belegt und

Das Flaggschiff »Santa Maria«

Anlaß der verschiedensten Spekulationen. Sohn Fernando, der Biograph seines Vaters, berichtet, daß Kolumbus die Karavelle *Pinta* nach Gran Canaria beorderte, wo ein kaputtes Ruder repariert werden sollte. Er selbst segelte mit der *Santa Maria* nach San Sebastián, wo er versuchen wollte, von Beatriz de Bobadilla ein Ersatzschiff zu bekommen. Doch die war mit ihrer Vierzig-Tonnen-Karavelle gerade selbst unterwegs. So steuerte Kolumbus schließlich voller Ungeduld Gran Canaria an, ließ nicht nur die Pinta in Ordnung bringen, sondern auch die Niña mit einer Rah-Takelage ausstatten und kehrte mit allen drei Schiffen nochmals nach La Gomera zurück. *Andreas Venzke* schreibt in seiner Kolumbus-Biographie dazu: »Wenn sich ein rahgetakeltes Schiff am besten eignete, *vor* dem Wind zu segeln, so brachte die Umrüstung der »Niña« ein besonderes »Wissen« des Generalkapitäns zum Ausdruck. Denn als wahrhaft goldrichtige Entscheidung hatte Kolumbus die Kanarischen Inseln als Ausgangspunkt seiner beispiellosen Überfahrt gewählt (…).«

Ganze vier Tage soll sich Kolumbus noch auf der Insel aufgehalten haben, wobei ihm eine Affaire mit der schönen Beatriz angedichtet wird. Anderen Berichten zufolge weilte Kolumbus 36 Tage auf La Gomera, vielleicht ist ja an der Liebesgeschichte doch etwas dran.

Sicher ist jedenfalls, daß er seine Vorräte mit Wasser, Lebensmitteln und Feuerholz ergänzte, wo sonst hätte er das außer auf Gran Canaria besser tun können! Auf den kargen Ostinseln Lanzarote und Fuerteventura gab es kaum etwas zu holen, La Palma wurde noch umkämpft und Teneriffa war überhaupt noch nicht erobert. Ein Zufall ist es also nicht, daß Kolumbus gerade La Gomera ansteuerte. Mit dem Brunnenwasser aus San Sebastián soll er Amerika getauft haben, mag sein, daß auf *Hispaniola* (Haiti) davon tatsächlich etwas versprengt wurde.

Lesen Sie weiter auf Seite 26 ▶

*U*nter der schönen *Beatriz* und dem machtgierigen *Hernán Peraza d.J.* durchlebt La Gomera eine der blutigsten Epochen seiner Geschichte, wobei so manche Legende um die beiden Tyrannen gesponnen wird. Fakt ist, daß die beiden ihre Herrschaft auf dem Menschenhandel begründen. Trotz offiziellem Verbot der Sklaverei werden Hunderte von Ureinwohnern versklavt und auf die Nachbarinseln oder aufs spanische Festland deportiert.

Die Schöne und das Biest

*V*on einer Liebesheirat zwischen Beatriz und Hernán kann keine Rede sein, so daß beide in außerehelichen Liebschaften ihr Glück suchen. Eine überraschende Wende nimmt die Geschichte durch eine Liaison von Hernán mit dem einheimischen Guanchenmädchen *Iballa*. Bei einem Stelldichein in einer Höhle werden die beiden von einem jungen Guanchen überrascht, der Hernán d.J. mit einer hölzernen Lanze durchbohrt. Der Ort des Geschehens wird seither *Degollada de Peraza* genannt, und eine kleine Tafel macht heute auf das Ereignis aufmerksam. Als der Tod des Despoten bekannt wird, erheben sich die Einheimischen auf der ganzen Insel, wobei einige Spanier ihr Leben verlieren. Beatriz flieht vor dem aufflammenden Volkszorn mit ihren Kindern in den *Torre del Conde,* nicht ohne vorher jedoch einen Kurier nach Gran Canaria zu schicken, um Hilfe anzufordern. Die Aufständischen versuchen mehrmals erfolglos, den Festungsturm zu stürmen und richten sich daraufhin auf eine Belagerung ein. Beatriz hat für einen solchen Fall vorgesorgt – der Turm ist reichlich mit Lebensmittelvorräten bestückt. Mit Kanonensalven und einem schwerbewaffneten Heer kommt schließlich der Gouverneur von Gran Canaria, *Pedro de Vera,* der bedrängten Beatriz zu Hilfe. Er entwaffnet die Aufständischen, läßt als Vergeltung wahllos einige Einheimische hinrichten und nimmt mehrere hundert Gefangene, die als Sklaven verkauft werden.

*W*ieder fest im Sattel der Macht, empfängt die Witwe Beatriz de Bobadilla 1492 Kolumbus. 1498 heiratet sie *Alonso de Lugo,* den Eroberer von La Palma und Teneriffa und zieht mit ihm ins Zentrum der Macht nach Teneriffa. Auf La Gomera wird ein Statthalter mit den Amtsgeschäften betraut. Dieser wird schon bald verdächtigt, dem noch minderjährigen Sohn von Beatriz die Lehensrechte streitig machen zu wollen – Beatriz läßt ihn daraufhin kurzerhand hinrichten. Nach weiteren Unregelmäßigkeiten und Morden in ihrem Umfeld wird die grausame Herrscherin 1504 schließlich vom Schicksal eingeholt: an den spanischen Hof zitiert, stirbt sie – wahrscheinlich – an Gift.

Fortsetzung von Seite 24

Noch heute steht La Gomera ganz im Zeichen von Cristóbal Colón. Der Satz »Von hier aus brach Kolumbus auf« hat es bis in das Wappen der Hauptstadt San Sebastián gebracht, und von den Stadtvätern und Touristikplanern wird die Inseln gerne mit dem schmückenden Beinamen *Isla Colombina* präsentiert.

Nach der Eroberung

Die Eroberung des Archipels dauert von 1402 bis 1496. Fast ein ganzes Jahrhundert kämpfen gut ausgerüstete Soldaten gegen ein Steinzeitvolk. Die altkanarische Kultur wird dabei unwiderruflich zerstört. Die Ureinwohner werden getötet, sterben an eingeschleppten Krankheiten oder werden versklavt. Die Anpassung an die neue Ordnung reduziert die alteingesessene Bevölkerung beträchtlich. Viele der Überlebenden deportiert man auf andere Inseln, um Aufstände zu vermeiden. So manche müssen für Spanien in Übersee in den Krieg ziehen.

Die Übriggebliebenen werden erstaunlich schnell hispanisiert, obschon sie eine neue Sprache lernen, sich in den neuen wirtschaftlichen Gegebenheiten zurechtfinden und politisch völlig unterordnen müssen. Mit der Taufe nehmen sie einen fremden Glauben an und erhalten einen spanischen Namen. Die altkanarische Kultur wird damit ausgelöscht.

Bereits 1514 werden die Altkanarier rechtlich den Spaniern gleichgestellt. Mit ein wichtiger Integrationsfaktor sind die zahlreich geschlossenen Ehen zwischen Konquistadoren und einheimischen Frauen. Sieger und Besiegte verschmelzen binnen weniger Jahrzehnte zu einem Volk. Die helle Hautfarbe der Ureinwohner trägt das ihre dazu bei, die Vermischung zu beschleunigen und die Unterschiede zu verwischen.

Die Eroberung der Kanaren ist für die Spanier das Sprungbrett in die »Neue Welt«. Nicht nur Kolumbus benutzt die Kanaren als Stopover, um im Passatstrom nach »Indien« zu segeln. Der Chronist Bory de St. Vincent bezeichnet den Archipel wegen der günstigen geographischen Lage geradezu als einen »Erfrischungsplatz« auf dem Seeweg nach Amerika. Die Kanaren werden zum Drehkreuz der Seeschiffahrt, wenngleich sie immer nur Zwischenstation bleiben. Vorrangiges Interesse gilt den neuen Kolonien in Übersee mit ihren sagenumwobenen Gold- und Silberschätzen in den aufgeriebenen Großreichen der Azteken und Inkas. So gut wie jede Expedition macht auf den Kanaren Station, nimmt ein letztes Mal Vorräte auf oder heuert Seeleute, Siedler und Soldaten an. Auf der Route des »goldenen Dreiecks« zwischen Afrika, den Kanaren und der »neuen Welt« findet später schließlich auch der Sklavenhandel statt, bei dem Hunderttausende schwarzer Menschen nach Amerika verschleppt werden.

Pirateneinfälle

Die Eingliederung der Kanaren in das spanische Weltreich bedeutet für die

Inseln keineswegs Ruhe und Frieden. Nach wie vor kreuzen Abenteurer und Freibeuter aus aller Herren Länder vor den Küsten der Inseln. San Sebastián hat durch den Handel mit Amerika einen bescheidenen Aufschwung genommen, wohlhabende Kaufleute haben sich in der kleinen Kapitale niedergelassen.

Auf der Lauer nach einem der mit Gold und Silber aus Amerika zurücksegelnden Frachtschiffe wird der Archipel ein bevorzugtes Ziel von Piraten. Da der große Coup nicht gelingen will, verlagert man sich darauf, die Hafenstädte der Inseln anzugreifen und in den Gewässern kreuzende, mit Zucker und Getreide beladene Handelsschiffe zu entern. In Piratenkreisen geschätzt ist auch der kanarische Wein, der in alle Welt verschifft wird. Während 1553 ein Angriff des französischen Korsaren *François Le Clerc,* der gerade die Hauptstadt der Nachbarinsel La Palma verwüstet hat, vor San Sebastián gerade noch abgewehrt werden kann, haben andere französische, holländische und algerische Piraten mehr Erfolg. Der Hugenotte *Jean Capdeville* brennt 1571 die Hauptstadt La Gomeras fast vollständig nieder. 1599 eifert ihm der Niederländer *van der Does* nach. Ihm folgen Algerier, die schon seit Jahrzehnten regelrechte Feldzüge auf die Kanaren unternehmen. Nachdem sie 1618 die Ostinsel Lanzarote fast vollständig ausgeplündert hatten, wird auch San Sebastián in Schutt und Asche verwandelt.

Weniger erfolgreich sind englische Seeräuber, unter ihnen auch *Francis Drake,* der 1585 in San Sebastián mit Kanonen empfangen wird und gar nicht erst anlegen kann. Auch der Angriff des Engländers *Charles Windham* im Jahre 1743 kann abgewehrt werden, die Begebenheit ist in einem Gemälde in der Pfarrkirche der Hauptstadt anschaulich festgehalten.

Auch europäische Groß- und Seemächte versuchen immer wieder, in den zum spanischen Hoheitsgebiet erklärten Archipel einzudringen. Neben den holländischen und französischen Angreifern entwickeln die Engländer einen besonderen Ehrgeiz, den Spaniern die Inseln abzujagen. Mitte des 17. Jahrhunderts kreuzt Admiral *Robert Blake* in den Gewässern, 150 Jahre später der durch die Schlacht bei Trafalgar zum englischen Volkshelden aufgestiegene *Lord Nelson.* Bei einem mißglückten Angriff auf Teneriffa im Jahre 1797 verliert der Admiral nicht nur mehrere hundert Mann, sondern auch seinen rechten Arm. Obschon die Engländer seit dem Aufreiben der spanisch-portugiesischen *Armada* 1588 zur stärksten Seemacht aufgestiegen sind, ist ihnen auf den Kanaren kein Erfolg beschieden.

Während dieser Zeitspanne zwischen dem 16. und 18. Jahrhundert versuchen die Spanier auf verschiedene Art – durch den Anbau von Zuckerrohr und Wein sowie durch die Cochenille-Zucht – Gewinn aus den bodenschatzlosen Inseln zu erwirtschaften. Ebenso ist das 19. Jahrhundert durch die ökonomischen Entwicklungen auf den Inseln geprägt, die 1852 für kurze Zeit zur Freihandelszone erklärt werden.

DIE KANAREN IM 20. JAHRHUNDERT

Ins Blickfeld des Weltgeschehens kehrt der Archipel kurz vor Ausbruch des Spanischen Bürgerkrieges (1936 – 1939) zurück, der indirekt auf den Kanaren seinen Anfang nimmt. 1936 wird von der republikanischen Madrider Regierung der putschverdächtige General Franco nach Teneriffa strafversetzt. Man glaubt, daß der rechtslastige General damit weit genug abgeschoben sei, um noch umstürzlerische Pläne verwirklichen zu können. Madrid irrt, was fatale Folgen haben soll.

Franco setzt von Teneriffa nach Spanisch-Marokko über und organisiert mit Hilfe dortiger spanischer Truppen und der Fremdenlegion den Einmarsch in Andalusien. Der Bürgerkrieg weitet sich schnell zu einem internationalen Konflikt aus, an dessen Ende eine halbe Million Tote, ebensoviele Gefangene und Exilierte stehen. Mit Unterstützung Hitlers und Mussolinis gelingt es Franco, eine klerikal-konservative Militärdiktatur zu installieren. Wenn auch die Kanaren vom direkten Bürgerkriegsgeschehen verschont bleiben, so herrscht doch durch den Zusammenbruch der Handelswege akute Armut. Der auf den Bürgerkrieg folgende Zweite Weltkrieg trägt nichts dazu bei, die soziale Not auf dem vom spanischen Festland weit entfernten Archipel zu lindern.

Die Epoche nach 1945 steht unter dem Zeichen einer repressiven Diktatur. Unter anderem werden die Pressefreiheit abgeschafft, Parteien verboten, Oppositionelle »ausgeschaltet« – was auch Mord beinhalten kann –, das Militär gestärkt, Erziehung und Bildung weitgehend der katholischen Kirche überlassen. Die Kanarischen Inseln sind von diesen Maßnahmen genauso betroffen wie das übrige Spanien.

Politik & Wirtschaft seit 1975

Nach Francos Tod 1975 wandelt sich Spanien unter König *Juan Carlos* in eine konstitutionelle Monarchie. Die *Transición* (Zeit der Umwandlung) leitet umfassende demokratische Reformen ein, die 1978 in einer neuen Verfassung festgehalten werden. Bei den Wahlen 1982 übernehmen die Sozialisten unter *Felipe González* die Regierung. Die Beitritte zur NATO und zur EG (heute EU) in den folgenden Jahren sind für die junge Demokratie ein notwendiger Schritt, um das Land aus der außenpolitischen und wirtschaftlichen Isolation herauszuführen. Nach dem EG-Beitritt 1986 erlebt Spaniens Ökonomie eine stürmische Belebung, mit 4 % jährlich wächst sie schneller als sonst irgendwo in Europa. Das einstige Armenhaus, das in den 60er und 70er Jahren ein Millionenheer Arbeitssuchender vor allem in die metallverarbeitende Industrie Mittel- und Nordeuropas abwandern sah, sorgt jetzt für Beschäftigung im eigenen Land. Investitionen aus dem Ausland in Milliardenhöhe machen den Rückstand wett, den die isolierende Politik der Franco-Diktatur hinterlassen hatte. Die Spanier arbeiten ihr Land in die Riege der führenden Industrienationen hoch.

Um so heftiger ist das Erwachen Anfang der 90er Jahre, als die weltweite Rezession Spanien schlimmer als andere Länder trifft. Der Aufschwung entpuppt sich nun als ein Wohlstand auf Pump und Kreditkarten, der Anschluß an den modernen westlichen Lebensstandard hat nicht zuletzt nur mit Hilfe der reichlich geflossenen EG-Gelder stattgefunden. Im Jubeljahr 1992, als Spanien so prestigeträchtige, aber eben auch äußerst kostspielige Highlights wie die Olympischen Sommerspiele in Barcelona und die Weltausstellung in Sevilla organisiert, muß das Land erleben wie die Peseta gleich zweimal um insgesamt mehr als zehn Prozent abgewertet wird. Die Peseta gerät zum Spielball der internationalen Devisenspekulanten. Nach der jahrelangen Überbewertung der spanischen Währung folgen 1993 und im Frühjahr 1995 weitere Abwertungen. Von dem Abwärtstrend profitieren zumindest die ausländischen Gäste; Spanien und die Kanaren haben sich wieder zu einem vergleichsweise billigen Urlaubsland gewandelt.

Die konjunkturelle Talfahrt kann jedoch gestoppt werden; die spanische Wirschaft wartet seit Mitte der 90er Jahre innerhalb der EU mit den höchsten Wachstumsraten auf. Parallel zum wirtschaftlichen Aufschwung sinkt die Inflationsrate 1996 auf unter vier Prozent und erreicht damit den niedrigsten Stand seit 1969. Die guten Wirtschaftsdaten werden lediglich durch die nach wie vor hohe Arbeitslosenquote von etwa 15 Prozent gedämpft, auf den Kanaren liegt die Zahl der Arbeitslosen gar bei 20 Prozent.

Ungeachtet der wirtschaftlichen Erholung schlitterte Spanien zeitgleich in eine politische Krise. Der Zerfall staatlicher Autorität mit Bestechungsaffären, Parteien als Geldwaschanlagen, einem Minister als Steuerbetrüger und einem Zentralbankchef als Börsenspekulanten, dazu die Filzokratie und weitverbreitete Günstlingswirtschaft sorgten für wachsende Unzufriedenheit im Land. Als Sündenbock werden die regierenden Sozialisten ausgemacht. Nach 13 Jahren Regierungsverantwortung wirkt die Mannschaft um Felipe González verbraucht, bei den vorgezogenen Märzwahlen 1996 können sie den Vorwürfen nichts entgegensetzen und erhalten prompt die Quittung: Die Macht geht an die rechtskonservative Volkspartei (PP) unter *José María Aznar* über.

Aznar hatte es verstanden, seine Partei – einst das Sammelbecken alter Franco-Anhänger und nachgewachsener rechtsaußen-Konservativer – zur Mitte hin zu öffnen. Doch die Volkspartei verfügt lediglich über eine hauchdünne parlamentarische Mehrheit und ist auf die Unterstützung der regionalistischen Parteien angewiesen. Die Voraussetzungen für eine stabile Legislaturperiode stehen damit denkbar schlecht, die Madrider Börse reagierte auf den Wahlsieg der Konserva-

hunderts jede Insel die örtliche Selbstverwaltung. 1927 wird der Archipel in zwei Provinzen aufgeteilt: Zur *Ostprovinz Las Palmas* gehören Lanzarote, Fuerteventura und die Hauptinsel Gran Canaria; der von *Teneriffa* verwalteten *Westprovinz* unterstehen die kleinen Kanaren La Gomera, El Hierro und La Palma. Die weitgehend selbständigen Provinzregierungen bleiben der Zentralgewalt in Madrid unterstellt.

Das Inselparlament der seit 1983 autonomen Provinzen tagt abwechselnd in Santa Cruz de Tenerife und Las Palmas. Eine von Ökologen und Umweltschützern begeistert aufgenommene Entscheidung des kanarischen Parlaments erklärte den ganzen Archipel zur atomfreien Zone. Demnach werden weder Kernkraftwerke gebaut noch Deponien für radioaktiven Müll angelegt.

Als am 1. Januar 1986 Spanien EG-Mitglied wurde, bekamen die Kanaren aufgrund ihrer spezifischen Insel-

tiven mit Kurzstürzen. Auf den Kanaren aber wurde die politische Wende mit Genugtuung aufgenommen; anders als González gilt Aznar als Kanarenfreund und kann zumindest mit der Unterstützung der vier kanarischen Abgeordneten rechnen.

Das Inselparlament

Mit den *Cabildo Insulares* (Inselregierungen) erhält Anfang des 20. Jahr-

lage einen Sonderstatus zugesprochen. Dennoch kam es auf den Inseln zu heftigen Protesten, da die kanarischen Bauern und Bananenanbauer fürchteten, ihre von Madrid zuerkannten Abnahmegarantien zu verlieren. Um vor allem von den Struktur- und Regionalfonds zu profitieren und den kanarischen Exportprodukten einen freien Zugang zum europäischen Binnenmarkt zu ermöglichen, entschloß sich dann das kanarische Parlament 1989 überraschend, sich von der EG doch nicht weiter abzukapseln. Seit dem 1. Januar 1993 ist Spanien Vollmitglied der Europäischen Union (EU).

Wegen seiner Randlage ist La Gomera als »strukturschwaches Gebiet« ausgewiesen und kann seit dem Beitritt beträchtliche Fördermittel beanspruchen. Die Gelder fließen vornehmlich in den Straßenbau, daneben wird auch das Projekt des ländlichen Tourismus unterstützt.

Im ökonomischen Abseits

Die Randlage La Gomeras sowie die extreme topographische Struktur der Insel erlaubten von je her nur eine bescheidene Subsistenzwirtschaft. Verschiedene Versuche mit Zuckerrohr, Wein und Cochenille-Zucht sorgten lediglich kurzfristig für Beschäftigung und Auskommen. In der schier ausweglosen sozialen Not blieb vielen lediglich die Auswanderung. Einzig die Banane und neuerdings der Fremdenverkehr brachte den Gomeros in den letzten Jahrzehnten einen bescheidenen wirtschaftlichen Aufschwung.

Vor der spanischen Eroberung verfügten die Altkanarier über ein autarkes Wirtschaftssystem. Wenn auch auf niedrigster Stufe, so wurde doch alles Lebensnotwendige auf den Inseln selbst produziert. Fleisch, Ziegenmilch und daraus hergestellter Käse dienten als Nahrungsgrundlage. Ein bescheidener Getreideanbau lieferte Gofio; Wurzeln und Früchte komplettierten den Speiseplan.

Exportschlager Zuckerrohr

Kaum war La Gomera von den Spaniern befriedet, begann man, die Inselökonomie auf den Kopf zu stellen. Durch das milde Klima und den natürlichen Wasserreichtum der Insel lag es nahe, den Anbau von exotischen landwirtschaftlichen Produkten anzukurbeln. Schon auf Gran Canaria erprobt, führte man kurz nach der Eroberung das Zuckerrohr ein.

Zucker galt zu jener Zeit als erlesene Kostbarkeit und folglich als gewinnversprechendes Exportprodukt, zumal es noch keine Konkurrenz aus der Karibik zu fürchten gab. Auf La Gomera waren 5 Zuckermühlen in Betrieb, bis auf eine in Valle Gran Rey alle in den wasserreichen Tälern im Norden. Zum Einkochen des Zuckerrohrsaftes bediente man sich hemmungslos der natürlichen Holzressourcen der Insel. Im Tal von Vallehermoso wurde der Wald gerodet, oberhalb von Agulo schlug man alte Lorbeerwaldbestände.

Die Blütezeit des Zuckerbooms war jedoch nur von kurzer Dauer: Bereits in der Mitte des 16. Jahrhunderts deutete sich der Niedergang an.

Mit der Anlage neuer Plantagen in der Karibik schufen sich die Spanier praktisch die Konkurrenz in den eigenen Reihen. Kolumbus höchstpersönlich soll es gewesen sein, der das Zuckerrohr von den Kanaren auf die Antillen gebracht hat, wo man weitaus billiger produzieren konnte.

Lückenbüßer Wein und Seide

Auf der Suche nach einem neuen Exportartikel wurde auf den Nachbarinseln das Zuckerrohr zunehmend durch die Weinrebe ersetzt. Kanarischer Wein wurde alsbald besonders von den Engländern geschätzt. Trotz gelegentlicher Zwistigkeiten und handfester Kriege bot sich genügend Spielraum für geschäftliche Beziehungen. Die Briten lieferten Textilien und erhielten von den Spaniern neben Zucker auch einige Weinfässer mit dem vollmundigen *Malvasier*.

Wein blieb für 100 Jahre das wichtigste landwirtschaftliche Produkt. Doch auch in puncto Wein ließ die Konkurrenz nicht auf sich warten, zunächst aus Madeira, wo ein vergleichbarer Wein gekeltert wurde. Als die Engländer dazu noch Portwein und Sherry entdeckten, geriet der »Canary Sack« mehr und mehr ins Hintertreffen. Zudem drängten immer beliebter werdende französische Bordeaux-Weine auf den Markt. Aus Amerika eingeschleppter Mehltau und die Reblaus besiegelten schließlich in der zweiten Hälfte des 19. Jahrhunderts das Ende des kanarischen Weins auf dem Weltmarkt.

Auf La Gomera beschränkte sich der Weinanbau auf die Täler im Nor-

den. Qualitativ konnte der herbe Wein allerdings nicht mit den auf den vulkanischen Böden La Palmas, Teneriffas und Lanzarotes gezogenen Weinen mithalten, so daß der größte Teil zu Schnaps gebrannt wurde.

Parallel zum Rebbau widmete man sich der *Seidenraupenzucht.* Zu diesem Zweck wurden Maulbeerbäume gepflanzt, deren Blätter das bevorzugte Futter für die gefräßigen Maulbeerspinner sind. In den Exportstatistiken zu Anfang des 19. Jahrhunderts wird Seide als das umsatzstärkste Ausfuhrgut genannt, vor Vieh und landwirtschaftlichen Produkten. Heute ist auf La Gomera das alte Handwerk praktisch ausgestorben, bewahren konnte es sich auf der Nachbarinsel La Palma, wo noch in bescheidenem Rahmen teils mit Naturfarben wie Safran und Cochenille eingefärbte Seidentücher, Krawatten und anderes hergestellt werden.

Seidenraupen fressen sich durch Maulbeerblätter

Eine lausige Zucht

Auf den Wein folgte mit der Zucht von *Schildläusen* die nächste Monokultur. Während auf den Nachbarinseln ein regelrechter Boom um die Laus ausbrach, blieben auf La Gomera größere Anstrengungen aus, an dem lukrativen Geschäft teilzuhaben.

Die wegen ihrer roten Farbe gezüchteten Läuse ernähren sich von den Säften des als Wirtspflanze dienenden Feigenkaktus. Zur Schildlausanzucht werden die weiblichen, kurz vor der Brut stehenden Tierchen auf Stoffstreifen abgesetzt und um die Kakteenscheiben gebunden. Die junge Brut setzt sich auf dem Kaktus fest. Die Läuse häuten sich während einer Generation mehrmals, wodurch der Kaktus von einem charakteristischen pilzartigen Belag – den Häuten – überzogen wird. Nach etwa drei Monaten sind die drei bis vier Millimeter großen Läuse mit ihren quergefalteten, von einem karminroten Saft gefüllten Leibern »ernteif« und werden mit Spateln von der Wirtspflanze abgekratzt. Ein geübter Pflücker kann auf ein Kilogramm bzw. 140.000 Tiere pro Tag kommen. Die Läuse werden mit Wasserdampf abgetötet, getrocknet und zu einem feinen Pulver zermahlen, aus dem der begehrte rote Farbstoff mit Hilfe von Alkohol ausgezogen wird. Zur Gewinnung von hundert Gramm Karminrot müssen etwa 300.000 Läuse ihr Leben lassen.

Die Technik der Farbgewinnung beherrschten schon die Azteken. Mexiko besaß lange Zeit das Monopol der Herstellung. Um die Einnahmequelle des lukrativen Exportartikels zu halten, begannen die Spanier nach der Loslösung Mexikos vom spanischen Weltreich selbst mit der Schildlauszucht. In großflächigen Monokulturen angebaut, verbreitete sich die Cochenille-Zucht ab 1830 auf den ganzen Kanaren. Der dazu notwendige, als Wirtspflanze dienende Feigen-

kaktus wurde bereits im 16. Jahrhundert auf die Inseln gebracht, ursprünglich wegen der eßbaren Früchte. Da die Kakteen mit ausgesprochen wenig Wasser auskommen, konnten auch bislang brachliegende Gegenden genutzt werden.

Der Aufschwung der im 19. Jahrhundert rasch expandierenden, vornehmlich englischen Textilindustrie ließ die Nachfrage nach dem roten Farbstoff enorm ansteigen. Die arbeitsintensive Ernte benötigte viele Hände, die ganze Familie einschließlich der Kinder mußte mithelfen. Während der Boomphase der Cochenille-Zucht wuchs die kanarische Bevölkerung innerhalb von 30 Jahren um ein Viertel an. 1870 erreichte die Produktion auf den Kanaren mit einer jährlichen Ausfuhr von 3000 Tonnen ihren Höhepunkt.

Etwa zur selben Zeit wurden in Deutschland von der »Badischen Anilin- und Sodafabrik« (BASF) die *Anilinfarben* entwickelt. Auf den Kanaren brach zum wiederholten Mal eine Monokultur-Wirtschaft zusammen. Die Chemiefarben degradierten binnen 20 Jahren die Cochenille-Zucht zur Bedeutungslosigkeit, die Nachfrage fiel auf fast Null.

Von wirtschaftlicher Bedeutung ist die Cochenille-Zucht lediglich auf Lanzarote und Teneriffa. Ein kleines Marktsegment blieb dem Naturfarbstoff erhalten: Cochenille-Rot wird heute als Lebensmittelfarbstoff zum Färben von Limonaden, Bonbons und Ostereiern benutzt. Auch für die schöne Farbe in »Martini rosso« und »Campari« ist die Laus verantwortlich. Neben naturkosmetischen Lippenstiften werden mit Cochenille-Rot auch Orientteppiche und Naturtextilien aus Wolle und Seide eingefärbt.

Zwergbanane contra Chiquita

Die Banane kam auf die Kanaren, als sich die Inseln ökonomisch auf einem absoluten Tiefpunkt befanden. Weinbau und Cochenille-Zucht hatten gerade abgedankt und setzten ein Heer von Arbeitskräften frei. Um die Jahrhundertwende wurden in den Tälern von Vallehermoso und Hermigua die ersten Plantagen angelegt, praktisch überall da, wo früher Zuckerrohr kultiviert wurde. Erst als man in den 30er

Noch kann er sich über seine Bananen freuen ...

Jahren im Süden Tiefbrunnen bohrte und somit die notwendigen Bewässerungsgrundlagen schuf, begann man auch in Valle Gran Rey, Santiago, La Dama und im Barranco de Villa, größere Plantagen anzulegen. Der terrassierte Bananengürtel erstreckt sich bis auf 300 m Höhe.

Als es darum ging, aus den 200 Arten eine für die Inseln geeignete Sorte auszuwählen, verfiel man auf die aus Südostasien stammende »Dwarf Cavendish«, eine klimatisch anspruchslose Sorte. Die Pflanze wird nur etwa zwei Meter hoch und ist damit weitaus widerstandsfähiger gegen Wind als die teils doppelt bis dreimal so großen Sorten »Giant Cavendish« oder »Gros Michel«, ein Umstand, der im windgeschüttelten Passatklima des Archipels durchaus Sinn macht.

Die früher auch als *Paradiesfeige* bezeichnete Pflanze ist kein Baum, sondern eine Staude. Aus dem knolligen Wurzelstock, dem *Rhizom,* wachsen Schößlinge hervor, die, wie sich die Botaniker ausdrücken, einen Scheinstamm bilden. Bei näherem Hinsehen wird der Stamm praktisch aus ineinandergefalteten, aneinandergepreßten Blattscheiden gebildet. Aus der riesigen Blüte entwickeln sich innerhalb von sechs Monaten bis zu 50 Kilo schwere Fruchtstände *(pinos)* mit 150 bis 300 Bananen. Die Bananen wachsen übrigens nach oben der Sonne entgegen und nicht, wie viele glauben, nach unten hängend. Jede Staude trägt nur einmal Früchte. Bevor die Mutterpflanze *(madre)* voll entwickelt ist, wächst aus dem Rhizom bereits ein neuer Schößling *(hijo)* heran,

der nach einem guten Jahr wieder ern-
tereif ist. Nach zehn Jahren wird der
ausgelaugte Wurzelstock gegen einen
neuen ausgetauscht.

Bananen können das ganze Jahr
über geerntet werden, da jede Pflanze
ihren eigenen Rhythmus hat. Die
Früchte werden vor der Vollreife grün
gepflückt, da sie am Stamm ausgereift
mehlig bleiben und nicht das volle
Aroma bringen. Grüne Früchte sind
natürlich auch besser transportfähig.
Die zentnerschweren Fruchtstände
werden an Sammelstellen am Straßenrand im Schatten gelagert und in
Decken gehüllt zur Packerei transportiert. Dort werden sie in die han-
delsüblichen »Hände« zerteilt, gewaschen, gegen Schimmelbefall an den
Schnittstellen chemisch behandelt und
verpackt.

Auf den Westinseln des Archipels
ist die Banane die mit Abstand wichtigste Exportfrucht. Noch zu Beginn
der 50er Jahre ging die Hälfte der
Produktion ins Ausland. Obschon
den europäischen Märkten am nächsten, beschränkt sich heute der Kon-
sum kanarischer Bananen fast ausschließlich auf das spanische Festland.
Die Billigproduktion in den mittel-
amerikanischen »Bananenrepubliken«
verdrängte die kanarische Zwergbanane binnen weniger Jahre vom europäischen Markt. Anders als in den
Tropen werden die Plantagen auf den
Kanaren ausschließlich künstlich bewässert. Selbst auf dem relativ wasserreichen La Gomera ist Wasser so teuer, daß die Banane mit den dazu noch
größeren »Chiquitas« und »Uncle Tu-
cas« nicht mehr konkurrieren kann.

*... doch wer weiß, wie lange Bananen noch
für Brot und Arbeit auf La Gomera sorgen?*

Obschon süßer und aromatischer als
mittelamerikanische Ware, werden in
den europäischen Hauptabnehmer-
ländern große Früchte bevorzugt.
Auch die Lohnkosten liegen in Mittelamerika weitaus niedriger.

Kanarische Bananen sind damit ein
Subventionsprodukt. Der Anbau
kann sich nur halten, weil das spanische Festland die Abnahme garantiert.
Die Peninsula kauft praktisch die
ganze Ernte auf. Importe ausländischer Bananen sind per Gesetz seit
1972 verboten. Mit dem EG-Beitritt
Spaniens wurde jedoch festgelegt, daß
das Einfuhrverbot zum 1.1.1996 aufgehoben wird und die Kanaren damit
ihren festgeschriebenen Sonderstatus

verlieren. Spanien kommt nicht umhin, sich dem drängenden Markt zu öffnen. Damit scheint den Kanaren eine neue Agrarkrise vorherbestimmt. Sollte keine anderweitige Lösung gefunden werden, bleibt den Bananeninseln im Atlantik nur noch eine kurze Zeitspanne, um wieder marktfähige Exportkulturen aus dem Boden zu stampfen.

Der Anbau von Bananen entwickelt sich damit immer deutlicher zur Fehlinvestition. Nicht, daß er bloß unrentabel wäre, von Agrarexperten werden die Plantagen vor allem als ökologisch unvertretbar angesehen. Die enorm wasserziehenden Stauden saugen die Inseln förmlich aus. Um ein Kilo Früchte zu produzieren, werden bis zu 1000 Liter Wasser benötigt.

Wasser ist nur ein Problem unter vielen. Bananen sind als »Starkzehrer« bekannt. Sie laugen den Boden aus, so daß bei gleichbleibenden Erträgen der Einsatz von Kunstdünger unumgänglich ist. Bei einem Spaziergang durch die Plantagen ist zu beobachten, wie Nitratdünger sackweise in die Bewässerungsgräben geschüttet wird. Auch mit Pestiziden wird nicht gegeizt, zwar nicht wie in Mittelamerika üblich vom Hubschrauber aus, aber doch so reichlich, daß es unter den Plantagenarbeitern immer wieder zu schweren Vergiftungsfällen kommt. Gespritzt wird vor allem gegen die in den Plantagen weitverbreitete Rattenplage.

Landwirtschaft in der Krise

Die felsige und von Barrancos zerfurchte Inseltopographie läßt für die landwirtschaftliche Nutzung nur wenig an kultivierbarem Boden übrig. Der größte Teil der nutzbaren Küstenregion wird von der Monokultur Banane eingenommen. Der früher verbreitete exportorientierte Tomatenanbau wurde weitgehend aufgegeben, da man auf La Gomera »zu teuer« produzierte. In höheren Lagen, in denen das Klima den Bananenanbau nicht mehr zuläßt, werden Kartoffeln, etwas Mais und Gemüse kultiviert. Im Nordwesten um Vallehermoso und Tamargada konnte sich noch etwas Weinbau halten.

Die landwirtschaftliche Eigenproduktion erwies sich in den letzten Jahrzehnten zunehmend als unrentabel, Lebensmittel können heute zu niedrigeren Preisen importiert werden. Selbst Obst wird größtenteils eingeführt, da von den Gomeros makellos gezüchtete und größere Äpfel und Orangen den einheimischen Sorten vorgezogen werden. Lediglich Avocados decken einigermaßen den Eigenbedarf.

Praktisch der ganze Süden, wo früher im Trockenfeldbau Getreide kultiviert wurde, liegt heute brach. Durch Auswanderung und Landflucht nahm die Zahl der Landarbeiter in den letzten 40 Jahren rapide ab.

Eines der wichtigsten landwirtschaftlichen Nutztiere ist die Ziege. Von alters her ist sie neben Feldbau und Fischfang die Überlebensbasis der Gomeros. Die derzeit etwa 4000 gehaltenen Tiere geben Fleisch, Milch und einen vorzüglichen Käse. Durch veränderte Eßgewohnheiten ist die Schweinehaltung in den letzten Jahren beträchtlich angestiegen und übertrifft heute zahlenmäßig die Ziegenzucht. Daneben werden noch Schafe gehalten, jedoch kaum Kühe, so daß Rindfleisch größtenteils importiert werden muß. Zu den traditionellen Haustieren auf La Gomera gehört auch der Maulesel. Die früher vornehmlich als Reit- und Tragtiere eingesetzten Mulis sind jedoch selten geworden, doch können die störrischen Tiere dem Wanderer auf so manch engem Pfad den Weg versperren.

Fischerei und Industrie

Nicht besser bestellt ist es um den Fischfang. Von den einstmals vier Fischkonservenfabriken in San Sebastián, Playa de Santiago, Las Canteras und La Rajita wurde 1984 die letzte geschlossen. Die überalterte Fangflotte erwies sich gegenüber ausländischer Konkurrenz als nicht mehr rentabel. Gefischt wird heute praktisch nur noch für den Eigenbedarf.

Das, was gemeinhin unter Industrie verstanden wird, existiert auf La Gomera praktisch nicht. Außer schwelenden Müllkippen ist das mit Erdöl betriebene Kraftwerk am Rande der Hauptstadt der einzige nennenswerte Umweltverschmutzer.

Im Tourismus-Aufwind

Das ausgeglichene milde Klima mit ganzjährigen Bademöglichkeiten, die landschaftliche Attraktivität mit einer außergewöhnlichen subtropischen Flora, dazu bizarre Küsten und Vul-

Bevölkerungsdaten

Während im Sog des touristischen Booms sich auf allen Nachbarinseln (außer El Hierro) die Bevölkerung praktisch verdoppelt hat, ist auf La Gomera die Einwohnerzahl rückläufig. Seit 1940, als noch 28.500 Gomeros die Insel bevölkerten, hat sich die Einwohnerzahl auf derzeit etwa 16.000 verringert und damit fast halbiert. Mit nur 42 Einwohnern pro km² ist die Insel recht dünn besiedelt (zum Vergleich: in Deutschland kommen 228 Einwohner auf einen km², in Österreich 94, in der Schweiz 174 Einwohner pro km²).

Mangels einer ökonomischen Basis wanderten nach dem Spanischen Bürgerkrieg und dem Zweiten Weltkrieg viele Gomeros nach Südamerika aus. Seit den 60er Jahren, als sich durch den dynamischen Massentourismus auf den Nachbarinseln neue Arbeitsmärkte auftaten, brauchte man nicht mehr ganz so weit in die Ferne zu schweifen. Auf Teneriffa leben heute mehr gomerische Auswanderer als La Gomera Einwohner zählt.

Besonders von der Inselflucht betroffen sind die traditionell landwirtschaftlichen Regionen im Norden. Abseits der Straßen gibt es an die 30 völlig verlassene Geisterdörfer, die mit aller Deutlichkeit den massiven Bevölkerungsschwund belegen. Von der Landflucht ausgenommen, sind lediglich die am Tourismus partizipierende Gemeinden San Sebastián und Valle Gran Rey, wo sich die Einwohnerzahl erhöhen konnte. »Ballungsraum« ist San Sebastián, hier lebt heute mehr als ein Drittel der Insulaner.

Bitte lesen Sie weiter auf Seite 39

Soziale Not trieb in den letzten Jahrhunderten die Gomeros massenweise zur Auswanderung. Vor allem die jeweils junge Generation sah keine Existenzmöglichkeit auf der Insel. Zurück blieben die Alten, was sich nicht gerade günstig auf die Bevölkerungsstruktur auswirkte. Angebunden an die Schifffahrtsrouten in die Neue Welt lag es nahe, nach Amerika zu emigrieren. Zu den bevorzugten Einwanderungsländern entwickelten sich Venezuela und Kuba.

Venezuela wurde für viele Gomeros zum Eldorado, dem gelobten Land mit den unbegrenzten Möglichkeiten. Viele kamen zu Wohlstand, so manch einer wurde reich. Von den steinigen heimischen Terrassen an harte Arbeit gewöhnt, machte die Kultivierung der fruchtbaren venezolanischen Lehm- und Lößböden weitaus weniger Mühe. Land gab es in Hülle und Fülle, die neuen Einwanderer erhielten von der Regierung kostenlos Parzellen zugeteilt. Wer nicht als Bauer kam, verdingte sich als

Und zurück bleiben die Alten

Handwerker oder Kaufmann. Noch tief in der alten Heimat verwurzelt, wurden viele Gomeros Pendler zwischen zwei Kontinenten. Doch so manch eine »Venezuela-Witwe« wartete vergebens auf die Rückkehr ihres Mannes.

Die letzte große Auswanderungswelle war die Zeit nach dem Zweiten Weltkrieg. Selbst in der Ära Franco, als das Auswandern offiziell verboten war, legten viele Schiffe mit Emigranten nach Caracas ab. Seit den 60er Jahren übersiedelten viele auch in die aufstrebenden Touristenzentren der Nachbarinseln, wo sich im Hotelbau und Dienstleistungsgewerbe neue Arbeitsplätze auftaten.

▶ *Fortsetzung von Seite 37*

kankrater machten für fremde Besucher die Inselgruppe im Atlantik von jeher anziehend. Insbesondere Menschen aus weniger begünstigten Klimazonen fühlen sich vom kanarischen Archipel angezogen. Will man es im Winter einigermaßen warm und hell haben, sind die Kanaren mit einer Flugzeit von gut vier Stunden der schnellste Weg in die Sonne. Mit jährlich mehr als 8 Millionen Feriengästen zählt die Inselgruppe heute weltweit zu den größten Ferienzentren.

Nicht so La Gomera, das sich dagegen geradezu als touristisches Mauerblümchen ausnimmt. Mangels Flughafen, passabler Strände und komfortablen Hotels lief der Touristenboom weitgehend an der Insel vorbei. Von dem gesamten Gästeaufkommen entfällt auf die kleine Westinsel ein bescheidenes Prozent. Im Unterschied zu den übrigen Kanaren blieb die kleine Insel vom Massentourismus bislang verschont. Zwar machte bereits seit den 70er Jahren ein stetig wachsender Strom von Alternativurlaubern (siehe Seite 170) La Gomera zu einem Freak-Dorado und Aussteigerparadies. Von einer touristischen Erschließung konnte bis noch vor wenigen Jahren keine Rede sein.

Ein Hemmschuh für den Fremdenverkehr war die unzureichende verkehrstechnische Anbindung. Noch bis Mitte der 70er Jahre stellte eine zweimal wöchentlich verkehrende Schiffslinie von Teneriffa die einzige Verbindung mit der Außenwelt dar. Erst in den letzten Jahren wurde der Fährverkehr zügig erweitert. Seit 1994 legen im Hafen von San Sebastián täglich bis zu 10 Fährschiffe an.

Auf einen Flughafen jedoch wartet die Insel immer noch. Nach jahrelangem Kompetenz- und Finanzierungsgerangel wurde 1991 mit dem Bau des ehrgeizigen Flughafenprojektes begonnen. Da es auf der ganzen Insel keine geeignete ebene Fläche gab, mußten für das auf zunächst 50 Millionen Mark veranschlagte Projekt Bergrücken weggesprengt und Talmulden aufgefüllt werden. Zunächst war die Landebahn auf 800 m Länge berechnet. Einem Sicherheitsgutachten zufolge wurde sie auf 1500 m verlängert, wobei das vornehmlich aus EU-Geldern kommende Budget allerdings nicht entsprechend aufgestockt wurde. Dies hatte zur Folge, daß 1994 die Erdarbeiten für die Landebahn so gut wie abgeschlossen waren, die Mittel für die Fertigstellung des Flughafens jedoch verbraucht sind. Die endgültige Eröffnung liegt damit weiterhin im Ungewissen, vielfach wird bereits spekuliert, daß das Projekt zum größten Pesetengrab der Insel werden könnte.

Ob der Flughafen tatsächlich touristisch sinnvoll ist, ist ohnehin zweifelhaft. Internationale Landungen sind nicht vorgesehen. Bislang sind nur zwei Flüge pro Tag vom nationalen Nordflughafen Teneriffas geplant. Da aber die ausländischen Gäste ausnahmslos über den internationalen Südflughafen anreisen, würde für sie keine Zeitersparnis herausspringen.

Die Bettenzahl auf La Gomera beläuft sich derzeit auf schätzungsweise 5000, genaue Zahlen vermag niemand zu nennen, da viele Zimmer und Apartments »schwarz« vermietet werden. Über die Gästezahlen liegen ebenfalls keine verläßlichen Daten vor. Es wird von jährlich 70.000 bis 80.000 Besuchern ausgegangen. Dazu kommen noch mehr als 100.000 Tagesausflügler von Teneriffa. Von den ausländischen Gästen stellen die Deutschen das mit Abstand größte Kontingent. Die meisten davon sind Individualreisende. Reiseveranstalter spielten bis vor wenigen Jahren keine große Rolle. Der Anteil der Pauschalgäste hat in jüngster Zeit jedoch beträchtlich zugenommen. Neue komfortable Apartmentanlagen in Valle Gran Rey und Playa de Santiago werden fast ausschließlich von Veranstaltern wie TUI, Neckermann und Jahn-Reisen gefüllt.

Wenn auch über kurz oder lang das Publikum sich verändern wird, von einem Massentourismus à la Teneriffa oder Gran Canaria ist La Gomera noch meilenweit entfernt. Dem Touristenboom auf La Gomera sind enge Grenzen gesetzt. Was dazu fehlt, sind vor allem die begehrten weiten Sandstrände. Die wenigen halbwegs sandigen Strände und kleinen Buchten sind eigentlich kaum der Rede wert (immerhin, es gibt sie). Auf reinen Badeurlaub programmierte Gäste kommen lediglich in *Valle Gran Rey* auf ihre Kosten, wer mit Stein- und Kiesstränden Vorlieb nehmen kann, findet sich auch in *Playa de Santiago* zurecht. Ansonsten sind auf reinen Strandurlaub fixierte Gäste auf den mit Sandstränden gesegneten Nachbarinseln Gran Canaria und Fuerteventura besser bedient. Ebenso wird das in den Wintermonaten launische und regenreiche Wetter so manchen potentiellen Besucher zögern lassen. So hat La Gomera nach wie vor seine eigene ganz spezifische Gästestruktur.

Neben den Alternativurlaubern und einem bescheidenen Badetourismus zieht die Insel zunehmend naturverbundene Menschen an, die die grüne Insel für Wanderurlaub nutzen. La Gomera hat eine Vielzahl traumhafter Wanderwege zu bieten, für Wanderfreunde und Spaziergänger ist es geradezu ein kleines Paradies. Das Ökosystem ist noch weitgehend intakt und tut ein Übriges, um den Ferienaufenthalt zu einem bleibenden Naturerlebnis werden zu lassen.

Im Unterschied zu den touristisch voll erschlossenen großen Nachbarinseln kann La Gomera noch ein anderes Plus für sich verbuchen. Die Apartmentanlagen sind nicht in der Hand von großen spanischen oder ausländischen Konsortien, sondern werden vor allem in Valle Gran Rey von den Einheimischen selbst betrieben. Die Einnahmen kommen damit direkt den Inselbewohnern zugute. So ist es letztendlich dem Tourismus zu verdanken, daß die Landflucht zumindest verlangsamt werden konnte. Das Bau- und Dienstleistungsgewerbe floriert. Vom sozialen Umbruch blieb die Insel allerdings nicht gänzlich verschont: Immer mehr Gomeros finden im Tourismus eine neue Existenzgrundlage – Landwirtschaft und Fischerei verlieren weiter an Boden.

NATUR & KULTUR

JENSEITS VON AFRIKA

Geographisch Afrika, politisch Europa zugehörig, erstreckt sich der
kanarische Archipel zwischen dem 27. und 29. Breitengrad, mit nur 100 km
gerade mal einen Steinwurf von der nordwestafrikanischen Küste entfernt.
In der Weite des Atlantiks nimmt sich das kreisrunde La Gomera winzig wie
ein Stecknadelkopf aus – von den sieben Hauptinseln ist das Eiland mit
373 km² die zweitkleinste Kanareninsel. Die größte West-Ost-Ausdehnung
beträgt 25 km, von Norden nach Süden gar nur 22 km.

Geologische Entstehungsmodelle

Über die erdgeschichtliche Entstehung des Archipels konnte sich bislang kein allgemein akzeptiertes Erklärungsmodell durchsetzen. Getrost ad acta gelegt werden kann die bereits von Platon erwähnte *Atlantis-These* (siehe Seite 13), wonach es sich bei den Inseln um die Überreste des versunkenen Kontinents Atlantis gehandelt haben soll, der sich angeblich von der westeuropäischen Küste bis nach Amerika erstreckte. Noch auf einer um 1800 von Bory de St. Vincent veröffentlichten phantasievollen Landkarte sind die Kanaren zusammen mit Madeira, den Azoren und den Kapverdischen Inseln eingezeichnet, die der französische Baron als Eckpunkte des sagenumwobenen Kontinents festmachte. Bis auf den gemeinsamen vulkanischen Ursprung und eine ähnliche Flora gibt es ansonsten jedoch keine Anzeichen, daß die Region einstmals eine zusammenhängende Landmasse gebildet hat.

Hingegen liefert die von dem deutschen Geophysiker und Meteorologen *Alfred Wegener* (1880 – 1930) 1912 entwickelte *Kontinentaldrift-Theorie* ein brauchbares Erklärungsmodell, wonach die Erdkruste aus diversen großen Platten besteht, die beim Zusammenstoßen unter hohem Druck neue Gebirge auffalten. Darauf aufbauende gängige Theorien gehen davon aus, daß die Sockel der Kanaren auf verschiedenen Schollen im Randbereich der afrikanischen Platte unterschiedlich stark angehoben wurden und sich entlang von Bruchlinien seit etwa 30 Millionen Jahren Magma aus dem Erdinneren seinen Weg nach oben suchte – und weiterhin sucht. Auf die im Tertiär angehobenen Sockel werden seitdem durch Eruptionen die einzelnen Inseln aufgebaut.

Neuere Forschungen weisen daraufhin, daß entgegen früheren Annahmen auch die beiden östlichen Inseln Fuerteventura und Lanzarote nie mit dem afrikanischen Kontinentalrand verbunden waren.

Während für die Ostinseln mit ihren durch Erosion und Abtragung entstandenen sanft geformten Bergen und weniger abrupten Einschnitten ein Alter von mindestens 20 bis 30 Millionen Jahren angenommen wird, sind die westlichen Inseln La Palma und El Hierro erheblich jünger. Schroff abfallende Steilküsten, tiefeingeschnittene *Barrancos* (Schluchten) und bizarre Vulkankegel weisen auf ein geologisches Alter von weniger als drei Millionen Jahren hin.

La Gomera ist weitaus älter als die in Sichtweite gelegenen Nachbarinseln. Die älteste Gesteinsprobe aus dem sogenannten *Basaltkomplex* wird auf etwa 19 Millionen Jahre datiert, wobei es sich allerdings um submarine Gesteine handelt, die nachträglich durch Auffaltung über den Meeresspiegel gedrückt wurden. Mit Tiefenerstarrungsgestein durchsetzte Reste dieser Gesteinsformation finden sich vor allem im Norden nahe *Vallehermoso.* Hier hatte die Erosion besonders viel Zeit, um ein verzweigtes Talsystem zu schaffen.

Zuckerhüte und Orgelpfeifen

Die Serie der *Altbasalte* geht auf etwa 12 Millionen Jahre zurück. Die erkalteten, bis zu 500 m mächtigen Lavaströme sind örtlich mit lockeren roten Tuffbändern durchsetzt. Am Ende der altbasaltischen Phase entstanden die für La Gomera charakteristischen freigewitterten Vulkanschlote, *Roques.* Die teils zuckerhutförmigen schroffen Gebilde überragen ihre Umgebung um oft mehr als 100 m und sorgen in der gomerischen Landschaft für markante Fixpunkte.

Die bekannteste Gruppe bilden die relativ dicht beieinander stehenden *Roques Agando, de Ojila* und *Zarzita* im Osten des zentralen Hochlandes. Nicht minder auffällig ist der *Roque Sombrero* im Süden, der *Roque Cano* von Vallehermoso oder die Zwillingsfelsnadeln oberhalb von *Hermigua.*

Die Orgelpfeifen »Los Organos« sind nur vom Wasser aus zu sehen

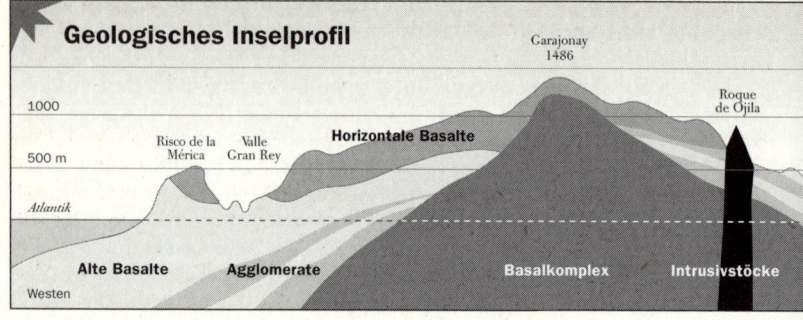

Geologisches Inselprofil

Garajonay 1486

Roque de Ojila

1000

500 m

Risco de la Mérica
Valle Gran Rey

Horizontale Basalte

Atlantik

Alte Basalte   **Agglomerate**   **Basalkomplex**   **Intrusivstöcke**

Westen

Die steilabfallenden, meist hellen Monolithen sind ein Ergebnis der Erosion. Es handelt sich um harte Schlotkerne, die einstmals von einem weicheren Kraterkegel umgeben waren, der im Lauf der Jahrmillionen abgetragen wurde. Die harten Schlotfüllungen resultieren aus einer abklingenden Phase, als saure zähfließende Magmen im Schlot praktisch steckenblieben und erstarrten.

Ganz ähnlich entstanden *Los Organos* an der Nordküste, die zu den faszinierendsten Naturwundern der Insel zählen. Die wegen ihren gleichförmig aufstrebenden Säulen als Orgelpfeifen bezeichneten Steinformationen sind in ihrer Art einmalig. Von der Brandung freigelegt formen die Säulen eine 175 m breite Wand, die am höchsten Punkt fast 80 m mißt. Die Orgelpfeifen selbst können einen Durchmesser von bis zu einem Meter haben.

Erodierte Cañons

Nach einer vulkanischen Ruhephase von mehr als zwei Millionen Jahren wurden vor etwa 5 Millionen Jahren die Täler mit neuen *Horizontalbasalten* ausgefüllt. Diese überdecken größtenteils die altbasaltischen Schichten. Die letzte, sprich jüngste vulkanische Aktivität ereignete sich vor etwa 2,8 Millionen Jahren. Praktisch der ganze Südosten der Insel ist von teils schlackigen *jüngeren Basalten* überzogen.

Seither gab es auf La Gomera keine Vulkanausbrüche mehr. Auf den Nachbarinseln dagegen sind die feuerspeienden Berge bis in die Neuzeit aktiv – auf Teneriffa brodelte 1909 der Chingoro und an der Südspitze La Palmas liegt der letzte Vulkanausbruch erst 25 Jahre zurück. Die erdgeschichtliche Entstehung des Archipels scheint also keineswegs beendet.

Auf La Gomera hatte die Erosion jedoch ungestört Zeit, ihr zersetzendes Werk in Form von tief eingekerbten Schluchten fortzuführen. Keine andere Kanareninsel ist so zerklüftet und unzugänglich wie La Gomera. Vom zentralen Hochland stürzen sich an die 50 große Barrancos meerwärts. Mehrere Kilometer lang und bis zu 800 m tief entstanden so gewaltige

0 km
2
Überhöhte Darstellung
1500
1000
Ancon del Herrero
Roque Aluce
500 m
Alte Basalte
Jüngere Basalte
Agglomerate
Intrusivstöcke
Osten

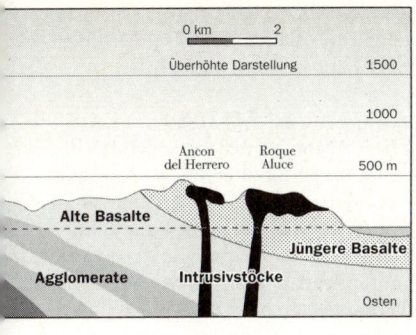

»Narben«. Zwischen den Schluchten blieben breite Bergrücken, *Lomos* genannt, zurück, wodurch die typische Inseltopographie entstand.

Die eng gekrümmten und für Wanderer teilweise von unüberwindlichen Geländestufen unterbrochenen Schluchten verlieren zum Meer hin an Gefälle, werden sanfter und breiter, lassen an den Ausgängen jedoch oftmals nur beschränkten Raum für kleine Siedlungen und landwirtschaftliche Nutzung. Manchmal fehlt selbst eine

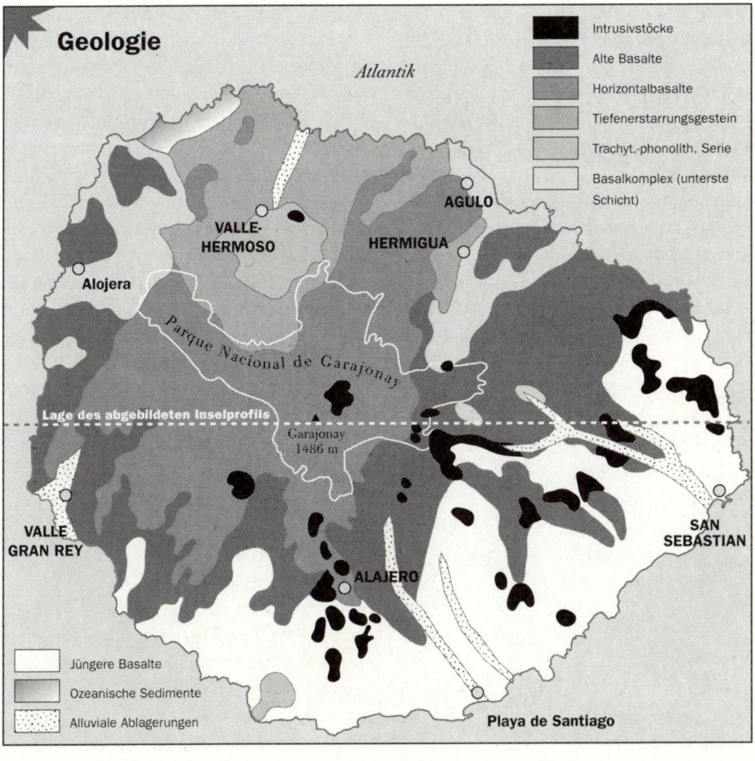

Geologie
Atlantik
Intrusivstöcke
Alte Basalte
Horizontalbasalte
Tiefenerstarrungsgestein
Trachyt.-phonolith. Serie
Basalkomplex (unterste Schicht)
VALLE-HERMOSO
AGULO
HERMIGUA
Alojera
Parque Nacional de Garajonay
Lage des abgebildeten Inselprofils
Garajonay 1486 m
VALLE GRAN REY
ALAJERO
SAN SEBASTIAN
Playa de Santiago
Jüngere Basalte
Ozeanische Sedimente
Alluviale Ablagerungen

NATUR & KULTUR

Mündung, wenn, wie bei *Taguluche*, die Schlucht in einem Steilabsturz zum Meer endet und so ein imposantes »Hängetal« geschaffen hat.

Inseleinwärts sind die Barrancos noch weitgehend unberührte Naturreservate und ökologische Nischen, in denen sich unbehelligt die typisch kanarische Flora entfalten kann und von eingeführten und eingeschleppten Pflanzen noch nicht überfremdet ist oder verdrängt wurde.

Markant sind auch die freigewitterten Gesteinsgänge, von denen die ganze Insel durchzogen ist. Wie gemauert ziehen sie sich oftmals kilometerweit durch die felsige Landschaft, besonders beeindruckend zu beobachten im *Barranco de la Villa*. Die von den Einheimischen als *Taparuchas* bezeichneten magmatischen Erstarrungsformen sind in der Regel 50 bis 100 cm dick, können jedoch auch mehrere Meter mächtig sein.

Ansonsten nimmt sich das vulkanische Erbe der Insel recht bescheiden aus. Lavaströme oder weit gestreute Ascheflächen sucht man vergebens, auch die Vulkankegel selbst fielen dem Zahn der Zeit zum Opfer.

Küsten und Strände

Die jahrmillionenlange Kraft des Meeres nagte beständig an den Rändern der Insel. Steilküsten und bis zu 700 m hohe Kliffs prägen das heutige Bild der Küstenzone. Geologen vermuten, daß sich das Meer bereits die Hälfte der ursprünglichen Inselfläche einverleibt hat. Ein Indiz dafür ist, ein in geringer Meerestiefe gelegener, sich um die Insel ziehender breiter Sockel.

La Gomera wird von 98 Küstenkilometern umschlossen, wovon mehr als 80 % Steilküste sind. Nicht allzu wörtlich nehmen sollte man hier das spanische Wörtchen *playa,* das sich auf fast alles bezieht, was am Meer liegt. Es sei denn, man ist nicht wählerisch und breitet das Badetuch überall aus, egal ob auf grobem Geröll, Kies oder Stein. Ausgesprochene Sandstrände sind knapp und machen nur wenige hundert Meter aus. Insofern

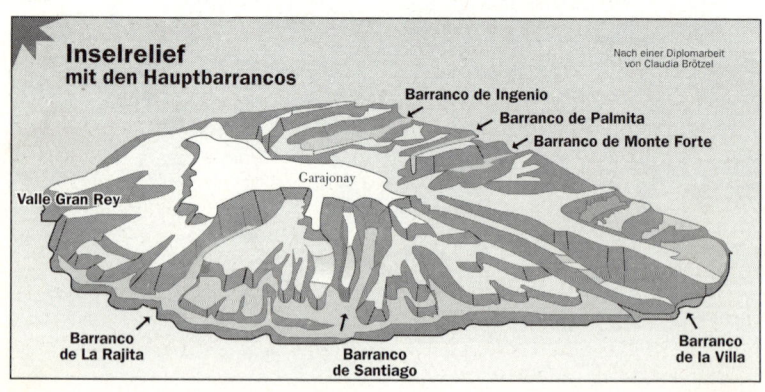

Inselrelief
mit den Hauptbarrancos

Nach einer Diplomarbeit von Claudia Brötzel

Barranco de Ingenio
Barranco de Palmita
Barranco de Monte Forte
Carajonay
Valle Gran Rey
Barranco de La Rajita
Barranco de Santiago
Barranco de la Villa

darf die Insel nicht dem üblichen Kanarenklischee zugerechnet und beispielsweise mit Fuerteventura verglichen werden, wo es die schönsten und längsten Sandstrände des Archipels gibt. La Gomera kann lediglich mit einigen winzigen dunkelsandigen Badebuchten aufwarten.

Manche Sandstrände existieren zudem nur im Sommer. Im Winter kann es passieren, daß die aus dem Sommerurlaub bekannte und geschätzte Badebucht sich in eine geröllige Steinwüste verwandelt hat und das Meer sich den Sand zurückholte.

Wind und Wetter

Wenn im Hochsommer in Madrid, Málaga und auf Mallorca die Quecksilbersäule auf Temperaturen von 35° bis 40°C klettert, bleibt das Wetter auf den Kanaren mit selten mehr als 25°C relativ »kühl« und erträglich. Viele Spanier von der Península nutzen folglich ihre atlantischen »Niederlassungen«, um in den Sommerferien dem heißen Kontinentalklima zu entfliehen und bei mehr gemäßigten Temperaturen Erholung und Entspannung zu suchen. Das kanarische Klima scheint um so erstaunlicher, wenn man berücksichtigt, daß die Sahara mit ihrer lebensfeindlichen trockenen Hitze nur wenige hundert Kilometer entfernt auf demselben Breitengrad liegt.

Nicht nur Festlandspanier, auch Mittel- und Nordeuropäer wissen das ausgeglichene kanarische Klima zu schätzen, ist doch gerade das Wetter der Hauptgrund, der die Inseln im Atlantik zu einem Eldorado für wintermüde und sonnenhungrige Engländer, Deutsche und Skandinavier werden ließ. Für den Mitteleuropäer herrscht auf den Kanaren das ganze Jahr über ein geradezu ideales Klima. Auch in den Wintermonaten kann mildes und größtenteils sonniges Wetter erwartet werden. Die *durchschnittlichen Jahrestemperaturen* bewegen sich zwischen 20° und 22°C. Nicht von ungefähr wird das angenehme und gleichmäßige kanarische Inselklima vielfach als das beste der Welt gepriesen. Im Unterschied zu tropisch-schwülen Reisezielen kühlt es selbst im Hochsommer nachts auf unter 20°C ab. Das absolute Temperaturminimum fällt dagegen selten auf unter 15°C.

> *Allein das Klima der Inseln ist ein Luxus!*
> CÉSAR MANRIQUE

Die vielzitierte Floskel vom »ewigen Frühling« soll jedoch nicht heißen, daß das Wetter auf den Kanaren das ganze Jahr über gleich wäre. Es gibt sehr wohl Jahreszeiten, wenn auch nicht so deutlich ausgeprägt und mit geringeren Unterschieden als in Mitteleuropa. Auf La Gomera sind an der Südküste die Monate Juli bis September mit mittleren Temperaturen von 27 bis 29°C die heißesten. In den Tälern im Norden liegen die sommerlichen Durchschnittswerte um 2 bis 3 Grad niedriger. Während der »kalten« Jahreszeit im Januar und Februar ist es mit durchschnittlich um die 20°C immer noch angenehm warm, was Mitteleuropäer als frühlingshaft empfinden.

NATUR & KULTUR

Mittlere Niederschlags-mengen *(pro Jahr)*	
Lanzarote	135 mm
Fuerteventura	147 mm
Gran Canaria	325 mm
Teneriffa	420 mm
La Gomera	410 mm
El Hierro	426 mm
La Palma	586 mm

Die Temperaturen auf La Gomera sind von der jeweiligen Höhenlage abhängig, je höher man steigt, um so kühler wird es. Pro 100 m Höhendifferenz nimmt die Temperatur etwa um ein Grad ab. Wer beispielsweise von Valle Gran Rey nach Chipude (1050 m) aufsteigt, muß vor allem in den Wintermonaten mit erheblich kühlerem Wetter rechnen.

Die Wassertemperaturen liegen im Jahresmittel bei 20°C, im September bei 23°C und im Februar, dem kältesten Monat, nicht unter 17°C.

Passatwinde und Kanarenstrom

Die wetterbestimmende Rolle auf den Kanaren haben der *Nordostpassat* und der **Kanarenstrom**, eine aus dem Norden kommende kühle Meeresströmung, die bei den Azoren vom Golfstrom abzweigt. Der Kanarenstrom dämpft durch seine relative Kühle (22°C) die Temperaturextreme im Sommer: im Durchschnitt bringt er um zwei bis drei Grad kühlere Temperaturen als für den geographischen Breitengrad üblich. Im Winter hingegen sorgt er mit seinen immerhin noch 18°C für ein angenehm mildes Klima.

Bereits von Homer als »lieblicher Säuselwind« umschrieben, ist der **Passat** der wichtigste Faktor, dem die Kanaren ihr gemäßigtes Klima zu verdanken haben. Im Portugiesischen bedeutet *passate* soviel wie Überfahrt. Im Englischen als *trade winds* bekannt, war der Passat in der Ära der Segelschiffahrt die treibende Kraft für den Überseehandel; Christoph Kolumbus kannte sich für seine Zeit gut mit den Windverhältnissen aus und besegelte die »Passat-Route« als erster. Markenzeichen des Passats ist seine Beständigkeit. Auf ihn ist Verlaß, was der große »Entdecker« gewußt haben mußte. Er wettete geradezu auf den Passat. Daß dieser ihn nicht nach Indien, sondern nach Amerika treiben sollte, steht allerdings auf einem anderen Blatt.

Die auf den Kanaren als *vientos alisios* bezeichneten Winde geben den Meteorologen noch heute so manches Rätsel auf. Die Grundzüge des für den Archipel klimabestimmenden Wetters lassen sich jedoch erklären: Über dem Äquator erwärmt die senkrecht stehende Sonne die Luft besonders stark, wodurch sie aufsteigt und in großen Höhen nach Norden und Süden abfließt (*Antipassat*). Auf der Nordhalbkugel hat sie sich etwa bei den Azoren so weit abgekühlt, daß sie – ein beständiges Hoch bildend – nach unten sinkt, und nun in geringer Höhe wieder dem Tiefdruckgebiet am Äquator zuströmt. Unter dieser theoretisch südwärts gerichteten Strömung dreht sich die Erde nach Osten weg, so daß ein nach Südwesten gerichteter Luftstrom das Resultat ist –

der *Nordostpassat*. Lediglich im Winter kann es vorkommen, daß auf den Kanaren der Passat einige Wochen ausbleibt bzw. an den Inseln vorbeiströmt.

Die Passatwinde verbinden sich mit dem Kanarenstrom und nehmen dabei in den unteren Schichten Feuchtigkeit auf, wobei sie sich etwas abkühlen. Nur wo die Luftmassen durch den Stau an einem Gebirge gezwungen werden, aufzusteigen, wird die Schichtung gestört, die wärmere trockene Oberströmung und die kühlere feuchte Unterströmung verwirbeln miteinander und kühlen beim Aufsteigen ab. Dabei kondensiert das Wasser aus der Luft und es kommt zu massiven Wolkenbildungen, den allen Besuchern des kanarischen Archipels hinlänglich bekannten **Passatwolken**. Die Wolken hängen an den windzu-

gewandten nordöstlichen Bergen der Inseln und sorgen durch die mitgeführte Feuchtigkeit auf den Westinseln für die typische üppige Vegetation. Im Osten des Archipels, auf Lanzarote und Fuerteventura dagegen finden die Passatwolken mangels hoher Berge keinen Halt; sie ziehen über die Inseln hinweg, ohne viel von ihrem kostbaren Naß zu verlieren, weshalb sich diese extrem trocken und wüstenhaft präsentieren.

Auf La Gomera wirkt das zentrale Bergland mit bis zu knapp 1500 m Höhe als Klimascheide. Während sich über den nördlichen Tälern von *Vallehermoso* und *Hermigua* sowie in der Waldregion in der Inselmitte die Wolken zu dichten Bänken stauen und vornehmlich in den Wintermonaten nur an wenigen Tagen die Sonne durchlassen, ist der Süden der Insel

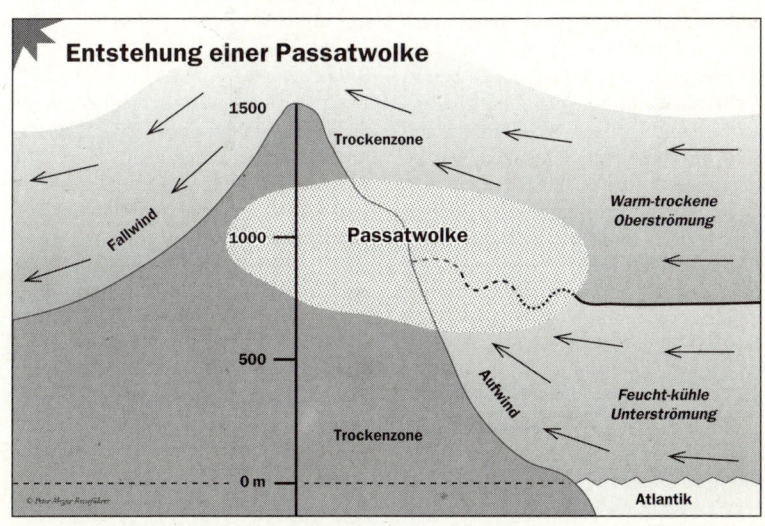

Entstehung einer Passatwolke

1500
Trockenzone
Warm-trockene
Oberströmung
Fallwind
1000
Passatwolke
500
Aufwind
Feucht-kühle
Unterströmung
Trockenzone
0 m
Atlantik

© Peter Meyer Reiseführer

Klimatabelle
Durchschnittswerte auf La Gomera

	Januar	Februar	März	April	Mai	Juni	Juli	August	September	Oktober	November	Dezember
Tagestemperatur °C	20	20	21	22	23	25	27	29	27	25	23	21
Nachttemperatur °C	15	14	15	16	17	18	20	22	21	20	17	17
Wassertemperatur °C	18	18	19	19	20	21	22	23	23	22	22	21
Sonnenstunden/Tag	5	6	7	8	9	10	11	10	8	6	6	5
Regentage/Monat	11	8	6	5	2	1	0	1	2	6	8	8

Mittlere Temperaturen	im Sommer	im Winter
min./max. an der Südküste	19°/29°	14°/21°
min./max. im Norden	18°/25°	13°/20°

meist sonnig. Besonders sonnenverwöhnt ist *Playa de Santiago.*

Die Klimascheide drückt sich auch in den **Niederschlagswerten** aus. Im feuchten Hermigua-Tal können pro Jahr bis zu 580 mm fallen, im bewaldeten zentralen Bergland um den *Garajonay* gar bis zu 1000 mm. In Playa de Santiago dagegen regnet es kaum, in manchen Jahren nie. Die Niederschläge im Norden und dem Bergland sind durchaus mit deutschen Werten (Frankfurt a.M. 680 mm) vergleichbar.

Regen fällt größtenteils als leichter Nieselregen oder kurzer intensiver Guß. Wolkenbruchartige Regenfälle oder der in Mitteleuropa berüchtigte tagelang anhaltende Landregen sind selten. Gewitter gibt es kaum. Im Unterschied zu den weitaus höher aufgefalteten Nachbarinseln Teneriffa und La Palma, wo die höchsten Gipfel jedes Jahr mit Schnee bedeckt sind, erlebt La Gomera in der Regel diese weiße Pracht nie. Eine Ausnahme war der extrem kalte Januar 1994, wo erstmals seit Jahrzehnten auf dem *Roque Agando* (1250 m) wieder etwas Schnee gefallen ist. Am Tag darauf war zur Enttäuschung der Einheimischen der Spuk bereits wieder »Schnee von gestern«.

Saharawetter
Der Nordostpassat ist jedoch nicht der einzige Wind der Region. Durchschnittlich ein- bis zweimal im Jahr wird der Archipel von aus Nordwestafrika herüberwehendem Saharawind heimgesucht. Der als Levante, Harmattan oder Schirokko bekannte, auf den Inseln meist mit *Kalima* oder *Tiempo del Sur* (Südwind) bezeichnete Wind bringt kurzzeitig eine völlig andersgeartete Wetterlage mit sich. Die trockenen afrikanischen Luftmassen können zu enormen Temperatursprüngen von 10° bis 14°C führen, Temperaturen von über 40°C bei gleichzeitig auf unter 30 % sinkender

Luftfeuchtigkeit sind nicht selten. Als absolute Höchstwerte wurden schon an die 50°C gemessen.

Betroffen sind in erster Linie die Ostinseln Lanzarote, Fuerteventura und Gran Canaria, doch auch La Gomera und die anderen Westkanaren bleiben davon nicht verschont. Am intensivsten wehen die Saharawinde in den Monaten Juli und August. Der Hitzeschub hält zumeist nicht länger als drei bis fünf Tage an. Mitgeführte Sandmassen überziehen während dieser Zeit die ganze Insel mit einer staubfeinen gelblichen Sandschicht. Von der vielgerühmten atlantischen Frische und klaren Luft ist bei dieser Wetterlage nichts mehr zu spüren. Die Luft ist schwer und diesig, die Atmosphäre von gelbem Sand verhangen, so daß bei wolkenlosem Himmel die Sonne kaum auszumachen ist und verschleiert am Firmament hängt. Die Sichtweite beträgt oft weniger als einen Kilometer, ab und an muß gar der Flugverkehr unterbrochen werden.

Diese Klimavariante wirkt sich lähmend auf das Inselleben aus, es herrscht erdrückende Hitze. Durch das gleichzeitige Ausbleiben des Pássatwindes ist es vielfach ausgesprochen still, kein Lüftchen rührt sich. Die Klimaverhältnisse sind genau umgekehrt als üblich: während ansonsten die Küstenzone das wärmste Klima aufweist, steigen durch die ausgleichende Wirkung des Meeres in den unteren Zonen die Temperaturen ver-

Von dem beständig frühlingshaften Klima profitiert der Bananenanbau

hältnismäßig wenig an. Am heißesten ist es dann in mittleren Höhenlagen.

Atlantische Tiefausläufer

Neben Nordostpassat und Kalima können als drittes Wettersystem stürmische *Westwinde* das Inselklima beeinflussen. Fast jeden Winter fegen ein- bis zweimal Unwetter über die Inseln hinweg, entwurzeln Bäume, fällen Strommasten, Häuser werden abgedeckt, Gemüseplantagen verwüstet. Diese atlantischen Tiefausläufer bringen vornehmlich auf den Westinseln heftigen Regen.

Palmenhaine und immergrüner Nebelwald

Dank der winterlichen Niederschläge im zentralen Hochland und im Norden ist La Gomera in weiten Teilen eine ausgesprochen grüne Insel mit einer artenreichen, ausgefallenen Flora. Nicht nur Pflanzenkundler und Botaniker finden auf La Gomera einen außerordentlich interessanten Naturraum vor. Auch auf den Laien wirkt die auf engstem Raum sich konzentrierende, über verschiedene Klimazonen hinziehende Vegetation äußerst beeindruckend.

Von den etwa 1800 auf den Kanarischen Inseln wildwachsenden Pflanzen sind etwa ein Drittel *endemisch,* das heißt, sie kommen in ihrer bestimmten Ausprägung nur hier und nirgendwo sonst auf der Welt vor. Auf die Frage nach der Ursache des hohen Endemitenanteils gibt es nur wenig schlüssige und endgültige Antworten. Bezeichnend für das botanische dunkle Loch steht die ehrliche Aussage des renommierten Botanikers und Kanarenexperten Günther Kunkel: »Wir wissen es nicht!«.

Am plausibelsten scheint die Hypothese von der Inselisolierung, wonach die kanarische Flora als Relikt früherer erdgeschichtlicher Epochen angesehen wird. Vor der letzten Eiszeit waren viele heute auf den Kanaren anzutreffende Spezies auch im Mittelmeerraum verbreitet. Fossile Funde von Drachenbäumen, Lorbeer und Farnen aus dem Miozän und Pliozän scheinen diese These zu belegen. Aufgrund der geographischen Randlage blieb der Archipel weitgehend von Klimakatastrophen unberührt. Für die Flora öffnete sich eine ökologische Nische, die bis in unsere Zeit hinein das Überleben zahlreicher Arten sicherte. In den klimatisch abgegrenzten Vegetationsstufen konnten sich zahlreiche »Biotopspezialisten« entwickeln, Pflanzen, die sich den jeweiligen lokalen Gegebenheiten anpaßten und so ein artenreiches Endemitentum begünstigten. Ähnlich der ebenfalls außergewöhnlichen Flora auf Inseln wie Madagaskar, Hawaii oder Neuseeland präsentieren sich die Kanaren als eine Art botanisches Freilichtmuseum.

Die endemischen Pflanzen des Archipels werden in drei Kategorien zusammengefaßt: sogenannte *Lokalendemiten,* deren Vorkommen sich auf einzelne Inseln beschränkt; *Kanarenendemiten,* die sich auf mehreren Kanareninseln finden; die dritte Gruppe bilden die *makaronesischen Endemiten. Makaronesien* ist ein geobiologischer Begriff, der die Kanarischen Inseln mit Madeira, den Azoren und Kapverden zu einer botanischen Region zusammenfaßt, weil diese Inselgruppen vulkanischen Ursprungs sind und eine ähnliche Flora beherbergen.

Nach Angaben des Inselkenners Adam Reifenberger wachsen von den 843 auf La Gomera bestimmten wildwachsenden Gefäßpflanzen 65 Arten nur auf der Insel, 146 gelten als Kanaren-Endemiten und 51 weitere werden als makaronesische Endemiten eingestuft. Mehr als ein Viertel aller auf der Insel heimischen Wildpflanzen sind damit in den Augen des europäischen Besuchers bislang nie gesehen, sprich fremd und exotisch, was zweifelsohne den besonderen Reiz der gomerischen Vegetation ausmacht. Die wichtigsten endemischen Familien sind die *Dickblattgewächse, Euphorbien* und *Sonchus-Arten,* die alle zahlreiche Unterarten ausdifferenziert haben.

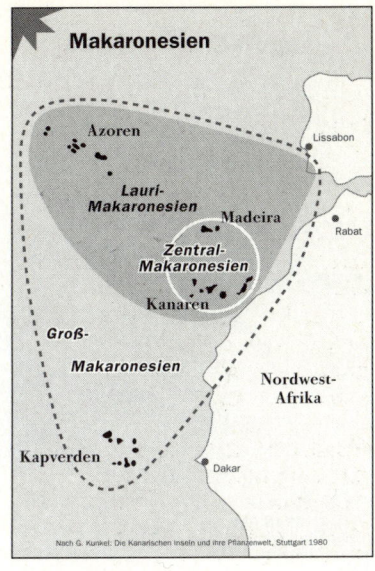

Nach G. Kunkel: Die Kanarischen Inseln und ihre Pflanzenwelt, Stuttgart 1980

Die Vegetationsstufen

Die Pflanzenwelt La Gomeras läßt sich in höhenmäßig abgestufte Vegetationszonen einteilen:

- Die sukkulente Küstenzone (bis 400 m)
- Die subhumide Montanstufe (200 bis 800 m)
- Der immergrüne Nebelwald (600 – 1500 m)

Die sukkulente Küstenzone

In der warmen und trockenen Küstenzone können vornehmlich Pflanzen überleben, die in der Lage sind, über längere Zeit hinweg ohne Wasser auszukommen. Prädestiniert hierfür

sind die **Dickblattgewächse**, eben jene sogenannten *Sukkulenten,* deren gemeinsames Charakteristikum dickfleischige Stengel oder Blätter sind, die sie vor dem Austrocknen bewahren. Die von einer undurchlässigen Außenhaut umspannten Verdickungen dienen den Pflanzen als Wasserspeicher. Sie finden dadurch in der Tiefenstufe ideale Wachstumsbedingungen vor, und sind darüber hinaus auch noch in Lagen bis zu 1000 m Höhe anzutreffen.

Die Sukkulentenformation wird von **Wolfsmilchgewächsen** *(Euphorbien)* dominiert. Ein markanter Kanarenendemit ist die *Kandelaberwolfsmilch* (span. *cardón),* die oftmals für einen Kaktus gehalten wird. Die vierbis fünfkantigen Säulen wachsen in

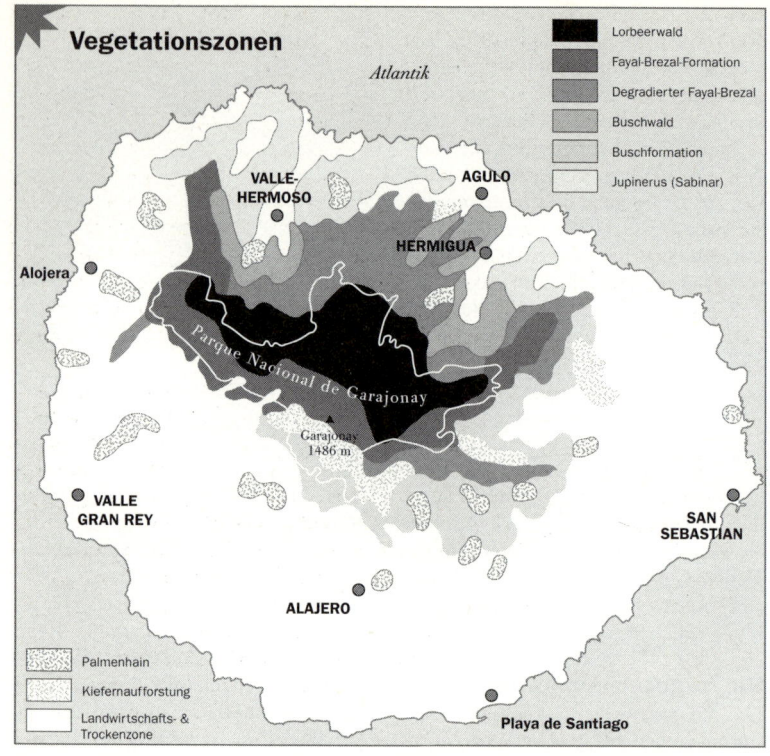

Vegetationszonen

Atlantik

- Lorbeerwald
- Fayal-Brezal-Formation
- Degradierter Fayal-Brezal
- Buschwald
- Buschformation
- Jupinerus (Sabinar)

VALLE-HERMOSO

AGULO

HERMIGUA

Alojera

Parque Nacional de Garajonay

Garajonay 1486 m

VALLE GRAN REY

SAN SEBASTIAN

ALAJERO

- Palmenhain
- Kiefernaufforstung
- Landwirtschafts- & Trockenzone

Playa de Santiago

dichten Clustern und können eine Höhe von bis zu zwei Metern erreichen. Die Kanten sind mit warzenähnlichen Auswürfen besetzt, aus denen spitze Stacheln hervorbrechen. Praktisch die ganze Säule ist ein einziger Wasserspeicher, der den für Wolfsmilchgewächse typischen giftigen Milchsaft enthält. Säuleneuphorbien wachsen sehr langsam und können über 100 Jahre alt werden. Bevorzugte Standorte sind aride Felsen und abschüssige Hanglagen, große Bestände finden sich vor allem an den Flanken des *Barranco de la Villa* und im felsigen Terrain des *Barranco de Santiago*.

Eine andere weit verbreitete Leitpflanze der küstennahen Trockenzone nannten die Altkanarier *Tabaiba*, eine weitere typische Vertreterin der Wolfsmilchgewächse. Die Pflanze verträgt die salzhaltige Meeresluft gut und wächst bevorzugt auf brachliegenden Terrassenkulturen an den Südhängen der Insel. Der bis zu anderthalb Meter hohe bäumchenbildende Euphorbienstrauch hat einen verholzten Stamm, die flache Krone wird von graugrünen Blattrosetten gebildet. Die prallgefüllten Stämme sind sehr druckempfindlich und platzen schon bei kleinsten Schlägen auf, wobei die giftige Milch herausspritzt. Bei einem Spaziergang durch von Tabaiba überwucherte Vegetation kann es leicht passieren, daß man aus Versehen den Stamm verletzt und die Milch Hände oder Beine benetzt, doch Augen, Lippen und Schleimhäute sollten mit dem leicht ätzenden Saft auf keinen Fall in Berührung kommen. Schon der Chronist Bory de St. Vincent wußte über Tabaiba nichts Gutes zu berichten: aufgrund des giftigen Milchsaftes war der Strauch für ihn eine »heimtückische, verabscheuungswürdige« Pflanze. Der giftige Saft soll von den Altkanariern zum Fischfang ins Meer gegeben worden sein, um damit die Fische zu betäuben. Die Milch wurde auch als Heilmittel und zur Mumifizierung verwendet.

An den steilen Hängen der Nordwestküste weit verbreitet ist die *Blattlose Wolfsmilch*. Im Gegensatz zu ihren mächtigen, teils bäumchenbildenden Verwandten wachsen die kahlen Stengelchen lediglich bis auf Kniehöhe heran, können jedoch ganze Hänge abdecken. Die Spitzen sind mit winzigen gelben Blüten besetzt.

Eine wolfsmilchähnliche, oftmals mit Tabaiba verwechselte Pflanze ist die *Verode*. Sie wächst ebenfalls unterhalb der Passatschicht in der unwirtlichen Tiefenzone. Unterscheidungsmerkmal sind die kräftigeren, oleanderähnlichen Blätter.

Allgegenwärtig auf den Kanaren ist der strauchförmige **Dornlattich,** der sich durch kleine Dornen und einen abweisenden Geruch wirkungsvoll vor Ziegenfraß schützt und in dem halbariden Klima als eine Art Lebenskünstler angesehen werden kann. Die resistente, fast das ganze Jahr blattlose Wildpflanze findet vor allem an den trockenen Südhängen der Insel genügend Lebensraum. Erstaunlich sind die kleinen gelben Büten, die dem ansonsten unscheinbaren Kraut etwas Glanz verleihen.

In der Küstenzone zumeist in Gesellschaft von Wolfsmilchgewächsen, aber auch noch in höheren Lagen zu sehen, wächst der gelbblühende **Kanaren-Beifuß.** Die fiedrigen Blätter verströmen einen an Salbei und Wermut erinnernden aufdringlichen Geruch und werden in der Volksmedizin verwendet.

Die halbfeuchte Montanstufe

An die trockene Küstenzone schließt sich eine feuchtere Montanstufe an, im Norden bereits ab 100 m, im Süden ab 300 m Höhe. Eine der auffälligsten Charakterpflanzen der Montanstufe ist auch hier die Familie der **Dickblattgewächse.** Eine auf den ganzen Kanaren mit zahlreichen Endemiten weit verbreitete Dickblattfamilie ist das **Aeonium,** das auf La Gomera mit sechs Lokalendemiten vertreten ist. Die oft tellergroßen Blattrosetten, die mächtige, wie kleine Pyramiden geformte Blütenstände hervorbringen, wachsen nahezu überall, zwischen Euphorbien, unter Kiefern, an Geröllabhängen, und finden selbst noch an senkrechten Steilwänden der Barrancos genügend Halt. Als Pionierpflanze bahnt das Aeonium anderen Pflanzen den Weg; lediglich die unmittelbare Küstenregion meidet sie. Auf Mauern und besonders auf Dächern ist die Pflanze als Haus- oder Dachwurz auch ein ständiger Begleiter des Menschen. Weit verbreitet ist das zierliche *Aeonium decorum*, dessen Rosetten von einem roten Rand geschmückt sind. Seltener anzutreffen ist das *Aeonium spathulatum*. Auf Waldlichtungen scheint sich besonders das *Aeonium subplanum* wohl zu fühlen.

Ein typisches Dickblattgewächs ist das samtbehaarte *Aichryson laxum*. Im Unterschied zu den rosettenförmigen Aeonium-Arten setzt sich diese Pflanze aus lockeren Rosetten zusammen und bringt hellgoldene Blütensternchen hervor. Sie benötigt eine relativ hohe Luftfeuchtigkeit und ist nur im Norden der Insel anzutreffen, häufig wächst sie auf bemoosten Baumstämmen.

Eine anspruchslose **Konifere**, die sich in der Montanstufe behaupten kann, ist der *Phönizische Wacholder*, der lokal unter dem namen *Sabina* bekannt ist. Er kommt besonders häufig im Nordwesten vor, vornehmlich an den Hängen oberhalb von Vallehermoso, wo er früher einmal einen lichten Waldbestand bildete. Im Lauf der Jahrhunderte fiel er großenteils der Holzkohleproduktion zum Opfer. Der auch im Mittelmeerraum und auf Madeira heimische Nadelbaum schmiegt sich meist als verkrüppelter Busch an die steilen Hänge, kann an

geschützten Stellen jedoch zu mächtigen Bäumen auswachsen. Die Nachbarinsel El Hierro ist für besonders alte, bizarr vom Wind geformte Sabina-Exemplare bekannt.

Ein enger Verwandter des Phönizischen Wacholders ist der *Cedro*, der dem Nebelwald *(Bosque del Cedro)* seinen Namen gab, aber dort kaum vorkommt. Vereinzelte Exemplare des Zedern-Wacholder wachsen auf den Vulkanschloten *(Roques)*. Die knorrigen Bäume mit ihren nadelförmigen, etwa anderthalb Zentimeter langen Blättern können bis zu 25 m hoch werden.

Weitaus bedeutender als Wacholder ist auf La Gomera die **Palme**. Wie kaum ein anderer Baum verkörpert

Überlebenskünstler par exellence: Aeonium

sie den Traum von Sonne, Süden und Exotik. Mit der *Kanarischen Dattelpalme* kann der Archipel mit einer endemischen Palme aufwarten, die vielfach als die schönste Art der Gattung angesehen wird. In der Küstenzone wachsend, kann sie eine Höhe von bis zu 15 m erreichen und gedeiht selbst noch in Höhenlagen von über 1200 m. Mit ihren elegant geschwungenen, bis zu dreieinhalb Meter langen Palmwedeln ähnelt sie der nordafrikanischen Dattelpalme, hat jedoch eine größere Krone als diese. Die goldenen bis orangefarbenen Fruchtstände bringen kleine Früchte hervor, das leicht bittere Fruchtfleisch macht sie allerdings ungenießbar. Die Palmwedel liefern Rohmaterial für die Korb- und Mattenflechterei und fanden früher unter anderem als Straßenbesen Verwendung. Ein auf La Gomera noch heute wichtiger Erwerbszweig ist die aus dem Palmsaft gewonnene Palmhonigproduktion (siehe Seite 117). Obwohl La Gomera die zweitkleinste Insel des Archipels ist, wachsen hier die meisten Palmen – mehr als 100.000 sollen es sein. Regelrechte Palmenhaine finden sich vor allem in *Valle Gran Rey, Alojera, Taguluche* und *Benchijigua*. Die Kanarische Dattelpalme wird gerne in südeuropäischen Ländern als Promenadenzierde angepflanzt.

An eingeführten Palmenarten finden sich vor allem die *Fächerpalme* (Washingtonia). Von der hochstämmigen *Königspalme* gibt es nur wenige Exemplare auf der Insel, beispielsweise in *Hermigua* und *San Sebastián*. Die *Kokospalme* ist erst in den letzten Jahren auf der Insel heimisch geworden und wird verstärkt als Zierpalme in öffentlichen Parks und Hotelgärten angepflanzt.

Vom Aussterben bedroht ist die spargelartige *Ceropegia ceratophora*. Die zur Familie der Seidenpflanzengewächse gehörende auffällige Pflanze wächst bevorzugt an felsigen Hängen. Einige wenige Exemplare finden sich beispieswese oberhalb von *Taguluche* (siehe Wanderung Nr. 9).

Der immergrüne Nebelwald

Die ausgedehnten Waldbestände im zentralen Hochland der Insel bilden heute ihr ökologisches Rückgrat. Eine Charakterpflanze ist der **Lorbeerbaum**. Andernorts als Strauch zu finden, wächst Lorbeer auf den Kanaren zu baumhohen Exemplaren aus. In grauer Vorzeit waren Lorbeerwälder rund ums Mittelmeer verbreitet. Trotz des enormen Kahlschlags konnten sich auf den Kanaren als Überbleibsel aus dem Tertiär noch beachtliche Restbestände erhalten. Die größten und beeindruckendsten finden sich auf La Gomera im *Nationalpark Garajonay*. Aber auch im feuchten Nordosten La Palmas gibt es noch dichte Lorbeerwälder. Die vorherrschenden Arten sind *Tilo, Viñatigo, Loro* und *Barbusano*. Für Laien sind die einzelnen Arten mit ihren spitz zulaufenden elliptischen, matt glänzenden Blättern nur schwer auseinander zu halten. Lediglich der Tilo ist an seinen an Eicheln erinnernden Früchten leicht erkennbar. Die bis zu 30 m

Bitte lesen Sie weiter auf Seite 60

NATUR & KULTUR

Der Drachenbaum von Agalán

Von den Canarios liebevoll als *Drago* bezeichnet, ist der Drachenbaum die berühmteste Art der Kanarenflora. Bis zum 15. Jahrhundert soll es auf der Nachbarinsel La Palma noch ganze Drachenbaumwälder gegeben haben. Durch Kahlschlag war der Baum bis vor kurzem vom Aussterben bedroht. Der Erhalt des markanten Charakterbaums wurde in den letzten Jahren mehr und mehr zu einer Prestigefrage hochstilisiert, so daß er heute gar aufgeforstet wird und vielerorts junge schnellwachsende Stämme zu sehen sind.

Der botanisch zu den *Liliengewächsen* gehörende Baum wird als makaronesischer Endemit angesehen, der in Europa und anderen Kontinenten vor circa 20 Millionen Jahren untergegangen ist und lediglich auf den Kanaren, Madeira, den Azoren und Kapverden eine ökologische Nische gefunden hat. Entfernte Verwandte des archaischen Baumes sind in Ostafrika beheimatet. Der in den ersten Jahren zunächst gerade hochwachsende Stamm bringt nach der ersten Blüte (nach 10 bis 12 Jahren!) flaschenförmige Äste hervor und kann ausgewachsen bis zu 20 m hoch werden. Am Ende der plump wirkenden Verästelungen bilden sich schmale, spitz zulaufende sternenförmig angeordnete Blätter.

Wie kein anderes Gewächs auf den Kanaren stand der Drago im Mittelpunkt mythologischer Verehrung. Den Altkanariern galt der bizarre Baum als Symbol der Fruchtbarkeit und Weisheit, weshalb er als »heilig« angesehen wurde. Aus den Blüten wollte man ablesen, wie die künftige Ernte ausfallen würde. Unter dem weitausladenden Gewirr von Ästen tagten die Guanchenkönige und sprachen Recht. Das aus dem Stamm der Bäume gewonnene »Drachenblut«, ein zunächst farbloser und harziger Saft, der sich an der Luft dunkelrot färbt, benutzte man zur Mumifizierung der Toten. Die gummiartige Masse wurde auch in der Heilkunst verwendet. Nicht das relativ wertlose Nutzholz, sondern die harzige Ausscheidung war es schließlich auch, die den Baum nach der spanischen Eroberung fast von der Bildfläche verschwinden ließ. Mit Drachenblut eingefärbte Wurzeln standen im Ruf, Zähne und Zahnfleisch gesund zu erhalten. Drachenblut avancierte im 19. Jahrhundert zu einem Exportschlager und fand sich verarbeitet in Zahncremes wieder, daneben auch als Farbpigment in Firnissen und Farben.

Anlaß zur Legendenbildung gab immer wieder das Alter der Bäume. Von den Einheimischen wurden einzelne Bäume nicht selten auf Tausende von Jahren geschätzt (*drago milenaria*, tausendjähriger Baum). Selbst noch Alexander von Humboldt bescheinigte einem auf Teneriffa stehenden, 1868 durch einen Sturm gefällten Drago ein Alter von mehreren tausend Jahren, was von anderen Forschern bis auf 6000 Jahre konkretisiert wurde. Der legendäre Riese aus der Steinzeit soll einen Stammdurchmesser von 15 m gehabt haben.

Mittlerweile werden bezüglich des Alters der Bäume bescheidenere Maßstäbe angesetzt. Die Altersbestimmung gestaltet sich deshalb so schwierig, da die Stämme nicht richtig verholzt sind, sondern eher ein weitmaschiges schwammiges Netzgeflecht aufweisen und, wie auch Palmen, keine Jahresringe haben. Das Alter der Bäume wird heute nach langjährigen Beobachtungen anhand der Zahl der Verästelungen datiert. Die Verästelungen erfol-

gen jedoch nicht nach einem exakten Turnus. Bis sich der Baum erstmals verzweigt, können 10 bis 12 Jahre vergehen. Die heute ausgewachsenen Dragos werden durchschnittlich auf etwa 150 Jahre geschätzt. Eine Ausnahme ist der Drachenbaum von Icod auf Teneriffa; dem derzeit berühmtesten Drago des Archipels wird ein Alter von etwa 370 Jahren zugesprochen. Von in die Steinzeit reichenden Methusalemen also keine Spur.

Der einzige betagte Drago auf La Gomera findet sich versteckt unterhalb des Weilers *Agalán*. Auf einem idyllischen Pfad (Wegbeschreibung siehe Wande-

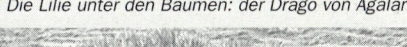

Die Lilie unter den Bäumen: der Drago von Agalán

NATUR & KULTUR

rung Nr. 5) erreicht man den in einem stillen Tal thronenden Baumriesen, dessen prächtig verzweigte Krone den Vergleich mit den schönsten Exemplaren auf Teneriffa und La Palma nicht zu scheuen braucht. Ansonsten gibt es auf La Gomera nur noch jüngere Bäume, beispielsweise an der Dorfstraße in Hermigua oder vor dem Portal des Parador-Hotels in San Sebastián. Die meisten davon wurden erst vor wenigen Jahrzehnten angepflanzt und weisen bislang keine oder nur wenige Gabelungen auf.

▶ Fortsetzung von Seite 57

hohen Bäume bilden ein geschlossenes Kronendach und sind durch ihre Dichte und botanische Vielfalt durchaus mit tropischen Bergwäldern vergleichbar. Die feuchtigkeitsliebenden Bäume wachsen im Kondensbereich der Passatwolken zwischen 600 und 1100 m Höhe. Die Stämme sind mit Moosen und Flechten bewachsen, den Unterwuchs stellen Sträucher, Kräuter, Pilze und Farne. Durch diese grüne Wildnis ranken sich Efeu- und Lianengewächse und verstärken die Assoziationen an einen subtropischen Dschungel.

Weite Teile des Nebelwaldes werden von der **Fayal-Brezal-Formation** dominiert, die nach zwei nichtendemischen Leitpflanzen, dem *Gagelbaum* (span. *faya*) und der *Baumheide*

(span. *brezo*) benannt ist. Beide finden sich oftmals vermischt mit Lorbeerwald. Sie sind temperaturunempfindlicher und trockenresistenter als Lorbeer, so daß sie sogar über den Passatwolken noch ausreichend Lebensraum vorfinden. Die Baumheide wächst im Lorbeerwald zu einem Baum von bis zu 12 m Höhe heran, in höheren Lagen oberhalb 1100 m als teils nur kniehohe Strauchform. Der Gagelbaum mit seinem dicken Stamm kann bis zu 20 m hoch werden. Beide Baumarten sind äußerst anpassungsfähig und können selbst noch in Lagen bis zu 1500 m Fuß fassen. Sie wachsen auch als Sekundärwald, wo

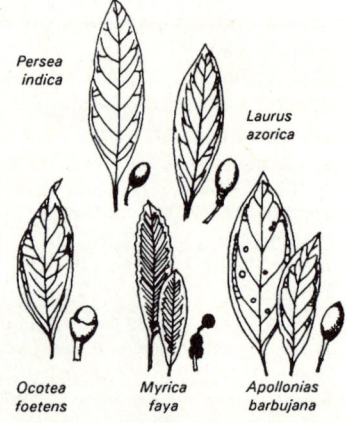

Persea
indica

Laurus
azorica

Ocotea
foetens

Myrica
faya

Apollonias
barbujana

früher Lorbeerwald stand. Die Fayal-Brezal-Formation ist vor allem am südlichen Rand des Nationalparks um *Las Hayas* anzutreffen.

Zwischen Lorbeerbäumen und Fayal-Brezal konnte sich auch der **Kanarische Erdbeerbaum** eine ökologische Nische bewahren. Der unter dem lokalen Namen *Madroño* bekannte Baum bringt kleine orangerote eßbare Früchte hervor. Er wächst vornehmlich nahe der Vulkanschlote der *Roques Agando, de Ojila* und *Zarzita*.

Zu den charakteristischen Pflanzen der Krautschicht im Nebelwald zählen die **Farne**. An erster Stelle sei der *Wurzelnde Grübchenfarn* genannt, ein Großfarn mit 2 bis 3 m langen überhängenden Wedeln. Er mag besonders feuchte Standorte. Die Wedelspitzen können auf dem Boden wieder neue Wedel bilden. Von den Altkanariern bereits zu Nahrungszwecken genutzt wurde die Wurzel des *Adlerfarns*. Auch er kann im Nebelwald zu einer beträchtlichen Größe auswachsen. Etwas verkümmerter findet er sich außerhalb des Waldes auf brachliegenden Feldern. Besonders feucht mag es der *Frauenhaarfarn*. Bevorzugte Standorte sind in der Nähe von Quellen, schattige Bachläufe und nasses Felsgestein. Der auf dünnen Stielen sitzende, wie krause Petersilie aussehende Farn wird auch *Venushaar* genannt. Neben anderen Kosmopoliten wie dem *Kletter- und Streifenfarn* ist der *Wurmfarn* besonders verbreitet. Er galt bis noch vor wenigen Jahren als Kanarenendemit, ist jedoch auch in Nordafrika heimisch.

Als strauchförmiger Unterwuchs weit verbreitet ist die **Kanarische Stechpalme,** wobei es sich nicht um eine Palmenart, sondern um buschige Sträucher handelt. Die lederharten Blätter sind mit einer kleinen Stachelspitze besetzt. Das Stechpalmengewächs ist leicht an den beerengroßen

Zaubert Märchenstimmung: Grübchenfarn

roten, aber giftigen Früchten zu erkennen. Etwas weniger häufig ist die *Großblättrige Stechpalme*, die sich durch eine etwas breitere stechendgezähnte Blattform unterscheidet.

Eine leicht zu bestimmende Pflanzengesellschaft sind die sägezahngezackten **Sonchus-Gewächse**. Auf den Kanaren sind davon etwa zwei Dutzend Unterarten bekannt. Die teils auf hohen Stielen wachsenden Pflanzen sehen aus wie unser Löwenzahn und finden sich entlang von Wanderwegen, Forstpisten und felsigen Lichtungen. Der endemische *Sonchus gomerensis* zeigt seine gelben Blüten im Sommer, während der weitverbreitete *Sonchus hierrensis* bereits in den Wintermonaten blüht.

Mocán ist ein immergrüner Baumstrauch, der bevorzugt in Lorbeerwald-regionen wächst

In den Randzonen des Lorbeerwaldes angesiedelt sind **Codeso-Büsche,** die mit ihren gelben Schmetterlingsblüten im Sommer ähnlich dem Ginster ganze Hänge einfärben können. Besonders verbreitet ist der Codeso im Gebiet des *Garajonay.* Von den Einheimischen werden die Büsche vielfach als Ziegenfutter geschnitten.

Eine recht bescheidene Rolle spielt auf La Gomera die endemische **Kanarenkiefer,** die hier lange nicht so verbreitet ist wie auf Teneriffa und La Palma, wo es noch ausgedehnte Wälder der langnadligen Bäume gibt. Natürliche Standorte finden sich oberhalb von *Vallehermoso* und am *Roque Agando.* In den 60er Jahren begann man auf gerodetem Erikamischwald, im heutigen Gebiet des Nationalparks in der Gipfelregion um den Garajonay, großflächig Kiefern aufzuforsten. Anders als auf den Nachbarinseln, wo der Kiefernwald eine immens wichtige Stellung im Ökosystem einnimmt, merkte man auf La Gomera schon bald, daß die neuen Kiefernbestände nicht den einstigen Mischwald ersetzen konnten. Als besonders nachteilig stellte sich heraus, daß die herabfallenden langen Nadeln praktisch den ganzen Unterwuchs hemmen und andere Pflanzen kaum eine Chance haben, durch den dichten, nur langsam verrottenden Nadelteppich durchzukommen. Vielfach werden die Kiefern zugunsten des nachwachsenden Erikamischwaldes wieder geschlagen.

Bemerkenswert ist jedoch die Feuerresistenz der Bäume, was bei den periodisch auftretenden Waldbränden nicht unwesentlich ist. Durch das Feuer wird nur die äußere Schicht der korkähnlichen Borke angekokelt. Die dicke Borke wirkt wie ein Hitzeschild, der Stamm selbst bleibt zumeist unversehrt, so daß der Wald auch ausgesprochen starke Brände überlebt. Nach dem Feuer regeneriert sich der Baum außerordentlich schnell und treibt am ganzen Stamm wieder neue Zweige. Auch der große Waldbrand am Roque Agando von 1984 konnte den Kiefern kaum etwas anhaben, während der Fayal-Brezal-Wald schwer geschädigt wurde.

Das geschätzte Kiefernholz wurde früher zum Schiffsbau, zur Harz- und Pechgewinnung sowie zur Herstellung von Weinfässern verwendet, oder einfach als Brennholz in den Zuckerrohrraffinerien verheizt. Aus dem harzigen und insektenresistenten Kernholz (span. *tea*) errichtete man Dachstühle und die noch heute zu bewundernden Mudèjardecken der Kirchen.

Eingeschleppte Arten

Trotz der außergewöhnlich endemitenreichen Flora machen eingeschleppte Arten den Großteil der Vegetation aus und prägen entscheidend die kanarische Landschaft. Unvermeidliche menschliche Kulturbegleiter wie die *Ackerwinde*, *Brennessel* oder das *Hirtentäschelkraut* konnten sich den neuen Lebensumständen hervorragend anpassen. Manche der eingeschleppten Arten entfalten geradezu ein aggressives Wachstum und verdrängen teils die heimischen Pflanzen.

Von den eingeschleppten Arten konnten sich in der Montanstufe vornehmlich die trockenresistenten *Feigenkakteen* und *Agaven* verbreiten. Aus Zentralamerika eingeführt, erwiesen sich beide als extrem anpassungs- und regenerationsfähig. Ähnlich den Sukkulenten sind sie mit großzügigen Wasserspeichern ausgestattet und können problemlos längere Trockenperioden überdauern. Die Fortpflanzung erfolgt mittels Kriechwurzeln, ein einmal befallenes Gebiet ist nur schwerlich wieder davon frei zu bekommen.

Unter dem Sammelbegriff **Opuntien** wird eine ursprünglich in Süd- und Mittelamerika beheimatete Kakteengattung zusammengefaßt. Bekanntester Vertreter ist der *Feigenkaktus*, der eiförmige rote, von kleinen Stachelhärchen besetzte Früchte hervorbringt. Die von vielen harten Kernen durchsetzte Frucht ist eßbar. Bereits im 16. Jahrhundert aus Mexiko eingeführt, wurde der Feigenkaktus als Wirtspflanze für die Cochenille-Schildlaus genutzt, aus der sich ein roter Farbstoff gewinnen läßt (siehe Seite 32). Mangels anderer wirtschaftlicher Alternativen begann man, auf allen Kanareninseln riesige Monokulturen anzulegen, vielfach war die unterhalb der Passatwolken liegende Trockenzone so gut wie ausschließlich mit Kakteen bestanden. Für den frühen Reisenden müssen sie ein ebenso monotones Bild vermittelt haben, wie die heute endlos ausufernden Bananenplantagen.

Auch lange nach dem Zusammenbruch des Cochenille-Booms gehört der Feigenkaktus heute zur »typischen« Inselflora. Reste der einstigen Opuntienlandschaft finden sich mehr als genug. Die äußerst anspruchslosen und trockenresistenten Kakteen wachsen zumeist auf verödetem Brachland, wo sie mit Wolfsmilchgewächsen um den »Platz an der Sonne« konkurrieren und nicht selten die Strauchwälder ins Abseits drängen.

Nicht minder ungestüm im Wachstum sind verschiedene, ebenfalls aus Mittelamerika stammende **Agavenarten**. Aus den fleischigen, äußerst spitz zulaufenden Blättern schießt nach acht bis sechzehn Jahren ein bis zu 10 m hoher Blütensproß empor und signalisiert das Absterben der Mutterpflanze. Zuvor aus den Wurzeln getriebene Ableger sorgen für reichlich Nachwuchs. Manche Arten wie beispielsweise die *Sisalagave* werden in kleinem Umfang zur Fasergewinnung genutzt.

In der Küstenzone an Straßen- und Wegrändern anzutreffen ist der **Wunderbaum**, ein immergrünes, auf den

Kanaren verwildertes *Wolfsmilchge-wächs*. Seinen Namen verdankt der Wunderbaum der enormen Wachstumsgeschwindigkeit – aus den Samen können sich binnen weniger Monate bis zu drei Meter hohe baumartig verzweigte Pflanzen entwickeln. Die Samen der heute weltweit verbreiteten Pflanze wurden bereits in ägyptischen Pharaonengräbern gefunden. Sie verbergen sich in einer fast walnußgroßen, mit weichen Stacheln besetzten Kapsel. Das besondere an den kleinen Winzlingen ist ihr hoher Ölgehalt. Das daraus gewonnene Ricinusöl ist für seine stark abführende Wirkung bekannt und wird medizinisch genutzt.

Ein weitverbreitetes und jedem Wanderer gut bekanntes »Unkraut« ist der **Zweizahn.** Auffällig ist jedoch weniger die Pflanze an sich, sondern vielmehr deren Samen, die sich mit ihren beiden Borstenzähnchen hartnäckig an Strümpfe und Hosenbeine heften. Im Spanischen wird das unscheinbare Blümchen *amor seco* genannt, was soviel wie »trockene Liebe« heißen soll.

Nicht eingeschleppt, sondern vor etwa 150 Jahren eingeführt wurde der südamerikanische **Baumtabak.** Die

Wilder Tabak

an Wegrändern und auf brachliegendem Kulturland strauchig wachsende und gelbblühende Giftpflanze wurde bis noch vor wenigen Jahrzehnten auf den Ostkanaren kultiviert. An günstigen Standorten kann das anspruchslose Nachtschattengewächs mehrere Meter hoch werden.

Ziergewächse

Die nichtendemische Pflanzenwelt ist überwiegend mediterranen Ursprungs. Unter den bevorzugt in Parks, Hausgärten und an Straßenrändern angesiedelten Ziergewächsen gibt es darüber hinaus Hunderte aus aller Welt eingeführte Arten. Optisch auffallend sind aus den tropischen und subtropischen Zonen Mittel- und Südamerikas, Westindien und Afrika eingebürgerte Gewächse, die dank des milden kanarischen Klimas auf allen Inseln des Archipels ideale Wachstumsbedingungen vorfinden. Neben der an sich schon exotischen Kanarenflora setzen Bougainvillea, Weihnachtsstern, Jacaranda und andere Tropengewächse bunt schillernde Akzente. Ganz gleich zu welcher Zeit Sie sich auf der Insel befinden, irgendwo blüht immer irgendwas.

Beginnen wir unseren kleinen Streifzug durch die bunte Blütenwelt der Ziergewächse mit den durch heimische Topfpflanzen vielleicht noch am ehesten vertrauten Arten. Paradebeispiel hierfür ist der ursprünglich in Mexiko und Mittelamerika beheimatete **Weihnachtsstern,** der auf den Kanaren in den Wintermonaten baumgroße Büsche von bis zu vier Metern Höhe bildet. Was uns als purpurrote oder cremefarbene Blüte erscheint, sind botanisch betrachtet keine Blüten, sondern wie Rosetten angeordnete Hochblätter, die sich am Ende der schnellwachsenden langstieligen Zweige bilden. Die eigentlichen winzigen, unscheinbaren Blüten stehen in kleinen Dolden zusammengefaßt über den Hochblättern. Der zu den *Wolfsmilchgewächsen* zählende Euphorbienstrauch wirft nach der »Blüte« seine Blätter ab und wird zurückgeschnitten, um sich rechtzeitig zu Weihnachten wieder in voller Zierde präsentieren zu können.

Auch die aus Brasilien stammende, heute ebenfalls im ganzen Mittelmeerraum verbreitete **Bougainvillea** bildet drei als Blüte erscheinende violett-, rot- oder orangefarbene Hochblätter aus, an deren Basis sich weißliche, kleine Röhrenblüten anschließen. Die leuchtenden, nach dem französischen Seefahrer *Comte de Bougainville* (1729 – 1811) benannten Büsche zählen zu den beliebtesten Tropenpflanzen, die sich auf La Gomera in allen Farben finden.

Der **Hibiskus,** ein bei uns als Topfpflanze äußerst sensibles und pflegebedürftiges Gewächs, hat sich von China aus weltweit über alle subtropischen und tropischen Zonen ausgebreitet und fehlt auch auf La Gomera nicht. Der zwei bis fünf Meter hohe immergrüne Strauch aus der Familie der *Malvengewächse* blüht ganzjährig und kommt in einem Dutzend verschiedener Farben vor. Die Blüte selbst hält jedoch nur ein bis zwei Tage. Eine weniger häufig zu sehende Unterart ist der ostafrikanische *Ro-*

Gehört zu den Exoten: die Strelitzie

seneibisch (Hibiscus schizopetalus), der leicht an den an langen Stielen herabhängenden zerfransten Blütenblättern zu erkennen ist.

Ein häufig vorkommendes, sich an Zäunen und Mauern hochrankendes Klettergewächs ist die in Brasilien beheimatete leuchtend orangerote **Feuerbignonie.** Die üppig blühende Pflanze ist in den Monaten Dezember bis Februar ein anziehender Blickfang.

Die von Abessinien bis Südafrika beheimatete Gattung **Aloe** umfaßt etwa 250 Arten. Auf La Gomera vielfach zu sehen ist die *Schwert-Aloe,* die ihren Namen den schwertförmigen, bis zu einem halben Meter langen Blättern verdankt. Die üppig wuchernde Pflanze bildet dichte, teils meterhohe Cluster mit einer Vielzahl von orangeroten Blütenständen (Blütezeit Dezember bis Februar). Aus den Blättern wird eine Art Harz gewonnen, das gut gegen Sonnenbrand sein soll.

Unter den Schnittblumen ist die **Strelitzie** die bekannteste Art, ein von Feriengästen geschätztes Mitbringsel. Wegen ihrer vogelkopfähnlichen, bizarr geformten und sehr dekorativen Blüte wird die ursprünglich in Südafrika beheimatete Pflanze auch *Papageien-* oder *Paradiesvogelblume* genannt. Sie zählt zu den *Bananengewächsen,* was an den Blättern leicht nachzuvollziehen ist. Neben der

NATUR & KULTUR

orangefarbenen Strelitzie ist eine weißblütige Unterart bekannt. Beide ganzjährig blühende Varianten haben wie Pfeile aus der Blüte herausragende hellblaue Blütenblätter.

Eine botanische Kuriosität sind **Luftnelken,** Pflanzen, die ohne Erde auskommen und an Fäden aufgehängt von Fenstern und kanarischen Balkonen baumeln. Sie vermögen es, allein von dem vom Passat mitgeführten Tau zu leben, indem sie die Feuchtigkeit durch die Blätter aufnehmen. Wurzeln, sofern sie überhaupt welche besitzen, dienen lediglich dazu, sich an Dächern oder Mauern festzuhalten. Die zu den *Ananasgewächsen* gehörenden Pflänzchen wurden in jüngster Zeit tonnenweise aus Mittelamerika importiert, um als exotische Modeflora heimische Blumenbänke und Schreibtische zu zieren.

Verwildert an Straßenrändern zu bewundern ist die **Wunderblume,** die zum Erstaunen der Botaniker ihre Trichterblüten auf ein und derselben Pflanze in verschiedenen Farben verteilt. Sie zeigt sich beispielsweise in Valle Gran Rey an der alten Dorfstraße von *La Calera.* Die Blüten öffnen sich erst am späten Nachmittag und dann auch nur für eine Nacht. Die Wunderblume diente dem Österreicher *Gregor Mendel* (1822 – 1884) als bevorzugte Pflanze für seine berühmt gewordenen botanischen Vererbungsexperimente.

Bäume zur Freude und Zierde

An exotischen Baumarten herrscht auf La Gomera ebenfalls kein Mangel. Aus Australien eingeführte, bis zu 40 m hohe, mächtige *Eukalyptusbäume* säumen die Landstraßen, auf der Straße aufgeplatzte Kapseln verströmen ein ätherisches Aroma, als läge man in einem Hustenbonbon. Der enorm schnellwachsende Baum wurde teilweise auch im Gebiet des Lorbeerwalds aufgeforstet. Erst später fand man heraus, daß Eukalyptus das Wachstum der einheimischen Vegetation hemmt und auch die Waldbrandgefahr erhöht. Ab Mitte der 8oer Jahre werden im Nationalpark die in Ungnade gefallenen Bäume von der Forstbehörde ICONA systematisch zum Absterben gebracht.

Von den Akazienarten ist die aus Madagaskar stammende *Feuerakazie* zu nennen. Der »Flammenbaum« zählt zu den prachtvollsten Zierbäumen der Tropen, ist auf La Gomera jedoch nur vereinzelt anzutreffen, beispielsweise im Hotelpark von *Tecina.* Im Frühjahr, bevor sich die fein gefiederten Blätter ausbilden, steht der Baum in voller feuerroter Pracht.

Der zu den Feigenarten gehörende *Gummibaum* sorgt auf so mancher Plaza für den nötigen Schatten und ist im Unterschied zu der im kühlen Mitteleuropa bekannten Topfpflanze tatsächlich ein stattlicher Baum, der seinem Namen alle Ehre macht.

Auf kultivierten Flächen findet sich der *Peruanische Pfefferbaum.* Er ist leicht an den dichten Büscheln pfeffergroßer roter Beeren zu erkennen, die nach Pfeffer schmecken, aber lange nicht so scharf sind.

Ein immergrüner, in vielen Vorgärten zu sehender Nadelbaum ist die chilenische *Norfolkpinie.* Charakteristisch für den bis zu 60 m hohen Baum sind die wie zu Etagen angeordneten waagerechten Äste.

Nur wenige der Ziergewächse konnten an dieser Stelle angesprochen werden. An Sträuchern wären ferner zu nennen der kapländische *Bleiwurz, Jasmin, Cassia, Fuchsie, Wandelblume* und viele mehr. Baumartig präsentieren sich *Oleander,* weiß-gelb oder rötliche blühende *Frangipani,* gelbe *Mimosen,* weißer *Holunder* und *Carrisa,* dazu *Crotonsträucher, Aronstab* und ausladender *Philodendron.*

Herangeflogenes und Mitgebrachtes

So vielfältig auf La Gomera die Flora ist, so artenarm und weitaus weniger spektakulär präsentiert sich die Tierwelt. Sie ist auf zufällig Herangeflogenes und jenes reduziert, was an- und abgetrieben oder von den Besiedlern und Konquistadoren mitgebracht wurde. Größere Säugetiere, von Haustieren einmal abgesehen, fehlen ganz. Auch deutet nichts darauf hin, daß es außer den in der antiken Geschichtsschreibung erwähnten wilden Hunden (lat. *canis*) in prähistorischer Zeit andere wildlebende Säugetiere gegeben hat. Die isolierte geographische Lage hat auch ihr Gutes. Weder Schlangen, Skorpione noch anderes giftiges Getier hat den Sprung auf die Insel geschafft, ein Umstand, der nicht nur von Einheimischen, sondern gleichermaßen von Wanderern geschätzt wird.

An größeren wildlebenden **Säugern** sind lediglich *Kaninchen* anzutreffen. Böse Zungen behaupten, daß die Pelztierchen aus Europa eingeführt wurden, um den Jagdtrieb der Einheimischen zu befriedigen. Tatsächlich sind wilde Kaninchen mangels Anderweitigem ein beliebtes Jagdobjekt gomerischer Freizeitjäger.

Als weiteres Säugetier sei die *Fledermaus* genannt, wobei es gleich wieder ins Endemische geht: Die häufigste Art *Pipistrellus maderensis* ist außer auf Madeira nur auf den Westkanaren vertreten. In den unzugänglichen Schluchtspalten der Barrancos ist auch die *Alpenfledermaus* heimisch, sehr selten sind *Mops- und Bulldogfledermaus.*

Nicht unerwähnt bleiben sollen Nager wie *Maus* und *Ratte,* die als unvermeidliche Kulturbegleiter des Menschen die Kanaren erobert haben. Wie auch andernorts sind besonders Ratten zu einer wahren Landplage geworden, die sich vor allem in den weitläufigen Bananenplantagen pudelwohl zu fühlen scheinen und auch im Lorbeerwald heimisch sind.

Was bleibt außer den kaum nennenswerten Säugetieren sonst noch? Ornithologen und Insektenforscher kommen schon eher auf ihre Kosten. Mit etwa 40 Brutvogelarten und einer Reihe von Wintergästen sind **Vögel** auf der Insel die am stärksten vertretene Tiergattung. Viele auch von Europa bekannte Vögel konnten auf den Kanaren spezifische Unterarten ausbilden.

Ein auf den Westkanaren oft zu hörender Singvogel ist der kleine und unscheinbare *Zilpzalp,* der hier auch in einer Unterart vorkommt. Vom *Buchfink* sind auf den Westkanaren

Die männliche Mönchsgrasmücke trägt eine schwarze »Angeber-Kappe«

gleich drei endemische Unterarten bekannt, in den Lorbeer- und Heidewäldern La Gomeras findet sich die Subart *Fringilla coelebs tintillon.*

Die *Kanarische Bergstelze* nistet überall in der Nähe von Süßwasser, auf La Gomera also bevorzugt entlang des *Cedro-Baches,* sie ist auch an den Bewässerungstanks der Bananenplantagen zu sichten. Der an der Bauchseite auffallend gelb gefiederte Vogel ist leicht an seinem ständigen Wippen mit den Schwanzfedern zu erkennen. Mit seinem irokesenartigen Kopfputz ebenfalls sofort identifizierbar ist der *Wiedehopf,* der vornehmlich in landwirtschaftlich kultivierten Zonen heimisch ist.

Weit verbreitet ist der *Kanarenpieper.* Der nur auf den Kanaren, Madeira und den südlich Madeiras liegenden Selvagens-Inseln beheimatete Vogel wird von den Einheimischen auch *Correcaminos* genannt, was so viel heißen soll wie, daß der Pieper immer auf Wegen herumrennt.

Relativ selten zu Gesicht bekommen wird man das *Wintergoldhähnchen,* eine ebenfalls endemische, nur auf die Westkanaren begrenzte Unterart. Es lebt vornehmlich in den Lorbeer- und Heidewäldern.

Vielfach ist die *Mönchsgrasmücke* (lokaler Name *capirote)* zu hören, die wegen ihres schönen Gesangs auch als »Kanarische Nachtigall« bezeichnet wird. Das Männchen ist am schwarzgefiederten Kopf auszumachen, das Weibchen ist mehr ockergelb. Von der Mönchsgrasmücke kaum zu unterscheiden sind die *Brillengras-* und die *Samtkopfgrasmücke.* Erwähnenswert sind ferner ein paar *Sperlingsarten,* die *Amsel,* das an der knallrot eingefärbten Bauchseite zu identifizierende *Brillantrotkehlchen* und last not least der *Spatz,* der in Mitteleuropa vom Aussterben bedroht, auf La Gomera sich unbehelligt vermehren kann.

Ornithologisch interessant sind zwei **Lorbeertaubenarten:** *Columba junoniae* ist nur auf den Kanaren anzutreffen; die *Silberhalstaube (Columba bollii)* ist ein makaronesischer Endemit. Die Lorbeertaube ernährt sich von den Früchten des Lorbeerbaumes und bewohnt von daher nur die feuchten Lorbeerwälder des Nordens. Beide Arten sind vom Aussterben bedroht.

Allgegenwärtig ist die auf allen Kanaren verbreitete *Silbermöwe,* mit lokalem Namen *Gaviota.* Der Seevogel ist überall am Wasser anzutreffen. Auch andere **Möwenarten** wie die *Lach-* und *Heringsmöwe* können beobachtet werden. Auf allen Kanaren ist der *Gelbschnabelsturmtaucher* zu Hause. Der etwas korpulent wirkende Vogel fällt durch die überproportional weiten Flügel auf.

Um andere Vogelarten ist es zahlenmäßig weniger gut bestellt. Hierzu gehört der *Fischadler.* Mit einer Flügelspannweite von mehr als anderthalb Metern ist der *Guincho* der mächtigste Greifvogel des Archipels. Sein Bestand ist äußerst gefährdet. Auf La Gomera kann man ihn vornehmlich an der zerklüfteten Südküste beobachten. Von den **Raubvögeln** noch relativ häufig zu sehen ist der endemische *Turmfalke*, dessen Beutetiere vor allem Eidechsen sind. Selten geworden ist der *Wander- oder Berberfalke*. Auch der *Sperber*, der sich von anderen Vögeln ernährt, ist kaum mehr zu sehen. Auf La Gomera hat er sich in die Waldzone zurückgezogen.

Etwas verbreiteter ist die circa 36 cm kleine *Waldohreule*. Ihr markant abgesetztes Gesichtsfeld und ihre wie bei einem Uhu seitlich abstehenden Ohrfedern machen sie leicht identifizierbar, zu sehen bekommen wird man sie dennoch kaum – der nachtaktive Raubvogel mit einer

Die seltene »Paloma rabiche« (*Columba junoniae*) wird etwa 39 cm groß

Vorliebe für Mäuse ist nur im Dunkeln unterwegs. Sein weiches Gefieder macht dabei seinen Flug fast geräuschlos, sehr nützlich, da er nach Gehör jagt.

Bleibt noch der Vogel, dessen Name eng mit der Inselgruppe verbunden ist – der **Kanarienvogel**, eine dem europäischen Girlitz verwandte Finkenart. Der schon von den Spaniern im 16. Jahrhundert ausgeführte Vogel avancierte in Europa zu einem der beliebtesten Käfigvögel. Vogelzüchter verliehen ihm ein leuchtend gelbes Gefieder und eine beachtliche Singstimme. Eine der bekanntesten Züchtungen ist der *Harzer Roller,* der heutzutage nicht selten auf die Inseln zurückimportiert wird. Die echte auf den Kanaren beheimatete Wildform (*Serinus canaria*) zeichnet sich weder durch ein farbenprächtiges Federkleid aus, noch ist der Vogel besonders stimmgewaltig.

An **Schmetterlingen** finden sich Unterarten des *Admirals* und *Zitronenfalters*. Beide heben sich farblich leicht von ihren europäischen Verwandten ab. Eine ebenfalls endemische Unterart gibt es vom Großen *Kohlweißling*. Mit einer Flügelspannweite von knapp 10 cm ist der *Monarch* größter Tagfalter des Archipels. Von den zahlreichen teils endemischen Nachtfaltern sei der *Wolfsmilchschwärmer* erwähnt, dessen Biotop die Euphorbiensträucher der trockenen Küstenzone sind. Die nachtaktiven Falter sind allerdings für den ungeübten Beobachter kaum auszumachen.

Relativ zahlreich vertreten sind **Gliedertiere**. Für den Insektenforscher bietet der Archipel mit etwa 5000 Arten ein weites Betätigungsfeld. Immer noch werden neue Arten entdeckt. Allgegenwärtig ist eine blutsaugende, kleinwüchsige Verwandte der *Stubenfliege*, die tagsüber mitunter etwas lästig werden kann. Vor dem entscheidenden Saugen macht sie sich jedoch durch ein leichtes Zwicken bemerkbar, und ist noch rechtzeitig zu verscheuchen.

Von den »brummenden« Insekten vielfach zu sehen und zu hören ist eine endemische *Hummel (Bombus canariensis)*. Markenzeichen des in der Erde nistenden Insektes ist ein weiß abgesetztes Hinterteil.

Einzig gefährliches Tier ist ein *Tausendfüßler* mit dem lateinischen Namen *Scolopendra morsitans*. Das bis zu 25 cm lange, jedoch sehr seltene Gliedertierchen hat einen giftigen Biß, doch wer nicht gerade permanent mit bloßen Händen unter Lavagestein herumtastet, wird mit dem Tausendfüßler allerdings keine Bekanntschaft machen. Öfter zu sehen, aber völlig ungefährlich ist *Scutigera coleoprata*, ein verwandter Tausendfüßler mit mehreren zentimeterlangen Beinchen. Dieser Gliederfüßler spaziert manchmal auch ganz frech in alten Bauernhäusern herum.

Unter den zahlreichen **Käfern** besonders auffallend ist der bis zu 4 cm große *Nashornkäfer*. Der lokal als *Escarabajo rinoceronte* bezeichnete pechschwarze Käfer lebt bevorzugt in der kultivierten Küstenzone. Wesentlich schmächtiger ist der *Cerambícido del Cardón*, eine endemische Art, der seine Larven in die toten Stämme der Kandelaberwolfsmilch ablegt.

Überall ungeliebt und verhaßt sind die extrem resistenten *Kakerlaken*, die im Spanischen ganz wohlklingend *Cucarachas* heißen. Die maikäfergroßen Allesfresser finden sich mit Vorliebe dort ein, wo es Abfall gibt. Tagsüber sind sie kaum zu sehen, nachts sieht man sie auch kaum, da sie mit erstaunlicher Geschwindigkeit über den Weg flitzen können.

Von den Einheimischen gefürchtet sind Schwärme afrikanischer **Wanderheuschrecken**, die mit dem Saharawind kommend immer wieder in den Archipel einfallen und oft verheerende Schäden in der Landwirtschaft anrichten. Betroffen hiervon sind in erster Linie die Ostinseln, bei ungünstigen Windverhältnissen können die Schwärme jedoch auch La Gomera erreichen. Die letzte größere Invasion traf die Insel in den 50er Jahren.

Wie schon erwähnt, gibt es auf den Kanaren keine Schlangen. Bei verdächtigem und allerorten zu hörendem Rascheln im Gebüsch handelt es sich fast immer um eine harmlose **Eidechse**. Auch hier können die Kanaren gleich mit 6 endemischen Arten aufwarten. Nur auf La Gomera zu Hause ist *Gallotia galloti gomerae*. Auf ihrem geschuppten schwarzen Panzer trägt sie einige unscheinbare, blauschimmernde Punkte. Sie hält sich an Kulturpflanzen schadlos und ist bei den Bauern nicht gerade beliebt und wird nicht selten mit Giftködern bekämpft. Das kleine Reptil ist auf der ganzen Insel anzutreffen, nur im Lorbeerwald fühlt es sich nicht heimisch. Der Eidechse relativ ähnlich ist der *Kanaren-Skink*, eine bis zu 25 cm lange Echse, die sich durch ihr aalglat-

Trotz Echsenpanzer recht possierlich und wie aus der Augsburger Puppenkiste entwischt: der Gomera-Gecko

tes kupferrotes Schuppenkleid abhebt.

Tagsüber kaum zu entdecken ist der *Gecko*, eine nachtaktive kleine, etwas gedrungen wirkende Echse mit nur kurzem Schwanz, die sich durch ein leises typisches Gackern bemerkbar macht. Mit ihren saugnapfähnlichen Haftzehen können Geckos selbst glatte Wände und Fensterscheiben hochgehen. Die völlig harmlosen Tiere wohnen mitunter im Haus. Bevorzugte Jagdbeute der Insektenjäger sind vor dem Fenster durch Licht angelockte Motten und Falter.

Meeresgetier

Bemerkenswert ist die Meeresfauna. Die atlantischen Gewässer rund um die Inseln sind als fischreich bekannt.

Allein 15 **Haifischarten** tummeln sich im Wasser des Archipels. *Blau-* und *Hammerhai* werden teils auch vor den Küsten gefangen. Für den Badegast stellen sie allerdings keine Bedrohung dar, da sie nie bis an die Strände herankommen. Die nicht minder markanten Schwanzflossen von **Delphinen** können dagegen manchmal von der Küste aus gesichtet werden. Von den sechs in den Gewässern des Archipels vorkommenden Delphinarten am häufigsten zu sehen sind die *Großen Tümmler*, die nicht selten schon auf der Überfahrt nach La Gomera die Fähre begleiten.

Für Meeresbiologen sind **Grindwale** *(Globicephalus melaena)* von besonderem Interesse. Die zwischen Teneriffa und Gomera lebende Population wird auf rund 300 Wale geschätzt, ähnlich große Herden sind ansonsten nur noch vor Hawaii zu beobachten. Die scheuen Meeressäuger, leider gelegentlich Opfer der Schnellboote, sind leicht an der rundlichen Rückenflosse zu erkennen. Lieblingsspeise der bis zu sieben Meter großen Tiere sind Kraken und Tintenfische.

Als **Speisefische** beliebt sind *Sardinen, Makrelen, Muränen, Seehecht (merluza)* und diverse **Thunfischarten** *(atun, bonito, barrilote, rabil)*. An **Krustentieren** stehen *Langusten, Krabben* und *Napfschnecken* an erster Stelle. Wie haufenweise aufgetürmte leere Schalen bezeugen, standen die *lapas* (Napfschnecken) bereits bei den Altkanariern auf dem Speisezettel. Besonders geschätzt wird *Vieja*, ein Papageienfisch, der durch sein leuchtfarbenes Schuppenkleid auch ein interessanter Blickfang für Tauchsportler ist. Ebenfalls lecker sind verschiedene **Brassenarten**, die lokal *Sama* genannt werden. Am häufigsten ist die *Federbrasse* vertreten, seltener die *Goldbrasse*. Geschmacklich fällt lediglich die *Zebrabrasse* etwas aus dem Rahmen, dafür ist sie in den Tauchrevieren um so auffallender. Ein wichtiger Speisefisch ist *Cherne*, ein **Zackenbarsch**, der bis zu 80 Kilo auf die Waage bringen kann. In der Gastronomie überall zu bekommen sind **Tintenfische**, wovon es rund um die Insel zwei Arten vertreten sind. Am beliebtesten sind *Chocos, Pulpos* und *Calamaris*. Überfischung und Dynamitfischen führten zum bedrohlichen Rückgang einiger Arten, was sich letztlich auch an den Fischpreisen bemerkbar macht. Wer auf den Tintenfisch-Luxus verzichtet, tut nicht nur etwas für seinen Geldbeutel, sondern auch für den Fortbestand der Art.

In acht nehmen sollte man sich vor der **Blasenqualle,** einer Medusenart, die auch als »Portugiesische Galeere« bezeichnet wird. Sie besitzt ätzende nesselartige Tentakel, die schwere Verbrennungen und vorübergehende Lähmungserscheinungen verursachen können. Die Wahrscheinlichkeit, mit der »Staatsqualle« in Kontakt zu kommen, ist allerdings gering. Vornehmlich im Frühjahr können die entfernt an kleine Plastiktüten erinnernden etwa 6 bis 7 cm langen Blasenquallen an den Strand gespült werden. Es empfiehlt sich dann, auf das erfrischende Bad zu verzichten. Als Gegenmittel wird von den Einheimischen ein Rezept aus Zwiebel- und Knoblauchsaft empfohlen.

Vorsicht geboten ist an felsigen Plätzen, wo ab und an **Seeigel** sitzen. Die stachligen Tiere sind zwar relativ selten, dafür kann ein unachtsamer Fußtritt äußerst schmerzhafte Folgen nach sich ziehen.

LEBENSART UND FOLKLORE

*Die geographische Randlage der Kanarischen Inseln prägte einen
ganz besonderen Menschenschlag. Politisch mit Spanien fest verwachsen und
verbunden, ist dennoch so manches anders als auf dem Festland. Ureigenes
vermischt sich mit Spanischem, durch die vielfältigen Kontakte mit der Neuen
Welt kommen selbst (süd-)amerikanische Einflüsse nicht zu kurz.*

Sprache

Von der altkanarischen Sprache und
Kultur ist so gut wie nichts mehr vorhanden. Die Ureinwohner vermisch-
ten sich schnell mit spanischen Eroberern, portugiesischen Einwanderern,
auf den Ostinseln auch mit freigelas-
senen maurischen Sklaven, und waren
bereits wenige Jahrzehnte nach der
Eroberung hispanisiert. Trotz der
Nähe zum afrikanischen Kontinent
finden sich auf den Kanaren weniger
arabische Einflüsse als im andalusischen Sevilla oder Granada.

Amts- und Umgangssprache auf
den Kanaren ist *Spanisch*. Es wird
überwiegend ein andalusischer Dialekt gesprochen. Die Aussprache unterscheidet sich vom Spanischen teils
beträchtlich. Die zischenden S-Laute
werden der Einfachheit halber weggelassen. Ein »s« am Ende eines Wortes
gilt als purer Überfluß – so wird aus
gracias ein *gracia*, aus *buenos dias* ein
bueno dia. Wer Spanisch spricht, wird
dennoch keine Mühe haben, den kanarischen Dialekt zu verstehen. Mit
Englisch oder Deutsch dagegen
kommt man auf La Gomera nicht
weit. Lediglich in den wenigen großen
Hotels wird deutsch gesprochen. Auf
Post und Bank, in Bus und Taxi oder
im Restaurant darf weiter gerade-
brecht werden.

Die Pfeifsprache El Silbo

Eine nur auf La Gomera beherrschte
und in der Welt einmalige Kommuni-
kationsform ist die Pfeifsprache *El
Silbo*. Bereits kurz nach der Conquista beschrieb staunend ein Chronist
eine Verständigungsform unter den
Einheimischen, wie sie »mit den Lippen sprechen, so als hätten sie keine
Zunge«. Aller Wahrscheinlichkeit
nach pflegten bereits die Ureinwohner die ausgefallene Kunst, sich pfei-
fend zu unterhalten. El Silbo ist eine
von der Inseltopographie auferlegte
Sprache, die fähig ist, Schluchten und
Steilhänge zu »überfliegen«; steht der
Wind günstig, können mit ihr ohne
weiteres 5 bis 6 km überbrückt werden.

Mit El Silbo werden nicht einzelne
Phrasen, sondern richtige Sprachlaute
nachgeahmt. Je nach Pfeiftechnik,
Tonhöhe und -länge lassen sich die
Pfiffe verschiedenen Vokalen und
Konsonanten zuordnen. Das »i« beispielsweise ist ein heller Pfiff,
während das »u« durch einen dunklen
Ton artikuliert wird. Vokale werden
langgezogen, Konsonanten sind kurz.
Natürlich läßt per Silbo keine
hochtrabende und komplizierte Kon-
versation betrieben werden, doch einfache
Nachrichten von Dorf zu Dorf können damit ohne weiteres weitergege-

NATUR & KULTUR

Um den Ursprung der berühmten gomerischen Pfeifsprache ranken sich die bizarrsten Geschichten. Frühe spanische Chronisten berichten, die Ureinwohner hätten sich selbst die Zunge herausgeschnitten, um so nicht gezwungen zu sein, das Spanische zu lernen. Andere führen die Geheimsprache der Einheimischen auf die Methode der Konquistadoren zurück, die Aufständischen als Strafe kurzerhand die Zunge herausgeschnitten haben sollen.

Die Legende, wie die Pfeifsprache El Silbo entstand

Eine dritte Variante handelt von zwei verfeindeten Stämmen, die entlang des *Barranco Juan de Vera* nahe des *Roque Sombrero* lebten. Die mächtige Schlucht trennte als natürliche Grenze das Stammesgebiet der beiden rivalisierenden Clans. Über Generationen hinweg wurden praktisch keine Kontakte unterhalten.

Die üppigen Weidegründe im Barrancobett wollte sich jedoch kein Stamm entgehen lassen. So geschah irgendwann das Unvermeidliche: der Ziegenhirte Tahuyo begegnete bei seiner Arbeit des öfteren ganz zufällig der schönen Hirtin Azamota. Nach verzweifelten Versuchen, einander zu ignorieren und aus dem Weg zu gehen, bahnte sich eine herzzerreißende Liebesgeschichte an.

Sobald die Stammesräte der beiden Siedlungen von der Liaison erfuhren, folgte die Strafe für die grobe Mißachtung auf dem Fuße. Azamota bekam strengen Hausarrest verordnet, während Tahuyo fortan auf den Feldern nahe des Dorfes zu arbeiten hatte. Wehmütig blickte er immer wieder über die Schlucht hinweg zu der in Sichtweite gelegenen Behausung Azamotas.

Eines Tages fing er aus purer Verzweiflung an, den Gesang der Kanarischen Nachtigall nachzuahmen, und legte seine ganze Sehnsucht und Trauer in seine Stimme. Und siehe da, seine schmachtenden Laute wurden erhört und von der anderen Schluchtseite erwidert. Der Liebesschmerz wurde dadurch nicht weniger. Tahuyo faßte sich schließlich ein Herz, querte die Schlucht und entführte Azomata. Die beiden verschwanden spurlos. Der Gesang der Nachtigallen auf den beiden Schluchtseiten verstummte zwar, doch die Pfeifsprache lebte weiter – verfeinert von den nachfolgenden Hirtengenerationen.

▶ *Fortsetzung von Seite 73*

Religion, Alltag und Feste

ben werden. Geschickten »Silbadores« ist es sogar möglich, minutenlange Unterhaltungen zu führen.

1982 wurde die El-Silbo-Sprache von der UNESCO in die Liste der erhaltenswerten Kulturgüter aufgenommen. Wie es scheint, gerade noch rechtzeitig, wurde doch in den letzten Jahrzehnten das Pfeifen mehr und mehr durchs Telefon abgelöst, so daß nur noch wenige »Silbadores« sich auf die Pfeifkunst verstehen. In Agulo wird seit 1988 jedoch Silbo-Unterricht angeboten, und das kulturelle Erbe wird heute wieder verstärkt auf Fiestas gepflegt, last not least dient es auch zunehmend touristischen Demonstrationszwecken.

Obwohl streng katholisch, wird auf den Kanaren die Religion heute nicht mehr besonders inbrünstig praktiziert; die Kirche ist nicht mehr wie früher Mittelpunkt des sozialen Lebens. Kirchliche Festtage (siehe unten) sind dennoch ein willkommener Anlaß zum Feiern, zumeist mit Musik und Tanz, immer mit einem guten Essen im Kreis der Familie.

Christentum und Aberglaube schließen sich auf La Gomera nicht aus. So manch alter vorchristlicher Brauch konnte sich bis ins 20. Jahrhundert halten. Auch gibt es noch praktizierende Wunderheilerinnen auf der Insel, die sich Methoden bedienen, bei denen sich dem modern ausgebildeten Mediziner die Haare

Religion und Papst werden von den Alten wichtig genommen, doch genauso wichtig ist die Siesta – die man getrost im Schatten der Kirche verbringen kann

NATUR & KULTUR

sträuben. Doch so lange die weisen Frauen mit ihrer Arbeit Erfolg haben, werden sie auch weiterhin ihre Rolle im sozialen System einnehmen.

Auch wenn es für Außenstehende manchmal den Anschein hat, daß die Einheimischen für die Schönheiten der Insel nicht allzu viel übrighaben, lieben die Gomeros ihre Insel innig. Sie wissen sehr wohl um die Einzigartigkeit ihres Eilandes. Nur in Zeiten sozialer Not, wenn sich kein anderer Ausweg bot, kehrten sie ihrer Heimat den Rücken zu, um sich auf den Nachbarinseln oder im fernen Südamerika eine materiell bessere Existenz aufzubauen.

Offensichtlich ist die Naturverbundenheit der Gomeros. Die Dörfer fügen sich harmonisch in die Landschaft ein, wenn auch nicht mehr wie früher üblich mit Natursteinen, sondern wie anderswo auch mit Hohlblocks und Beton gebaut wird. Die Hauptstadt San Sebastián konnte sich durch ihre überschaubare Größe noch einen ländlichen Charakter bewahren.

Dank des milden Klimas spielt sich ein Großteil des Lebens draußen unter freiem Himmel ab, wobei den schattigen, von altem Indischem Lorbeer bestandenen *plazas* allerdings der Vorzug gegeben wird. Wann immer es die Zeit erlaubt – bevorzugt werden die sommerlichen Wochenenden – steuert man mit Kind und Kegel einen der idyllischen Picknickplätze der Insel an. Mit Kühlboxen, Grillutensilien und nicht selten auch mit Musikinstrumenten ausgerüstet, läßt man es sich mitten im Grünen gut gehen, sei es in *Laguna Grande, Chorros de Epina* oder an der *Ermita Las Nieves*.

Fiesta & Siesta

Zu einer richtigen Fiesta ist es dann meist nur noch ein kleiner Schritt. Zum Feiern wird keine Gelegenheit ausgelassen. Die Gomeros sind keine Kinder von Traurigkeit. Gefeiert wird ausgiebig, lange und – durch technisches Gerät verstärkt – auch laut. Eine gewisse Kondition ist für solch eine Veranstaltung schon mitzubringen! Selbstverständlich macht die ganze Familie mit, Kinder sind so weit nach Mitternacht anzutreffen. Auch alte Leute halten mühelos bis in die frühen Morgenstunden durch.

Der Festzyklus wird durch das katholische Kirchenjahr vorgegeben. Jeder größere Ort feiert zumindest einmal im Jahr den Namenstag seiner jeweiligen Schutzpatronin bzw. seines -patrons. Auf den offiziellen Teil, sei es eine Prozession, ein Trachtenumzug oder die Ehrung der lokalen Madonna, folgt immer Musik und Tanz. Dazu werden reichliche Mengen an Gegrilltem, Bocadillos und Churros konsumiert, und natürlich fließt auch der Inselwein in Strömen.

Eine Sache für sich ist die *Siesta*, eine von der Península übernommene Gewohnheit, ohne die das Leben auch auf den Kanaren nicht vorstellbar wäre. Fiesta und Siesta schließen sich nicht aus, sie bedingen sich gegenseitig und gehören zusammen.

Die Uhren gehen auf La Gomera langsamer – ganz sicher wurde hier

»mañana« gilt für alle – auch für den Hund

Festkalender

5/6. Januar: *Los Reyes* (Dreikönigsfest) mit einem Umzug in Valle Gran Rey (siehe Seite 174).

Februar/März: *Karneval* in San Sebastián und Valle Gran Rey. Einer der Höhepunkte ist die Beerdigung der Sardine am Aschermittwoch.

25. April: *Fiesta de San Marcos* in Agulo. Eines der spektakulärsten Inselfeste. Nach Messe und Prozession werden auf dem Kirchplatz Feuer entfacht, die für die jungen Männer des Dorfes zur Mutprobe benutzt werden: Wer durch die Flammen springt, soll auch einen feuerspeienden Vulkan überspringen können, so zumindest will es die Legende.

Mitte Mai: *San Isidro* in Chorros de Epina und Alajeró.

13. – 29. Juni: *Los Piques* in Agulo mit ritualisierten Streitgesprächen in der Silbo-Pfeifsprache.

24. Juni: *San Juan,* Sonnenwendfeier in fast allen größeren Orten.

16. Juli: *Fiesta Virgen del Carmen* in Valle Gran Rey, Playa de Santiago und Vallehermoso (hier alle 5 Jahre: 2000). Ein großes Fest zu Ehren der Schutzpatronin der Fischer mit malerischen Schiffsprozessionen. Besonders beeindruckend in Valle Gran Rey, wo die Madonnenstatue von La Calera nach Vueltas getragen wird. Die Festivitäten ziehen sich über eine ganze Woche, krönender Abschluß ist ein Feuerwerk.

Juli, letzter Samstag: *Nuestra Señora del Pino* in El Cercado.

5. August: *Virgen de las Nieves* in La Dama.

15. August: *Nuestra Señora de Candelaria* in Chipude, fällt auf Mariä Himmelfahrt.

11. September: *Nuestra Señora del Buen Paso* in Alajeró mit einer Wallfahrt zur Ermita del Buen Paso.

24. September: *Fiesta de la Mercedes* in Agulo.

5. Oktober: *Fiesta de la Virgen de Guadalupe* an der Kapelle in Punta Llana, etwa 10 km nördlich von San Sebastián. Ein großes Inselfest, bei dem eine Madonnenstatue in einer Schiffsprozession mit bunt geschmückten Fischerbooten in die Hauptstadt gebracht wird. Die Fiesta findet alle 5 Jahre statt (1998, 2003).

Oktober, am 2. Sonntag: *Fiesta de Virgen de las Nieves,* mitten im Wald an der Ermita las Nieves nahe Degollada de Peraza.

31. Oktober: *Fiesta de los Cochinos* in Alojera.

30. November: *San Andrés,* in den Weinanbaugebieten von Hermigua, Agulo und Vallehermoso. Mit ausgiebigem Probieren des neuen Weines.

die Hektik nicht erfunden. Der Lebensrhythmus ist einen Tick geruhsamer und weniger von Hektik geprägt, als von zu Hause gewohnt. Die *Mañana-Mentalität* ist vielleicht noch ausgeprägter als auf dem Festland. *Mañana* einfach mit »Morgen« zu übersetzen, trifft den Kern der Sache nicht. Es heißt eher »heute nicht« und läßt alle möglichen Termine zu. Der »typische« Gomero hat noch viel Zeit.

Die Siesta gilt als heilig. Sie ist eine Mittagspause, doch nicht wie bei uns üblich ein halbes Stündchen – die Siesta auf La Gomera zieht sich von 13

Feiern aud Gomerisch: Kastagnetten, »Tambor« und ein kräftiger Schluck aus der »Bota«

Uhr bis in die späten Nachmittag gegen 17 Uhr – also geschlagene vier Stunden! Eine Störung innerhalb dieser Zeit wird als taktlos und belästigend empfunden. In den wenigen geöffneten Bars dümpelt das Leben nur mit halber Kraft vor sich hin. Der Siesta liegt ein anderer Tagesablauf zugrunde – gelebt wird eigentlich nur am Vormittag und am Abend. Eine mittägliche Ruhephase macht fit für den Abend, gegessen wird selten vor 22 Uhr. In San Sebastián und in Valle Gran Rey hat man sich allerdings dem Lebensrhythmus der Touristen angepaßt, so daß auch, ganz untypisch, bereits abends um sieben gespeist werden kann.

Auch die Alltagsgeschäfte werden durch ein anderes Zeitgefühl bestimmt. Kleine Besorgungen, insbesondere Behördengänge, können leicht einen Vormittag »kosten«.

Trommeltanz

Musik und Tanz sind ein wesentlicher Teil der kanarischen Kultur. Auf allen Inseln haben Folkloregruppen derzeit Konjunktur. In verschiedenen Orten La Gomeras haben sich junge und alte Leute zu Musik-, Tanz- und Trachtengruppen zusammengefunden, sie halten das traditionell überlieferte Liedgut und Tänze lebendig. Folklore dient nicht selten als Ausdruck und Mittel kultureller Identitätsfindung. Während der Fiestas bietet sich reichlich Gelegenheit zu öffentlichen Auftritten. Viele der Folkloregruppen treten in originalgetreuen Trachten auf. Nicht zuletzt der Tourismus brachte der kanarischen Folklore einen deutlichen Aufschwung und ein neues Publikum.

Kernstück der gomerischen Folklore ist der *Baile del tambor*, der Trommeltanz, der Mittelpunkt einer jeden Fiesta ist. Wichtigstes Instrument dazu ist eine mit Ziegenfell bespannte kleine Trommel, der *tambor*. Die Trommel wird ausschließlich von (zumeist älteren) Männern geschlagen. Ihr Ursprung geht auf lateinamerikanische Einflüsse zurück. Die Trommel wird von den rhythmusverstärkenden Kastagnetten, den *chácaras,* begleitet. Diese werden aus dem harten Holz des Maulbeerbaumes geschnitzt und sind fast so groß wie eine Kokosnuß. Die chácaras, die auch von

Obligatorisch ist die absonderliche Verkleidung der »Klageweiber« bei der Beerdigung der Sardine am Ende des Karnevals

werden zu einem beschaulichen, fast gemütlich wirkenden Tanz aneinandergereiht, was er auch sein muß: nur so können die teils beträchtlichen, zudem meist bergigen Prozessionswege konditionell durchgestanden werden.

Ringkampf: Lucha Canaria

Der auf vorspanische Zeit zurückgehende Ringkampf ist bis heute eine populäre und typisch kanarische Sportart geblieben. Die besten Kämpfer sind von einem Starkult umgeben, wie es in unseren Breiten bei Fußball- und Tennisspielern üblich ist. Das dem Ringkampf entgegengebrachte Interesse ist auch in den Lokalzeitungen ablesbar.

Lucha Canaria ist ein Mannschaftskampf, bei dem sich zwei Teams mit jeweils zwölf Kämpfern messen. Kampfplatz ist der *terrero,* ein kreisrunder Sandplatz von 10 Metern im Durchmesser. Die barfüßigen Ringer tragen kurze, an den Oberschenkeln hochgerollte Hosen, an denen sich der Gegner festhalten kann.

Ziel des Kampfes ist es, durch geschickte Griffe den Gegner zu Fall zu bringen. Schläge, Fußtritte und alles, was schmerzlich sein könnte, ist verboten. Der Kampf geht über maximal drei Runden à zwei Minuten. Wer zweimal zu Boden geht, hat verloren. Da es keine Gewichtsklassen gibt, haben schwergewichtige Kämpfer leichte Vorteile. Gekämpft wird, bis von einer Mannschaft alle ausgeschieden sind. Der Mannschaftssieg steht im Ansehen höher als der Einzelsieg.

Frauen bedient werden, spielt man paarweise, in der einen Hand die »männliche« *macho* mit einem tiefdunklen Klang, in der anderen die merklich heller tönende »weibliche« *hembra.*

Zu den Klängen von Trommeln und Kastagnetten wird ein monotoner Männergesang angestimmt. Die für Außenstehende recht eigenwillig anmutenden Gesänge werden balladenartig in Versform dargeboten und haben Alltagsgeschichten wie Glück, Liebe und Tod zum Inhalt.

Der Trommeltanz bildet die Vorhut fast jeder Prozession. Was wäre der Baile del Tambor ohne dazugehörige Tanzschritte! Die Musikanten werden von den tanzenden Dorfbewohnern beiderlei Geschlechts begleitet, die sich in Reihen gegenüberstehen. Die simplen Tanzschritte

REISEPRAXIS

REISEVORBEREITUNG & ANREISE

In diesem Kapitel sind alle Informationen zusammengefaßt, die Sie vor einer Reise nach La Gomera brauchen – von der besten Reisezeit über Reisekasse und Antworten auf die Frage, was Sie mitnehmen sollten, bis zu den möglichen Anreisearten.

Reisedauer

La Gomera kann mangels eines Flughafens bislang nicht direkt angeflogen werden. Die Anreise erfolgt in der Regel über Teneriffa. Von dort bestehen gute Fähranschlüsse nach San Sebastián, für An- und Abreise ist dennoch jeweils ein ganzer Tag einzuplanen, zumal die meisten Gäste von San Sebastián noch nach Valle Gran Rey oder Santiago weiter wollen. Dies sollte bedacht sein, wenn man schnell mal für einen *einwöchigen Kurzurlaub* die Insel besuchen will. Viel mehr als ein paar erholsame Strandtage und ein oder zwei kleinere Touren ins Inselinnere sind dann nicht »drin«.

Empfehlenswert sind kombinierte Erholungs- und Aktivferien für mindestens *zwei*, besser *drei Wochen*. Die Entfernungen auf der Insel sind ausgesprochen kurz. Alle interessanten Orte und Punkte lassen sich in Tagestouren erreichen, so daß man auch in relativ kurzer Zeit viel sehen kann.

Will man La Gomera einigermaßen flächendeckend erkunden und erwandern, hat man trotz der überschaubaren Größe die ersten beiden Wochen genug zu tun. »Inselhüpfen« mit Abstechern nach Teneriffa, La Palma oder El Hierro kommt eigentlich erst ab der *dritten* oder *vierten Woche* in Frage.

Reisesaison

Dank des ausgeglichenen Klimas mit milden Wintern und nicht allzu heißen Sommern hat La Gomera *das ganze Jahr über Saison*. Im Sommer ist es durch die frische Brise des Passats lange nicht so trocken heiß wie auf dem spanischen Festland oder am Mittelmeer. Der heißeste Monat ist der August mit einer mittleren Höchsttemperatur von knapp 30°C. Die Wintermonate sind andererseits warm genug, um sich wie im Frühling zu fühlen. Januar und Februar sind die kältesten Monate mit tagsüber immer noch behaglichen 20°, nachts kann es allerdings bis auf 12° abkühlen. Die Wassertemperaturen im Februar von 18° sind manchem weniger abgehärteten Feriengast allerdings doch etwas zu gewöhnungsbedürftig.

Das zentrale Bergmassiv wirkt auf La Gomera als Klimascheide und teilt die Insel in einen feuchten Norden und in eine trockene und sonnige Südhälfte. Will man keine böse Überraschung erleben, sollten Sonnenanbeter vor allem im Winter ihr Domizil entsprechend wählen. Im Süden der Insel scheint meist die Sonne. Als besonders sonnensicher gilt Playa de Santiago.

In den Tälern von Hermigua und Vallehermoso ist im Winterhalbjahr oftmals mit »weniger guten« Tagen zu rechnen – der Himmel ist vielfach bewölkt. Wenn der Archipel von atlantischen Tiefausläufern heimgesucht wird, kann es mitunter auch recht stürmisch sein. Doch wenn es regnet, dann selten den ganzen Tag. Wie überall kann auch auf den Kanaren das Wetter verrückt spielen und mit etwas Pech den Feriengästen selbst im Hochsommer zwei bis drei bewölkte Wochen bescheren.

Gewandert werden kann fast das ganze Jahr über. Lediglich im Sommer können längere Wander- oder Radtouren mitunter zu einer schweißtreibenden Angelegenheit werden. Schönste Wanderzeit ist das kanarische Frühjahr, ist man für launisches Wetter entsprechend ausgerüstet, läßt sich auch im Winter die Insel erwandern.

Die *Hauptsaison* dauert von Mitte Dezember bis April mit absoluten Höhepunkten in den Weihnachts- und Osterferien, wo das »Fassungsvermögen« der Insel sich hart am Rande der Kapazitätsgrenze bewegt. Es empfiehlt sich, rechtzeitig zu reservieren, für die Weihnachtszeit bereits mehrere Monate im voraus. Nicht nur Flüge nach Teneriffa sind knapp, auch Mietwagen und vor allem Unterkünfte können zur absoluten Mangelware werden. Ohne Reservierung muß vor allem in Valle Gran Rey mit stundenlanger Quartiersuche gerechnet werden. An Heiligabend oder Karfreitag mußte schon manch einer ganz unfreiwillig mit dem Strand Vorlieb nehmen.

Im Sommer dagegen geht es auf La Gomera ausgesprochen ruhig zu. Anstelle mitteleuropäischer Gäste wird die Insel mehr von Festlandspaniern besucht.

Reisekosten

Die Zeiten, als Spanien noch ein vielgerühmtes Billigreiseland war, sind längst Geschichte. Spätestens mit den spanischen Wirtschaftswunderjahren in den 80ern haben sich die Preise dem mitteleuropäischen Standard angeglichen. Erst mit der seit 1992 viermaligen Abwertung der Peseta hat die Kaufkraft der deutschen Urlaubsmark wieder kräftig zugenommen, so daß die alltäglichen Ausgaben etwas günstiger kommen als daheim.

Für den Gast aus Europa ist die Insel teurer als vergleichbare Ziele rund ums Mittelmeer. Am stärksten zu Buche schlagen zunächst die *Flugkosten*, je nach Saison zwischen 600 und 900 Mark. Für Kurzentschlossene sind preiswerte Last-Minute-Flüge allerdings auch schon für unter 400 DM zu haben. Im Preisniveau für Pauschalangebote liegt La Gomera, verglichen mit den anderen Kanareninseln, im Mittelfeld. Je nach Saison und gewünschtem Komfort sind für Flug und Übernachtung zwischen 900 und 2500 DM für eine Woche zu veranschlagen.

Individualurlaubern bieten sich je nach Budget verschiedene Unterkunftsmöglichkeiten. In San Sebastián gibt es einfache Pensionen mit Doppelzimmern ab 25 DM – Lage und Komfort lassen jedoch vielfach zu wünschen übrig. Für ein akzeptables Apartment in Valle Gran Rey muß man 40 bis 50 DM für zwei Personen einplanen. Für gehobene Ansprüche bieten sich ferner Mittelklasse- bis gute *Komforthotels* sowie moderne Bungalowanlagen an. Die Preise für ein Doppelzimmer bewegen sich zwischen 50 und 250 DM pro Nacht.

Ein *Essen im Restaurant* ist etwas billiger als in Mitteleuropa, wobei qualitativ allerdings einige Kompromisse in Kauf genommen werden müssen. Einfache kanarische Küche ist teilweise schon für 8 bis 12 DM pro Hauptgericht zu haben. Ein Appetithappen (*Tapa*) in einer Bar kostet 3 bis 5 Mark.

Das Preisniveau in den *Supermärkten* unterscheidet sich wenig von zu Hause Gewohntem. Lebensmittel, die nicht von der Insel kommen, sind teuer. Einigermaßen preiswert sind lediglich auf der Insel angebaute Südfrüchte und Gemüse, dazu noch Brot und lokaler Ziegenkäse. Wesentlich teurer sind aus Europa und Südamerika importierte Lebensmittel wie Fleisch, Wurst- und Käsespezialitäten, Konserven, Süßwaren und Milchprodukte – ein Grund mehr, einheimische Produkte zu unterstützen und zu kaufen.

Relativ günstig liegen die Tarife der *öffentlichen Verkehrsmittel*. Die 52 km lange Busfahrt von San Sebastián nach Valle Gran Rey kostet rund 8 Mark. Die *Mietwagenpreise* liegen im für die Kanaren üblichen Rahmen. Ein einfacher Seat Marbella ist ab 50 DM pro Tag inklusive Vollkasko zu bekommen. Das auf den Kanaren subventionierte *Benzin* kostet lediglich eine Mark pro Liter.

Zahlungsmittel

Die spanische Währungseinheit ist die *Peseta,* abgekürzt als Pta., in der Mehrzahl Pts. oder, wie in diesem Buch, ptas. Gegenüber Deutscher Mark, Schweizer Franken und österreichischem Schilling war sie bis Anfang der 90er Jahre relativ stabil und unterlag nur geringfügigen Kursschwankungen. Ende 1992 geriet die Peseta im europäischen Währungssystem unter Druck und wurde seitdem viermal abgewertet – Feriengäste bekommen seither mehr für ihr Geld.

An Münzen gibt es 1-, 5- (*duro* genannt), 10- (selten), 25-, 50-, 100-, 200- und 500-Pesetastücke; Noten sind zu 500, 1000, 2000, 5000 und 10.000 Peseta im Umlauf.

Bargeld: Deutsche Banknoten werden vor Ort problemlos von allen Banken gewechselt. *Die Kurse vor Ort sind zumeist günstiger als zu Hause.* Von daher empfiehlt es sich, im Heimatland nur einen kleinen Betrag einzutauschen, um die ersten zwei Tage über die Runden zu kommen. An Wochenenden kann auch in größeren Hotels und Wechselstuben gewechselt werden, der Kurs ist wie auf der Bank, doch die Wechselprovision ist nicht unerheblich.

Kreditkarten: Plastikgeld ist in Spanien und auf den Kanaren mindestens genauso verbreitet wie im deutschsprachigen Raum bzw. sogar stärker. Gängigste Kreditkarten sind Visa, American Express und Eurocard. Sich Bargeld mit einer Kreditkarte zu holen, ist allerdings teuer. Die Provision kann 3 bis 4 Prozent des Geldbetrages ausmachen. Außer an den zahlreichen Geldautomaten wird Plastikgeld lediglich von den zwei führenden 4-Sterne-Hotels und einigen Autovermietungen akzeptiert. Wesentlich günstiger und ebenfalls ausgesprochen bequem ist dagegen das Bargeldabheben mit *EC-Karte und Geheimzahl.* Im Höchstfall werden Gebühren von fünf Mark fällig.

Euroschecks: Pro Euroscheck können bei jeder Bank bis zu 25.000 ptas gewechselt werden. Bei der Abbuchung zu Hause wird eine Gebühr von 1,75 % des getauschten Betrages fällig, bei 300 DM macht das immerhin rund 5 DM aus. Da man während eines dreiwöchigen Urlaubs wohl kaum mit einem einzigen Scheck auskommen wird, können sich die Gebühren schnell summieren. Euroschecks werden auch von größeren Hotels und Autovermietungen akzeptiert.

Inhaber eines **Schweizer Postcheque**-Kontos können gegen Vorlage ihrer Postcheques, der dazugehörigen Garantiekarte und ihrer Identitätskarte bei jedem Postamt gebührenfrei abheben, und zwar bis zu einem Höchstbetrag von 30.000 ptas.

Reiseschecks sind wohl die sicherste und preiswerteste Art des Geldtransports. Beim Kauf wird eine Versicherungssumme von einem Prozent berechnet, die Scheckverlust und -ersatz abdeckt. Von manchen spanischen Banken wird zusätzlich eine Bearbeitungsgebühr erhoben. Dafür ist der Wechselkurs meist höher als bei Bargeld. Die Schecks immer getrennt von den Quittungen mit den Schecknummern aufbewahren.

Wechselkurse in Spanien September 1997		
100 ptas	=	1,22 DM
1 DM	=	82 ptas
100 ptas	=	0,99 sFr
1 sFr	=	100,84 ptas
100 ptas	=	8,52 ÖS
1 ÖS	=	11,74 ptas

Man kann auch Reiseschecks in spanischer Währung bei deutschen Postämtern oder Banken kaufen, das erspart die Umtauschgebühren vor Ort.

Postsparbuch: Auf der Postsparkasse *(caja postal)* in San Sebastián und Hermigua können Postsparer innerhalb von 30 Tagen bis zu 2000 DM abheben. Der tägliche Höchstbetrag ist 1000 DM, bei höherem Finanzbedarf empfiehlt es sich, mehrere Sparbücher mitzunehmen. Abgehoben wird in glatten DM-Hunderter-Beträgen, ausgezahlt in Peseta. Die Sesamöffne-Dich-Floskel lautet: »Quisiera retirar dinero« (Ich möchte Geld abheben).

Die Rückzahlungsscheine sind in deutscher und spanischer Sprache abgefaßt. Neben dem Sparbuch ist die dazugehörige blaue Ausweiskarte und der Personalausweis oder Reisepaß vorzulegen. Der Kurs ist sehr günstig, und es fallen keinerlei Gebühren an. Was nicht abgehoben wird, bringt bis zum letzten Urlaubstag Zinsen. Postsparbuch und Ausweiskarte immer getrennt aufbewahren! Verliert man die Karte, kommt man allerdings absolut nicht mehr an sein Geld heran.

REISEPRAXIS

Die telegraphische **Auslandspost-anweisung** dauert maximal zwei Tage. Die Gebühr (abhängig vom Betrag, aber mindestens 75 DM) wird vom Beauftragten im Heimatland beim Einzahlen der Summe fällig. Die Auszahlung beim ausländischen Zielpostamt ist gebührenfrei. Mit einem festen Quartier kann man sich das Geld bis zur Haustür bringen lassen.

Sicherheit

Im Unterschied zu den Ferienzentren auf Gran Canaria und Teneriffa mit teils enorm hohen Kriminalitätsraten ist die Welt auf La Gomera noch fast im Lot. Straßenraub ist so gut wie unbekannt, doch vor Einzelfällen von Gewaltverbrechen und Vergewaltigung von Touristinnen blieb auch La Gomera nicht verschont. Und auch wenn Einbrüche und Autodiebstähle kaum vorkommen, empfiehlt es sich dennoch, im Mietwagen nichts liegen zu lassen. Ein offenes Handschuhfach zeigt einem potentiellen Dieb, daß nichts zu holen ist.

Brustbeutel oder Geldgürtel zu tragen, ist auf La Gomera unüblich. Viele Apartmentanlagen der gehobenen Klasse sind mit eigenen Mietsafes ausgestattet. Kommt dennoch mal etwas weg, sollte der Diebstahl bei der *Guardia Civil* angezeigt werden. Eine Anzeige kann äußerst zeitraubend sein und ist dazu nur wenig erfolgversprechend. Doch nur mit einer entsprechenden Bescheinigung können bei einer *Reisegepäckversicherung* Ansprüche angemeldet werden.

Gesundheit

Besondere gesundheitliche Vorsorge ist für La Gomera nicht erforderlich. An Impfungen ist lediglich eine *Tetanusimpfung* gegen Wundstarrkrampf zu empfehlen, die auch unabhängig von einer beabsichtigten Reise durchgeführt werden sollte. Drei Injektionen im Abstand von einem Monat bieten zehn Jahre Immunität.

Eventuelle Unpäßlichkeiten sind meist harmlose Magen- und Darmverstimmungen, ausgelöst durch Kostumstellung, zu kalte Getränke oder einfach Aufregung, sprich Reisefieber.

In acht nehmen sollte man sich vor der intensiv strahlenden kanarischen *Sonne*. Auf der winterblassen Haut des Mitteleuropäers kann sich schnell ein Sonnenbrand entwickeln, selbst bei leicht bedecktem Himmel. Vielfach läßt die frische Brise die akute Gefahr vergessen. Es empfiehlt sich, in der prallen Mittagshitze eher zur landesüblichen Siesta überzugehen, statt im Sand zu schmoren. Bei Wanderungen durch den so gut wie baumlosen Inselsüden ist eine Kopfbedeckung sinnvoll, die auch den Nacken schützt.

Vor giftigen Schlangen und Skorpionen braucht man sich auf La Gomera nicht zu ängstigen – es gibt sie nicht. Mücken gibt es nur wenige.

Reiseapotheke

Die Reiseapotheke sollte ganz nach Ihren speziellen Bedürfnissen zusammengestellt sein. Zur Standardausstattung gehört ein Mittel gegen Durchfall, leichte Schmerztabletten, Mittel zur Wunddesinfektion und etwas Verbandsmaterial bestehend aus Mullbinden, Pflaster und Schere. Nehmen Sie nicht zu viele Medikamente mit. Die Apotheken auf La Gomera sind gut bestückt. Praktisch alle in Deutschland verbreiteten Arzneien sind auch vor Ort erhältlich, manchmal unter anderem Namen, dafür aber meist billiger.

Krankenversicherung

Als AOK- oder Ersatzkassenpatient sollte man sich den *Auslandskrankenschein* (Anspruchsbescheinigung E 111) besorgen. Dem AOK-Patienten erstattet die »Gesundheitskasse« nur die Kosten der medizinischen Versorgung, wenn er bei einem von der spanischen Sozialversicherung zugelassenen Arzt behandelt wurde. Bevor der Arzt aufgesucht werden kann, muß im Büro des Sozialversicherungsträgers *(Seguridad Social)* der Auslandskrankenschein gegen einen spanischen »Krankenschein« eingetauscht werden, was im Ernstfall eine umständliche Prozedur sein kann. Hat man schließlich das Papier, ist beim zugeteilten Arzt mit erheblichen Wartezeiten zu rechnen.

Ich empfehle daher, für die Dauer der Reise eine private Zusatzversicherung abzuschließen, so daß ein Arzt der eigenen Wahl aufgesucht werden kann.

Privatpatienten müssen die Kosten für Medikamente und ärztliche Versorgung (ein Arztbesuch kostet etwa 50 bis 100 DM) auslegen und erhalten ihre Kosten nachträglich erstattet. *Arztrechnungen* müssen mindestens den Namen des Arztes, des Patienten, den Krankheitsbefund, ärztliche Leistungen, das Datum und den Betrag in der Landeswährung enthalten. Auf *Rezepten* sollten der Name des Patienten, Medikamente, Datum, Stempel und Unterschrift des Apothekers stehen.

Die *spanische Touristenversicherung* (ASTES) deckt alle Arzt- und Krankenhauskosten im Falle eines Unfalls oder einer Krankheit ab. Versicherungspolicen erhält man in jedem Reisebüro.

Europäischer Notfallausweis

Die Kommunikation mit Ärzten erleichtert der in den neun EU-Sprachen abgefaßte »ENA«, in den vom Hausarzt schwere Erkrankungen, Operationen, chronische Leiden, Überempfindlichkeit gegenüber Medikamenten, Impfungen, lebensnotwendige Medikamente und die Blutgruppe eingetragen werden. Den ENA gibt's gegen 3 DM in Briefmarken beim

Deutschen Gemeindeverlag, Postfach 400263, 50832 Köln, ☎ 02234/106-0.

Infos für Behinderte

Zur Reisevorbereitung und Anreise können Sie bei den folgenden Adressen Informationen allgemeiner Art einholen.

Bundesarbeitsgemeinschaft der Clubs Behinderter und ihrer Freunde e.V., Eupener Straße 5, 55131 Mainz, ☎ 06131/225514. Erster Ansprechpartner für geeignete Begleitpersonen, praktische Hilfsmittel, Finanzierungshilfen und rollstuhlgerechte Unterkünfte.

Mobility International Schweiz (MIS), Riesbachstr. 58, Postfach, CH-8034 Zürich, © 041/01/3830497; gibt eine umfangreiche Broschüre heraus: Unbehinderte Ferien für Behinderte.

Lufthansa-Broschüre: Reisetips für behinderte Fluggäste, gibt es kostenlos bei allen Stadtbüros der LH.

Behinderte auf Reisen heißt eine 80-seitige Broschüre mit Infos und Tips, erhältlich im Buchhandel oder über Medios Vertriebsservice, 12439 Berlin, Schnellerstr. 139.

Mindestens zwei **Unterkünfte** sind auf La Gomera auf Behinderte eingestellt:

Das *Hotel Tecina* in Santiago verfügt über 5 behindertengerechte Zimmer; Zimmertürbreite 90 cm, Dusche und Waschbecken sind unterfahrbar. Der Hotelstrand ist allerdings steinig und mit dem Rollstuhl nicht befahrbar.

Die Apartmentanlage *Los Tarajales* in Valle Gran Rey verfügt über 20 für Behinderte geeignete Studios mit stufenloser Terrasse, doch etwas engem Bad und nicht unterfahrbarer Dusche. Geeignet für Senioren, Gehbehinderte und Familien mit geistig Behinderten. Rollstuhlfahrer nur mit Begleitperson.

Über Leser-Erfahrungen (schreiben Sie an die Verlagsadresse), insbesondere von La Gomera und den Nachbarinseln, freue ich mich.

Was mitnehmen?

Entscheidend für die richtige Zusammenstellung des Reisegepäcks ist die jeweilige Reisezeit. In den Wintermonaten ist vor allem auch an warme Sachen zu denken. Während der kühleren Jahreszeit gehören ein dicker Wollpullover und warme Wollsocken ebenso selbstverständlich ins Gepäck wie Sandalen und T-Shirt. Bereits in Höhenlagen ab 300 m kann es abends empfindlich kühl werden. Regenschutz darf ebensowenig fehlen wie ein vollständiger Badedress. Für den mitunter stark aufgeheizten Sandstrand in Valle Gran Rey empfehlen sich ein Paar Flip-Flops, für Spaziergänge über steiniges Terrain feste geschlossene Schuhe mit Profilsohlen. Beim Strand-Equipment ist vor allem an eine Sonnenschutzcreme mit hohem Lichtschutzfaktor zu denken (ab Faktor 8 aufwärts), dazu Sonnenbrille und Kopfschutz. Billige Strandmatten gibt es vor Ort überall zu kaufen. Für Kleinkinder sind Schwimmflügel und ein paar Plastiksandalen für den Strand ganz wichtig.

Als Sprachhilfe ist ein kleines Wörterbuch sinnvoll, außerhalb von Valle Gran Rey wird kaum englisch oder deutsch gesprochen. Fotofreunde sollten außer Ersatzbatterien vor allem an einen Lichtfilter denken; ohne diesen verlieren sich die Farben auf Dias oder Prints im Dunkeln.

Ausrüstung für Wanderer

Als kombinierter Regen- und Windschutz hat sich eine leichte Überziehjacke aus Mikrofasern (z.B. Goretex, umweltfreundlicher ist Sympatex) bewährt. Für längere Wanderungen sind über die Knöchel reichende Wanderschuhe mit Profilsohlen empfehlenswert, dazu zwei Paar extra Socken. In den Tagesrucksack gehören Wasserflasche und eine kleine Notfallapotheke (Pflaster, Wundsalbe, elastische Binde). In Notfällen können Trillerpfeife und Taschenlampe von großem Nutzen sein.

Ein leichtes Fernglas ist für Vogelbeobachtungen interessant. Energieverpflegung wie Studentenfutter, Müsliriegel und ähnliches kann vor Ort besorgt werden. Ein Schlafsack ist erforderlich, wenn mehrtägige Touren eingeplant sind.

... für Radfahrer

Ein mitgebrachtes Reiserad (Transport siehe Seite 93, »Sondergepäck«) sollte bestimmte Anforderungen erfüllen. Ein normales Tourenrad mit Drei-Gang-Schaltung reicht nicht aus. Eine bergtaugliche Gangschaltung mit kleinen Übersetzungen nahe 1:1 sowie mittlere bis breite Bereifung sind absolutes Muß.

Die drei sind offensichtlich nicht von der Tankstelle ...

Für die teils extremen Steigungen bietet sich ein Mountainbike an. Die in diesem Reisebuch angegebenen Tourenvorschläge (ab Seite 292) führen durchweg über Asphaltstraßen. Querfeldeinfahren sollte ohnehin tabu sein, da es in der Natur schwere, teils irreparable Schäden anrichtet.

Eine Alternative zum Mountainbike ist ein Rennsportrad oder ein ausgesprochenes Reiserad mit den genannten Voraussetzungen und zusätzlich stabilen Gepäckträgern und wasserdichten Gepäcktaschen sowie einer lauten Fahrradklingel. Nicht vergessen werden sollten wichtige Ersatzteile wie Schläuche, ein Ersatzmantel, Bremsklötzchen, Bremszüge, Ersatz-

speichen, Kettenglieder und Kettenschloß, sowie Flick- und Werkzeug. Zum Sichern von Gepäckstücken und des Rades bei der Fährüberfahrt sind Spanngummis hilfreich.

Es radelt sich am besten in bequemen Shorts oder einer echten Radlerhose mit Ledereinsatz. Für kühlere Tage im Winterhalbjahr empfiehlt sich die Mitnahme einer Jogginghose. Von Nutzen können auch Radbrille, Radhandschuhe und gegen den kühlenden Fahrtwind bei langen Abfahrten eine Regenjacke sein. Einen Sturzhelm sollten nicht nur Kinder tragen.

Im Sommer muß beim Sporttreiben auf ausreichende Flüssigkeits- und Salzzufuhr geachtet werden. Vielfach genügt eine Extraprise Salz zu den Mahlzeiten und eine mineralstoffreiche ausgewogene Ernährung. Wer sich mit Salztabletten behelfen will, sollte sie von zu Hause mitbringen, ebenso eine große Wasserflasche.

Mit Ersatzteilen gut bestückt ist die *Bike Station* in La Puntilla/Valle Gran Rey. Ansonsten gibt es auf der Insel keine weiteren Fahrradwerkstätten, zur Not also nach dem nächsten Schlosser oder einer Kfz-Werkstatt fragen.

Wer die Insel kreuz und quer erfahren will, muß sich der zerklüfteten Topographie wegen auf kurze Tagesetappen einstellen und einiges an Kondition mitbringen. Es sei denn, man schließt sich einer organisierten Tour an. Beste Radelzeit sind Frühjahr, Herbst und Winter. Im Sommer kann es ab und an zu heiß sein.

Literatur und Karten

Historisch Interessierte seien auf zwei Reprints aufmerksam gemacht: Leonardo Torriani: »Die Kanarischen Inseln und ihre Urbewohner. Eine unbekannte Bilderhandschrift vom Jahre 1590«, herausgegeben von Dominik Wölfel, Leipzig 1940, Reprint: Hallein 1979. Und:

Bory de St. Vincent, »Geschichte und Beschreibung der Kanarien-Inseln«, Weimar 1804, Reprint: Graz 1970.

Eine informative Einführung über die *Kultur der Altkanarier* ist das Buch »Kanarische Inseln – Auf den Spuren atlantischer Völker« von Harald und Marianne Braem. Von Harald Braem zusammengestellt ist

»Der Kojote im Vulkan«, eine Sammlung von Märchen und Mythen der Kanarischen Inseln (Edition Orient).

Pflanzenkundliche Literatur ist am besten vor Ort zu erstehen. Ein handlicher schön bebilderter Pflanzenführer für unterwegs mit den wichtigsten Charakterpflanzen der gomerischen Flora ist »Pflanzen auf La Gomera« von Andrea und Thomas K. Müller. Systematischer sind die Bücher des englischen Botanikers David Bramwell, die es allerdings nur in englisch und spanisch gibt. Von Juan-Alberto R. Peréz liegt in deutscher Übersetzung »Die exotische Pflanzenwelt auf den Kanarischen Inseln« vor.

Nur für Profis, für Laien und Nichtlateiner kaum brauchbar, ist die »Exkursionsflora für die Kanarischen Inseln« von Adalbert Hohenester und Walter Welß (Ulmer Verlag).

Sollten Sie zum Einstimmen bunte Fotos benötigen, bieten sich diverse Bildbände über die Insel an: klein und preiswert ist »La Gomera« von dem deutschen Fotografen Thomas K. Müller, groß und teurer »La Gomera« von der norwegischen Reeder-Tochter Christine Olsen.

Vor Ort überall erhältlich sind die ebenfalls preiswerten Bände »Landschaftsimpressionen« und »Kleine Impressionen von La Gomera« des Fotografen Andy Probst.

Ein wirklich gutes Handbuch mit vielen Tips und Hinweisen für *Radfahrer* ist: »Fahrrad-Reisen – Das unentbehrliche Handbuch für jede Radtour« von Martin Karsten, Frank Micus und Johannes Remmel; Peter Meyer Reiseführer.

Karten

Die nachfolgenden Karten sind vor Ort in Supermärkten, Buchläden und Souvenirshops erhältlich:

La Gomera, freytag & berndt, 1:35.000, die derzeit beste und aktuellste Karte; mit eingezeichneten Wanderwegen. Auch zu Hause im Buchhandel für 12 DM erhältlich.

La Gomera, art-edition Reiner Loos, 1:60.000.

La Gomera, Solynieve Ediciones, 1:60.000; mit Plänen von San Sebastián, Valle Gran Rey und Santiago.

Isla de Gomera, Mapa Topográfico Nacional de España; topographische Karte mit eingezeichneten Höhenlinien, die jedoch nicht auf dem neuesten Stand, doch sehr detailliert und eine wertvolle Orientierungshilfe ist.

Für Radfahrer

Kanarische Inseln, Michelin Nr. 451, 1:200.000; mit Angaben zu Straßenbreiten und -zuständen, Steigungs- und Höhenangaben. Am besten schon in einer größeren Kartenhandlung daheim besorgen. Empfehlenswert!

Islas Canarias, Firestone-Straßenkarte 1:150.000; etwa genauso gut wie die Michelin-Karte, aber oft nur vor Ort erhältlich.

Ausweise & Papiere

Für die Einreise benötigen Bürger aus Deutschland, der Schweiz und Österreich einen gültigen *Personalausweis*.

Bei der Mitnahme von *Hunden und Katzen* ist ein amtstierärztliches Gesundheitszeugnis erforderlich. Für Hunde wird zudem ein beglaubigtes Tollwutimpfzeugnis verlangt. Die

Spanische Botschaften

in Deutschland: 53115 Bonn, Schloßstraße 4, ✆ 0228/217094 Generalkonsulate in Düsseldorf, Frankfurt a.M., München, Berlin, Hamburg
in Österreich: 1040 Wien, Argentinier Straße 34, ✆ 01/5055780
in der Schweiz: 3006 Bern, Kalcheggweg 24, ✆ 031/3520412

Fremdenverkehrsämter

in Deutschland: 10707 Berlin, Kurfürstendamm 180, ✆ 030/8826543
40210 Düsseldorf, Grafenberger Allee 100, ✆ 0211/6803980
60323 Frankfurt a.M., Myliusstraße 14, ✆ 069/725033
80336 München, Schubertstr. 10, ✆ 089/530158
in Österreich: 1010 Wien, Walfischgasse 8, ✆ 0222/5129580
in der Schweiz: 8008 Zürich, Seefeldstr. 19, ✆ 01/2527930
1201 Genf 15, rue Ami-Levrier, ✆ 022/7311133.

Impfung muß mindestens 30 Tage alt sein, jedoch nicht älter als ein Jahr. Gegen einen adressierten und frankierten Rückumschlag ist vom Deutschen Tierschutzbund die informative Broschüre »Mit Hund und Katze auf Reisen« erhältlich: *Deutscher Tierschutzbund,* Baumschulallee 15, 53115 Bonn.

Zollbestimmungen

Zwar gehört Spanien zur EU und somit zum europäischen Binnenmarkt, doch gelten für die Kanarischen Inseln Übergangsregelungen, die im privaten Reiseverkehr etwas kleinliche Zollbestimmungen zur Folge haben. So sind bei der Einfuhr nach Deutschland nur die folgenden Mengen abgabefrei (pro Person): 200 Zigaretten oder 100 Zigarillos oder 50 Zigarren. 1 l Spirituosen mit einem Alkoholgehalt von mehr als 22 % oder 2 l mit höchstens 22 % Alkohol oder 2 l Schaum- oder Likörwein und zusätzlich 2 l nicht schäumende Weine. 500 g Kaffee, 50 g Parfüm, 0,25 l Toilettenwasser. Andere Waren bis zu einem Gesamtwert von 340 DM. Kontrolliert wird die Einhaltung dieser Mengen praktisch nicht, da es seit 1993 keine Zollkontrollen an den inneren Grenzen der Europäischen Union mehr gibt.

Bei der Einreise in die Schweiz besteht hinsichtlich der Einfuhr von Fleisch, Zigaretten, Tabak, Wein und Spirituosen die landesüblichen Zollbeschränkungen.

Ausländische Devisen können unbegrenzt mitgeführt werden. Die Ausfuhr der Landeswährung ist auf eine Höhe von 100.000 ptas begrenzt.

Anreise

La Gomera ist die einzige Kanareninsel, die bislang über keinen Flughafen verfügt. Die Anreise gestaltet sich entsprechend umständlicher und zeitraubender. Nadelöhr eines jeden Inselbesuchers ist der Fährhafen Los Cristianos auf Teneriffa. Kombinierte Auto-, Bahn-, Bus- und Schiffsreisen gehen über den Fährhafen Cádiz in Südspanien.

Stopover Teneriffa

Teneriffa wird als eines der weltweit größten Ferienzentren von unzähli-

Für die Überfahrt von Los Cristianos (Teneriffa) benötigt das Tragflügelboot nur 35 Minuten bis San Sebastián (La Gomera)

gen deutschen und europäischen Chartergesellschaften angeflogen. Der Flugpreis variiert je nach Reisezeit, Gesellschaft und Abflughafen. *LTU* fliegt nonstop von sieben deutschen Flughäfen für circa 700 bis 900 DM. Praktisch zu denselben Preisen starten Maschinen von *Condor* von einem knappen Dutzend deutscher Städte. Für Kurzentschlossene sind günstige Last-Minute-Angebote örtlich für unter 400 DM zu haben. Drehscheibe für Billigflüge ist vor allem der Airport in Düsseldorf.

Neben Charterflügen werden nach Teneriffa auch relativ preiswerte Linienflüge angeboten. Ein Super-flieg & spar-Ticket der *Lufthansa* von Frankfurt a.M. nach Teneriffa kostet je nach Reisezeit zwischen 720 und 920 DM und hat den Vorteil, daß es drei Monate gültig ist. Hin- und Rückflug müssen spätestens sieben Tage vor Reiseantritt gebucht und bezahlt werden. Super-flieg & spar-Tarife gibt es auch bei der spanischen Airline *Iberia*. Außerhalb der Hochsaison werden von Iberia auch günstige Paso-Doble-Partnertarife angeboten. Für die erste Person sind je nach Reisezeit und Abflughafen zwischen etwa 720 und 920 DM anzulegen, für den begleitenden Reisepartner nur jeweils die Hälfte. Iberia bietet auch Linienflüge via Madrid nach Teneriffa an.

Sportausrüstung & Sondergepäck

Fahrrad, Flugdrachen und Surfbrett zählen bei manchen Fluggesellschaften zum gebührenpflichtigen Sonder- oder Übergepäck und müssen bei der Buchung im Reisebüro oder bei der Chartergesellschaft angemeldet werden. *Fahrräder* kosten je nach Airline für die einfache Strecke zwischen 30 (LTU; Germania; Air Berlin) und 60 DM (Condor; Aero Lloyd). An den Reifen muß die Luft herausgelassen, Lenker und Pedale müssen nach innen gedreht werden – mit möglichen Kratzern und verbogenen Schutzblechen oder Anbauteilen darf gerechnet werden. Als transportsichere Verpackung bieten sich verschiedene Möglichkeiten an, angefangen vom einfachen Radkarton (gibt es im Radfachhandel zumeist kostenlos) bis hin zu Radtaschen und exklusiven Hartschalen-Radkoffern.

Tennis- oder *Squash-Ausrüstungen* werden gratis transportiert, *Tauchflaschen* schlagen bei Condor mit 50 DM zu buche, bei den anderen Charterlinien sind sie frei.

Die Fluggesellschaften haften für Sportgeräte nur begrenzt, bei hochwertigem Material empfiehlt sich eine Transport- oder Reisegepäckversicherung.

Hunde und Katzen müssen ebenfalls rechtzeitig angemeldet werden. Bei den meisten Linien wird das Gewicht des Tieres inklusive Transportbox auf das Freigepäck angerechnet; was darüber liegt, kostet 10 DM pro Kilo.

Rollstühle und *Kinderwagen* werden kostenlos befördert.

Ankunft auf den Flughäfen von Teneriffa

Der internationale *Aeropuerto del Sur (Reina Sofía)* im wüstenhaften Süden Teneriffas ist etwa 20 km vom Fähr-

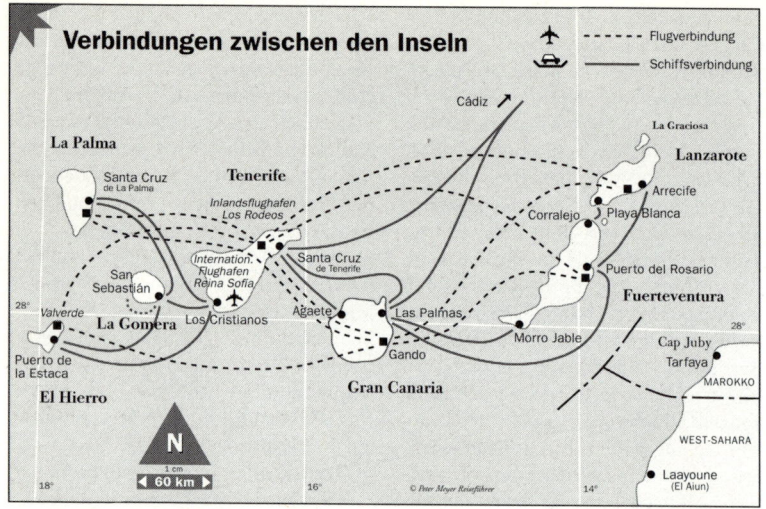

Verbindungen zwischen den Inseln

- - - - - Flugverbindung
————— Schiffsverbindung

Cádiz

La Palma

La Graciosa

Lanzarote

Santa Cruz de La Palma

Tenerife

Arrecife

Inlandsflughafen Los Rodeos

Corralejo

Playa Blanca

Internation. Flughafen Reina Sofía

Santa Cruz de Tenerife

Puerto del Rosario

San Sebastián

Valverde

La Gomera

Los Cristianos

Agaete

Las Palmas

Fuerteventura

Puerto de la Estaca

Morro Jable

Cap Juby

Tarfaya

El Hierro

Gando

Gran Canaria

MAROKKO

WEST-SAHARA

N

1 cm

◀ 60 km ▶

Laayoune (El Aiun)

© Peter Meyer Reiseführer

---

hafen *Los Cristianos* entfernt. Für eingefleischte Gomera-Fans ist Teneriffa eine andere Welt, die normalerweise gemieden wird wie die Pest, etwa nach dem Motto »so schnell wie möglich durch und weg«. Bettenburgen und die zubetonierten Küsten stehen in krassem Kontrast zu der weitgehend noch heilen Inselwelt La Gomeras. Der schnellste Weg führt vom Südflughafen per Taxi zum Fährhafen (circa 15 Minuten, etwas über 2000 ptas), wo nach einem erfrischenden Drink an der Promenade das nächstbeste Fährschiff genommen wird.

Wer es nicht so eilig hat und es zudem billiger haben will, nimmt vom Flughafen den etwa stündlich fahrenden Bus Nr. 487 (Richtung Playa Las Americas), wobei allerdings nicht alle Busse direkt zum Hafen von Los Cristianos fahren, sondern im Ort halten;

von dort 10 Minuten zu Fuß zum Fährterminal.

Manchmal jedoch liegen die An- und Abflugzeiten so ungünstig, daß die Weiterreise nicht am selben Tag möglich ist. Die letzte Fähre legt in Los Cristianos um 20 Uhr ab. Wer später ankommt, muß übernachten. Eine Low-budget-Pension in Los Cristianos ist *La Paloma*, Calle Paloma, ✆ 790198, DZ 2500 ptas. Komfortabler, doch in unruhiger Lage ist *Hotel Andrea's*, Calle Antigua General Franco, ✆ 790024, DZ mit Frühstück 7280 ptas.

Die Anreise über den Nordflughafen *Los Rodeos* betrifft jene Gäste, die bereits auf den Kanaren sind und beispielsweise von Gran Canaria oder La Palma nach La Gomera weiter wollen. Alle innerkanarischen Flüge werden über Los Rodeos abgewickelt. Sofern man nicht eine teure Taxifahrt (circa 7400 ptas) in Kauf nehmen möchte, gestaltet sich der Transfer zum Fährhafen Los Cristianos umständlich. Busse ab Los Rodeos fahren nicht direkt in den Süden, man muß in *Santa Cruz de Tenerife* umsteigen. Vor der Ankunftshalle hält der aus Puerto de la Cruz kommende Bus Nr. 102, der Sie in einer guten halben Stunde zum Busterminal *(Estación de Guaguas)* von Santa Cruz de Tenerife bringt (Endstation). Von dort verkehrt alle halbe Stunde der Bus 111 nach Los Cristianos, an Wochenenden und Feiertagen nur jede Stunde. Für die etwa 75 km über die *Autopista del Sur* benötigt der Bus etwa 80 Minuten, vorausgesetzt, die Autobahn ist halbwegs frei.

Anreise mit dem Schiff

Die Anreise über Land bis Cádiz und von dort weiter mit der Fähre ist nicht gerade billig und kostet zudem viel Zeit. Der Weg per Schiff wird vornehmlich von Autofahrern in Anspruch genommen, die ihr eigenes Fahrzeug oder den Campingbus auch auf den Kanaren partout nicht missen wollen. Für die mehr als 2500 km lange Autofahrt von Frankfurt a.M. bis Cádiz müssen etwa drei Reisetage einkalkuliert werden. Allein für Benzin, Autobahngebühren und zwei

Fährverbindungen von Teneriffa

Von Los Cristianos setzen täglich zwischen 8.45 und 20 Uhr alle ein bis zwei Stunden Fährschiffe nach San Sebastián über. Den lukrativen Markt teilen sich die **Ferry Gomera** der Fred-Olsen-Linie (Fährschiff *Benchijigua*) und die staatliche **Trasmediterránea** (Fährschiff *Villa de Agaete* und Schnellboot *Barracuda*). Zurück nach Teneriffa geht die erste Fähre um 7 Uhr morgens, die letzte um 18 Uhr.
Seit Sommer 1996 läuft dreimal täglich das Schnellboot Barracuda nach einem kurzen Stop in San Sebastián den Hafen Vueltas in Valle Gran Rey direkt an, was den Transfer ins Tal des Großen Königs erheblich verkürzt.

Fährpreise

Die beiden Fährgesellschaften nehmen sich vom Preis her nicht viel. Erhöht oder senkt die eine Linie die Preise, zieht die andere kurze Zeit später nach. Für die einfache Überfahrt bezahlen Erwachsene etwa 1900 ptas, Kinder die Hälfte. Pkw bis zu 4,5 m Länge kosten 3000 ptas, ein Motorrad 1100 ptas; Fahrräder werden gratis transportiert.
Der Preis für die neue Strecke des Schnellbootes Barracuda von Los Cristianos nach Valle Gran Rey beträgt für die einfache Passage 2350 ptas. Von San Sebastián nach Valle Gran Rey nur 1000 ptas (Fahrzeit 30 Min.).

Tip: Während der Siesta gibt es bei allen Linien bis zu 20 % verbilligte Tickets.

Anreise über La Palma

Von La Palma gibt es täglich eine direkte Schiffsverbindung nach La Gomera. Die Fähre legt um 2 Uhr nachts in Santa Cruz de La Palma ab und erreicht gegen 6 Uhr morgens den Hafen von San Sebastián. Die einfache Fahrt ist mit 2100 ptas ausgesprochen günstig.

Übernachtungen laufen für diese erste Etappe (ohne Abnutzung) schon Kosten von 1000 DM auf.

Von Cádiz nach Teneriffa verkehrt einmal wöchentlich eine Fähre der *Compañía Trasmediterránea.* Die Überfahrt dauert circa 39 Stunden.

Rechnet man die Kosten für die Tour Frankfurt – Cádiz – Teneriffa – La Gomera und zurück zusammen, so ergibt sich bei einem mit vier Personen besetzten Pkw ein Fahrpreis von etwa 1200 DM pro Person, das heißt etwa das Anderthalbfache der Flugkosten. Für die Anreise müssen mindestens fünf Tage eingeplant werden. Trotz des beträchtlichen Aufwands wird von der Fährverbindung von Cádiz aus reger Gebrauch gemacht. Insbesondere in den Sommerferien kommt es regelmäßig zu Engpässen – die Fährschiffe sind dann auf Wochen im voraus ausgebucht.

Es besteht ab Deutschland auch die Möglichkeit, mit Bahn oder Bus nach Südspanien anzureisen. Die preiswertere Alternative ist hierbei die Straße (was nicht unbedingt komfortabler ist: eine Tour dauert etwa 33 Stunden). Von verschiedenen Städten gehen **Europabusse** bis beispielsweise

Generalagenturen der Compañía Trasmediterránea

DER Traffic, Emil-von-Behring-Straße 6, D-60439 Frankfurt a.M., ✆ 069/ 95881771, Fax 95881769;

Trasmediterránea, E-11006 Cádiz, Avenida Ramón de Carranza 26 – 27, ✆ 956/ 284311;

Trasmediterránea, E-38001 Santa Cruz de Tenerife, Marina 59, ✆ 922/287850.

Málaga, Sevilla oder dem Fährhafen Cádiz. Die Hin- und Rückfahrt Frankfurt a.M. – Cádiz kostet etwa 400 DM. *Deutsche Touring GmbH,* Am Römerhof 17, 60486 Frankfurt a.M., ✆ 069/7903-0, Fax 706059.

Die **Bahnfahrt** ab deutsch- oder schweizerisch-französischer Grenze kostet mit dem Euro-Domino-Tarif bis Cádiz und zurück circa 500 DM, junge Leute unter 26 Jahren zahlen je nach Jahreszeit 350 bis 380 DM.

Der *Fahrradmitnahme* im Zug kostet 16 DM pro Strecke. Als Gepäck 46 DM, 10 bis 14 Tage vorher aufgeben und dabei die Fahrkarte vorlegen.

Fähren nach La Gomera

Während bis Mitte der 70er Jahre lediglich zweimal wöchentlich eine Fähre nach La Gomera übersetzte, legen heute täglich bis zu zehn Linienschiffe im Hafen von San Sebastián an. Die hartumkämpfte Verbindung führte zeitweise zu einem regelrechten Fährkrieg zwischen der von dem norwegischen Reeder betriebenen **Ferry Gomera** und der spanischen Staatslinie **Trasmediterránea.** Sie haben zusätzlich die Wahl zwischen zwei großen Fährschiffen und einem kleinen Schnellboot der Trasmediterránea. Die Autofähren *Benchijigua* und *Villa de Agaete* benötigen für die Überfahrt etwa anderthalb Stunden. Sie bürgen beide für eine beschauliche Seereise, sofern der Atlantik sich einigermaßen ruhig gebärdet: viel Bewegungsfreiheit, sonnige Deckplätze und tolle Ausblicke auf die langsam näherkommende Silhoutte des kreisrunden, von Steilküsten begrenzten

Pauschalreisen

Angebote, die Flug, Fährtransfer, Übernachtung und Frühstück im Preis einschließen, können unter Umständen billiger sein als ein individuell gebuchter Flug plus ein vor Ort selbstgesuchtes Apartment. Eine Woche pauschal ist bereits ab 900 DM zu haben. Sie haben jedoch den gravierenden Nachteil, daß im Reisebüro oftmals die »Katze im Sack« gekauft wird. Anlagen für Pauschalgäste konzentrieren sich auf La Gomera im wesentlichen auf Valle Gran Rey und Santiago. Pauschalarrangements nach La Gomera werden mittlerweile von verschiedenen deutschen Reiseveranstaltern angeboten. Kataloge und aktuelle Preise erfragen Sie bitte in Ihrem Reisebüro. Manche Veranstalter haben spezielle Angebote für Langzeiturlauber und Überwinterer im Programm. Auch kombinierte Kanaren-Rundreisen, beispielsweise zusammen mit den Nachbarinseln Teneriffa und La Palma, werden offeriert.

Aktivferien

Zunehmend werden auch Spezialprogramme wie *Wanderreisen* (siehe Seite 249) und *Sprachurlaub* (siehe Seite 204) pauschal angeboten. **Bikeferien** haben folgende Veranstalter im Programm, mit oder ohne Flug, doch immer mit Unterkunft, Leihfahrrad und geführten Touren:
* *Alps-Mountainbike-Tours,* Tengstraße 1, 80798 München, ℰ 089/5427990, Fax 54290118;
* *Jester Bike-Tours,* Engelsteig 4, 78467 Konstanz, ℰ 07531/21333, Fax 79279;
* *Rad International,* Amalienstr. 13, 76133 Karlsruhe, ℰ 0721/25456, Fax 22841;
* *Velo Travel,* Herrenstr. 42, 76133 Karlsruhe, ℰ 0721/ 25244, Fax 21374.

Die meisten Veranstalter arbeiten vor Ort mit der »Bikestation« in Valle Gran Rey zusammen.

Inselprofils von La Gomera. Vorausbuchungen sind nicht erforderlich, die 95 m lange Benchijigua hat Platz für 1000 Passagiere.

Eilige geben dem Schnellboot *Barracuda* den Vorzug, das für die Überfahrt lediglich 35 Minuten benötigt. Das auch »Hidrofoil« genannte Tragflügelboot italienischer Bauart mag für ruhigere Mittelmeergewässer tauglich sein, für den Atlantik ist es jedoch nicht alle Tage geeignet – bei rauher See kann das Schiff nicht auslaufen. Auch bei einigermaßen ruhiger See gestaltet sich die kräftig schaukelnde Überfahrt nicht gerade als Vergnügungsreise. Nicht ungefährlich ist das Schnellboot für Wale und Delphine, in den letzten Jahren kam es zu wiederholten Zusammenstößen.

Rucksack oder Reisetasche brauchen nicht auf die Fähre geschleppt zu werden, sondern können in einem bereitgestellten Gepäckwagen deponiert werden. Sollten Sie bereits ein Rückfahrticket gelöst haben, müssen Sie sich kurz vor Ablegen des Schiffes am Schalter der Fährlinien eine Bordkarte ausstellen lassen.

Tip für die Rückreise: Ferry Gomera bietet ihren Gästen nach jeder Fährankunft in Los Cristianos einen Busservice ab Hafen nach Santa Cruz de Tenerife an. Das Busticket kann zusammen mit dem Fährticket gelöst werden.

AUF DER INSEL

In diesem Abschnitt finden Sie im Überblick allgemeine praktische Informationen, die Ihnen den Aufenthalt auf La Gomera erleichtern und helfen sollen, Ihren Urlaub möglichst streßfrei und geruhsam zu gestalten.

Zeitverschiebung

Auf den Kanaren gehen die Uhren anders. Kanarische Ortszeit und Mitteleuropäische Zeit (MEZ) differieren um eine Stunde. Das heißt, daß Sie ihre Uhr bei Ankunft um eine Stunde zurückstellen müssen. Im Unterschied zum spanischen Festland gehört die Inselgruppe zur westeuropäischen Zeitzone.

Feiertage

Neben den zahlreichen lokalen *Fiestas* (siehe Seite 78) zu Ehren des jeweiligen Schutzpatrons gibt es natürlich noch die für ganz Spanien gültigen *nationalen Feiertage*.

1. Januar: *Año Nuevo.* Das Neujahrsfest wird teils noch lärmender gefeiert, als man es von zu Hause gewohnt ist. Dank des milden Klimas spielt sich vieles draußen ab. Um Mitternacht ist es Brauch, zu jedem Glockenschlag eine Weintraube zu essen *(uvas de la suerte).*

6. Januar: *Los Reyes.* Eines der bedeutendsten Feste auf den Kanaren bzw. in Spanien, im Stellenwert vergleichbar mit unserem Weihnachtsfest. Die Bescherung findet nicht an Heiligabend statt, sondern an Heilige Drei Könige.

Karwoche: *Semana Santa.* Gefeiert wird am Gründonnerstag und Karfreitag, nicht jedoch am Ostermontag.

1. Mai: *Fiesta del Trabajo*

Mai/Juni: *Corpus Cristi.* Fronleichnamfest mit eindrucksvollen Straßenteppichen.

25. Juli: *Santiago-Tag* zu Ehren des Patrons von Spanien.

15. August: *Asunción de la Virgen,* Mariä Himmelfahrt.

12. Oktober: *Día de la Hispanidad.* An diesem Tag landete Kolumbus in Amerika.

1. November: *Todos los Santos,* Allerheiligen.

6. Dezember: *Día de la Constitución,* Tag der Verfassung.

8. Dezember: *Inmaculada Concepción,* Mariä Empfängnis.

25. Dezember: *Navidad.* An Heiligabend wird die traditionelle Mitternachtsmesse besucht. Einen zweiten Weihnachtsfeiertag gibt es nicht.

Öffnungszeiten

An gesetzlichen Feiertagen ist alles geschlossen.

Geschäfte und Supermärkte haben in der Regel montags bis freitags 9 – 13 Uhr und 17 – 19 Uhr, samstags nur vormittags geöffnet. Sonntags haben alle Supermärkte geschlossen.

Post und Banken haben Montag bis Samstag ausschließlich vormittags 9 – 14 Uhr geöffnet; im Sommer von Juni bis September bleiben viele Banken samstags geschlossen.

Kirchen und Kapellen sind oft nur während der Gottesdienste offen. Ausnahmen sind manche der »touristisch« interessanten Kirchen, die zur Besichtigung offenbleiben.

Geld wechseln

Banken oder eine Sparkassenfiliale der *Caja Canarias* gibt es in fast jedem größeren Ort. Außerhalb der Öffnungszeiten können auch die *Geldautomaten* vor den Banken in Anspruch genommen werden. Außerhalb der Schalterstunden besteht die Möglichkeit, zu banküblichen Kursen in Wechselstuben, Hotels und bei Autovermietungen zu tauschen. Allerdings wird hier eine beachtliche Provision abgezogen.

Post

Briefmarken gibt es auf der Post. Das Porto für einen normalen Brief (bis 20 g) oder eine Postkarte in europäische Länder beträgt 65 ptas, Inlandsbriefe kosten 32 ptas, Briefe nach Übersee 95 ptas.

Die *Postlaufzeit* beträgt normalerweise eine Woche, manchmal aber auch drei Wochen und mehr. Briefe sind in der Regel schneller als Postkarten.

Postlagernde Briefe können in San Sebastián und Valle Gran Rey am Schalter *Lista de correos* unter Vorlage des Ausweises abgeholt werden. Wichtig ist, daß der Nachname hervorgehoben wird und deutlich geschrieben ist. Nicht abgeholte Sendungen werden nach drei Monaten wieder an den Absender zurückgeschickt.

Telefon

Der Telefonverkehr liegt in den Händen einer privaten Telefongesellschaft. Die Post hat nichts damit zu tun, telefonieren ist von dort nicht möglich.

Von allen *Münztelefonen* der Insel können internationale Gespräche geführt werden. Eine Liste der Vorwahlnummern und mehrsprachige Bedienungsanleitungen hängen in jeder Telefonzelle aus. Etwas hinderlich ist nur, daß der Apparat ständig mit Münzen gefüttert werden muß, ab und an kann es passieren, daß die Verbindung

 Vorwahlen

Für Gespräche von La Gomera *nach Mitteleuropa* wählen Sie zunächst die internationale Vorwahl 07 und warten den Dauerton (≈) ab. Danach wird die jeweilige Landeskennzahl, die Vorwahl ihres Ortes ohne die Null am Anfang und schließlich die Teilnehmernummer gewählt.

Die Vorwahl für Deutschland ist 07 ≈ 49, für die **Schweiz** 07 ≈ 41 und für **Österreich** 07 ≈ 43.

Die **Telefonvorwahl nach Spanien** ist 0034. Von der für La Gomera zuständigen Provinzvorwahl Teneriffas 922 wird die 9 weggelassen und dann die Teilnehmernummer gewählt (0034 ≈ 22-...).

Für Gespräche *innerhalb der Provinz Teneriffa* (La Palma, El Hierro, La Gomera und Teneriffa) wird keine Vorwahl benötigt. Die östlichen Inseln der *Provinz Las Palmas* (Gran Canaria, Lanzarote und Fuerteventura) sind unter der Vorwahl 928 zu erreichen.

unterbrochen wird. Die Geräte nehmen Münzen zu 5, 25, 50 und 100 ptas
an. Für Auslandsgespräche sind 100-
Pesetamünzen zweckmäßig. Ortsge-
spräche auf der Insel kosten 20 ptas.
Streßfreier telefoniert es sich mit Telefonkarten, die es beispielsweise in San
Sebastián im Presseshop des Hafen-
terminals oder in Valle Gran Rey im
Fotoladen in La Playa zu kaufen gibt.

Fürs Telefonieren sind auch die *Telefonos publicos* empfehlenswert. In
eigens dafür eingerichteten Kabinen
läßt es sich ungestört telefonieren, gezahlt wird am Schluß. In kleineren
Dörfern gibt es in manchen Bars und
Lebensmittelläden auch mit einem
Zähler ausgestattete öffentliche Fern-
sprechapparate.

Die **Gebühr** für eine Gesprächsmi-
nute innerhalb der Europäischen Union beträgt tagsüber 65 ptas, während
des günstigen Nachttarifs zwischen
22 und 6 Uhr 58 ptas, sonntags sogar
nur 34 ptas. Eine 3-Minuten-Verbin-
dung nach Spanien kostet werktags
zwischen 8 und 20 Uhr 3 DM, am
Wochenende 2,40 DM.

Unterkunft

Die Unterkünfte in Spanien sind in
verschiedene Kategorien unterteilt.
Die jeweilige Klassifizierung ist aus
einem neben der Eingangstür angebrachten blauen Schild ersichtlich. Je
nach Komfort und Lage ist jedes Eta-
blissement mit einem Stern- oder
Schlüsselsymbol ausgezeichnet. Die
Liste der von der Inselverwaltung
festgelegten Zimmerpreise muß deutlich sichtbar an der Rezeption oder in
den Zimmern aushängen. Die festgeschriebenen Preise dürfen nicht überschritten werden, der Besitzer kann
jedoch durchaus darunter bleiben.

Hotels (H) sind in folgende Kategori-
en eingeteilt:

★★★★★L absolute Luxusklasse
★★★★★ für hohe Ansprüche
★★★★ mit hohem Komfort
★★★ mit gutem Komfort
★★ mit mittlerem Komfort
★ einfache Hotels

Luxus- und Fünf- Sterne-Hotels gibt
es auf La Gomera bislang nicht. Die
einzigen beiden Vier-Sterne-Hotels
sind der *Parador* in San Sebastián und
das *Hotel Tecina* in Santiago. Mit
Zimmerpreisen von rund 230 DM ex-
klusivstes Hotel ist das »Tecina«. In
San Sebastián gibt es eine ganze Reihe
akzeptable Mittelklasse-Hotels mit
Doppelzimmerpreisen zwischen 50
und 70 DM.

Vornehmlich in der Hauptstadt San
Sebastián finden sich kleine billige
Pensionen (P). Es handelt sich dabei
meist um einfachere Unterkünfte. Je
nach Kategorie sind die Zimmer mit

oder ohne WC und Dusche. Im Unterschied zu Hotels haben Pensionen kein angeschlossenes Restaurant. In den Pensionen herrscht vielfach eine familiäre Atmosphäre. Die Preise für ein Doppelzimmer liegen zwischen 25 und 50 Mark.

Apartments (AT = *Apartamentos Turisticos*) sind auf La Gomera die vorherrschende Wohnform für Feriengäste. Sie werden jeweils nach Klasse mit Schlüsselsymbolen gekennzeichnet:

🔑🔑🔑 1. Klasse AT
🔑🔑 2. Klasse AT
🔑 3. Klasse AT

Die Schlüsselzahl ist allerdings nur wenig aussagekräftig. Eine Apartmentanlage mit einem Schlüssel muß nicht unbedingt schlechter sein als ein 3-Schlüssel-Apartment. Lizensierte Bungalowanlagen sind ebenfalls mit AT-Symbolen ausgezeichnet.

Je nach Größe stehen verschiedene Apartments zur Auswahl. Ein *Studio* besteht aus einem kombinierten Schlaf- und Wohnzimmer mit Kochnische, während im *Apartment* Schlaf- und Wohnbereich getrennt sind. Größere Apartments haben zwei Schlafzimmer und bieten sich vornehmlich für Familien mit Kindern an.

Apartments sind nur unwesentlich teurer als Pensionen. Je nach Komfort und Aufenthaltsdauer sind für ein Zwei-Personen-Apartment zwischen 35 und 80 DM pro Tag zu bezahlen. Sofern nicht anders angegeben, beziehen sich in diesem Buch alle Preisangaben für Apartments auf zwei Personen pro Tag.

Vor Ort wird der offizielle, für ein Jahr verbindliche staatlich festgelegte Listenpreis verlangt. Der Preis für die Apartmentanlagen der gehobeneren Kategorie kann bei Pauschalbuchung von zu Hause aus unter Umständen billiger sein. Der jährlich neu herausgegebene, aber sehr unvollständige Hotelführer »Guía de Hoteles y Apartamentos« für die Provinz Teneriffa ist über die Spanischen Fremdenverkehrsämter erhältlich.

Verglichen mit den touristisch voll erschlossenen Nachbarinseln läßt auf La Gomera der Standard der Unterkünfte oftmals zu wünschen übrig. Pensionen und Apartments der unteren Preiskategorie sind einfachst ausgestattet, viele verfügen lediglich über Etagenbäder und Gemeinschaftsküche, mitunter werden gar Zimmer ohne Fenster vermietet. Wer einen gewissen Komfort schätzt, sollte nicht bei der Unterkunft sparen.

Landhäuser und alte restaurierte Bauernhöfe – sogenannte **Fincas** – werden vornehmlich in den Tälern von Vallehermoso und Hermigua angeboten. Im Rahmen des mit EU-Geldern geförderten ländlichen Tourismus *(Turismo Rural)* wurden in den letzten Jahren zahlreiche alte Häuser restauriert. Sie bieten individuelles Wohnen in zumeist abgeschiedener Lage. Spezialveranstalter für Fincas ist *Mallorca Reisedienst GmbH,* Berger Straße 35, 60316 Frankfurt a.M., ✆ 069/442023.

Fincas im Raum Hermigua vermittelt *Gomera Trekking Tours,* Sandstraße 1a, 90443 Nürnberg, ✆ 0911/20787.

Während der **Hauptsaison** (Weihnachten und Ostern) sind in den Ferienzentren Valle Gran Rey und Santiago in der Regel alle Unterkünfte komplett ausgebucht. Mit etwas Glück kommt man dann am ehesten in den einfachen Pensionen der Hauptstadt oder im Norden der Insel unter. An »Eine-Nacht-Gästen« besteht nur wenig Interesse, die Mindestmietdauer beträgt meist drei Tage oder eine Woche.

Camping

Einen offiziellen Campingplatz gibt es nur im Weiler *El Cedro* (siehe dort). Wildes Campen wird toleriert, ist jedoch kaum verbreitet. An sich ist es überall dort möglich, wo sich niemand gestört fühlt. Strikt verboten ist Zelten lediglich in Valle Gran Rey und im Nationalpark Garajonay.

Konsulate auf den Kanaren
Für Deutschland, Österreich und die Schweiz sind die jeweiligen Konsulate auf Teneriffa bzw. Gran Canaria zuständig:
- *Deutschland*: Santa Cruz de Tenerife, Avenida de Francisca La Roche 45, ℃ 284812
- *Österreich*: Santa Cruz de Tenerife, Calle Villalba Hervas 9, ℃ 243999
- *Schweiz*: Las Palmas de Gran Canaria, ℃ 293450 & 290079
- In Valle Gran Rey kann ein *Vertrauensmann des deutschen Konsulats* kontaktiert werden: Winfried Reinhold, Casa Rudolfo, La Playa, ℃ 805195

Medizinische Versorgung

Die Gesundheitsversorgung auf La Gomera hinkt dem internationalen Standard etwas hinterher. Das einzige **Krankenhaus** befindet sich in San Sebastián (*Hospital Insular*, Calle El Calvario, ℃ 870450). Bei komplizierten Fällen wird von dort ein Hubschraubertransport in die Universitätsklinik von Laguna auf Teneriffa organisiert.

Außer dem Inselkrankenhaus in der Hauptstadt gibt es noch einfach ausgestattete **Land-Gesundheitszentren** (*Centro Rural de Higiene*) der Gemeinden, beispielsweise in La Calera, Vallehermoso und Hermigua.

Zahnarzt: Für die zahnärztliche Versorgung stehen auf der ganzen Insel drei Ärzte zur Verfügung, alle drei praktizieren in San Sebastián. Hier eine Telefonnummer: Dr. José Norberto Mendoza Navarro, ℃ 870480

Apotheken (*farmacias*) gibt es in allen größeren Orten der Insel. Sie sind meist an dem grünen Malteserkreuz zu erkennen und haben zu den normalen Geschäftszeiten geöffnet. Ein Notdienstplan (*Farmacia de Guardia*) hängt normalerweise an jeder Apotheke aus.

Presse und Medien

Einzige auf der Insel regelmäßig erscheinende Zeitung (jeden Freitag) ist *La Isla de La Gomera*, die sich betont lokal gibt. Will man den roten Faden der Weltpolitik nicht verlieren und sein Spanisch verbessern, bietet sich die in ganz Spanien verbreitete über-

Lesen Sie bitte weiter auf Seite 104

Sicherlich, verglichen mit anderen Urlaubsregionen ist La Gomera in puncto Umwelt und unberührter Natur noch ein Paradies, wenn auch ein etwas angekratztes. Allerorten sichtbar sind die breiten Narben durch die in den letzten Jahren begonnenen Großprojekte. Dem »strukturschwachen Gebiet« flossen nach dem spanischen Beitritt zur EU beträchtliche Fördermittel zu, die es zu verbraten galt. Der unrühmliche Flughafen wurde bereits angesprochen. Teilweise irreparable Schäden an Flora und Fauna gehen insbesondere vom Straßenbau aus. Bestehende Landstraßen wurden zu Schnellstraßen ausgebaut, ohne vorher die vorgeschriebenen Umweltverträglichkeitsprüfungen durchzuführen. Von Trassenführung und Breite her sind die neuen Straßen größtenteils überdimensioniert und dem bislang eher geringen Verkehrsaufkommen unangepaßt. Zahlreiche *Miradores* sorgen nun zwar für schöne Ausblicke, doch kosteten sie auch Wald. Ein Yachthafen ist im Bau, von künstlich zu schaffenden Strandlandschaften ist die Rede.

»Mensch, denk an Deine Umwelt«

Proteste der Bevölkerung und der lokalen Umweltgruppe *Guarapo* gegen den mit EU-Mitteln forcierten Ausbau zum Massentourismus blieben nicht aus, konnten jedoch nur noch zur Schadensbegrenzung beitragen.

Für das Strukturhilfeprogramm wurde ein Ökoplan entwickelt, der zumindest auch einige positive Ansätze wie die Restaurierung alter Landhäuser und die Förderung des örtlichen Kunsthandwerks vorsieht.

In puncto Müll ist man immer wieder von der steinzeitlichen Entsorgungsmentalität der Gomeros überrascht. Der Einstieg ins moderne Konsum- und Verpackungszeitalter ließ bislang wenig an ökologischem Bewußtsein aufkommen. Plastikeinweg- statt Pfandflaschen, vom Festland importierter Wein wird in Tetra-Brik-Kartons angeboten. Ohne Plastiktüte geht auf der Insel nichts – praktisch alles vom Brötchen bis zur Banane kommt damit in Berührung. Barrancos und Brücken sind bevorzugte Plätze, um auf einfache Art Müll schnell loszuwerden. Die offiziellen, unter freiem Himmel qualmenden und stinkenden Müllkippen harren einer schnellen Lösung.

Auch für Abwässer gibt es bislang keine angemessene Entsorgung. Fast alle Gemeinden entsorgen ihre Abwässer ins Naheliegende, sprich ins Meer. Im Ökoplan ist der Bau von Kläranlagen vorgesehen.

Äußerste Vorsicht gebührt dem Umgang mit Feuer. Kaum ein Sommer vergeht, ohne daß die Insel von Waldbränden heimgesucht wird. Bei dem letzten großen Waldbrand von 1984 kamen 20 Menschen ums Leben, darunter auch der Gouverneur von Teneriffa, der sich vor Ort ein Bild von der Katastrophe machen wollte. Mit 780 Hektar fielen fast 10 Prozent der Waldfläche dem Brand zum Opfer.
In den trockenen Sommermonaten ist offenes Feuer grundsätzlich verboten. Auslöser für Brände sind vielfach weggeworfene Zigaretten und Flaschen (Brennglaswirkung).

▶ *Fortsetzung von Seite 102*

die in ganz Spanien verbreitete überregionale Tageszeitung *El País* an.

Einzige **deutschsprachige Zeitung** der Kanaren ist der seit 1981 in Santa Cruz de Tenerife alle 14 Tage erscheinende *Wochenspiegel,* der aufgrund der zahlreichen deutschen Besucher und Einwanderer eine hohe Auflage hat. Journalistisch nicht gerade auf der Höhe der Zeit, ist das Blatt dennoch ein wichtiges Sprachrohr der deutschen Gemeinde. Neben Inselnachrichten, Veranstaltungshinweisen und Kleinanzeigen ist der Wochenspiegel auch vielgenutzter Werbeträger deutscher Dienstleistungsangebote (Restaurants, Autovermietungen, Apartments u.a.).

Eine deutschsprachige Zeitung speziell für Valle Gran Rey ist *Der Valle-Bote.* Die Blattmacher fühlen sich ganz dem »Freak-Journalismus« verschrieben und bieten ihren Lesern eine bunte Mixtur von Insiderwissen, Klatsch und allerlei nützlichen Nachrichten aus dem Tal des Großen Königs. Ganz im Geiste der Szene-Postille liest sich auch das Impressum: »Erscheinungsweise nach Bock- und Wetterlage (mañana); Kontaktstellen: heute hier – morgen dort; Auflagenhöhe: entsprechend der Nachfrage.« Mit anderen Worten: originell, abgedreht und unentbehrlich.

Deutsche Zeitungen *(Süddeutsche, FAZ, Die Zeit, Berliner Zeitung, Bild)* und **Zeitschriften** *(Stern, Brigitte* u.a.) sowie Nachrichtenmagazine

Grenzenlose Freiheit und Einsamkeit ist auch den Leuten vom Künstlerdorf El Guro zuviel: die Satellitenschüssel verbindet mit dem Rest der Welt

finden sich mit ein- bis zweitägiger Verzögerung auf der Insel ein. Zu haben sind auch **Schweizer Zeitungen** *(Neue Zürcher Zeitung, Basler Zeitung, Blick)*. Am besten sortiert ist der *Presseshop* im Hafenterminal von San Sebastián.

Radio & Fernsehen

Zahlreiche lokale *kanarische UKW-Stationen* bringen Nachrichten, Musik und Werbung rund um die Uhr. In Valle Gran Rey und in den Tälern des Südostens ist der Empfang allerdings stark eingeschränkt.

Mit einem Weltempfänger kann das Programm der *Deutschen Welle* gehört werden. Der deutsche Sender ist morgens gegen 8 Uhr am besten auf 9545 kHz im 31 m-Band und abends um 20 Uhr auf 6075 kHz im 49-m-Band zu empfangen.

Das vom spanischen Festland ausgestrahlte **Fernsehen** dringt in jeden Winkel des Archipels. Mit Parabolspiegeln können deutsche Satellitenprogramme wie *Deutsche Welle, SW 3* und *Eurosport* empfangen wrden. Via Satellit kommt auch TV aus Lateinamerika auf die Insel.

Verkehrsmittel

Das öffentliche Verkehrsnetz auf La Gomera deckt für den Reisenden die wichtigsten Strecken ab. Zumindest die Hauptorte sind bequem mit Linienbussen erreichbar. Für den eiligen Fahrgast gibt es in allen großen Ortschaften Taxistände. Relativ preisgünstige Autoverleihfirmen sorgen für individuelle Fortbewegung. Zu den Nachbarinseln Teneriffa, La Palma und El Hierro bestehen Schiffsverbindungen.

Mit dem Bus

Wer mit dem Bus die Insel erkunden möchte, kommt an San Sebastián nicht vorbei. Nur von der Hauptstadt aus werden per Bus alle wichtigen Orte angefahren. Die Orte Valle Gran Rey, Santiago, Hermigua und Vallehermoso werden viermal täglich bedient. Wer von Valle Gran Rey nach Vallehermoso oder Hermigua möchte, muß den Umweg über San Sebastián in Kauf nehmen. Die Fahrpläne sind auf die Fährzeiten abgestimmt. Kommt die Fähre in San Sebastián pünktlich an, gehen auch die Busse pünktlich ab. Außerhalb der Hauptstadt muß mit Verspätungen gerechnet werden. Ein mehr oder weniger aktueller Fahrplan (*horario*) ist im Büro der Touristeninformation in San Sebastián erhältlich.

Für Wanderer ein großes Plus: Die Busse halten außerhalb der Ortschaften auf Handzeichen – wohlgemerkt nur die öffentlichen Busse, die weitaus häufigeren Reisebusse der Tagestouristen brettern vorbei. Eingestiegen wird immer vorne beim Fahrer. Wie auch andernorts üblich, sollte man einigermaßen passendes Fahrgeld bereithalten.

Trotz der kurzen Entfernungen sind wegen der zerklüfteten Landschaft die Fahrzeiten beachtlich. Für die 52 Kilometer von San Sebastián nach Valle Gran Rey braucht der Bus fast zwei Stunden, ins 34 Kilomter entfernte Playa de Santiago eine gute Stunde. Eine Schiffsverbindung von

San Sebastián in die beiden touristisch interessanten Orte scheiterte bislang am Widerstand der Taxi- und Busfahrer, die verständlicherweise um ihre Arbeitsplätze fürchten müßten.

Busfahrplan
von San Sebastián ...
nach Valle Gran Rey über Chipude, El Cercado, Arure:
täglich um 11, 14, 17.30 und 21.30 Uhr;
zurück ab Valle Gran Rey um 4.30, 8, 14.30 Uhr und 19 Uhr.
nach Playa de Santiago: täglich um 11, 14, 17.30 und 21.30 Uhr;
zurück ab Santiago um 5, 8, 15.30 und 20 Uhr.
nach Vallehermoso über Hermigua und Agulo: täglich um 11, 14, 17.30 und 21.30 Uhr;
zurück ab Vallehermoso um 5, 8, 14.30 und 19 Uhr.

Buspreise
Von San Sebastián nach:
Valle Gran Rey 675 ptas
Vallehermoso 650 ptas
Playa de Santiago 650 ptas
Arure 500 ptas
Chipude 400 ptas
Von Valle Gran Rey nach:
Arure 300 ptas
Chipude 400 ptas

Mit dem Mietwagen

Autoverleiher gibt es lediglich in den touristischen Zentren San Sebastián, Valle Gran Rey und Playa de Santiago. Neben internationalen Leihfirmen mit gewohnt zuverlässigem Service gibt es einige lokale zumeist deutlich billigere Anbieter.

Am gängigsten und billigsten zu haben ist ein *Seat Marbella* (früher Panda) oder ein *Opel Corsa*. Je nach Verleihfirma bewegen sich die Preise ab 3000 ptas pro Tag, vereinzelt auch darunter. Hinzu kommt auf Wunsch eine – empfehlenswerte – Vollkaskoversicherung (mit geringer Selbstbeteiligung) von 1000 ptas pro Tag sowie eine Kfz-Steuer von 4 %. Wochentarife sind bis zu 20 % billiger.

Generell wird mit unbegrenzter Kilometerzahl vermietet. Die Vorlage des nationalen Führerscheins reicht aus, sofern man selbst 21 Jahre und der Führerschein 1 Jahr alt ist. Bei manchen Vermietern beträgt das Mindestalter 23 oder 25 Jahre. In der Regel ist der Mietpreis im voraus zu entrichten, eine Kaution ist nicht erforderlich. Es empfiehlt sich den Wagen bei der Übergabe auf eventuelle Dellen und vorhandenes Ersatzrad zu inspizieren, der Vermieter macht dasselbe, wenn Sie das Auto zurückbringen.

Rund ums Auto

Die ausgesprochen zerklüftete Insel stellte für den Straßenbau eine große Herausforderung dar. Bis in die 80er Jahre hinein waren viele Dörfer nicht ans Straßennetz angeschlossen und nur zu Fuß oder mit kleinen Küstendampfern erreichbar. Erst in den letzten Jahren wurde mit Mitteln aus dem europäischen Strukturfonds der Ausbau der Wege und Straßen forciert. Hauptstraßen wurden verbreitert und durch Tunnel begradigt. Mittlerweile ist die Traumstraße hinunter ins Valle

Gran Rey fertig und ahrelang gesperr-
te Carretera del Sur nach Playa de
Santiago ist wieder offen.

Die vom zentralen Hochland
sternförmig zu den Küsten verlaufenden Barrancos sorgen nach wie vor
für Umwege und lange Anfahrten zu
den meist an den Schluchtausgängen
angelegten Dörfern. Auf der Straße
erreicht man das Meer nur an sieben
Stellen. Alle durch Straßen erschlossenen Barrancomündungen sind Sack-
gassen, am Meer entlang gibt es keine
Verbindungen. Will man von einem
Barranco zum nächsten, so gilt es 20
Serpentinenkilometer rauf und wieder
runter hinter sich zu bringen.

Verkehrsregeln

In Spanien herrscht in geschlossenen
Ortschaften ein *Tempolimit* von 60
km/h, auf Landstraßen ohne befestig-
te Randstreifen darf 90 km/h gefahren
werden. Nach den jüngst geänderten
Verkehrsregeln müssen *Sicherheits-
gurte* nicht nur außerhalb der Orte
angelegt werden, auch innerhalb ge-
schlossener Ortschaften herrscht jetzt
Anschnallpflicht.

Privates *Abschleppen* ist in Spanien
verboten. Bleibt der Wagen liegen,
sollte man sich mit der Verleihfirma in
Verbindung setzen. *Überholen* sollte
durch Hupen, nachts durch kurzes
Aufblenden angezeigt werden.

Achtung! Autofahren ist auf La
Gomera anstrengend. Fahren Sie
vorsichtig! Die Unfallquote auf
den Kanarischen Inseln ist hoch.

Bußgelder (multas) sind in Spanien
erheblich höher als in Deutschland.
Besonders streng geahndet wird das
Überschreiten der zulässigen Höchst-
geschwindigkeit, das Nichteinhalten
von Überholverboten sowie Falsch-
parken auf gelben Markierungen.
Auch wer ohne Gurt fährt, darf sogleich mit einem Strafzettel in Höhe
von etwa 150 DM rechnen.

Taxi-Preise

In allen größeren Orten gibt es Taxi-
plätze, die auch angerufen werden
können. Auf La Gomera wird noch
ohne Taxameter nach Richtpreisen gefahren, oftmals hängt der Fahrpreis
vom Verhandlungsgeschick ab.

Tarifbeispiele Taxi

Von San Sebastián nach:
    Valle Gran Rey 5500 ptas
    Playa de Santiago 4000 ptas
    Hermigua 3000 ptas
    Roque Agando 3000 ptas
Von Valle Gran Rey nach:
    Arure 2000 ptas
    Chipude 3500 ptas
    Vallehermoso 4000 ptas
    Playa de Santiago 4500 ptas

Tankstellen

Tankstellen finden sich in fast allen
größeren Ortschaften. Sie haben wo-
chentags meist bis 20 oder 22 Uhr geöffnet, einige wenige auch sonntagvormittags.

»Selfservice« ist auf La Gomera
nur wenig verbreitet. Es ist üblich, im
Wagen sitzen zu bleiben und dem
Tankwart die Schlüssel durch das

Fenster zu reichen. Volltanken heißt »lleno por favor«. Verglichen mit Mitteleuropa ist Benzin ausgesprochen billig. Der Liter Diesel kostet 60 ptas, bleifreies Normalbenzin 70 und Super 75 ptas.

Mit dem Fahrrad

Radfahren als umweltfreundliches und sportliches Fortbewegungsmittel beginnt zunehmend auch auf La Gomera Fuß zu fassen. Das zerklüftete Inselprofil stellt an die Kondition der Fahrer jedoch hohe Anforderungen.

Auf den beiden Hauptstraßen *Carretera del Sur* und *Carretera del Norte* kann ungeübten Fahrern der motorisierte Verkehr zu schaffen machen. Doch Unentwegte werden sich von Hindernissen dieser Art vom Radsport nicht abhalten lassen. Zudem gibt es genügend ruhige Nebenstraßen und Off-road-Pisten. Auf den schönen Forstwegen im Nationalpark darf allerdings nicht geradelt werden, wer hier fährt, muß mit einem Strafzettel rechnen. Genaue Infos über Touren und zu befahrende Pisten gibt die Bikestation in Valle Gran Rey (siehe Seite 206).

Der Radtransport in öffentlichen Bussen ist nicht möglich, es sei denn, das Rad ist in einer Radtasche verpackt. Taxis verlangen für die Radbeförderung einen Zuschlag.

Will man sein eigenes Rad nicht mitbringen, kann auf den örtlichen *Radverleih* in Valle Gran Rey zurückgegriffen werden. Angeboten werden vornehmlich Mountainbikes und Beach Cruiser.

Inselhüpfen

Wer genügend Zeit mitgebracht hat, kann Abstecher auf die nicht weniger interessanten Nachbarinseln machen.

Nach **Teneriffa** gibt es von San Sebastián hervorragend ausgebaute Fährverbindungen mit täglich 10 Schiffen (siehe Seite 96).

Nach **La Palma** besteht seit Ende 1995 täglich eine direkte Fährverbindung. Das Fährschiff *Benchijigua* der Fred-Olsen-Linie legt um 22 Uhr von San Sebastián ab und erreicht Santa Cruz de La Palma gegen 1.30 Uhr. Erwachsene zahlen für die einfache Passage 2170 ptas, Kinder die Hälfte, ein Pkw bis 4,5 m Länge und 1,8 m Höhe kostet 3210 ptas, ein Motorrad 1240 ptas. Taxis und ein Bus zur Westseite La Palmas stehen am Hafen bereit.

Nach **El Hierro** geht von San Sebastián täglich eine Fähre der *Trasmediterránea*. Die einfache Fahrt kostet 2350 ptas, Kinder bezahlen die Häfte, für einen Pkw bis 6 m Länge sind 5500 ptas, für ein Motorrad 1550 ptas zu entrichten.

Alle **übrigen Inseln** des Archipels sind nur über den Umweg Teneriffa erreichbar, von wo es täglich Flüge nach Gran Canaria gibt, auch La Palma und El Hierro werden von dort täglich angeflogen. Von Santa Cruz de Tenerife verkehren Fährschiffe nach Las Palmas de Gran Canaria. Von Tenreiffa und Gran Canaria aus bestehen Flug- und Schiffsverbindungen zu den Ostinseln Lanzarote und Fuerteventura.

ESSEN & TRINKEN

KANARISCHE SPEZIALITÄTEN

Internationale Hotelküche und Nouvelle Cuisine haben den Sprung auf die Insel bislang kaum geschafft. Auf Holzfällersteaks und Wiener Schnitzel eingeschworene Gäste werden es genauso schwer haben, wie jene, die nach gedämpften Auberginen in Ingwersauce oder marinierten Putenbrüstchen suchen. Über die eher bodenständige kanarische Küche kann man geteilter Meinung sein. Essen ist bekanntlich Geschmackssache. So klein die Insel auch ist, hebt sich die gomerische Küche dennoch von den anderen Kanaren durch einige Spezialitäten ab.

Typisch kanarisch essen

Auf eine einfache Formel gebracht, läßt sich die lokale Küche mit Fisch und in Salzwasser gekochten Kartoffeln umschreiben, wobei alles in eine scharfe rote oder grüne Sauce getunkt wird. Ausgefallen ist das Ganze schon. Nicht nur die schrumpeligen *papas arrugadas*, auch *ropa vieja* oder *cabrito en salsa* unterscheiden sich erheblich von dem, was in großen Hotelküchen offeriert wird. Echte Feinschmecker und Gourmets werden es jedoch schwer haben, sich zurechtzufinden, handelt es sich doch um eine deftige Landküche ohne außergewöhnliche Höhepunkte. Die heimische Küche hat aber den Vorzug, daß sie von dem lebt, was die Insel hergibt – sie ist bodenständig und schnörkellos.

Am Anfang steht die **Suppe**. So manche davon ist fast schon eine sättigende Hauptspeise. Beginnen Sie also mit Bedacht, so daß für die folgenden Gänge noch genügend Platz bleibt. Weit verbreitet – schließlich ist man ja vom Atlantik umgeben – ist die *sopa de pescado*. In ihr kann sich alles finden, was von den Fischern angelandet wird. Einigermaßen frisch zubereitet sollte sie allerdings sein.

Rancho canario ist eine dicke Gemüsesuppe mit Nudeln. Ein gutes Rancho erkennt man daran, daß die Nudeln nicht durch mehrmaliges Aufkochen butterweich sind, al dente sind sie jedoch so gut wie nie.

Eine Mahlzeit für sich ist *puchero*. Der zumeist im Ofen geschmorte Eintopf kann neben verschiedenen Fleischsorten und Gemüse auch Mais und Kichererbsen enthalten. Für das gehaltvolle Gericht müssen bis zu 1000 Peseten angelegt werden.

Eine typische Inselspezialität ist *sopa de berros*, ein leckere Suppe mit Brunnenkresse. Zur Ernte der nur an feuchten Standorten wachsenden Brunnenkresse werden teils lange Wege in Kauf genommen. Kressesuppe wird fast in jedem Lokal angeboten, an ihr wie an der *sopa de verdura* können sich auch die Freunde der vegetarischen Küche schadlos halten. Sie besteht meistens aus Kartoffeln, Weißkohl, Möhren, Zwiebeln und dem, was sich der Saison entsprechend sonst noch an Grünzeug gerade findet.

Die **Gemüseauswahl** präsentiert sich weitaus weniger exotisch als das Angebot an Früchten. Bei vielen Gerichten sucht man Gemüse vergebens. Von den Einheimischen viel gegessene lokale Gemüsesorten wie Süßkartoffel, *Chayota* und Kürbis haben in die Restaurantküche bislang kaum Eingang gefunden.

Schrumpelkartoffeln mit scharfer Sauce

Fleischgerichte sind auf einer von fischreichen Gewässern umgebenen Insel ohne nennenswerte Viehwirtschaft nicht immer erste Wahl, zumal *Schweine-* und *Rindfleischgerichte* nicht besonders phantasievoll zubereitet werden. Das Gebotene ist nicht selten trocken und zäh, so daß spätestens nach dem zweiten Fehlversuch der Sinn nach anderem steht. Die bessere Wahl ist oft *pollo*, kleine Hähnchenkeulen, die würzig mit viel Knoblauch serviert werden.

Typisch kanarische Spezialitäten sind *Kaninchen-* und *Ziegenfleisch,* beides wird wahlweise gebraten oder in einer Sauce gekocht angeboten. Saison für *cabrito*, Zicklein, sind die Monate Januar und Februar, wenn die Jungtiere geschlachtet werden. Kaninchen gibt es rund ums Jahr. Dazu reicht man die obligatorischen *papas arrugadas* und *mojo*, eine scharfe rote Tunke. **Papas Arrugadas** (*arrugar* = runzeln) sind eine Art Kreuzung zwischen Pell- und Salzkartoffeln. Die kleinen Kartoffeln werden samt Schale in etwas Wasser mit viel Salz gekocht, bis das Wasser verdunstet ist, wodurch sich die typisch verschrumpelte und von einer feinen Salzkruste überzogene Schale bildet. Traditionell werden ein paar flache Steine in den Topf gelegt, so daß die Kartoffeln nicht anbrennen können. Man ißt sie mit Schale. Aufgetischt werden immer neue Kartoffeln – sie können dreimal im Jahr auf der Insel geerntet werden.

An Geschmack gewinnen die Schrumpelkartoffeln eigentlich erst durch das vorherige Einstippen in **Mojo**. Mojo ist ein Kapitel für sich, die feurige Tunke gehört zu Papas Arrugadas wie Ketchup zu Pommes Frites. Wer etwas auf sich hält, stellt sie selbst her. Die Rezepte werden als Familiengeheimnis gehütet, obschon Mojo mittlerweile als Fertigsauce im Supermarkt zu kaufen ist.

Mojo rojo ist eine scharfe, aus Knoblauch, roten Paprikaschoten, Essig und Öl und heimischen Kräutern im Mörser zerstoßene rote Sauce. Weniger scharf, aber pikant genug ist *mojo verde*, die grüne Variante, die als bestimmende Komponente Korianderkraut enthält. Rotes Mojo wird zu Fleisch, grünes Mojo vornehmlich zu Fisch gereicht. Egal ob rot oder grün, Mojo wird immer separat in einem kleinen Gläschen serviert. Er wird nicht über die Speise gegeben, sondern das, was es zu würzen gilt, tunkt man hinein.

Fisch von der heißen Platte

Die weitaus bessere Alternative zur nicht immer überzeugenden Fleischküche ist Fisch, am besten fangfrisch gegessen irgendwo direkt am Meer in einem der einfachen Fischlokale.

Fisch wird gegrillt oder, wie auch Fleisch, *a la plancha* auf einer heißen Metallplatte gebraten. Auf La Gomera am populärsten ist frischer *Thun-*

fisch (atún), der in verschiedenen Varianten und Zubereitungsformen auf den Teller kommt, fast immer von der heißen Platte und meist kräftig mit Knoblauch und Kräutern gewürzt. Häufig wird *Seehecht (merluza)* und *Seezunge (lenguardo)* angeboten. Während Seezunge, Langusten und Hummer in der Regel aus der Tiefkühltruhe kommen, wird der rund um die Insel gefangene karpfenähnliche *vieja* frisch zubereitet. Er ist ein wohlschmeckender Speisefisch aus der Gattung der Papageienfische. Ebenfalls aus den kanarischen Gewässern und außerordentlich gut im Geschmack ist *sama,* der als gegrilltes Filet zubereitet wird. Außerdem zu haben sind Zackenbarsch, Muräne, Garnelen, Muscheln und Krabben. Ab und an werden auch *Napfschnekken (lapas)* angeboten, bevorzugt in Knoblauchsauce. Von den Tintenfischen sehr beliebt sind die *Chocos.* Sie werden ebenfalls auf der heißen Platte gebraten, immer unpaniert und im ganzen Stück.

In den Fischlokalen am Meer wird vielfach *pescado frito* oder *pescado mixto* angeboten, eine zumeist riesige Fischplatte mit einer Auswahl gängiger Fischsorten wie Papageienfisch, Seezunge, Seehecht, Oktopus und den obligatorischen Sardinen.

Als *zarzuela* bekannt ist ein deftiger Fischeintopf, bestehend aus großen Filetstücken, Kartoffeln und Zwiebeln, das Ganze wird mit frischer Petersilie und reichlich Knoblauch abgeschmeckt. Von der einfachen Landbevölkerung geschätzt, aber kaum auf der Speisekarte zu finden, ist *bacalao,* ein getrockneter Kabeljau, der mit Süßkartoffeln zusammen zu einem recht außergewöhnlichen Eintopfgericht namens *sancocho* verarbeitet wird.

Zu Fischgerichten ißt man stilecht papas arrugadas mit Mojo, dazu eventuell einen gemischten Salat, der mit Avocados und gekochten Eiern garniert sein kann.

Zu jeder Mahlzeit wird grundsätzlich Brot gereicht, das extra berechnet wird.

Süße Sachen

Ein Dessert gehört zum Essen dazu. Berühmt ist auf den Kanaren *bienmesabe,* was soviel heißen soll wie »schmeckt mir gut«. Es handelt sich dabei um eine aus Eiern, Mandeln und Zwiebackstücken gemachte Nachspeise. Doch Vorsicht, mit Zucker geht man nicht gerade sparsam um.

Nicht minder süß ist *frangollo.* Diese aus grobem Maismehl und Rosinen gemachte Kalorienbombe bildet nach Kaninchenfleisch oder Zickleinbraten den krönenden Abschluß eines kanarischen Menüs. Eine besonders auf La Gomera verbreitete Nachspeise ist die *leche asada,* eine gebackene Milchspeise mit verquirlten Eiern und reichlich Zucker, die im Ofen erhitzt und mit etwas Palmhonig serviert wird.

Nicht typisch kanarisch, aber spanisch und lecker ist *flan,* ein Art Karamelpudding.

Lesen Sie bitte weiter auf Seite 115 ▶

*Der Tante-Emma-Laden bietet auf
kleinstem Raum alles Lebensnotwenige*

*Auf dem Markt von San Sebastián bieten
die Frauen zweimal wöchentlich alles
Frische aus ihren Gärten an*

Gofio war das traditionelle Nahrungsmittel der Altkanarier, das sich trotz Weißbrot, Paella, Pizza und Hamburger bis in die heutige Zeit hinübergerettet hat. Es handelt sich dabei um ein ursprünglich aus Gerste vermahlenes Mehl, das die Ziegenhirten in einem Lederbeutel bei sich trugen und je nach Bedarf mit etwas Milch oder Wasser zu kleinen Bällchen verkneteten. Nach der Conquista änderte sich lediglich das verwendete Getreide, heute wird Gofio überwiegend aus Weizen und Mais hergestellt. Nach traditioneller Art wird das Korn in einem mit schwarzem Lavasand gefüllten Keramikgefäß geröstet, wodurch sich das charakteristische Aroma entfaltet. Das vom Sand gereinigte Getreide wird dann zwischen zwei Steinscheiben zu feinem Mehl vermahlen.

Gofio – Vollwertkost auf altkanarisch

In der modernen Gofioproduktion wird das Mehl maschinell bei 160°C geröstet. In verschiedenen Variationen ist es in allen Geschäften erhältlich.

Gofio ist Geschmackssache, worüber man bekanntermaßen geteilter Meinung sein kann. *Jules Verne,* der in seinen »80 Tagen um die Welt« auch auf den Inseln der Glückseligen Station machte, erkannte in Gofio zwar ganz richtig das kanarische Nationalgericht, für ihn blieb es dennoch »ein abscheuliches Vergnügen«. Ein Gaumenkitzel ist es gerade nicht, doch wenn Sie italienische Polenta mögen, werden Sie sich auch leicht an Gofio gewöhnen können.

Unbestritten ist der hohe Nährwert sowie die guten ernährungsphysiologischen Eigenschaften. Da Kleie und Keimling mitvermahlen werden, ist es ein Nahrungsmittel ganz im Sinne der Vollwertkost. Traditionell wird Gofio zum Frühstück einfach mit Milch zu breiigen Bällchen geformt, mit Zucker oder Honig gesüßt und eventuell noch mit einem Schuß Kaffee-Extrakt abgeschmeckt. Nicht selten wird damit auch die dicke kanarische *potaje* noch dicker gemacht. Darüber hinaus dient das geröstete Mehl zum Panieren von knusprig ausgebratenen Speckgrieben. Selbst zusammen mit Wein oder in Milchkaffee wird es genossen. Vermengt mit geriebenen Nüssen oder Kokosraspeln, Rosinen und Feigen, Orangensaft, Honig und etwas Wasser läßt sich daraus ein vollwertiges Konfekt formen, das an der Luft getrocknet auch noch nach Tagen eßbar ist.

Gofio läßt sich genauso gut pikant anrichten. Kalte Gemüsebrühe, feingehackte Zwiebeln, etwas Knoblauch und Oregano und Rosmarin werden mit dem Mehl zu einer Rolle geformt und beispielsweise als Einlage einer Suppe verzehrt.

Kurzum, Gofio ist ein Allround-Lebensmittel, das mit etwas Phantasie durchaus geschmackvoll zubereitet werden kann. Egal ob es Ihnen nun schmeckt oder nicht, viel davon werden Sie ohnehin nicht essen können – es ist ausgesprochen sättigend.

Bauernkäse von der Insel

Der inseltypische Käse heißt seiner weißen Farbe wegen einfach *queso blanco*. Er wird aus Ziegenmilch gemacht, enthält aber vielfach einen Teil Kuhmilch. Der mild schmeckende Käse wird bevorzugt als Vorspeise serviert. Je ausgereifter er ist, desto mehr gewinnt er an Aroma, doch zumeist hat Queso Blanco keine Chance, alt zu werden. Aus dem Ziegenkäse wird die typisch gomerische Spezialität *almogrote* zubereitet, eine mit Knoblauch und Paprika gewürzte Paste, die zu Kartoffeln verzehrt wird oder als Brotaufstrich dient.

Spezialitäten vom spanischen Festland

Die lokale kanarische Küche ist stark von der Gastronomie Spaniens beeinflußt. Obwohl fast schon obligatorisch mit Knoblauch gewürzt und in reichlich Olivenöl gebadet, sorgt die spanische Festlandküche für willkommene Abwechslung. So ist das bekannte, ursprünglich aus der Provinz Valencia kommende Nationalgericht – die *paella* – auch auf La Gomera zu haben, doch steht sie meistens hinter dem zurück, was sie eigentlich sein könnte. Vielleicht sollten Sie das mit Meeresfrüchten, Hühnerfleisch und Erbsen gespickte Reisgericht doch lieber in Andalusien oder Galicien probieren.

Nicht so viel falsch gemacht werden kann mit Eierspeisen. Vergessen Sie Spiegeleier, auch das wachsweich gekochte Frühstücksei können Sie zur Genüge wieder zu Hause genießen. Sie sind in Spanien, wenn also Ei, dann in Form einer kreisrunden, kuchendicken *tortilla*, zu deutsch relativ nichtssagend mit Omelett übersetzt. Zwei Grundvarianten stehen zur Auswahl: zum einen die nur aus Eiern zubereitete *tortilla francesa* und zum anderen die reichhaltige, mit Kartoffeln durchsetzte *tortilla española*. Darüber hinaus kann das Eiergericht auch mit Pilzen, Gemüse, Spargel (aus der Dose) oder Krabben (aus der Tiefkühltruhe) gefüllt sein.

Neben Paella und Tortilla ist mit der andalusischen *gazpacho* eine dritte weltbekannte Spezialität der Península zu finden. Gazpacho steht für eine kalte rohe Gemüsesuppe aus Gurken, Paprika und pürierten Tomaten, das Ganze natürlich mit Knoblauch abgeschmeckt.

Tapas – Miniportionen mit Pfiff

Eine tolle Bereicherung der lokalen Küche sind die ebenfalls vom Festland übernommenen Tapas, kleine

Happen für zwischendurch, die zu jeder Tageszeit konsumiert werden. Sie finden sich weniger in Restaurants als vielmehr in Bars, gut sichtbar in auf der Theke aufgebauten Glasvitrinen. Oftmals ist kaum zu identifizieren, um was es sich dabei eigentlich handelt. Wählen Sie mit dem Auge, deuten Sie mit dem Finger darauf und verlangen »Una racion de esto por favor« (Eine Portion davon bitte).

Zur Tapa wird natürlich immer etwas getrunken. Wörtlich übersetzt heißt Tapa eigentlich »Deckel«. Mit dem auf einem kleinen Tellerchen liegenden Appetithäppchen wurde früher aus hygienischen Gründen das Glas zugedeckt. Als Vorspeise kann das Ganze nicht bezeichnet werden, da in den Tapa-Bars nichts größeres für hinterher zu erwarten ist, es sei denn, man tastet sich durch die verschiedenen Tapa-Variationen durch.

Tapas sind kein Fast food, sondern hausgemachte Köstlichkeiten, die täglich frisch in die Vitrine kommen. Ausgesprochene Tapa-Bars führen bis zu zwei Dutzend verschiedener Mini-Gerichte. Gängig sind gulaschartige Fleischstückchen in Sauce *(carne en salsa)*, gebratene Leber *(higado)*, kleine Minitortillas mit Kartoffeln, luftgetrockneter Schinken *(jamón serrano)* oder in Scheiben geschnittener kalter Schweinebraten *(pata de cerdo)*. Als Spezialität gilt *pata negra*, ein geräucherter Schinken von schwarzen Schweinen. Für Salatfans bietet sich Außergewöhnliches an. In jeder Tapa-Bar ist Geflügelsalat mit Paprika und Tomaten, Pulposalat oder Tintenfisch mit Zwiebeln, serviert in einer Vinai-

grette, zu haben. Ausgefallen ist die *ensaladilla*, ein mit Thunfisch verfeinerter passierter Kartoffelsalat – eine Kombination, die nicht unbedingt jedermanns Geschmack ist. Gleiches ist über *chicharrónes*, in Gofio gewälzte und fritierte Speckgrieben, zu sagen. Tapas einfachster Art sind ein paar Oliven oder etwas Ziegenkäse.

Die Appetit-Happen werden mit einem Zahnstocher aufgespießt und stehend am Tresen zu Wein oder Bier verzehrt. Unbedingt billiger lebt es sich mit Tapas nicht, kosten sie doch etwa ein Drittel eines normalen Gerichts. Tatsächlich sind die kleinen Leckereien auch weniger zum Sattwerden gedacht, sondern einfach als kleiner Imbiß, um besser durch den Tag zu kommen. Dafür bezahlt man doch gerne ein paar Peseten mehr.

Internationale Küche

Ist auf den Nachbarinseln durch die touristische Nachfrage die internationale oder gar deutsche Küche schon selbstverständlich geworden, beschränken sich auf La Gomera die genormten Nullachtfünfzehn-Menüs, wie man sie von überall her kennt, auf wenige Hotelküchen. Bis auf Steaks wird man Cordon bleu, Schweinshaxe & Co. nur selten oder gar nicht auf der Karte finden. Auch die Nouvelle cuisine konnte bislang

Für Schleckermäuler ein Muß ist es, den *Miel de Palma* zu probieren. Das honigartige Süßmittel wird nicht von Bienen produziert, sondern von der Dattelpalme gewonnen. Die Herstellungstechnik ist auf La Gomera bereits seit dem 16. Jahrhundert bekannt und wurde vermutlich von afrikanischen Sklaven mitgebracht. Während Palmhonig auf den übrigen Kanaren mangels ausreichend Palmen bedeutungslos ist, wird auf La Gomera dank der ausgedehnten Palmenhaine das alte Handwerk nach wie vor gepflegt, nicht zuletzt auch für die ausländischen Gäste, die gerne ein Gläschen Palmhonig als Mitbringsel nach Hause nehmen.

Die Palmen produzieren beim Austreiben einen süßen Saft. Um den Baum zum Fließen zu bringen, werden die oberen Wedel abgeschlagen und mit einem scharfen Messer die obere Schicht der Baumkrone abgeschabt, bis über eine Rinne der Palmsaft *(guarapo)* zu fließen beginnt und in einem Eimer aufgefangen wird. Pro Nacht kann eine Palme bis zu 15 Liter Saft liefern. Er wird tags darauf in großen Kesseln mehrere Stunden aufgekocht und zu goldgelbem, zähflüssigem Sirup eingedickt. Während des Einkochens muß der Saft unablässig gerührt werden, was immer noch von Hand gemacht wird.

Jeden Abend muß der Palmsaftzapfer erneut in die Krone klettern und die vernarbte Wunde neu präparieren. Nach etwa 3 Monaten braucht die Palme eine etwa 5jährige Ruhepause, um sich von dem Eingriff zu erholen. Vereinzelte kahle Palmenstämme zeugen von einer übermäßigen Nutzung.

Für die Saftgewinnung ausgewählte Palmen sind an einem am Stamm angebrachten Blechring erkennbar, mit dem verhindert wird, daß Ratten in die Palmkronen vordringen können – sie wissen den süßen Saft ebenfalls zu schätzen. Traditionelle Zentren der Palmhoniggewinnung sind *Vallehermoso* und *Tazo* im Nordwesten der Insel. Der Honig wird gerne zum Süßen von Desserts wie der Leche Asada verwendet oder als kleine Draufgabe zu Mandelkuchen gereicht.

Honigproduktion ohne Bienen: Miel de Palma

auf der abgeschiedenen Insel noch nicht so recht Fuß fassen, am ehesten ist sie noch in Valle Gran Rey anzutreffen. Ethnische Lokale beschränken sich auf eine Handvoll Pizzerien und das *El Baifo* in La Playa, die ganz entsprechend den jeweiligen Gepflogenheiten Pizza und Lasagne bzw. asiatisches Gado Gado und Kaiserente offerieren.

Venezolanische Einsprengsel

Durch die engen Verbindungen der Gomeros zum südamerikanischen Venezuela konnte sich auch die Eßkultur austauschen. Genauso wie man in Caracas bienmesabe oder papas arrugadas mit Mojo essen kann, gibt es auf La Gomera einige Spezialitäten der kreolischen Küche. Zu nennen sind vor allem venezolanische Fast-food-Varianten. *Arepas* beispielsweise sind falafelähnliche, aus Maismehl gemachte Teigtaschen, die mit allerlei Füllungen wie Thunfisch oder Hähnchenfleisch vollgestopft sind und knusprig ausgebacken werden. Sie werden bereits in vielen Tapa-Bars der Insel angeboten.

Vegetarisch essen

Wer aus den verschiedensten Gründen auf Fleisch und Fisch verzichten möchte, hat es auf La Gomera nicht ganz einfach. Noch relativ problemlos ist die Selbstversorgung. Das Angebot an frischem Obst und Gemüse ist zumindest in den touristischen Zentren gut. Im Reformhaus in San Sebastián und im Naturkostladen in Valle Gran Rey gibt es auch eine bescheidene Auswahl an Vollkornprodukten, Müslis und vegetarischen Aufstrichen.

Schwieriger gestaltet sich die Suche nach vegetarischen Gerichten im Restaurant. Ausgesprochen vegetarisch ist die Bar *La Montaña* in Las Hayas, wo aus Überzeugung kein Fleisch auf den Tisch kommt (siehe Seite 210). Dazu gesellen sich noch zwei empfehlenswerte Unterkünfte mit vegetarischer Vollpension. An erster Stelle genannt sei die *Casa Creativa* in Hermigua (siehe Seite 228) mit einer hervorragenden Vollwertküche, inklusive Frischkornmüsli zum Frühstück. In dem angeschlossenen Vollwert-Café gibt es auch gute Tapas und leckeren Kuchen. Ebenfalls rein vegetarisch gibt sich die Küche der *Finca Argayall*, einem von Sannyasins betriebenen Meditationszentrum in Valle Gran Rey. Viele der aufgetischten Früchte kommen hier aus eigenem biologischem Anbau.

In den typisch gomerischen Restaurants tut man sich bislang schwer, sich auf vegetarisch essende Gäste einzustellen, obschon die Nachfrage da ist. Natürlich kann man bei einem Fleisch- oder Fischgericht das Tierische weglassen, übrig bleiben dann mangels einer Gemüsebeilage lediglich die Schrumpelkartoffen mit Mojo. Fast überall zu haben sind zumindest Eierspeisen und teils üppige Salate. Am ehesten zurecht kommt man noch in Valle Gran Rey, wo mittlerweile einige Lokale ein oder zwei vegetarische Gerichte auf der Karte haben, sei es ein bunter Gemüse- oder Reisteller oder eine Portion Tagliatelle in Gorgonzolasauce. Auch die *Zumerias* bieten zumindest eine vegetarische Sandwich- und Boccadillo-Variante an.

Vollkornbrot

In südlichen Ländern ist Brot aus dem vollen Schrot und Korn keine Selbstverständlichkeit. La Gomera macht da eine wohltuende Ausnahme. Durch das ausgesprochene Szene-Publikum bestand schon frühzeitig Bedarf nach dunkleren Brotsorten, der zunächst durch Fliegende Händler am Strand mit Sesam- und Rosinenbrötchen befriedigt wurde. Die Sache wurde schließlich von deutschen Einwanderern professionalisiert. Die Vollkornbäckerei in *El Guro* ist schon seit Jahren für ihr schmackhaftes Brot bekannt, das heute fast in jedem Supermarkt in Valle Gran Rey verkauft wird. Das Korn dazu wird auf einer Steinmühle gemahlen, als Triebmittel wird Reinzuchtsauerteig verwendet, der im Drei-Stufen-Verfahren zubereitet wird. An sonstigen Zusätzen kommt nur Meersalz in den Teig. Gebacken wird in einem mit Holz gefeuerten Ofen, alles in allem also eine rundum gelungene Sache. Markenzeichen der mit Sesam oder Sonnenblumenkernen bestreuten Brote ist das Yin & Yang-Symbol.

Neben der Vollkornbäckerei in El Guro stellt in Alajeró eine zweite Bäckerei ein nicht minder leckeres Vollkornbrot her, das in Folie verpackt auch in den Supermärkten San Sebastiáns zu haben ist. Ansonsten findet sich in größeren Supermärkten aus Deutschland importiertes abgepacktes Schnittvollkornbrot. Selbst das lokale Bäckerhandwerk hat sich in den letzten Jahren auf die gestiegene Nachfrage nach gehaltvollerem Brot eingestellt – neben den allgegenwärtigen Weißbrötchen ist mancherorts auch eine etwas dunklere Variante, das *pan integral*, erhältlich.

Milchcafé und Inselwein

Der Tag der Gomeros beginnt mit einem Täßchen Kaffee, bevorzugt dem starken schwarzen *café solo*. Etwas heller, da mit stark gezuckerter Kondensmilch verfeinert, ist der *café cortado*. Ganz hell und schwach ist der *café con leche,* ein Milchkaffee. Mangels Filterkaffee wird letzterer bevorzugt von ausländischen Gästen getrunken. Wer es alkoholisch möchte, kann sich einen mit Kognak verstärkten *carajillo* bestellen.

An Alkoholischem wird aus eigener Produktion ein herber **Inselwein** aufgetischt. Die vornehmlich in den feuchten Tälern im Norden kultivierten Reben decken gerade mal den Eigenbedarf. In vielen Lokalen und Bars wird der gomerische Wein vom Faß angeboten. Um ihn auf Flaschen aufzuziehen, sind die Mengen zu gering. Obschon der lokale Wein durchaus auch bei manchem Gast Zuspruch findet, als Spitzenwein kann man ihn nicht gerade bezeichnen. Zum Essen empfehlen sich eher preiswerte und akzeptable Weine vom spanischen Festland, beispielsweise ein *Rioja*. Vereinzelt wird auch der vorzügliche *El Grifo* angeboten, gezogen auf der schwarzen Vulkanasche Lanzarotes.

An **Hochprozentigem** hat La Gomera zwei inseltypische Spezialitäten zu bieten. An erster Stelle sei der *Gomerón* genannt. Er wird aus weißem Rum und lokalem Palmhonig gemixt. Ebenfalls mit Palmhonig versüßt ist *Mistela*. Grundlage hierfür ist ein selbstgebrannter Schnaps. Die gewöhnungsbedürftige Spezialität aus dem Tal von *Vallehermoso* ist auch abgefüllt zu bekommen und wird im Norden in vielen Supermärkten und Souvenirshops angeboten.

Wer es nicht ganz so exotisch mag, für den bietet sich **Bier** an. Das spanische *Dorado* ist recht ordentlich, dazu gibt es einige in Lizenz gebraute Flaschenbiere und auch deutsche Direktimporte. Am besten schmeckt die frischgezapfte kleine *caña*, für den größeren Durst empfiehlt sich die *jarra* im Halbliterglas.

Exotische Früchte
Von Ananas bis Zimtapfel

Zwar mag das Obstangebot auf den ersten Blick etwas begrenzt erscheinen, auf La Gomera reift jedoch rund ums Jahr immer irgendeine Frucht. Im Frühjahr sind es Papayas und Nisperos, im Sommer Pfirsiche, Feigen und Maulbeeren, im Herbst Weintrauben und Äpfel und in den Wintermonaten Avocados, Kiwis und verschiedene Zitrusfrüchte. Bananen und Ananas reifen das ganze Jahr über. Für Abwechslung ist also gesorgt.

Die **Ananas** *(piña)*, von Kolumbus auf den Westindischen Inseln entdeckt, wird heute in den ganzen Tropen kultiviert und findet auch auf La Gomera gute Wachstumsbedingungen vor. Die eisenhaltige und calciumreiche Frucht enthält auch ein verdauungsförderndes Ferment. Je ausgeprägter die Schuppenschale der Ananas, desto aromatischer ist die Frucht. Um sie genußfertig zu machen, dreht man einfach den Schopf mit dem Stielansatz ab, schält mit einem scharfen Messer von oben nach unten und schneidet das saftige Fruchtfleisch in fingerdicke Scheiben.

Noch vor zwanzig Jahren weitgehend unbekannt, wird auch bei uns die **Avocado** *(aguacate)* immer populärer. Auf den Kanaren zählt die Frucht zu den Grundnahrungsmitteln und wird entsprechend preiswert angeboten – in der Hauptsaison von November bis Mai das Kilo für unter zwei Mark. Die birnenförmigen Steinfrüchte hängen wie an Schnüren von den immergrünen, zehn bis zwanzig Meter hoch werdenden Bäumen herab. Je nach Sorte weisen die Früchte eine glattgrüne oder rauhschwarze, teils lederartige Schale auf. Die Frucht ist reif, wenn die Schale auf leichten Fingerdruck nachgibt. Das grüngelbliche Fruchtfleisch ist sehr fett- und vitaminreich und schmeckt leicht nußartig. In gomerischen Restaurants werden Avocados als Salatbeilage, mit Krabben zusammen als Cocktail angeboten oder ab und an auch zu einer Suppe püriert serviert. Als Bereicherung des Frühstückstisches läßt sich aus der nahrhaften Frucht auch schnell und einfach ein toller Brotaufstrich zubereiten. Hier das Rezept für eine *Avocadocreme:* Eine reife Avocado in der Mitte zerteilen, den Kern herauslösen, das Fruchtfleisch aus der Schale nehmen und mit einer Gabel fein zerdrücken. Mit Salz und Pfeffer würzen und mit einer Prise Muskatnuß abschmecken. Ein Spritzer Zitronensaft verhindert das vorzeitige Braunwerden und sorgt für eine frische Note.

Die ursprünglich in den Anden beheimatete eiförmige **Baumtomate** *(tomatito del arbo)* – rot wie eine nor-

Papayafrüchte wachsen unter der Baumkrone direkt am Stamm

male Tomate – baumelt von schnellwachsenden strauchigen Bäumen herab. Die in den Wintermonaten reife
Frucht ist zwar eßbar, ihr Aroma allerdings etwas gewöhnungsbedürftig.

Feigen (*higos*) sind schon seit bibli-
schen Zeiten bekannt. Der kleinwüchsige Feigenbaum bringt botanisch gesehen purpurrote bis bräun-
lich-violette Scheinfrüchte hervor, die
wie dicke Tropfen an den Ästen hängen. Erntezeit ist Ende des Sommers.
Auf La Gomera wachsen die Bäume
vielfach wild bis in Höhenlagen von
1000 m.

Im letzten Jahrhundert noch als
Wirtspflanze zur Cochenille-Zucht
genutzt, ist der **Feigenkaktus** (*opuntie*) heute überall auf den Kanaren zu
einer ungestüm wildwuchernden, teilweise undurchdringliche Dickichte
bildenden und schon fast lästigen
Pflanze geworden. Die bis zu drei
Meter hoch werdende Kakteenart
bringt an den Rändern der dickflei-
schigen »Blätter« 4 bis 10 cm lange
eiförmige eßbare Früchte hervor. Die
lachsfarbenen Früchte tragen warzen-
artige Flecken auf der Haut, die mit
feinen, kaum sichtbaren Stachelhärchen besetzt sind und bei unvorsichti-
ger Ernte leicht kleine Entzündungen
an den Fingern hervorrufen können.
Am besten, man spießt die Frucht auf
einer Gabel auf und zieht mit einem
Messer die Haut ab. Das überaus ker-
nige Fruchtfleisch besitzt einen erfrischenden Geschmack.

Der **Granatapfel** (*granada*) hat es
bis ins spanische Staatswappen gebracht. Die bis zu 8 m hohen immergrünen Bäume bringen von Oktober

bis Dezember pfundschwere Früchte
hervor. Unter der dicken leuchtend-
roten ledrigen Schale befindet sich ein
geleeartiges Fruchtfleisch, in dem
weichfleischige und glashelle kleine
Samenkerne sitzen. Die feinsäuerli-
chen Kerne werden oftmals nur aus-
gekaut, nur bei ganz frischen Früchten lassen sie sich mitessen.

Die **Guave** (*guayaba*) wurde aus
Südamerika eingeführt. Die pflau-
mengroße Frucht wächst auf 3 bis 4 m
kleinen Bäumen. Die extrem Vitamin-
C-haltige Frucht ist in eine feste grüngelbliche Haut gehüllt, mit kleinen
runzligen Auswüchsen auf der Oberfläche. Das feste, intensiv aromatisch
duftende Fruchtfleisch ist von zahlreichen harten kleinen Kernen durchsetzt. Guaven werden vor dem Ver-
zehr geschält. Sie machen sich gut in
Obstsalaten und werden auch gerne
zusammen mit Schlagsahne gegessen.

Kap-Stachelbeeren (*uvilla, membrillo*) sind nicht mit unserer Garten-
stachelbeere verwandt, sondern zählen zu den Nachtschattengewächsen.
An den krautigen, meterhohen Stauden wachsen kirschgroße rote Früchte heran, die von einer lampionarti-
gen, papierdünnen Hülle umgeben
sind. Die süß-säuerlichen Früchte haben ein erfrischendes Aroma. Im
Handel sind sie jedoch ganz selten zu
finden.

Die ursprünglich in Ostasien beheimatete **Mango** (*mango*) wird
schon seit 4000 Jahren als Kultur-
pflanze genutzt und vielfach als die
Königin der Früchte angesehen. Der
immergrüne, bis zu 30 m hohe Baum
bringt in der Farbe von grün über

gelb bis rotviolette Früchte hervor, die sich durch ein saftiges Fruchtfleisch mit köstlichem Aroma auszeichnen. Der große abgeplattete, faserige Kern läßt sich allerdings nur schwer vom Fruchtfleisch trennen. Mangos sind reich an Eisen, Calcium und Vitamin A. Eine asiatische Delikatesse ist mit Ingwer, Honig, Essig und Pfeffer angesetztes Mango-Chutney.

Die **Maulbeere** *(moral)* wurde bereits im 16. Jahrhundert auf die Insel eingeführt. Genutzt wurden jedoch vornehmlich die Blätter des Baumes, die als Futter für die Seidenraupenzucht dienten. Die strauchartigen Bäume wachsen heute größtenteils verwildert und bringen im Sommer brombeerähnliche, süße und fast schwarze Beeren hervor. Die Ernte der überaus saftigen Beeren artet allerdings auf gut deutsch gesagt in eine Riesenschweinerei aus und geht nicht ohne dunkle Fruchtflecken auf der Kleidung ab.

Die *Japanische Wollmispel*, ein von den Einheimischen **Nispero** genannter immergrüner Baum, wächst heute teilweise wild. Die im Februar und März zentnerweise mit aprikosenähnlichen Früchten behangenen Bäume

werden vielfach nicht mehr abgeerntet, obschon die Früchte durch ein süßes und saftiges Fruchtfleisch überraschen. Sie enthalten 2 bis 5 bohnengroße Samenkerne.

Papayas *(papaya)* wachsen traubenartig in luftiger Höhe direkt am kerzengeraden Stamm eines astlosen Baumes, der oben durch ein Blätterdach abgedeckt ist. Die ovalen, teils kiloschweren Früchte haben ein goldgelbes bis lachsrotes Fruchtfleisch von melonenartigem, leicht herbem Aroma. Die pfeffergroßen Samenkörner, die auch so scharf schmecken wie sie aussehen, sollen gut gegen Darmparasiten sein. Zu medizinischen Zwecken wird aus der Frucht ein milchartiger Saft gewonnen, der abführend und verdauungsfördernd wirkt und darüber hinaus auch als Zartmacher für zähes Fleisch eingesetzt wird. Papayas sind reif, wenn sich die grüne Schale gelblich färbt und auf Fingerdruck nachgibt. Die Frucht wird der Länge nach halbiert und kann einfach ausgelöffelt werden. Sie schmeckt toll mit Joghurt oder in mit fein gehackten Nüssen garnierten Obstsalaten.

Die **Passionsfrucht** *(maracuyá, grenadilla)* wächst an einer rankenden lianenartigen Pflanze mit meterlangen Trieben und ist auch wegen ihrer zauberhaft schönen Blüten *(passiflora)* bekannt. Die kugelrunden violetten Früchte haben ein erfrischend süßsaures Aroma. Sie werden halbiert und mitsamt den Kernen ausgelöffelt.

Die auch als Pudding- oder **Zimtapfel** bekannte Annone *(cherimoya)* wächst zwar auch auf La Gomera, wird jedoch größtenteils aus Südspanien eingeführt. Die ovale bis herzförmige, mit einer großschuppigen Oberfläche versehene Frucht überrascht durch ein weiches, fast sahneartiges und süßes Fruchtfleisch und

wie eine Mischung aus Va-
... und Banane. Mit zuneh-
... reife färbt sich die grüne
Schale schwärzlich und gibt auf leichten Druck nach. Halbiert können
Cherimoya praktisch wie ein Joghurt-
becher ausgelöffelt werden. Das

Fruchtfleisch ist von großen schwarz-
glänzenden Kernen durchsetzt.

Tip: Wenn Sie ein Faible für exotische
Früchte haben, sollten Sie den tropischen Fruchtgarten in Valle Gran Rey
besuchen (siehe Seite 177).

Die Speisekarte von A bis Z

A

aceitunas: Oliven
agua: Wasser
agua mineral: Mineral-
    wasser
agua con (sin) gas:
    Wasser mit (ohne)
    Kohlensäure
aguacate: Avocado
aguacate con gambas:
    Avocado mit
    Krabben
ajo: Knoblauch
albóndigas: Fleisch-
    klößchen
alcachofas: Arti-
    schocken
almendra: Mandel
almendrados: Mandel-
    gebäck
almogrote: cremiger
    Aufstrich aus Käse,
    Knoblauch und
    Paprika
aperitivo: Aperitif
arepa: gefüllte Teig-
    tasche aus Maismehl
arroz: Reis

arroz integral: Natur-
    reis
asado: Braten
atún: Thunfisch
avellanas: Haselnüsse
azafran: Safran
azúcar: Zucker

B

bacalao: Stockfisch
batatas: Süßkartoffeln
batido: Milchshake
bebidas: Getränke
bienmesabe: Mandel-
    dessert
bistec: Beefsteak
bocadillo: belegtes
    Brötchen
boniato: Süßkartoffel
bonito: Bonitofisch,
    kleine Thunfischart

C

cabra: Ziegenfleisch
cabrito: Zickleinfleisch
cabrito en salsa: ... in
    Sauce
cacahuetes: Erdnüsse
café con leche: Kaffee
    mit viel Milch
café cortado: Kaffee mit
    etwas gesüßter Kon-
    densmilch

café solo: schwarzer
    Kaffee
calabaza: Kürbis
calamar: Tintenfisch
caldo: Fleischbrühe
cangrejos: Krebse
carajillo: Kaffee mit
    Kognak
carne: Fleisch
carne en salsa: Rind-
    fleisch in Sauce
castañas: Eßkastanien
cebollas: Zwiebeln
cerdo: Schweinefleisch
cerezas: Kirschen
cerveza: Bier
chajota: zucchiniartiges
    Fruchtgemüse
cherimoya: Zimtapfel
cherne: Zackenbarsch
chicharrónes: gebratene
    Speckgrieben
choco: kleiner Tinten-
    fisch
chorizo: Paprikawurst
chuleta: Kotelett
churros: in Fett ge-
    backenes Spritz-
    gebäck
ciruelas: Pflaumen
col: Kohl
coliflor: Blumenkohl

conejo: Kaninchen
conejo al ajillo: Kaninchen in Knoblauchsauce
cordero: Lamm

D

desayuna: Frühstück
diente de ajo: Knoblauchzehe

E

embutido: Wurst
ensalada: Salat
ensalada variada: gemischter Salat
ensaladilla: Kartoffel-Thunfisch-Salat
entremeses: Vorspeisen
escalope: Schnitzel
espárrago: Spargel

F

flan: Karamelpudding
frangollo: Maispudding mit Rosinen
fresas: Erdbeeren
fruta del mar: Meeresfrüchte
frutas: Obst

G

gambas: Krabben
gambas al ajillo: Krabben mit Knoblauch
garbanzos: Kichererbsen
gazpacho: kalte Gemüsesuppe
gofio: geröstetes Mais- oder Weizenmehl
gomerón: Rum mit Palmhonig
granada: Granatapfel
grenadilla: Maracuja, Passionsfrucht

guarapo: Palmsaft
guayaba: Guave
guisantes: Erbsen
guiso: Fleisch mit Kartoffeln

H

habichuelas: grüne Bohnen
helado: Speiseeis
hielo: Eiswürfel
higado: Leber
higo: Feige
huevo: Ei
huevo frito: Spiegelei
huevo pasado: weichgekochtes Ei

J

jamón: Schinken
jamón serrano: luftgetrockneter Schinken

L

langostas: Langusten
lapas: Napfschnecken
leche: Milch
leche asada: Dessert aus gebackener Milch
lechuga: grüner Salat
lenguardo: Seezunge
lentejas: Linsen
licor: Likör
limón: Zitrone
limonada: Limonade
lomo: Rückenstück

M

manchego: Schafskäse (Mancha)
mango: Mangofrucht
mantequilla: Butter
manzana: Apfel
maracuyá: Maracuja, Passionsfrucht

medallón de ternera: Kalbsmedaillon
mejillones: Miesmuscheln
melocotón: Pfirsich
membrillo: Kap-Stachelbeere
mermelada: Marmelade
merluza: Seehecht
mico: Hirse
miel: Honig
miel de palma: Palmhonig
mistela: Branntwein mit Palmhonig
mojo: pikante Sauce
mojo rojo/verde: rotes/grünes Mojo
moral: Maulbeere

N

naranja: Orange
nata: Sahne
nispero (nispola): Mispel(-frucht)
nueces: Nüsse

O

Opuntie: Feigenkaktusfrucht

P

paella: Reisgericht
pan: Brot
pan integral: Vollkornbrot
papas: Kartoffeln
papas arrugadas: in stark gesalzenem Wasser gekochte Kartoffeln
parrillada: Grillteller
papaya: Papayafrucht
pastas: Nudeln

pata de cerdo: kalter
   Schweinebraten
patatas: Kartoffeln
patatas fritas: Pommes
   Frites
pato: Ente
pepino: Gurke
pera: Birne
perejil: Petersilie
pescado: Fischgericht
pescado frito: in Öl gebackener Fisch
picadillo: Hackfleisch
picante: scharf
pimento: Paprika
pimienta: Pfeffer
pimienta negra:
   schwarzer Pfeffer
piña: Ananas
plátano: Banane
pollo: Hähnchen
postre: Dessert
potaje canario:
   Gemüseeintopf
potaje de berros: Brun-
   nenkressesuppe
puchero canario:
   Gemüseeintopf
pulpo: Krake (Oktopus)
Q
queso: Käse
queso azul: Edelschim-
   melkäse
queso blanco: weißer
   milder Käse
queso de cabra:
   Ziegenkäse
R
rabanitos: Radieschen
rancho canario: dicke
   Gemüsesuppe mit
   Nudeln

ropa vieja: Restegericht
ron: Rum
S
sal: Salz
salchichas: Würstchen
salmón: Lachs
salmonete: Rotbarbe
salsa: Sauce
sancocho: gekochter
   Stockfisch
sardinas: Sardinen
setas: Pilze
sidra: Apfelwein
   (Cidre)
solomillo: Filetsteak
sopa: Suppe
sopa de ajo: Knoblauch-
   suppe
sopa de berros: Brun-
   nenkressesuppe
sopa de pescado: Fisch-
   suppe
sopa de verdura:
   Gemüsesuppe
T
tapa: Appetithappen
tarta: Torte
tocino: Speck
tomatito del arbo:
   Baumtomate
tortilla francesa: Eier-
   Omelett
tortilla española: Kar-
   toffel-Omelett
turrón: Mandelkuchen
té: Tee
trigo: Weizen
U
uvas: Weintrauben
uvillo: Kap-Stachel-
   beere

V
vaca: Kuh
verdura: Gemüse
vieja: Papageienfisch
   (Weißfisch)
vinagre: Essig
vino: Wein
vino blanco: Weißwein
vino de la península:
   Wein vom spani-
   schen Festland
vino del país: Inselwein
vino dulce: süßer
   Malvasierwein
vino rosado: Roséwein
vino seco: trockener
   Wein
vino tinto: Rotwein
Z
zanahorias: Mohrrüben
zarzuela: Fischeintopf
zumo: Saft
zumo de naranja:
   Orangensaft
zumo de combinado:
   gemischter Saft

Zubereitungsarten
a la plancha: auf der
   heißen Platte gebra-
   ten
a la romana: im Back-
   teig fritiert
al horno: im Ofen ge-
   backen
bien hecho: gut durch-
   gebraten
frito: fritiert
medium: medium
rebozado: paniert

SAN SEBASTIAN

DIE HAUPTSTADT DER INSEL

*So klein das Städtchen auch sein mag, verfügt es doch über alles, was
eine Inselhauptstadt ausmacht: einen Hafen, die notwendigen administrativen
Einrichtungen, dazu ein paar geschäftige Straßenzüge und last not least
als Erbe der Vergangenheit einige beachtenswerte Bauten,
welche die spanische Kolonialgeschichte der Insel dokumentieren. Fast alles
Sehenswerte steht in enger Beziehung zu Kolumbus.*

Doch der historische Stadtkern ist ähnlich wie der Lorbeerwald im zentralen Hochland im Lauf der Jahre arg geschrumpft. Was blieb, sind einige schön restaurierte Vorzeigebauten, der Rest der größtenteils einstöckigen Häuser mußte mehr und mehr einer funktionalen Architektur weichen bzw. ist dem Verfall (oder der Bodenspekulation) preisgegeben. Die kleine Inselmetropole expandiert und verlangt nach immer neuen gesichtslosen Verwaltungsbauten, Bankpalästen und Unterkünften für den touristischen Durchgangsverkehr.

Trotz allem kann die Stadt ihre ländliche Atmosphäre nicht gänzlich abschütteln. Hinter ihren Mauern verstecken sich kleine Obstgärten und Gemüsebeete, etwas außerhalb mekkern Ziegen und scharren gackernd Hühner. Mit circa 5000 Einwohnern ist San Sebastián eine beschauliche Kleinstadt geblieben. Selbst von dem für andere kanarische Hauptstädte üblich gewordenen notorischen Verkehrschaos und der Rush-hour blieb die Stadt bislang verschont. Eine Hauptstadt ohne eine einzige Verkehrsampel – wo gibt es das sonst noch? Das, was es verkehrsmäßig zu regeln gilt, regelt sich quasi noch von selbst!

Stadtbesichtigung

Ein Stadtrundgang durch die Inselhauptstadt ist keine langwierige Angelegenheit. Zwei Verkehrsadern mit dichtgedrängten Häuserzeilen, dazu ein paar einladende Plazas – das ist es schon, was es zu erkunden gibt. Unser Spaziergang empfiehlt sich bevorzugt am Vormittag eines gewöhnlichen Wochentages, wenn alle Geschäfte geöffnet haben und die wenigen historischen Gebäude zugänglich sind. Wir beginnen den Rundgang an der **Plaza de Las Américas**. Zentral gelegen, mit meist von Menschentrauben umlagerten Kiosken bestückt und von Terrassencafés flankiert, ist die Plaza das Herzstück und der Treffpunkt der Stadt, wo sich ein Gutteil des öffentlichen Lebens abspielt. Doch das Ganze »pulsierend« zu nennen ... dazu geht es wiederum entschieden zu ruhig zu.

Als architektonischer Blickfang wird der weitläufige Platz nach Osten zu vom **Rathaus** *(Ayuntamento)* begrenzt. Obschon neu und modern fügt es sich mit dem offenen Bogengang, den kanarischen Holzbalkonen und der kleinen Turmuhr harmonisch in das Stadtbild ein, was von dem unmittelbar dahinter stehenden etwas zu hoch geratenen Apartmenthaus nicht gerade gesagt werden kann. Meerwärts ist ein farbiges Mosaik in die Strandpromenade eingelassen, welches den Weg von Kolumbus nachzeichnet, vom spanischen Festland über La Gomera bis nach Hispaniola.

Ein paar Schritte nördlich der Plaza de Las Américas schließt sich die *Plaza de la Constitución* an. Unter den mächtigen Indischen Lorbeerbäumen wird zweimal die Woche ein kleiner *Markt* abgehalten. Mit dem einstigen **Zollhaus** aus dem 17. Jahrhundert befindet sich hier einer der ältesten Bauten der Stadt. Das unscheinbare kleine Haus ist an dem links vom Portal hängenden hölzernen Inselwappen erkennbar. Im Zollhaus wurden früher die für den Export bestimmten

Das Rathaus mit seinem hübschen Balkon

Waren zwischengelagert, auch das Inselgefängnis war hier zeitweise untergebracht.

Das alte Zollhaus ist heute jedoch aus einem ganz anderen Grund berühmt: Im schlichten Innenhof befindet sich der **Pozo del Colón**, der Brunnen, aus dem Kolumbus vor seiner Seereise die Wasservorräte aufgefrischt haben soll. Eine schmucklose Tafel trägt die vielzitierte Aufschrift: »Mit diesem Wasser taufte Kolumbus Amerika«. Zu sehen gibt es außer einem von einem Holzdeckel verschlossenen, von einer noch gar nicht so alten Dattelpalme beschatteten Brunnenschacht so gut wie nichts. Sie erreichen den Kolumbus-Brunnen um die Ecke von der Calle del Medio durch den Eingang des *Oficina Insular de Turismo,* dem Büro der Touristeninformation.

Die **Calle del Medio** ist die Lebensader der kleinen Kapitale. Jahrhundertelang hieß sie wie andernorts auch *Calle Real,* die Königliche, bis sie dann in *Calle General Franco* umbenannt wurde. Nach dem Ableben des Diktators wählten die Stadtväter dann einen unverfänglicheren Namen. Heute prägen Banken, Restaurants, Apartmenthäuser und kleine Pensionen das Straßenbild. Geschäfte, modische Boutiquen und Andenkenläden laden zu einem Shopping-Bummel ein.

Unweit der Touristeninformation liegt rechterhand in einem schlichten Kolonialhaus untergebracht das *Cabildo Insular,* der Sitz der Inselregierung. In dem äußerlich weniger bemerkenswerten Gebäude findet sich

das sehenswerte Wandgemälde »Romería de San Juan« des aus Agulo stammenden expressionistischen Malers José Aguiar (1895 – 1975), in dem volkstümliche Szenen einer Fiesta abgebildet sind.

Der Calle del Medio weiter folgend, fällt der Blick auf ein auffallend ockergelb getünchtes und stilvoll restauriertes Bürgerhaus aus dem letzten Jahrhundert, das heute mit dem *Marqués de Cristano* das vielleicht anspruchsvollste Speiselokal der Insel beherbergt.

Die Pfarrkirche und die Ermita de San Sebastián

Die an einem von Bänken gezierten Vorplatz etwas versetzt von der Calle del Medio stehende Pfarrkirche *Nuestra Señora de la Asunción* gilt als der wichtigste Sakralbau La Gomeras. Die Baugeschichte geht bis auf das Jahr 1490 zurück, als anstelle einer Kapelle eine zunächst einschiffige Kirche den Platz einnahm. Aus der ersten Bauphase ist vornehmlich noch die Hauptfassade mit dem aus rotem Stein errichteten Portal erhalten. Charakteristisch für diese Epoche sind die seilartig geflochtenen Spitzbogen und darüber der Glockengiebel. Hierbei kommen deutlich portugiesische Einflüsse zum Tragen, wie sie auch auf Madeira und den Azoren zu beobachten sind.

Heute treten hauptsächlich Frauen durch das maurische Portal der Pfarrkirche, doch einst hat hier angeblich auch Kolumbus gebetet – wahrscheinlich für den Erfolg seiner Indien-Fahrt …

Eine makabre geschichtliche Anekdote rankt sich um das von den Einheimischen als *Puerta del Perdón* bezeichnete linke Kirchenportal. Der Name geht auf den Aufstand von 1488 zurück, als der verhaßte Tyrann Hernán Peraza durch die Hand eines aufgebrachten Ureinwohners sein Leben ließ. Beatriz de Bobadilla, die Gemahlin Perazas, ließ daraufhin verbreiten, daß jeder der sich im Bergland verbergenden Aufständischen straffrei bliebe, wenn er zu seiner Schuld stehe, indem er durch das Portal der Pfarrkirche gehe. Die gutgläubigen Insulaner verließen ihre Verstecke und zogen zur Kirche hinunter. Doch jeden, der kam, ließ die rachsüchtige Gräfin erbarmungslos – ohne Pardon – hinrichten.

Die Kirche blieb von den holländischen und algerischen Pirateneinfällen im 16. und 17. Jahrhundert nicht verschont und wurde fast vollständig niedergebrannt, auch die Puerta del Perdón ist nicht mehr im Original zu bewundern. Mit dem Neuaufbau wurde die Kirche nun dreischiffig erweitert, jedes Schiff mit eigenem Dachgebälk und Portal. An den beiden Seitenportalen und den aus kanarischem Tea-Holz teils getäfelten Decken sind deutlich Züge des andalusischen Mudéjar-Stils erkennbar. Was der Kirche bis heute fehlt, ist ein Glockenturm.

Der spätbarocke *Hochaltar* ist ein Entwurf des kanarischen Bildhauers und Malers Luján Pérez (1756 – 1815), von dem auch der Christus am Kreuz stammt. Als weiteres barockes Stilelement beachtenswert ist das kunstvoll gedrechselte hölzerne Chorgitter, hinter dem eine liegende Jesusfigur aufgebahrt ist. Links des Barockaltars zeugt ein Wandbild des einheimischen Malers José Mesa von der erfolgreichen Abwehr eines Piratenangriffs des englischen Korsaren Windham im Jahre 1743.

Bemerkenswert sind die beiden Häuserzeilen links und rechts der Pfarrkirche. Die **Casa Bencomo**, ein Eckhaus, in dem sich heute ein Supermarkt befindet, ist ein typisches Bürgerhaus aus dem 18. Jahrhundert mit einem von einem Säulengang gezierten Patio und dem für die damalige Zeit charakteristischen kleinen turmartigen Piratenausguck, von dem aus rechtzeitig potentielle Gefahrenquellen gesichtet werden sollten.

Vorbei an der Hauptpost gelangt man zur **Ermita de San Sebastián**. Noch älter als die Pfarrkirche, gilt sie als das älteste Zeugnis christlicher Baukunst auf La Gomera. Der Grundstein für die Kapelle wurde wahrscheinlich um 1450 gelegt; zu Ehren des Schutzpatrons der Hauptstadt San Sebastián wurde sie auf seinen Namen getauft. Von Piraten mindestens dreimal zerstört, blieb von der ursprünglichen Bausubstanz lediglich der von einem Spitzbogen eingefaßte Seiteneingang erhalten. Die Dachkonstruktion zeigt mudéjare Einflüsse, der kleine Glockengiebel wurde um 1833 angefügt. Die Ermita wurde 1994 gründlich restauriert und präsentiert sich seither schmucker denn je.

Casa de Colón

Nicht nur der Kolumbus-Brunnen und die Tatsache, daß der große Entdecker vor seiner Überfahrt in der Pfarrkirche die Messe besuchte, halten den Mythos um den berühmtesten Gast La Gomeras wach: Natürlich mußte der Mensch auch irgendwo in der Stadt gewohnt haben. Hierzu wurde ein unscheinbares, leicht zu übersehendes Haus zwischen Pfarrkirche und Ermita San Sebastián in der Calle del Medio Nr. 56 »ausersehen«. Wie von Kunsthistorikern eindeutig belegt, stammt das Gebäude jedoch aus dem 17. Jahrhundert. Das Haus, in dem Kolumbus nächtigte, mag vermutlich nicht weit davon ent-

Der Grafen-Turm gehört zu den ältesten Hinterlassenschaften der Konquistadoren

Friedlich und fern jeder Hektik ist der Hafen von San Sebastián ein idealer Platz zum Ankern

fernt gelegen haben, doch wurde es wie fast die ganze Stadt 1618 von algerischen Piraten niedergebrannt.

Im Innern des Gebäudes sind Miniaturausgaben der Kolumbusschiffe Pinta, Niña und Santa Maria ausgestellt. Die niedrigen Räume mit auffallend rustikalem Holzgebälk dienen ab und an für Ausstellungen. Das Kolumbushaus ist Mo – Fr 16 – 18 Uhr geöffnet; der Eintritt ist frei.

Torre del Conde

Von der Casa de Colón erreichen Sie über die nächstbeste Querstraße die parallel zur Calle del Medio verlaufende Calle Ruiz de Padrón. Im stadtauswärts gelegenen Teil dieser engen Straße finden sich kleine Handwerksbetriebe und Schreinereien, wo in winzigen Käfigen gehaltene Kanarienvögel verzweifelt gegen den Lärm der Kreissägen ankämpfen.

Stadteinwärts, fast an der Plaza de Las Américas, gelangen Sie links zum inmitten eines neu angelegten Parks stehenden Torre del Conde. Der kubische, wuchtige 18 m hohe Grafenturm mit an die zwei Meter dickem Mauerwerk ist das Wahrzeichen San Sebastiáns. Der aus rotem Haustein errichtete trutzige fensterlose Befestigungsturm wurde noch während der Eroberungsphase der Insel Mitte des 15. Jahrhunderts unter Hernán Peraza d.Ä. errichtet. Der Turm sollte als Bollwerk gegen aufständische Ureinwohner dienen, tatsächlich suchte darin mehrmals die gräfliche Familie Zuflucht. Auch die schöne Beatriz de

SAN SEBASTIAN

Bobadilla brachte sich 1488 im Torre vor dem Volkszorn in Sicherheit.

In Anbetracht nicht enden wollender Piratenangriffe verstärkte man nach Plänen des italienischen Festungsbaumeisters Leonardo Torriani das Gebäude. Torriani ließ den mit Schießscharten und Pechnasen ausgerüsteten Turm zusätzlich mit Zinnen bewehren, auch die vier erhalten gebliebenen Runderker gehen auf sein Konto. Ob im Turm, wie vielfach behauptet, tatsächlich aus der Neuen Welt geraubte Gold- und Silberschätze zwischengelagert wurden, scheint mehr als fraglich, da die Goldschiffe aus Mittel- und Südamerika gemäß den Windbedingungen über eine andere Route nach Spanien zurücksegelten.

Zweckentfremdet diente der Turm zeitweise als Gefängnis und Kaserne. Die schon fürs Kolumbusjahr 1992 angekündigte Eröffnung eines kleinen archäologischen Museums läßt weiter auf sich warten, das Innere ist Besuchern bislang nicht zugänglich. Vor dem Turm ist lediglich ein alter Schaufelradbrunnen zu bewundern, dessen ursprünglich hölzerne Schaufeln allerdings durch schnödes Aluminium ersetzt wurden.

Zurück auf der Plaza läßt sich an einem der Kioske oder Terrassencafés eine erholsame Siesta einlegen.

Strände

Ein von den Einheimischen vornehmlich im Sommer besuchter Stadtstrand ist die **Playa de San Sebastián** entlang der Promenade. Im Winter dagegen macht der etwa einen halben Kilometer lange Strand einen ziemlich verwaisten Eindruck und wird lediglich von einigen ausländischen Gästen in Anspruch genommen. Der grauschwarze Sand ist mit teils grobem Kies durchsetzt und nicht immer so gepflegt, wie er eigentlich sein sollte. Die Hafeneinfahrt bietet dafür Schutz vor allzu starker Brandung, ab und an kommen jedoch auch Wellenreiter auf ihre Kosten.

Einen zweiten etwas vom Zentrum entfernt gelegenen Strand erreicht man durch den Tunnel an der Hafenmole. Vorbei am *Club Nautico* gelangt man zur **Playa de la Cueva**, die ihren Namen einer Höhle verdankt, in die geschickt das *Restaurant* des Club Nautico eingepaßt wurde. In einem Kraftakt befreite man jüngst die einstmals rauhe Playa von den fußballgroßen Steinen und legte einen von einer Promenade eingefaßten künstlichen schwarzen Sandstrand an. Die beiden beliebten Kioske wurden kurzerhand abgerissen – man braucht den Platz für eine neue Apartmentanlage. Dafür entschädigt ein toller Blick auf den Teide von Teneriffa, den mit 3717 m höchsten Gipfel des Archipels.

Kleine Ausflüge zu Fuß

Ein kleiner Ort für sich ist der südwestlich vom historischen Stadtkern gelegene **Barrio El Calvario**. Der auf einem Bergrücken geduckte Ortsteil ist von durch Treppen miteinander verbundenen Gassen durchzogen und wirkt in sich abgeschlossen. Von begrenztem touristischem Interesse ist der zinnenumrahmte Festungsbau der *Guardia Civil*. In El Calvario an der Straße Richtung Valle Gran Rey liegt das *Nationalparkbüro-Büro*, das Auskünfte und Prospektmaterial zum Nationalpark Garajonay bereit hält.

Zum staatlichen **Parador-Hotel** auf dem Hügel östlich des Stadtkerns gelangt man am besten über das Sträßchen *Calle de Pista* hinter der Pfarrkirche. Die Straßenschleifen lassen sich über den Treppenweg *Camino de Puntallana* abkürzen, so daß nach 10minütigem Aufstieg die 70 m über dem Meer liegende Felsklippe erreicht ist. Hier thront in herrlicher Lage mit Blick hinunter auf Hafen und Hauptstadt und in die Ferne auf den Pico de Teide eines der schönsten Hotels des Archipels. Das im Stil eines kanarischen Herrschaftshauses erbaute Hotel ist das komfortabelste, was La Gomera zu bieten hat. Die Aussichtsterrasse ist zwar Gästen vorbehalten, doch auch außerhalb der Anlage finden sich genug fotogene Plätze.

Unterkunft

Um es vorweg zu sagen – San Sebastián ist ganz sicher nicht der richtige Ort für den erholsamen Traumurlaub. Es sei denn, Sie entschließen sich in der hoch über der Stadt thronenden Nobelherberge *Parador Nacional del Conde* abzusteigen. Hier erwartet Sie gepflegtes Ambiente und eine absolut ruhige Atmosphäre, in der Sie mit allem erdenklichen Luxus umsorgt werden. Dazu läßt sich noch ein bißchen Flair aus dem letzten Jahrhundert schnuppern.

Ein Wohnerlebnis ganz anderer Art bieten die Pensionen und Apartmenthäuser im historischen Stadtkern. So klein die Stadt auch sein mag, zur Ruhe kommt die Inselmetropole nur wenige Stunden in der Nacht. Die meisten Unterkünfte liegen an den beiden Hauptstraßen Calle del Medio und Ruiz de Padrón. Diese sind zwar verkehrsmäßig nicht allzu stark befahren, doch muß bis Mitternacht mit Straßenlärm und knatternden Mopeds gerechnet werden. Hinzu kommt, daß die meisten der hellhörigen Pensionen und Apartments über einer Bar oder einem Restaurant liegen, wo Tellerklappern und TV-Geräusche zum Geschäft gehören, das ebenfalls bis in die Nacht andauern kann. Und last not least: besonders die Unterkünfte der unteren Preiskategorie lassen elementare Standards vermissen. Die Zimmer sind meist ohne viel Komfort, vielfach ohne Fenster, manche sind bloß Verschläge, die nicht einmal ein Minimum an Privatheit garantieren.

Kurz gesagt, San Sebastián ist Durchgangsstation. Verständlicherweise ist so mancher Pensionsbesitzer mittlerweile einfach etwas ausgebrannt, nachdem der Alternativtourismus fast ein Vierteljahrhundert lang alle möglichen und unmöglichen schrägen Typen auf die Insel geschwemmt hat, die nur eines zum Ziel hatten: San Sebastián so schnell und so billig wie möglich hinter sich zu bringen, um am anderen Morgen mit dem ersten Bus ins gelobte Dorado Valle Gran Rey zu ziehen. Viele Vermieter der Hauptstadt fühlen sich nicht selten in die Rolle der Lückenbüßer gedrängt, an denen das Geschäft praktisch vorbeiläuft. Eilige und besser betuchte Gäste halten sich

Im engen Barranco de Villa wird jeder noch so schmale Fleck als Siedlungsraum genutzt

erst gar nicht in San Sebastián auf. Statt Übernachtungskosten auf sich zu nehmen, nehmen sie sofort an der Fähre das nächstbeste Taxi »ins Valle«.

Für jene, die bleiben, sei gesagt, daß man zumindest auf Eine-Nacht-Gäste eingerichtet ist. Die vielen Unterkunftsmöglichkeiten und vor allem die verkehrsgünstige Lage machen die Hauptstadt zudem zu einem guten Ausgangspunkt für Ausflüge und Wanderungen. Wer länger bleibt, sollte jedoch nicht gerade die billigste Absteige wählen.

★★★★ *Hotel Parador Conde de La Gomera*, ✆ 871100, Fax 871116. Das der staatlichen Parador-Kette zugehörige Hotel liegt auf dem Hügel *Lomo de la Horca*, etwa 70 m ober-

halb des Hafens mit herrlichem Blick über die Dächer der Hauptstadt, das Meer und den im Winter oftmals schneegepuderten Teide Teneriffas. 1973 im kanarischen Landhausstil mit Holzbalkonen erbaut und in den 80er Jahren erweitert, gilt der Parador als eine der gelungensten Hotelanlagen der Kanaren. Wüßte man nicht um das relativ junge Baualter, könnte man sich ohne weiteres inmitten eines mittelalterlichen Gemäuers wähnen, was durch das rustikale, teils antiquarische Mobiliar noch verstärkt wird. Der Haupteingang ist eine Nachbildung des Portals der Ermita de San Sebastián und wird von zwei Drachenbäumen flankiert. Schmuckstück der Anlage ist der palmenbestandene und mit exotischen Zierpflanzen begrünte Innenhof. Hier hängt auch ein Portrait der berühmt-berüchtigten Beatriz de Bobadilla. Die rustikal, aber etwas unbequem eingerichteten Zimmer sind mit Telefon, TV und Balkon oder Terrasse ausgestattet und liegen absolut ruhig. Der klimatisierte Speisesaal offeriert eine dem Preis nicht immer ganz angemessene Küche, ein toller Pool ersetzt das Meer. Daß das Ganze seinen Preis hat, versteht sich von selbst: DZ 15.000 ptas, EZ 12.000 ptas, Frühstück 1200 ptas, Menü 3500 ptas. Dennoch sind die 38 Doppel- und 4 Einzelzimmer in der Regel auf Monate im voraus ausgebucht.

★★ *Hotel Villa Gomera*, Calle Ruiz de Padrón 68, ✆ & Fax 870235. Neues Hotel mit heller marmorgefliester Lobby und freundlich eingerichteten, sauberen Zimmern, die zur Straße hinaus allerdings laut, die anderen einigermaßen ruhig. DZ 5500 ptas.

★★ *Hotel Garajonay*, Calle Ruiz de Padrón 17, ✆ 870550, Fax 870554. Etwas mehr zur Plaza hin gelegener 4stöckiger Neubau mit Lift, die Zimmer mit Bad, Telefon und Balkon. DZ 5200 ptas, für die sehr sauberen, aber stillos eingerichteten Zimmer fast etwas zu viel. Zentral, aber laut.

★★ *Pensión Colón*, Calle del Medio 59, ✆ 870235. Geschmackvoll eingerichtete, aber etwas dunkle Zimmer ohne Bad, nach hinten zu auch ganz finster ohne Fenster; sauber, aber hellhörig. Langschläfer werden durch das muntere Treiben des benachbarten Kindergarten geweckt. DZ 3000 ptas. Die Rezeption ist meist nicht besetzt, in diesem Fall an der grünen Tür klingeln.

★ *Hostal Residencia Colombina*, Calle Ruiz de Padrón 83, ✆ 871257. Großes 4stöckiges Gebäude circa 15 Minuten vom Hafen und damit die abgelegenste Unterkunft in der Altstadt. Trotzdem auch nicht viel ruhiger, dafür mit sehr freundlichem Vermieter. Saubere, funktional eingerichtete Zimmer mit Bad und kleinem Balkon. Sonnige Dachterrasse mit schöner Aussicht über die Stadt. EZ 3000 ptas, DZ 4500 ptas, Triple 5000 ptas. Besonders für Einzelreisende gut und preiswert; durch die Lage auch in der Hochsaison meist nicht voll belegt.

★ *Hostal El Pajar*, Calle del Medio 23, ✆ 870207. Typische, auf schnellen Durchlauf ausgelegte Absteige für eine Nacht in zentraler Lage. Geräumige, aber geschmacklos ausgestattete Zimmer, teils ohne Fenster und mit nicht ganz bis zur Decke durchgezogenen dünnen Zwischenwänden – von Privatsphäre also keine Spur. Außerdem lärmt die Bar bis tief in die Nacht hinein. EZ 2000 ptas, DZ 3000 ptas, Triple 4000 ptas.

★ *Pensión Gomera*, Calle del Medio 33, ✆ 870417. In einem alten, aber etwas renovierungsbedürftigen Bürgerhaus untergebrachte kleine sehr beliebte Pension. Durch ein großes Tor gelangt man zu einem mit Kokospalmen und Zierpflanzen begrünten idyllischen Patio. Die 5 spartanischen, fensterlosen Zimmer mit dünnen Trennwänden gehen von der über eine Treppe erreichbaren Holzveranda ab, durch die Lage im Innenhof dennoch relativ ruhig. Etagenbad. DZ 3000 ptas. Info schräg gegenüber im Supermercado Gomera.

Gomera war schon seit langem als Aussteigermekka bekannt, als es so schillernde Gestalten wie den Wiener Aktionskünstler Otto Mühl auf die Insel verschlug. Mühl sorgte bereits in den 60er Jahren durch provokative Happenings für Furore, als er in seinen Bühnenshows Schweine abschlachtete und mit Blut und Exkrementen hantierte. In den 70er Jahren geriet die von ihm initiierte AAO-Bewegung in die Schlagzeilen, die durch freie Liebe, Partnertausch und neue We-

Von der »freien Liebe« ...

ge in der Kindererziehung in Stadt- und Landkommunen einen radikalen Ansatz auslebte.

Im Sog der Reaktorkatastrophe von Tschernobyl 1986 verlagerte die Kommune ihr Zentrum vom Friedrichshof am Neusiedler See in Österreich nach La Gomera. Die finanzstarke, auf privates Eigentum verzichtende Gemeinschaft kaufte sich im sonnigen Süden der Insel gleich eine ganze Bucht mit einer 320 Hektar großen Obstfinca im fruchtbaren Schwemmland des Barranco Juan de Vera. Die bereits kurz nach der Jahrhundertwende

El Cabrito – Vom Ende einer Utopie Oder ...

errichtete Bananenplantage wurde gründlich auf Vordermann gebracht und die im kanarischen Stil vorhandenen Gebäude gelungen restauriert.

Von den Gomeros wurde die Kommune teils als Ausgeburt des Unmoralischen verurteilt, doch aufgrund der wirtschaftlichen Aktivitäten und Arbeitsplatzbeschaffungsmaßnahmen toleriert. In der Blütezeit lebten mehr als 100 Erwachsene und Kinder in El Cabrito.

Der Traum vom Inselglück währte immerhin drei Jahre. Gestützt auf Aussagen von Ex-Kommunarden mußte sich 1991 Otto Mühl vor der österreichischen Justiz verantworten und wurde wegen Verführung Minderjähriger, Freiheitsberaubung und Drogen zu sieben Jahren Gefängnis verurteilt. Die Kommune driftete auseinander.

... zum alternativen Ferienzentrum

Nach der Auflösung standen die versprengten Reste der Gruppe vor der Frage, was mit dem idyllischen Fleckchen Erde weiterhin anzufangen sei. Sie gründeten eine Genossenschaft, die biologische Landwirtschaft betreibt, in erster Linie jedoch vom Tourismus lebt. Die Finca bietet heute Platz für bis zu 80 Gäste, die in den verstreut liegenden langgezogenen Gebäuden wohnen. Das Herrenhaus und die ehemaligen Packhallen für die Bananen wurden zu Gemeinschafts- und Ausstellungsräumen umfunktioniert. Dazu gibt es ein Restaurant, ein Atelier sowie Konferenz- und Seminarräume.

Von der Ferienoase angezogen werden vornehmlich betuchte Pauschalgäste, die fernab vom Trubel für ein paar Tage gänzlich abschalten möchten. El Cabrito ist nach wie vor lediglich per Privatboot oder zu Fuß (siehe Seite 252) erreichbar. Für aktive Gäste wird ein breites Kursangebot offeriert, vornehmlich Entspannendes und Meditatives wie Tai Chi, Shiatsu und Qi Gong, daneben Bergwandern, Malkurse und anderes mehr.

Durch die abgeschiedene Lage sind Buchungen nur mit Vollpension möglich, aus eigener Produktion bereichern exotische Früchte wie Mangos, Papayas, Datteln, Avocados und Zitrusfrüchte den Mittagstisch.

Info und Buchung
▣ *Domizile Reisen*
Planegger Straße 9a, 81241 München, ✆ 089/833084, Fax 8341760.
DZ inklusive Vollpension 230 DM EZ 140 DM.
▣ *Studien-Kontakt-Reisen,*
Postfach 201051, 53140 Bonn ✆ 0228/935730, Fax 9357350
14 Tage Vollpension, inklusive Flug und Bootstransfers je nach deutschem Abflugort zwischen 2500 und 3000 DM; Kurse und Wanderprogramm 150 bis 320 DM extra.

★ *Pensión Hesperides*, C. Ruiz de Padrón 24, ✆ 871305. Low-Budget-Pension, nur wenn alles andere voll ist.

Apartments
Dem Trend der Zeit folgend, eröffnen auch in San Sebastián ständig neue Apartmenthäuser. Teils komfortabel eingerichtet mit Küche und Bad, sind sie jedoch für Längerbleibende ausgelegt; Mindestmietdauer beträgt eine Woche, in Ausnahmefällen auch darunter, dann aber deutlich teurer.
♟♟ *Apartamentos San Sebastián*, Calle del Medio 20, ✆ 871354. Gepflegte Apartments in zentraler Lage. Info

rechts nebenan in der Wechselstube. 4200 ptas.
♟♟ *Apartamentos Quintero*, Plaza de Las Américas 6, ✆ & Fax 141744. Das 7stöckige Hochhaus direkt hinter dem Rathaus überragt das historische Stadtbild wie ein Fremdkörper. 4500 ptas; pauschal bei Jahn und Unger..
♟♟ *Apartamentos Canarias,* Calle Ruiz de Padrón 3, ✆ 141453; neues Apartmenthaus in zentraler Lage nahe der Plaza. Die Studios sind mit 3500 ptas recht günstig
♟ *Apartamentos Miramar*, Orilla del Llano 3, ✆ 870448. Gelegen auf dem Lomo de la Horca in unmittel-

barer Nachbarschaft zum Parador. Ansprechender Neubau mit kanarischen Holzbalkonen und 5 sauber eingerichteten Wohneinheiten mit Einbauküche aus Kiefernholz. Trotz der Lage an der kleinen Landstraße relativ ruhig, da die Schlafzimmer nach hinten hinausgehen. 5000 ptas pro Tag, Mindestmietdauer 3 Tage. Sollte die Rezeption nicht besetzt sein, in der Bar Curva nebenan nach dem Besitzer fragen.

♀ *Apartamentos Garcia*, Calle del Medio 27, ✆ 870652. Die preiswertesten Apartments der Stadt, mit Terrasse und Meerblick. 4000 ptas, Mindestmietdauer 3 Tage.

Restaurants

Casa del Mar, Paseo de Fred Olsen, neben dem Rathaus, ✆ 871219, geöffnet 12 – 15 Uhr und ab 19 Uhr, So geschlossen. Große Auswahl an Suppen und mit 40 Fischgerichten die größte Seafood-Palette der Insel. Die gute Fischküche zu annehmbaren Preisen entschädigt für das etwas nüchterne Ambiente. Bei den Einheimischen sehr beliebt, freundlicher Service.

Cuatro Caminos, Calle Ruiz de Padrón 36, ✆ 141260, geöffnet ab 19 Uhr. Ein unscheinbares Lokal in einem alten kanarischen Haus. Der kleine Gastraum mit 6 Tischchen liegt

hinter der Bar. Von der Decke herab wuchernde Farne sorgen für einen gemütlichen Anstrich, der charmante Kellner tut das Übrige dazu. Serviert wird gute kanarische Küche, die fein abgeschmeckte Gemüsesuppe mit einem Stückchen Maiskolben drin stillt den größten Hunger, wer mag, läßt Steak oder Seezunge folgen, ich empfehlen den in Weißkohlblätter gehüllten Schweinerücken mit Kartoffelbreibällchen. Gut, und nicht allzu teuer.

Rincón del Cedro, Calle Ruiz de Padrón 11. Von der Terrasse dieser Pizzeria aus hat man tagsüber einen netten Blick auf den Grafenturm. Wer keine Pizza mag, wählt ein Ossobuco oder das Lamm in Minzsauce (um 1000 ptas).

Pizzeria Agando, Plaza de la Constitución, ✆ 141343, geöffnet 12 – 16 Uhr und 16 – 24 Uhr. Neben diversen Pizzavariationen auch Fleisch- und Fischgerichte, als Nachspeise gibt es die typisch gomerische Leche asada.

El Pejin, Plaza de la Constitución, geöffnet ab 12.30 Uhr, Mo geschlossen. Das stadtbekannte Lokal von Thomas Pejin ist umgezogen und befindet sich jetzt in zentraler Lage. Die gemischte Fischplatte genießt einen guten Ruf. Man sitzt an Tischchen direkt auf der Plaza.

La Morena, Avenida de Colón 26. Der Besitzerwechsel hat dem Lokal nicht gut getan, das einstmals beliebte Fischlokal macht einen etwas verwaisten Eindruck.

Venezuela, Calle del Medío 98. Einfache kanarische Küche und venezolanische Arepas.

Marqués de Oristano, Calle del Medio 26, ✆ 870022, geöffnet 12 – 16 Uhr und 19 – 23 Uhr, So geschlossen. Spitzenlokal, untergebracht in einem schön restaurierten alten Bürgerhaus, das für gediegenes Ambiente sorgt. Hinter dem Patio im Parterre ist eine Tapa-Bar mit kleinen Tischchen, das Speiselokal befindet sich im 1. Stock. Die angebotenen Gerichte zeichnen sich durch sorgfältige Zubereitung aus und liegen weit über dem ortsüblichen Standard – die Preise sind dementsprechend (ab 2000 ptas). Die inseltypische Kressesuppe muß es nicht unbedingt sein, sie kostet hier mehr als doppelt so viel wie anderswo. An Hauptgerichten offeriert die Karte verschiedene Steaks, Ossobuco, Kaninchen in Orangenmarmelade oder Langusten mit Melone und Minze –

Feinschmecker kommen also voll auf ihre Kosten. Als Dessert bietet sich Frangollo an, ein leckerer Maispudding. Empfehlenswert als krönender Urlaubsabschluß am letzten Abend vor der Überfahrt.

Breñusca, Calle del Medio 11, ✆ 870920, die Bar ist bereits ab 9 Uhr morgens geöffnet, warme Küche ab mittags, So geschlossen. Typisch kanarische Küche mit Kressesuppe, Rancho Canario und Kichererbseneintopf, der fast schon als Hauptgericht durchgehen kann. Eine andere kräftige und sättigende Vorspeise ist die Fabada asturiana, ein leckeres Bohnengericht. An Hauptgerichten (600 – 900 ptas) empfehlenswert das deftige Kaninchenfleisch oder eines der zahlreichen Fischgerichte. Einfach und nicht überteuert.

Treffpunkt unter dem Schatten der Bäume: der Kiosk Las Carabelas

El Pajar, Calle Ruiz de Padrón 44, ✆ 871102. Rustikales Ambiente mit Bäumen, die aus dem Dach herauswachsen. Auch die Hocker sind ganz witzig, bis man irgendwann feststellt, daß die Lehne fehlt. Fischgerichte wie Thunfischfilet oder gegrillter Lachs, auch Steaks und eine reichliche Auswahl preiswerter Pizzen. Gar nicht mal so schlecht, jedenfalls besser als die gleichnamige Pension.

Club Nautico, am Hafen links hinter dem Tunnel, der einen Bergrücken durchsticht. Hier machte sich der Club geschickt

scher Fisch und in Knoblauch getränkte Kaninchen und Hähnchen. Das Ambiente ist besser als das Essen.

El Nilo, Calle Ruiz de Padrón 40, geöffnet 12 – 16 Uhr und ab 19 Uhr, So geschlossen. Kleines und preiswertes Lokal mit diversen Fisch- und Fleischgerichten, auch Spaghetti Bolognese.

La Bambola, Calle del Medio 3, ✆ 870888. Pizzeria nahe der Plaza.

Zwei Top-Adressen in der Calle del Medio: Die Gourmet-Küche des renommierten Lokals Marqués de Oristano garantiert für das leibliche Wohl, und in der Galería del Arte bündelt sich das Kunstschaffen der Insel

eine Höhle zunutze und richtete nicht nur für Mitglieder ein gepflegtes Restaurant ein, mit guten Fischgerichten, Paella und inseltypischen Speisen.

Gomera Garden, Calle del Medio, ✆ 870414, in einem lauschigen begrünten Patio mit aus Käfigen piependen Vögeln. Tapas, Almogrote, frischer

Außer Pizza, Pasta und Fisch wird auch eine ordentliche Paella serviert, die allerdings etwas Zeit braucht.

An der Strandpromenade gibt es zwei *Kioske*, wo es sich bei Tapas, kleinen Fischgerichten und frischgepreßtem O-Saft ganz gut und ruhig sitzen läßt.

Bars und Cafeterías

Café Lola, Plaza de la Constitución; große Auswahl an Kuchen und Gebäck; sehr lecker sind die runden Apfeltörtchen; auch Boccadillos und Snacks, dazu eine freundliche Bedienung.

Kiosco Las Carabelas, Plaza del la Constitución. Der Name Kiosk ist reines Understatement, nicht nur von der Größe her ist Las Carabelas weitaus mehr – in absolut zentraler Lage unter Indischem Lorbeer ist es der Treff der Stadt, wo es sich zwanglos an den auf der Plaza stehenden Tischchen sitzen läßt, etwa bei einem Bocadillo, einer Tapa, frischgepreßtem Orangensaft oder einfach einem Milchkaffee. Frühaufsteher, die auf die Fähre warten, bekommen bereits ab 6 Uhr morgens etwas Warmes.

Los Descubridores, Plaza de Las Américas. Riesige Cafetería mit schattigen Tischchen und Alu-Stühlen unter einer Markise. Wer hier sitzt, bekommt alles mit, was auf der Plaza läuft, selbst das An- und Ablegen der Fähre kann man im Auge behalten. Hier gibt es frischgepreßte Säfte, leckere Batidos und als kleine Snacks Tapas und Sandwiches.

Kiosco Ramón, Paseo de Fred Olsen, an der Plaza de Las Américas, ab 8 Uhr morgens, So geschlossen. Der dritte zentrale Treffpunkt an der Plaza. Die Tapas und Bocadillos werden besonders von den Einheimischen geschätzt, dazu nimmt man kühle Drinks oder heiße Schokolade. In dem verglasten Gastraum mit Blick auf den Torre del Conde gibt es auch Fisch- und Fleischgerichte.

La Casa Vieja, Calle República de Chile. Kleine Bar, die schon morgens geöffnet hat. An den paar Tischen ißt man vorzugsweise Arepas, Tapas oder gegrillte Hähnchen.

Bar Genaro, Calle Ruiz de Padrón 30, Saftbar mit großer Auswahl an Frischgepreßtem und Batidos, dazu Hot Dogs, Hamburger und anderes aus der Fast-food-Küche.

Tajaraste, Calle República de Chile 7. Schön gestylte Snackbar mit coolen Cocktails und leckeren kleinen Gerichten, Brathähnchen und Paella. Österreichischer Wirt und deutsche Gäste.

Nachtleben ...

... ist in der Inselhauptstadt kein großes Thema. Bars, die länger als Mitternacht offen haben, sind schwer zu finden. Einziger Lichtblick für Nachtschwärmer ist die *Discothek Fin-Fan* in der Calle de la Virgen de Guadalupe. An Samstagabenden kann es hier mitunter heiß hergehen, richtig voll wird es erst ab 1 Uhr, dafür geht es dann bis um 5 Uhr. Unter der Woche ist allerdings kaum was los. Die Getränkepreise können sich sehen lassen. So geschlossen.

Einkaufen

Fischhalle: Avenida de Colón 23, neben der Tankstelle. Außer fangfrischem Fisch gibt es auch Frischfleisch.

Markt: jeden Mittwochnachmittag und Samstagvormittag wird auf der Plaza de la Constitución unter den Lorbeerbäumen ein kleiner Markt abgehalten. Ein paar wenige Stände bieten frisches Obst und Gemüse an, auch Palmhonig und einige kunsthandwerkliche Produkte.

Supermärkte: *Supermercado San Sebastián*, Avenida de Colón 8, gut sortiert mit freundlicher Bedienung.

Supermercado Torre del Conde, Calle Ruiz de Padrón, steht in Größe und Angebot dem Supermercado San Sebastián in nichts nach.

Supermercado Gomera, Calle del Medio, neben der Pfarrkirche.

Gut sortiert sind zwei kleine *Lebensmittelgeschäfte* in der Calle República de Chile, wo es alles Lebensnotwendige gibt. In *Viveres Bernabe* kann man auch nach Zimmern fragen.

Preiswert einkaufen läßt es sich in den kleinen *Tante-Emma-Läden* in der Calle del Medio, nach der Post stadtauswärts.

Feinkost: *Nuestra Señora de Guadalupe*, Calle del Medio 33, Frischespezialist mit reichlicher Auswahl an Wurst, Käse, Obst und Gemüse.

Konditoreien: *Candido*, Calle de la Virgen de Guadalupe 36, hinter der Pfarrkirche; Kramladen mit Brot und Gebäck.

Dulcería Mendoza, Calle Ruiz de Padrón 6, Brot und inseltypisches Gebäck. Kleiner, sehr schön aufgemachter Laden.

Markt an der Plaza de la Constitución

Reformhaus: *Casa Santiveri,* Calle del Medio 8; Müsli, Körner und Flokken, auch Makrobiotisches wie Algen und Kuzu. Naturkosmetik und ein breites Sortiment an »lose« angebotenen Kräutern und Gewürzen.

Optiker: *Optica Vermas,* Calle Ruiz de Padrón 27; der hypermodern gestylte Laden ist die richtige Adresse bei Brillenproblemen, auch Sonnenbrillen.

Zeitungen & Bücher: *Librería Junonia,* Avenida de Colón 24; bestsortierte Buchhandlung der Stadt mit La-Gomera-Literatur und Straßenkarten.

Bazar Terminal, internationaler Presseshop im Hafengebäude mit deutschsprachigen Zeitungen (Berliner Zeitung, Süddeutsche, Zeit, Die Woche, Neue Zürcher Zeitung, Basler Zeitung, Blick), dazu Nachrichtenmagazine und Illustrierte, praktisch alles von Kicker bis Brigitte. Auch Telefonkarten.

Zeitungskiosk auf der Plaza de Las Américas mit Frankfurter Allgemeine, Welt, Süddeutsche u.a.

Film & Foto: *Foto Olives,* Calle del Medio 38.

Foto Junonia, Avenida de Colón 24, mit Schnellentwicklung und nicht ganz billigen Filmen.

Videoclub Venus, Calle del Medio 43, Farb- und s/w-Fotokopien.

Sportgeschäft: Calle del Medio 47; Tennisschläger, Taucherbrillen, Joggingschuhe, Anglerbedarf und andere Ausrüstung für Aktivisten.

Boutiquen: *Poco Loco,* Avenida de Colón, gegenüber vom Supermarkt San Sebastián; Modeboutique mit extravaganter Damenmode und Silberschmuck.

Loca-Loca, Calle del Medio 8; Surfwear.

Souvenirs und Kunsthandwerk: *Gitana,* Calle del Medio 19, Mode- und Lederschmuck.

Kunstgalerie: *Galería de Arte Luna,* Calle del Medio 28. Kunstgalerie vornehmlich mit Werken des auf Gomera lebenden Wiener Malers Guido Kolitscher. Acrylmalerei und Aquatinta-Radierungen.

Nützliche Adressen

Touristeninformation: *Oficina Insular de Turismo,* Calle del Medio 4, im alten Zollhaus; ✆ 870504, 9 – 13.30 und 15.30 – 18 Uhr, So nur vormittags. Hier gibt es einen Busfahrplan, Mietwagenfahrer können sich über den aktuellen Stand der Straßenbauarbeiten erkundigen. Auskünfte in Spanisch, Englisch und gebrochenem Deutsch. Das kleine Büro ist gleichzeitig Durchgang zum Kolumbus-Brunnen.

Nationalparkbüro: Carretera del Sur 6, ✆ 870105.

Post: Calle del Medio 60, Mo – Fr 8.30 – 14.30 Uhr, Sa 9.30 – 13 Uhr; mit Postsparkasse, Telegrammen und Faxservice.

Telefon: Von den Telefonsäulen im Hafenterminal, vor der Post und auf der Plaza de las Américas. Bequemer und ruhiger ist es in den *Telefonos publicos* mit Kabinen und Zähler in der Calle del Medio 20 und im Reisebüro Cana Expres, Avenida de Colón 13.

Banken: *Banco Bilbao,* Calle del Medio 45; *Banco Central Hispano,* Calle Ruiz de Padrón 18; *Caja Canarias,*

Plaza de Las Américas 8 – alle mit Geldautomaten.

Außerhalb der Banköffnungszeiten kann man Geld tauschen in der *Wechselstube*, Calle del Medio 20.

Reinigung: Calle del Medio 76.

Friseur: Peluquería Pilí, Calle del Medio 63.

Polizei: *Guardia Civil*, El Calvario, ✆ 870255

Medizinische Hilfe: *Centro de Salud*, Calle Ruiz de Padrón 32, ✆ 870256, geöffnet von 8 bis 15 Uhr; ambulantes Gesundheitszentrum.

Hospital Insular, Calle El Calvario, ✆ 870000, 870450; Inselkrankenhaus, etwas außerhalb gelegen.

Zahnarzt: Dr. José Norberto Mendoza Navarro, ✆ 870480; freundlich und hilfsbereit, doch Wurzelbehandlungen und anderes Komplizierte sollte man besser auf Teneriffa machen lassen.

Zahnersatz: Unbürokratische Hilfe durch die deutsche Zahntechnikerin Patricia Müller, ✆ 870113.

Apotheken: *Farmacia Calvan*, Calle del Medio 34.

Farmacia Devina Creus Rey, Plaza de la Constitución 14, mit einem hilfsbereiten englischsprechendem Apotheker.

Frauenhaus: *Casa de las Mujeres*, Calle Trasera, ✆ 141099; Oase in der macho-betonten Inselwelt. Nicht nur einheimische Frauen, auch Ausländerinnen können bei Problemen mit aktiver Hilfe rechnen. Auch Rechtsbeistand durch eine Anwältin.

Club Nautico: an der Playa de la Cueva, ✆ 871002; ein Sport- und Freizeitclub, der Mitgliedern und Gästen

des Parador-Hotels offensteht. Zeitlich begrenzt werden auch externe Mitglieder aufgenommen. Swimmingpool, Tennis, Squash und Basketball.

Verkehr

Fähre: *Ferry Gomera*, Estación Maritima (Hafenterminal), ✆ 871007, Tickets für das Fährschiff »Benchijigua«.

Trasmediterránea, Estación Maritima, ✆ 871324, Tickets für das Fährschiff »Villa de Agaete« und das Schnellboot »Barracuda« nach Los Cristianos bzw. Valle Gran Rey.

Ticketverkauf bis 15 Minuten vor Ablegen des Schiffes. Preise und weitere Informationen siehe Seite 96.

Bus: Die Busse warten hinter dem Hafenterminal. Busstops gibt es zudem in der Via de Ronda gegenüber dem Torre del Conde. Während der Hauptsaison empfiehlt es sich, sich bereits am Hafen einen Sitzplatz zu sichern. Die Abfahrtsmodalitäten können sich demnächst ändern, der neue moderne Busbahnhof in der Via de Ronda/Avenida de Colón steht kurz vor der Inbetriebnahme. Fahrpläne, Preisbeispiele und weitere Informationen siehe Seite 105.

Taxi: Der Taxistand ist am Paseo de Fred Olsen vor der Plaza de las Américas. Nach Ankunft einer Fähre warten die Taxis auch direkt an der Hafenmole.

Mietwagen: *Piñero*, Estación Maritima (Hafenterminal), ✆ 870148; *Autos Garajonay*, Plaza de Las Américas 8, ✆ 871362; *La Rueda*, Calle del Medio 19, ✆ 870709, Fax 870142; *Gomera Safari*, Calle Trasera 42, ✆ 870538.

Tankstelle: Avenida de Colón/Ecke Via de Ronda.

Reisebüros: *Viajes Cana Expres*, Avenida de Colón 13, © 870400; Flugbuchungen, Hotelreservierungen, Inselrundfahrten, auch öffentliche Telefonkabinen mit Zähler; freundlicher deutschsprachiger Service.

Viajes Paukner, Calle Ruiz de Padrón 10, LTU-Vertretung.

Durch den Barranco de la Villa

Einer der schönsten Tagesausflüge zu Fuß oder mit dem Wagen ist die Erkundung des »Hinterlandes« der Hauptstadt. Verläßt man die am Ausgang des Barranco de la Villa gelegene Stadt und folgt dem Barrancobett ins Inselinnere, entfaltet sich schon bald ein paradiesisch anmutendes Tal. Doch zunächst gilt es, eine kleine Durststrecke zu überwinden. Am Rande der Hauptstadt findet sich eine wenig attraktive Industriezone mit Baustoffen und Warenlagern. An der Tankstelle nimmt man die Ausfallstraße Richtung Chejelipes, passiert linkerhand den Fußballplatz und das *Colegio Nacional*.

Schon bald nimmt der Reiz des Barrancos gefangen. Die Straße windet sich durch die enge Schlucht, linkerhand breitet sich üppig wuchernde Kandelaberwolfsmilch aus. Im Talgrund werden Papayas und auch Bananen kultiviert. Sie kommen durch kleine Weiler mit klangvollen Namen wie *San Antonio y la Pila* oder das malerisch auf einem Felsvorsprung gelegene *Lomito Fragoso y Honduras*. Hier fächert sich die Schlucht in den *Barranco La Laja* und den *Barranco de Aguajilva* auf. Im Dörfchen **El Atajo** hat der österreichische, auf La Gomera heimisch gewordene Künstler Guido Kolitscher sich häuslich niedergelassen und einige alte kanarische Häuschen zu Ateliers umgewandelt.

Seinen besonderen Reiz erhält das Tal durch von Palmen umstandene kleine Stauseen, die durch einen von Stufen unterbrochenen gurgelnden Bachlauf miteinander verbunden sind.

Im Talschluß am Fuße des mächtigen *Roque de Ojila* erreichen Sie etwa 10 km von San Sebastián entfernt **La Laja**. Wie auch andernorts auf der Insel blieb trotz äußerst idyllischer Lage die Streusiedlung nicht vor Landflucht verschont, so daß heute so manches der Häuser zum Verkauf steht. Wer geblieben ist, lebt von der Subsistenzwirtschaft und hält etwas Vieh. Auf den terrassierten Feldern wird Gemüse und Mais angebaut, in den fruchtbaren Gärten stehen Orangen- und Avocadobäume.

Vom bereits zwischen 400 und 500 m hoch gelegenen La Laja läßt sich eine schöne Bergwanderung hinauf zum *Roque Agando* oder zur *Degollada de Peraza* machen (siehe auch Seite 25).

Wenn Sie das kleine wasserreiche Paradies des Barranco de la Villa durchwandert oder durchfahren haben, werden Sie vielleicht verstehen, warum die spanischen Eroberer ihre Hauptstadt gerade am Ausgang dieses Tales gebaut haben.

SAN SEBASTIAN

Unterkunft

🔺 *Casa Mechthild:* Das renovierte alte Bauernhaus liegt im Talschluß des Barranco de Villa auf etwa 450 m Höhe. Von der überdachten Terrasse aus bietet sich eine schöne Aussicht über das palmenbestandene grüne Tal. Das Haus verfügt über ein kombiniertes Wohn-/Schlafzimmer, eine Wohnküche und ein Bad. Für Naturfreunde, die in ländlicher Umgebung ab vom Schuß wohnen möchten. Unweit des Hauses führt der Wanderweg zur Degollada de Peraza bzw. zum Roque Agando vorbei. Preis pro Woche und Person bei Belegung mit 2 Personen je nach Saison circa 1240 bis 1420 DM inklusive Flug, Fährtransfer und Mietwagen. Info und Buchung über *Mallorca Reisedienst,* ✆ 069/ 442023, Fax 439957.

Essen und Trinken

Bodega Hein in **Lomo Fragoso**, 6,5 km außerhalb der Hauptstadt im Barranco de la Villa gelegen. Hein, eine der schillerndsten Figuren der Insel, ist unter anderem für seinen Linseneintopf berührt. O-Ton Hein: »Ist der Hunger noch so klein, schau einfach rein bei Hein!« Auf der Sonnenterrasse läßt es sich jedenfalls gemütlich sitzen.

La Cabaña, im Weiler **El Langrero,** 2 km von San Sebastián barrancoeinwärts an der Straße Richtung Chejelipes. Hervorragendes Grillrestaurant, das besonders an Sonntagnachmittagen von den Hauptstädtern stark frequentiert wird, in der Regel ist es dann in der rustikalen Blockhütte brechend voll. Spezialitä-

ten des Hauses sind Kaninchenfleisch oder Koteletts vom Holzkohlengrill, immer als enorme Portionen serviert und ausgesprochen lecker. Dazu trinkt man am besten einen trockenen kühl temperierten Weißwein vom Festland. Wundern Sie sich nicht über die auf der Wandtafel notierten Preise: Manche Gerichte sind portionsweise ausgepreist, Kaninchen oder Fisch gehen jedoch nach Frischgewicht, doch auch dann hält sich das Ganze im Rahmen.

Zur Playa de Avalo & zur Ermita N.S. de Guadalupe

Nördlich von San Sebastián lockt ein Ausflug zur Wallfahrtskirche Ermita Nuestra Señora de Guadalupe, der sich mit einem Badestop an der geschützten *Bucht von Avalo* verbinden läßt. Von der Hauptstadt kommend, nimmt man die zum Parador hinauf führende zunächst noch asphaltierte Straße, vorbei am Friedhof und dem Militärstützpunkt. Der etwa 200 m lange windgeschützte Kiesstrand liegt etwa 6 km vom Parador-Hotel entfernt und ist an sonnigen Wochenenden im Sommer ein beliebtes Ausflugsziel der Hauptstädter. Während der heißen Jahreszeit hat auch die Strandbar geöffnet. Unter den Palmen wird ab und an auch gezeltet. Besonders frequentiert wird die Playa de Avalo von Schnorchlern und Tauchern. Im Winter kann es an manchen Tagen trotz der relativ geschützten Lage allerdings zu rauh zum Baden

Wie ein Krakenarm greift die Inselmetropole in den Barranco de Villa hinein

SAN SEBASTIAN

sein, die Sonne verschwindet bereits gegen halb fünf Uhr hinter dem Bergrücken. Von der Bucht aus hat man einen tollen Blick hinüber nach Teneriffa.

Der Schotterpiste weiter folgend, vorbei an der apokalyptisch wirkenden Müllkippe der Hauptstadt, gelangt man zur **Ermita Nuestra Señora de Guadalupe** nahe dem Kap *Punta Llana.* Das unterhalb der Steilküste gelegene Kirchlein geht bereits auf das 16. Jahrhundert zurück und wurde im letzten Jahrhundert durch Seitenkapellen erweitert. In einer der größten Inselfiestas wird alle 5 Jahre Anfang Oktober (nächster Termin 1998) die Madonna in einer Schiffsprozession nach San Sebastián geholt. Die einfachen Steinbehausungen an der Ermita sind gelegentlich bevorzugtes Domizil weltflüchtiger Hippies, die hier in aller Abgeschiedenheit versuchen, ihren Traum vom einfachen Leben zu verwirklichen. Bis auf einen Wasserhahn ist »totale Selbstversorgung« angesagt. Der nahegelegene Kiesstrand der *Playa del Cangrejo* erlaubt bescheidene Bademöglichkeiten.

Mirador El Santo

Auf der Carretera del Sur kommt man nach wenigen Kilometern Anstieg zu dem hoch über der Hauptstadt stehenden *Monumento al Sagrado Corazón de Jesús.* Von der Straße zweigt links eine Piste zu der 1958 errichteten 7 m hohen Christusstatue ab, von der man nicht nur eine herrliche Aussicht auf San Sebastián genießt, sondern auch das zum Greifen nahe Teneriffa voll im Blick hat. Sicherlich nicht ganz so spektakulär wie die Christusstatue über Rio de Janeiro, aber immerhin.

El Cabrito

Nur 5 km Luftlinie von San Sebastián entfernt, doch nur per Schiff oder mit einem mehrstündigen Fußmarsch erreichbar, liegt in einer schönen Bucht mit Kiesstrand in völliger Abgeschiedenheit El Cabrito. Die blühende Oase kann auf eine »bewegte« Geschichte zurückblicken. 1905 wurde hier am Auslauf des *Barranco Juan de Vera* mit einer Bananenplantage und einer kleinen Siedlung begonnen. Von 1987 bis 1991 war El Cabrito das Zentrum der Mühl-Kommune. Seit dem Niedergang der Gemeinschaft ist die Anlage ein Ferienzentrum für betuchte Urlauber (siehe auch Seite 138/139).

SANTIAGO & SÜDEN

PLAYA DE SANTIAGO

Eine gute Stunde quält sich der Bus von San Sebastián in den Süden nach Playa de Santiago. Auf Umwegen versteht sich, denn auf der zerfurchten Insel geht kaum etwas den geraden Weg. Dabei ist der Ort nur etwas mehr als 10 km Luftlinie von der Hauptstadt entfernt. Doch kann sich schon bald alles ändern: Der seit 1991 im Bau befindliche Flughafen hängt bereits wie ein Damoklesschwert über Santiago. Was mag er dem einstigen Fischerdorf im sonnenverwöhnten Süden La Gomeras bringen? Fluch und Segen hängen wie so oft eng beieinander. Nach Valle Gran Rey ist Playa de Santiago das wichtigste Ferienzentrum der Insel.

Mit dem Bau des unterhalb von Alojeró und nur wenige Kilometer von Santiago entfernten Flughafens scheint ein Boom bereits programmiert. Doch so einfach wird die Rechnung nicht aufgehen, sind doch bislang nur interinsulare Flüge nach La Gomera geplant. Zweifelsohne wird sich dadurch die Zahl der Tagesausflügler erhöhen, die schnell mal in 30 Minuten zur Nachbarinsel fliegen, eine Busfahrt durch den Nationalpark Garajonay machen und dann abends wieder in ihre Bettenburgen zurückkehren. Vielleicht bleibt ja Zeit genug, in einem der Restaurants Santiagos Mittag zu essen ...

Viel mehr wird der Ort jedoch nicht vom touristischen Kuchen abbekommen. Für die ausländischen Gäste ist die eingesparte Zeit minimal, und sofern, wie geplant, die La-Gomera-Flüge vom Norden Teneriffas aus starten, sogar umständlicher und zeitaufwendiger, da alle internationalen Flüge in Teneriffa-Süd ankommen. Doch bleibt die aktuelle Entwicklung abzuwarten, mit der Eröffnung ist frühestens 1998 zu rechnen, und das auch nur, wenn inzwischen

wieder Geld flüssig gemacht werden konnte.

Sonnig, aber steinig und trocken
Solange wird sich in Playa de Santiago nur weniges verändern, und der Ort wird bleiben, was er ist: ein etwas verschlafener Ferienort im Süden, dessen einziger Vorteil darin liegt, für sich das sonnigste Klima auf La Gomera beanspruchen zu können. Das zentrale Bergland in der Inselmitte wirkt als Klimascheide. Die vom Nord-Ost-Passat mitgebrachte Feuchtigkeit schafft es nicht, bis in den Süden zu gelangen, sondern bleibt über den Lorbeerwäldern im Norden hängen. Mit etwa 20 mm Regen im Jahresmittel entprechen die Niederschlagswerte hier dem Wüstenklima Nordafrikas.

Die Gegend präsentiert sich entsprechend trocken und vegetationsarm. Grüne Oasen und die weitläufigen Bananenplantagen am Barrancoausgang sind ganzjährig nur durch künstliche Bewässerung möglich. An den größtenteils fast kahlen Hängen finden lediglich trockenresistente Wolfsmilchgewächse und amerikanische Agaven genügend Lebensraum.

Im Barrancobett konnten sich teils dichte Bestände mit Spanischem Rohr halten.

Fischfang, Bananen und ein Luxushotel

Noch um die Jahrhundertwende lebten am Ausgang des mächtigen *Barranco de Santiago* lediglich ein paar Fischer. Als in den 20er Jahren eine Fischfabrik gebaut wurde, wuchs die Einwohnerzahl schlagartig auf annähernd 900 Menschen an. Gleichzeitig bohrte man Brunnen und legte die Grundlagen für die heutige Plantagenwirtschaft.

Der allgemeine Niedergang der kanarischen Fischerei in den 70er und 80er Jahren führte zur Schließung der Fischfabrik, viele Einwohner verloren ihren Arbeitsplatz und wanderten auf die im Tourismus boomende Nachbarinsel Teneriffa ab.

Am neuerlichen Aufschwung maßgeblich beteiligt war ein norwegischer Immigrant namens Fred Olsen, der nicht nur Hauptaktionär der *Ferry Gomera* ist, sondern mit ausgedehnten Landkäufen zu einem der größten Grundbesitzer der Insel aufstieg. Auf dem zwischen den Barrancos de Santiago und Tapahuga gelegenen Bergrücken ließ er weitläufige Bananenplantagen anlegen. Für eine gewisse Weitsicht des Skandinaviers sprechen die erfolgversprechenden Anbauversuche mit tropischen Früchten wie Avocados, Papayas und Mangos. Innovativ ist auch die Tröpfchenbewässerung der Plantagen, die zunächst zwar kapitalintensiv ist, doch, einmal angelegt, enorm viel Wasser spart.

Ein Großprojekt des millionenschweren Olsen-Imperiums auf La Gomera ist das 4-Sterne-Hotel *Tecina* auf dem äußersten Vorsprung der gleichnamigen Hochfläche, exponiert genau über der steilabfallenden Küste gelegen. Zum Schrecken der Einheimischen und der an der Playa urlaubenden Gäste wurde in monatelangen geräuschvollen Sprengarbeiten der Felsvorsprung so modelliert, daß von den meisten Bungalows das Meer zu sehen ist. Das Ergebnis – unter ökologischen Gesichtspunkten allein wegen der enormen Naturumgestaltung zweifelhaft – kann sich durchaus sehen lassen. Die 1987 eröffnete architektonisch ansprechende Anlage ist eingebettet in eine 50.000 m² große Gartenanlage mit einer prächtigen subtropischen Flora (natürlich künstlich bewässert) und gilt als einer der gelungensten Ferienkomplexe auf den Kanaren. Mit einer Kapazität von 800 Betten ist das Hotel Tecina gleichzeitig die größte Anlage auf La Gomera.

Die Ortsteile

Playa de Santiago ist keine geschlossene Siedlung, sondern besteht aus vier getrennten Ortsteilen mit insgesamt etwa 1800 Einwohnern. Als **Playa de Santiago** wird heute das am Hafen entstandene Viertel bezeichnet. Zentraler Treff der Einheimischen ist die an der Ausfallstraße nach Alajeró gelegene *Plaza Nuestra Señora del Carmen.*

Mit einer Handvoll Pensionen und Apartments, einigen akzeptablen Restaurants, Supermärkten und der winzigen Post verfügt das Örtchen über

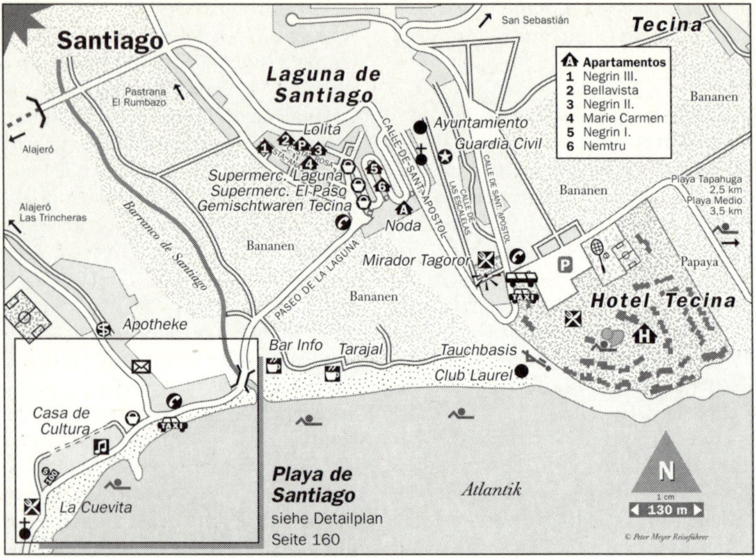

Santiago

San Sebastián

Tecina

Laguna de Santiago

Pastrana El Rumbazo

Alajeró

Lolita

Ayuntamiento
Guardia Civil

Bananen

Apartamentos
1 Negrin III.
2 Bellavista
3 Negrin II.
4 Marie Carmen
5 Negrin I.
6 Nemtru

Alajeró
Las Trincheras

Supermerc. Laguna
Supermerc. El Paso
Gemischtwaren Tecina

Noda

Bananen

Playa Tapahuga
2,5 km
Playa Medio
3,5 km

Papaya

Barranco de Santiago

Mirador Tagoror

PASEO DE LA LAGUNA

Bananen

Hotel Tecina

Apotheke

Bar Info   Tarajal

Tauchbasis

Club Laurel

Casa de Cultura

Playa de Santiago
siehe Detailplan
Seite 160

Atlantik

La Cuevita

N
1 cm
◀ 130 m ▶

© Peter Meyer Reiseführer

Playa del Medio: steinig, aber auch im Winter eins der sonnigsten Fleckchen der Insel

eine passable touristische Infrastruktur, die bislang fast ausschließlich von Individualurlaubern genutzt wird. Doch es wird viel gebaut in Santiago, vieles davon ist noch unvollendet. Dennoch konnte sich der Ort den Charme eines Fischerdorfes bewahren. Im Unterschied zu Valle Gran Rey geht es hier noch ausgesprochen ruhig zu. Der richtige Platz für erholsame Ferien fern vom Trubel, für manche vielleicht schon etwas zu ereignislos.

Östlich des Barrancobettes gelangt man auf einem schmalen durch Bananenplantagen führenden Sträßchen zum Ortsteil **Laguna de Santiago.** Während Playa verwaltungsmäßig zu Alajeró gehört, unterstehen Laguna de Santiago und auch Tecina der Hauptstadt San Sebastián. Die Häuser sind teils eng an den Hang gebaut. In jüngster Zeit konnten sich auch hier einige kleinere Apartmentanlagen etablieren. Sie liegen etwa 10 Minuten vom Meer entfernt, dafür zumeist mit schönem Blick über den bananenbestandenen Talgrund.

Von Laguna führt eine sich in engen Kurven hochwindende Straße auf den mächtigen Felsvorsprung *Lomada de Tecina* hinauf, dessen meerwärtige Spitze ganz vom Hotel Tecina eingenommen wird. Nordöstlich davon liegt der alte Weiler **Tecina.** Der Hauptstraße Richtung San Sebastián folgend, gelangt man nach **San Juanito,** einer bereits hoch über dem Talgrund gelegenen Häuserzeile mit einer malerischen kleinen Plaza.

Vis à vis von Tecina auf der westlichen Barrancoseite und in ähnlich exponierter Lage hoch über dem Strand liegt der Ortsteil **Las Trincheras.** Auch hier will man etwas vom touristischen Kuchen abhaben, die ersten Pauschalapartments sind bereits fertig.

Strände und Badebuchten

Was Playa de Santiago trotz klangvollen Namens und sonnenverwöhnten Klimas zu einem attraktiven Badeort fehlt, ist ein akzeptabler Sandstrand. Doch liegt vielleicht gerade darin der Reiz des Ortes begründet. Ein perfekter Strand hätte unweigerlich größere touristische Folgen gehabt. Abgesehen von der Nobelherberge Tecina bleibt Santiago so ein Platz für anspruchslose Individualreisende, die auch mit Kies und Stein zurechtkommen. Daß die mit fußballgroßen Steinen übersäten Steinstrände nicht überall als von Gott gegeben akzeptiert werden, bewies man auf anderen Inseln zur Genüge, beispielsweise auf Teneriffa, wo künstliche Strände und vorgelagerte Wellenbrecher heute ein Massenpublikum anlocken. Auch in Santiago ist neuerdings von einem Retortenstrand samt Flanierpromenade die Rede.

Ein noch typischer Steinstrand ist die *Playa de Santiago* entlang der Avenida Maritima. Auch im Winter ist hier die Brandung einigermaßen ruhig, bei bewegter See empfiehlt sich das Baden im Schutz der Hafenmauer. Ein beliebter Einstieg ins erfrischende Naß ist die alte Mini-Mole direkt vor der Plaza.

Im Gegensatz zum nur wenig besuchten Hausstrand zählen die Buch-

ten östlich von Santiago zu den beliebtesten Badeplätze der Südküste.
Trotz holpriger Piste und relativ lang-
wieriger Fußwege konzentriert sich
hier schon seit Jahren das Strandle-
ben. Von der Plaza in Playa de Santiago bis zur **Playa del Medio,** dem
Hauptstrand, benötigt man zu Fuß etwa eine gute Stunde. Zunächst geht es
hinauf zum Hotel Tecina (der Fahrstuhl des Hotels ist leider nur für Ho-
telgäste), wobei sich die Serpentinen
durch Treppenwege abkürzen lassen.
Vom Hotel folgen Sie dem Fahrweg
bis hinunter ins nächste Barrancobett.
Auf der Anhöhe vor dem Abstieg bietet sich an klaren Tagen ein schöner
Blick auf die zerfranste Südküste und
dahinter auf den Pico de Teide von
Teneriffa.

Am Ausgang des mit Orangen-
und Papaya-Plantagen bewachsenen
Talgrundes liegt die steinige *Playa de
Tapahuga.* Für jene Wanderer, die es
nicht ganz so abgelegen mögen, ist
hier bereits Endstation. Zur Playa del
Medio gilt es nun, das steinige Bachbett zu queren. Der Bergrücken zwischen der Playa de Tapahuga und
Playa del Medio läßt sich am schnellsten auf einem Trampelpfad hinter
sich bringen, so daß einem die ganzen
Pistenschleifen erspart bleiben. Feste
Schuhe sollten Sie dazu allerdings anhaben. Der Einstieg ist im Barrancobett, ein paar Meter links von der den
Hang hoch führenden Wasserleitung.

Die Playa del Medio liegt in einer
geschützten Bucht mit ruhiger Brandung und ist an heißen Tagen vielbe-
sucht. Zwischen Kies und Steinen haben sich eifrige Strandgänger kleine

bequeme, mit Kies ausgelegte Plätzchen gebaut. Der Fkk-Strand wird
auch von Gästen des Tecina-Hotels
angefahren.

Am östlichen Ende der Playa del
Medio läßt sich durch eine markante
Felsöffnung ein Blick in die benach-
barte Bucht, die **Playa Chinguarime,**
werfen. Das Passieren dieses Na-
delöhrs ist nur bei absolut ruhiger See
empfehlenswert, bei starker Brandung
ist es zu gefährlich. Da bleibt dann
nur, der Piste eine halbe Stunde weiter
zu folgen und sich seinen Weg das
letzte Stück hinunter durch gerölliges
Gelände zu bahnen. Die Mühe wird
von einer beachtlichen Zahl Hippies
auf sich genommen, die sich in
Höhlen und unter Felsüberhängen
häuslich eingerichtet haben. Zum Ro-
binsonleben fehlt nur eine Palme.

Für Abenteurer und solche die es
ganz einsam haben wollen, bleibt
noch die **Playa Ereses.** Am besten
nimmt man unterhalb des Weilers *Antoncojo* eine von der Hauptstraße ab-
zweigende Piste und schlägt sich bis
zur Südküste durch. Die durch die
Punta de Ereses geschützte Bucht
wartet mit einem für den Süden üblichen Kies- und Steinstrand auf, unberührt und menschenleer.

Unterkunft
in Playa de Santiago

★★ *Pensión Gaviota*, Avenida Maritima 34, © 895135, direkt an der Plaza: 10 saubere Zimmer mit WC, Dusche und kleinen Balkonen, das DZ
3000 ptas pro Tag. Falls geschlossen,
im Restaurant darunter oder in der
Bar Bodegón del Mar nachfragen.

★ *Pensión Casanova*, Avenida Maritima, ℰ 895002; 3stöckiger Neubau, einfache Zimmer mit kleinen Balkonen. DZ mit Bad 2500 ptas, ohne Bad 2000 ptas, auch etwas bequemere Apartments. Auf der Terrasse der darunterliegenden Bar vertreiben sich nicht nur ausländische Gäste die Zeit.

★ *Pensión del Carmen*, Avenida Maritima, ℰ 895028. Eine von der Vorderfront her sehr einladend wirkende Pension mit einer von Grünpflanzen zugestellten kleinen Vorhalle und einer steinalten Vermieterin. Die winzigen, äußerst spartanisch eingerichteten Zimmer machen allerdings nicht viel her. Die Räume links vom Flur sind ohne Fenster, die auf der rechten Seite haben zumindest eines, dafür ist die Aussicht auf die Brandmauer des Nachbarhauses nicht gerade berauschend. Das DZ mit durchgelegenen Matratzen ist mit 2000 ptas etwas überbezahlt, dafür rauscht das Meer bis ins Zimmer hinein. Für eine Nacht o.k., aber nicht für länger.

??? *Apartamentos Tapahuga*, Avenida Maritima, ℰ 895159, Fax 895127. Einziger ansprechender Neubau des Ortes mit stilvollen großen Holzbalkonen. Die 32 Wohneinheiten verteilen sich über zwei Stockwerke. Die Preise sind nach Aussicht gestaffelt: mit Meerblick 6000 ptas, taleinwärts 5000 ptas und ohne Balkon zum Patio raus 4000 ptas. Wirklich attraktiv ist die Aussicht nur von den meerwärts gelegenen Zimmern. Alle Apartments sind geschmackvoll mit rustikalen Kiefernmöbeln ausgestattet und verfügen über TV und Telefon. Auf der Dachterrasse gibt es einen kleinen Swimmingpool. Das während der Saison vielfach komplett belegte TUI-Vertragshaus ist neben dem Hotel Tecina die komfortabelste Unterkunft in Santiago.

Apartamentos Playa, Avenida Maritima, ℰ 895147 & 895120; zentrale Lage am Meer über dem gleichnamigen Restaurant. Die einfachen Apartments kosten 3000 – 3500 ptas.

in Laguna de Santiago

Pensión Lolita, Calle Santa Rosa, ℰ 895555; ohne Schild genau vor den Apartments Bellavista. Kleine einfachst ausgestattete Zimmer mit Etagenbad, Gemeinschaftsküche und Dachterrasse mit wenig Blick. Seit Jahren beliebte Low-Budget-Pension mit eigenwilliger Vermieterin; DZ 1800 ptas, EZ 1500 ptas.

Apartamentos Negrin, ℰ 895138; drei getrennt liegende Häuser (2000 bis 2500 ptas):

Negrin 1: Calle de Santiago Apóstol. Nur durch einen Friseur von den Apartments Nemtru getrennt. Das Haus ist praktisch in eine Haarnadelkurve hineingebaut, was Verkehrslärm von vorne und hinten bedeutet;

Negrin 2: Calle Santa Rosa; ruhiger gelegen;

Negrin 3: Calle Santa Ana; am Ende einer kleinen Straße mit schönem Blick; einfach, aber gut.

?? *Apartamentos Bellavista*, Calle Santa Ana, ℰ & Fax 895208; sehr schöne neue Apartments, geschmackvoll ausgestattet mit Einbauküche, gefließten Böden und schönem Blick über die Bananen aufs Meer. Je nach Größe 4500 – 5500 ptas.

Die schmucken Bungalows des Tecina-Hotels gefallen durch den kanarischen Baustil

♀ *Apartamentos Marí Carmen,* Calle Santa Ana, ✆ 895249, ohne Schild, das Haus nach dem Textilgeschäft mit den 3 grüngestrichenen Türen, 2 schöne Apartments im 1. Stock mit sonniger Terrasse und Blick über die Bananen; zum Meer etwa 15 Minuten. Sympathische junge Vermieterin. 3000 ptas.

♀ *Apartamentos Noda,* Laguna de Santiago 73, ✆ 895087, 3500 ptas. Gute Lage am Hang mit sonnigen Balkonen und Meerblick. Die Apartments sind großzügig geschnitten und trotz der nahen Straße relativ ruhig.

♀ *Apartamentos Nemtru,* Calle de Santiago Apostal, ✆ 895138, 2500 ptas das Studio für zwei Personen, 5000 ptas für die großen Apartments mit 2 Schlafzimmern.. An der Straße nach Tecina und von daher ziemlich unruhig gelegen. 3stöckiger moderner Neubau mit großen Apartments und Dachterrasse. Information im Gemischtwarenladen Tecina.

In Las Trincheras

♀♀ *Apartamentos Santa Ana,* ✆ 895138, nahe der Hauptstraße; 6 neue große Duplex-Apartments in ansprechendem Holzhaus; freundlich eingerichtete Zimmer mit Balkon; Süßwasserpool und schöner Blick hinunter zum Hafen. 5000 ptas, pauschal bei TUI.

in Tecina

★★★★ Hotel Tecina, Lomada de Tecina, ✆ 895050, Fax 895188. Elegantes Clubhotel im Bungalowstil mit 800 Betten. Luxuriöse klimatisierte Zimmer mit Bad, Telefon und Balkon oder Terrasse. Die weitläufige Anlage ist praktisch ein Dorf für sich, eingebettet in ein subtropisches Blütenmeer mit Ziergewächsen aus aller Welt. Praktisch an jeder Ecke wuchern farbenprächtige Bougainvilleen, Hibiskus, afrikanische Tulpenbäume, Fächerpalmen und als botanisches Kleinod eine Madagaskar-Palme (Pandanus utilis) mit einem beeindruckenden Wurzelgeflecht. Die Einkaufslust läßt sich in der ins Hotel integrierten Shoppingmeile befriedigen, wo sich Boutiquen, Souvenirläden und ein internationaler Presseshop befinden, wo es auch Gomera-Literatur zu kaufen gibt. Auf Wunsch ist für Kinderbetreuung gesorgt. Zur Anlage gehören gepflegte Restaurants, Disco, Sauna, Friseur und eine Autovermietung. Zur sportlichen Betätigung stehen 5 Tennisplätze mit Flutlicht, Squashhallen, Mountainbikes, ein Fitneßraum und eine Tauchschule zur Verfügung. Die qualifizierte Tennisschule bietet Tennisunterricht an (kostenlose Schnupperstunde), falls Kapazitäten frei sind, stehen die Tennisplätze auch Nichtgästen offen (900 ptas pro Stunde). Natürlich wurde auch an eine großzügige Pool-Landschaft gedacht. Besonderer Clou ist ein Fahrstuhl vom Bergrücken hinunter zum Kiesstrand und dem neuen Meerwasserschwimmbad. Die Preise können sich sehen lassen, nirgendwo sonst auf der Insel wohnt man teurer: 2 Personen bezahlen je nach Saison 13.000 – 19.000 ptas pro Tag, die »Junior suite« kostet in der Hochsaison stolze 28.500 ptas. Bucht man bereits von zu Hause pauschal bei Neckermann, TUI oder Kreutzer, kommt man allerdings weitaus günstiger unter. Eine luxuriöse Oase für den perfekt organisierten Urlaub!

Restaurants & Treffs

Playa, Avenida Maritima. Kanarische Küche mit leckerer Gemüsesuppe, Huhn, Kaninchen, Ropa vieja und Fisch, auch Paella, Tortillas und Makkaronis. Man sitzt wahlweise drinnen oder draußen unter der Markise.

Orone, Avenida Maritima. Neues Lokal mit Steaks, Pizza, Pasta, Pescado und kleiner Terrasse.

Club Laurel, geöffnet 10 – 18 Uhr. Das zum Hotel Tecina gehörende luftige Lokal liegt unterhalb der Hotelanlage direkt am Meer; internationale Küche mit Waldorfsalat, Lammspießen, Mousse au Chocolat und guter Weinkarte (Hauptgerichte 1000 – 1800 ptas). Vor oder nach dem Essen kann man eine Runde Minigolf spielen oder sich im Pool erfrischen.

La Cuevita, Avenida Maritima, © 895104, fast am Hafen, geöffnet durchgehend von 12 bis 23 Uhr, So geschlossen. Rustikales Ambiente in einer Naturhöhle, die Platz genug für 8 Tischchen und eine schmale Bar bietet. Dezent in die Nischen plazierte Beleuchtung, dazu ein bißchen Kerzenschimmer. Tagsüber läßt sich auch außerhalb der Höhle in der Sonne sitzen. Dem gehobenen Ambiente angemessen ist die gepflegte Speisekarte mit etwas über dem ortsüblichen Niveau liegenden Preisen, was aber durch die Qualität durchaus gerechtfertigt ist. Von den Fischgerichten empfiehlt sich Vieja, ein besonders schmackhafter Papageienfisch, nicht zu verachten auch das Seezungenfilet. Von den Fleischgerichten lecker ist Carne estofado, eine Art Rindsgulasch in pikanter Sauce, außerdem gibt es Fleischspieße, Kaninchen und Steaks. Bis auf den etwas wortkargen Service rundum gelungen und in Santiago kaum zu überbieten.

Junonia, Avenida Maritima. Hübsche kleine Terrasse, auf der preiswerte inseltypische Gerichte und eine breite Auswahl an Fisch serviert werden.

Bodegón del Mar, Avenida Maritima. Tapa-Bar mit einer gut gefüllten Vitrine mit Pulpo-Salat, Chicharrones und Carne en Salsa, dazu Hamburger, Sandwiches, Batidos und frischgepreßter Orangensaft.

Tagaror, Calle de Santiago Apóstol, geöffnet 13 – 16 Uhr und 19 – 23 Uhr, © 895425. Auf dem Bergrücken in unmittelbarer Nachbarschaft zum Hotel Tecina. Das beste an diesem Lokal ist die tolle Terrasse mit Panoramablick auf Meer und Plantagen, von wo die Abendsonne fast eine Stunde länger zu genießen ist als unten an der Playa. Internationale Küche mit Fisch (um 1000 ptas), Pizza, Paella, diversen Steak-Varianten und relativ preiswerten Nudelgerichten.

Pizzeria Avenida, Avenida Maritima, geöffnet von 12 bis 17 und ab 18.30 Uhr. Mit einigen Plastiktischen auch auf der Promenade, wo in voller Sonne eine leckere Pizza serviert wird. Außer der großen Auswahl an Pizzen auch Steaks und Fisch.

Jürgen's Infobar, direkt am Strand mit netter Terrasse, geöffnet von 10 bis 19 Uhr, nur im Winterhalbjahr. Der Szene-Treff schlechthin, wo diverse Fäden zusammenlaufen und

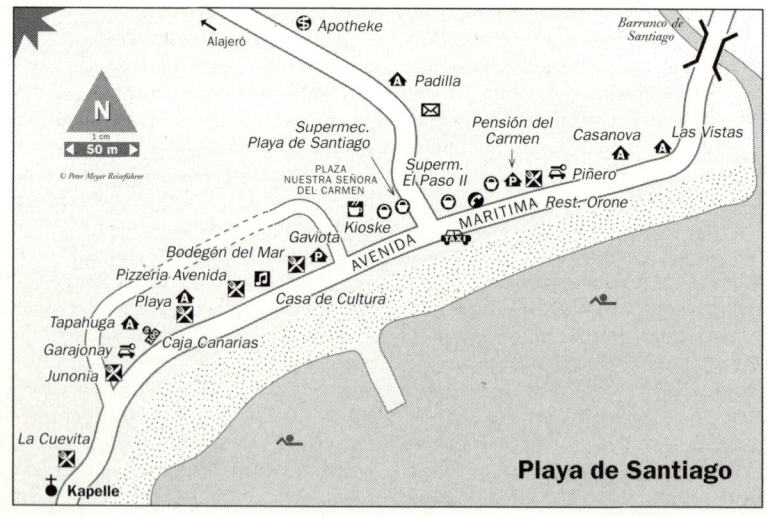

Playa de Santiago

M it Tauchparadiesen wie den Malediven, dem Golf von Akaba oder dem berühmten Great Barrier Reef kann La Gomera zwar nicht verglichen werden. Ein ganzjährig mildes Klima, das klare Wasser des Atlantiks mit Sichtweiten von mehr als 40 m sowie eine reichhaltige und faszinierende Unterwasserfauna machen La Gomera dennoch zu einem akzeptablen Tauch- und Schnorchelrevier. Tinten-, Papageien- und Trompetenfische, dazu Barrakudas, Zackenbarsche und Muränen, Pfeilkrabben und Zitterrochen, und von den Küsten etwas weiter weg auch Haie lassen jeden Tauchgang zu einem aufregenden Unterwassererlebnis werden. Getaucht werden kann jedoch nicht immer. An manchen Tagen im November oder Februar kann es passieren, daß die See keine Tauchgänge zuläßt.

Mit dem Hai tauchen

C entro de Buceo in San Sebastián ist eine von drei kleinen Tauchbasen der Insel, wo unter der fachkundigen Leitung von Jean-Paul Waczak professionelles Gerätetauchen möglich ist. Trotz des fremdländischen Namens ist Paul Waczak ein waschechter Hesse. Er versteht Tauchen nicht als Massenbetrieb, kleine Gruppen von 4 bis 5 Leuten (maximal 10) sorgen für individuelles Tauchen, wobei man sich ganz von den Bedürfnissen des Einzelnen oder der Gruppe leiten läßt.

P raktisch direkt vor der Haustür der Basis steht mit der Playa de la Cueva ein von Land zugänglicher Tauchplatz zur Verfügung. Tauchen von Land aus ist ebenfalls nördlich der Hauptstadt an der Playa de Avalo möglich. Alle übrigen Plätze, vornehmlich südlich San Sebastiáns Richtung Santiago, werden per Boot angefahren, wozu ein umgebauter, ehemaliger Fischkutter zur Vefügung steht.

D er Preis für einen Tauchgang vom Land beträgt 3700 ptas, vom Boot aus 4600 ptas (inkl. Bootsfahrt und Ausrüstung), dazu fällt für den Stempel ins Logbuch eine einmalige Gebühr von 1500 ptas an. Darüber hinaus werden auch Kurse für Anfänger und Fortgeschrittene angeboten.

E ine zweite Basis ist die Tauchschule von Walter Kozelka & Petra Schmitt in Playa de Santiago. Die dem Hotel Tecina angeschlossene Tauchbasis kann 14 Taucher komplett ausrüsten, Es werden Anfängerkurse (450 DM) und Auffrischkurse (190 DM) angeboten, ein Tauchgang mit Clubausrüstung kostet etwa 4000 ptas, mit eigener etwas weniger. Geübt wird im Salzwasserpool des benachbarten Club Laurel.

I m Sommer 1996 eröffnete in Valle Gran Rey eine neue, komplett ausgestattete Tauchbasis. Ausgerüstet werden können 10 Taucher. Bei Fisch&Co kann man Tauchkurse sowie Nacht- und Wracktauchen buchen. Ein Tauchgang mit Blei und Flasche kostet 45 DM.

D ie nächste Kompressionskammer befindet sich auf Teneriffa. Die Tauchbasen sind hinsichtlich Ausbildung und Sicherheit an bestimmte Standards gebunden. Die notwendige medizinische Tauchtauglichkeitsbescheinigung sollte man schon daheim vom Hausarzt ausstellen lassen. Sie darf nicht älter als ein Jahr sein. Notfalls kann das Attest bei einem Arzt in San Sebastián eingeholt werden.

Info & Buchung vor Ort

Centro de Buceo, San Sebastián, Paseo de Fred Olsen, ✆ 141075
Tauchschule Tecina, Hotel Tecina, Playa de Santiago, ✆ 895050
Tauchschule Fisch&Co, Valle Gran Rey, La Playa, Calle La Noria 5, ✆ 805688.
in Deutschland: Air-Aqua Reisen, Bernardstr. 82, 63067 Offenbach, ✆ 069/ 883969, Fax 824335

Neuankömmlinge – je nach aktueller Stimmungslage mal bereitwillig, manchmal auch etwas genervt – Auskunft über alles Mögliche und Unmögliche erhalten. Kleine wechselnde Snacks wie Geflügelsalat, Sandwiches mit Vollkornbrot oder leckere Pfannkuchen. An heißen Tagen empfiehlt sich der tolle Früchteeisbecher oder ein frischgepreßter O-Saft mit Vanilleeis. Spezialität des einstigen Frankfurters sind Longdrinks wie Tequila Sunrise, Campari Orange, Gin Tonic oder auch gelungene Eigen-Kreationen wie etwa »Wo geht's zum Sandstrand?«.

Nützliche Adressen

Medizinische Hilfe: In Santiago gibt es bislang kein Gesundheitszentrum. Im Hotel Tecina hat zweimal wöchentlich ein Arzt eine Sprechstunde.
Apotheke: am Ortsausgang von Playa de Santiago Richtung Alajeró
Post: Playa de Santiago, an der Straße nach Alajeró, geöffnet Mo bis Fr von 9 bis 13 Uhr, Sa von 9 bis 12 Uhr. Kein Postsparkassenservice.
Telefonsäulen: an der Plaza Nuestra Señora del Carmen; in Laguna de Santiago am Abzweig nach Pastrana; in Tecina gegenüber vom Restaurant Tagaror.
Bank: *Caja Canarias,* Playa de Santiago, Avenida Maritima, geöffnet Mo bis Fr 8.30 bis 14, Sa 9 bis 13 Uhr (nur jeden ersten und letzten Samstag im Monat), Do auch von 17 bis 19 Uhr.

Einkaufen

Supermärkte und kleine Lebensmittelgeschäfte bieten für Selbstversorger alles Notwendige. Gut sortiert ist der *Supermercado El Paso II* in Playa de Santiago, freundlich und typisch der *Tante-Emma-Laden* genau nebenan. Die beiden Supermärkte *Laguna* und *El Paso* in Laguna de Santiago haben auch sonntagvormittags geöffnet.
Gemischtwaren *Tecina,* Laguna de Santiago; Haushaltswarengeschäft, auch Keramik und Souvenirs.
Zeitungen & Bücher: im internationalen *Presseshop* im Hotel Tecina.
Die beiden *Kioske* auf der Plaza Nuestra Señora del Carmen haben neben Eiscreme, Drinks und Postkarten auch Raucherbedarf, der rechte Kiosk führt Tabak und Blättchen.
Fotoladen: im Hotel Tecina. Filmentwicklung und großes Angebot an Postkarten, Reiseführern und Gomera-Literatur. Auch Paßbild-Service für die Tauchschule im Hotel.
Parfümerie: ebenfalls im Hotel Tecina.

Verkehr

Bus: Busse nach San Sebastián verkehren viermal täglich. Die Haltestelle ist an der Plaza in Playa de Santiago. Durch Bautätigkeit kann die Carretera del Sur zeitweise gesperrt sein und der Busverkehr über Alajeró gehen.
Taxistände: an der Plaza in Playa de Santiago (✆ 895022) und vor dem Hotel Tecina (✆ 895300).
Mietwagen: *Autos Garajonay,* Playa de Santiago, Avenida Maritima, ✆ 895327, neben der Sparkasse. Ein Seat Marbella kostet inklusive Vollkasko und Steuer pro Tag circa 4200 ptas, pro Woche etwa 25.000 ptas, was ei-

nen Nachlaß von 20 % ausmacht. Bedingung: Der Fahrer muß mindestens 21 Jahre alt sein und bereits seit 2 Jahren den Führerschein haben.

Autos Piñero, Playa de Santiago, Avenida Maritima (℃ 895281) und im Hotel Tecina (℃ 895050).

Tankstelle: Playa de Santiago, nahe der Plaza an der Straße nach Alajeró, So geschlossen.

Pastrana und El Cabezo

In Laguna de Santiago zweigt von der Hauptstraße eine ausgeschilderte schmale Asphaltstraße nach *Pastrana, El Rumbazo* und *El Cabezo* ab. Der lohnenswerte Ausflug kann mit dem Auto oder zu Fuß unternommen werden. Zu Fuß erreicht man die beiden Weiler Pastrana und El Rumbazo in knapp anderthalb Stunden. Die Straße führt leicht ansteigend durch das mit Spanischem Rohr bewachsene Tal.

Die Schlucht verengt sich zusehends und teilt sich bei dem auf einer Felsnase liegenden Weiler **El Cabezo** in die *Barrancos Guarimiar* und *Benchijigua* auf. Der fast ausgestorbene Weiler liegt idyllisch eingebettet in einer tief erodierten grandiosen Felslandschaft, die weiter aufwärts alpinen Charakter annimmt. Im lieblichen Talgrund werden noch vereinzelt Terrassen bestellt, die in der ansonsten kargen Landschaft fürs Auge wohltuende grüne Farbtupfer bilden.

Kurz vor El Cabezo gabelt sich die Straße, rechts hoch geht es nach **Pastrana.** Der Ort ist von Palmen und kleinen Obstgärten umgeben, hier wachsen Orangen, Feigen und japanische Wollmispeln.

Für Bergwanderer geht es ab Pastrana erst richtig los: Von hier aus kann man über Benchijigua zum *Roque Agando* aufsteigen (siehe Wanderung Nr. 3). Von **El Rumbazo** geht ein Weg nach *Guarimiar* und von dort weiter nach *Imada* (siehe Wanderung Nr. 4), und mit genügend Kondition hinauf bis zur Höhenstraße.

Benchijigua

Der schwer auszusprechende Dorfname ist fast allen Gomera-Reisenden durch die gleichnamige Fähre der Reederei Olsen ein Begriff, gesehen haben jedoch den Ort die wenigsten. Malerisch am Fuß des Roque Agando gelegen, war Benchijigua bis vor kurzem nur Wanderern bekannt, die hier auf dem Weg hinunter nach Santiago (siehe Wanderung Nr. 3) eine kurze Verschnaufpause einlegten. Nun versucht man, dem schon seit Jahren verlassenen Weiler neues Leben einzuhauchen. Mit EU-Mitteln wurden im Rahmen des ländlichen Tourismus vier alte Häuser restauriert und in komfortable Unterkünfte verwandelt. Da das Dorf nie ans Stromnetz angeschlossen war, wird Licht mit Solarenergie erzeugt, Kühlschränke und Küchenherde werden mit Butangas betrieben. Ein Telefon und eine Piste stellen die Verbindung zur Außenwelt her. Die Häuser können pauschal gebucht werden über *Mallorca Reisedienst,* ℃ 069/442023, Fax 439957. Preis pro Woche bei Zweierbelegung inklusive Flug und Mietwagen ab 1830 DM pro Person.

Alajeró

Der unwegsame und trockene Inselsüden wurde schon von den Altkanariern weitgehend gemieden, man zog es vor, auf der Hochebene oder in den fruchtbaren Tälern im Norden zu siedeln. Das etwa 800 m hoch gelegene Alajeró blieb lange Zeit das einzige Dorf weit und breit. Die Landwirtschaft war auf Selbstversorgung ausgelegt, bevorzugt wurde Getreide angebaut. Doch blieb der Winterregen einmal aus, herrschte Hunger.

Nirgendwo sonst auf der Insel ist die Landflucht stärker zu spüren als hier. In Alajeró, dem Sitz der Gemeindeverwaltung, stehen viele Häuser leer, der überwiegende Teil der terrassierten Felder wird nicht mehr bestellt. *Azadoe* und der idyllisch gelegene, aber nie ans Verkehrsnetz angeschlossen gewesene Weiler *Guarimiar* sind praktisch entvölkert. Auch in *Targa* hält es kaum noch jemanden. Einzig *Imada* ist von Leben erfüllt, wo es sogar noch eine kleine Grundschule gibt. Die Gemeinde Alajeró weist die mit Abstand niedrigste Besiedlungsdichte auf der Insel auf.

Rund um Alajeró gibt es so manches zu entdecken. Da ist zum einen die *Pfarrkirche San Lorenzo*, die auf das 16. Jahrhundert zurückgeht und eine beachtenswerte hölzerne Christusstatue enthält. Folgt man vom mit Indischem Lorbeer bestandenen Kirchplatz aus der Straße abwärts, läßt sich eine kleine Wanderung zum *Kalvarienberg* machen. Vorbei am Sportplatz biegen Sie rechts der Reihenhaussiedlung in eine Piste ein, von der nach wenigen Minuten ein gut erkennbarer Pfad zum Gipfel abzweigt. Von der *Ermita San Isidro* auf der 807 m hohen abgeplatteten Bergkuppe ergeben sich tolle Ausblicke auf die Südküste und die im Westen gelegenen Plantagenkulturen von La Dama. Einige verstreut liegende, an Tumuli erinnernde Steinsetzungen deuten darauf hin, daß auf dem Berg bereits die Ureinwohner siedelten. Etwas unterhalb des Gipfels ist ein gepflasterter Tagaror erkennbar, in der Nähe befinden sich auch Wohn- und Begräbnishöhlen. Auf dem Weg zurück ist der Tafelberg von Chipude stets im Blick.

Eine zweite lohnenswerte Wanderung beginnt oberhalb von Alajeró und führt zum ältesten *Drachenbaum* La Gomeras (Wegbeschreibung siehe Wanderung Nr. 5).

Unterkunft

♠ *Casa Don Pedro;* im Dorfzentrum, in unmittelbarer Nachbarschaft zum Rathaus gelegen können zwei um die Jahrhundertwende erbaute, nun restaurierte Häuser gemietet werden. Preis pro Woche bei Zweierbelegung inklusive Flug und Mietwagen je nach Saison 1250 – 1380 DM pro Person. Info und Buchung über *Mallorca Reisedienst,* ✆ 069/442023, Fax 439957.

Essen und trinken

Las Palmeras, an der Hauptstraße am südlichen Ortsausgang. Akzeptable kanarische Küche mit Hühnchen und Carne en Salsa.

Bar La Alegria, unterhalb der Pfarrkirche. Dorfkneipe, gut für einen Milchcafé und ein Sandwich. Vermittelt auch private Unterkünfte.

VALLE GRAN REY

DAS TAL DES GROSSEN KÖNIGS

Das Tal des Großen Königs zählt zu den faszinierendsten Landschaften der Kanarischen Inseln. Zwischen majestätischen Palmenhainen entstanden hier im Lauf der Jahrhunderte kunstvoll an die Berghänge modellierte Terrassen- kulturen, die sich treppenartig an den Talrändern übereinander stapeln. Hippies und Aussteiger mit ihrem sicheren Gespür für die schönsten Plätze der Welt verfielen schon relativ früh dem seltenen Reiz des Tales und ebneten den Weg für den »ganz normalen« Reisenden.

Vom zentralen Hochland der Insel schlängelt sich die gut ausgebaute Höhenstraße ganz allmählich durch eine sanfte Hügellandschaft abwärts. Die grünen Kuppen und Wiesen nahe dem Bergdorf Arure erinnern fast an eine irische Landschaft. Und dann plötzlich, am Rande der Hochebene, fällt die Insel jäh und schroff nach Südosten ab. Ein weites Tal öffnet sich, noch tief unten rückt eine gran- diose, von Palmenhainen eingerahmte Terrassenlandschaft ins Bild, die im kanarischen Archipel ihresgleichen sucht. Man fühlt sich nach Südostasi- en versetzt, Assoziationen an balinesi- sche oder philippinische Terrasssen- kulturen werden wach, nur, daß hier anstelle von Reis eben Kartoffeln und Mais angebaut werden. In jahrhun- dertelanger mühevoller Arbeit gestal- teten die Menschen im Tal ihren Le- bensraum Stück für Stück für ihre Zwecke um, fügten eine kleine Terras- se über die andere, alle mit tausenden von Steinen begrenzt und durch kilo- meterlange Wasserkanäle untereinan- der verbunden; eine Arbeit, die von Generation zu Generation fortgeführt wurde. Heute kann man sagen, Valle Gran Rey ist *land art* in höchster Vollendung. Das Tal repräsentiert eine

beeindruckende Synthese von Land- schaftsarchitektur und Kunst.

Bei näherem Hinsehen stellt man etwas enttäuscht fest, daß viele der Terrassen brach liegen. Auch im Valle Gran Rey, dem Tal des Großen Kö- nigs, nagt der Zahn der Zeit, lösen sich lange gewachsene Strukturen auf, und wie so oft bringen Moderne und Fortschritt auch ihre Schattenseiten ins Tal.

Noch relativ unberührt vom touri- stischen Boom blieben die Dörfer und kleinen Weiler im oberen Tal. Hier scheint alles seinen gewohnten Gang zu gehen, wenn auch die einstmals schmale Landstraße heute durch eine deutlich zu breit geratene, dem relativ spärlichen Verkehrsaufkommen völlig unangepaßte Schnellstraße abgelöst wurde. Die malerische Kulisse beider- seits der Straße fliegt vorbei, und wenn man nicht aufpaßt, fällt sie dem Rausch der Geschwindigkeit zum Opfer und verschwimmt wie ein noch feuchtes Aquarellbild.

Nur wer viel Zeit mitbringt, dem wird sich der Zauber dieser einmali- gen Kulturlandschaft erschließen. Fleißige Hände sind bei der arbeitsin- tensiven Bestellung der Terrassen zu beobachten. Das abschüssige Gelände

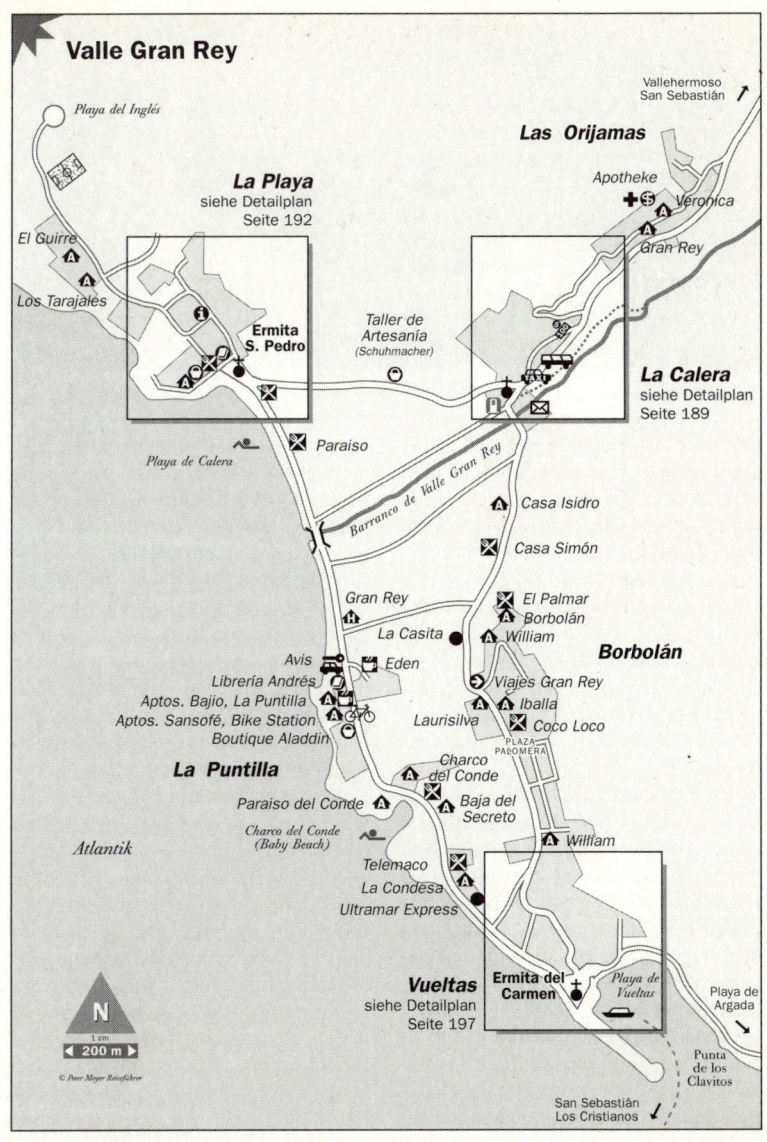

Valle Gran Rey

Playa del Inglés

Vallehermoso
San Sebastián

Las Orijamas

Apotheke

Veronica

Gran Rey

El Guirre

Los Tarajales

La Playa
siehe Detailplan
Seite 192

Taller de
Artesanía
(Schuhmacher)

Ermita
S. Pedro

La Calera
siehe Detailplan
Seite 189

Playa de Calera

Paraiso

Barranco de Valle Gran Rey

Casa Isidro

Casa Simón

Gran Rey

El Palmar
Borbolán
William

La Casita

Borbolán

Avis

Eden

Viajes Gran Rey

Librería Andrés

Iballa

Aptos. Bajio, La Puntilla

Coco Loco

Aptos. Sansofé, Bike Station

Laurisilva

Boutique Aladdin

PLAZA
PALOMERA

La Puntilla

Charco
del Conde

Baja del
Secreto

Paraiso del Conde

Atlantik

Charco del Conde
(Baby Beach)

William

Telemaco
La Condesa
Ultramar Express

Playa de
Vueltas

Playa de
Argada

Vueltas
siehe Detailplan
Seite 197

Ermita del
Carmen

Punta
de los
Clavitos

N

1 cm
◀ 200 m ▶

© Peter Meyer Reiseführer

San Sebastián
Los Cristianos

VALLE GRAN REY

In La Playa: Die letzten Sonnenstrahlen des Tages genießen und ein Schwätzchen halten

erlaubt nur wenig mechanische Hilfe, gepflügt wird zumeist mit kleinen Handtraktoren. Wenn es der Zufall will, kreuzt vielleicht doch noch ein mit einem Ballen Ziegenfutter beladener Maulesel Ihren Weg. Von den Hängen, irgendwo oberhalb im völlig unübersichtlichen und unwegsamen Gelände, klingt das Gebimmel einer Ziegenherde zu Tal. Malerisch in die grandiose Landschaft eingepaßte Kapellen präsentieren sich in strahlendem Weiß.

Im Talgrund angekommen, steuert man auf einer langen Geraden, die fast schon die Dimension einer Autobahn annimmt, der Küste entgegen. Das fruchtbare Schwemmland im Barrancobett wird heute wie überall auf den Westkanaren vornehmlich für den Bananenanbau genutzt.

Rechterhand taucht unverändert idyllisch an die Bergflanke gedrückt La Calera auf. Mögen hier in den letzten paar Jahren einige neue Apartmenthäuser dazugekommen sein, dem Charme von La Calera scheint dies nicht geschadet zu haben. Anders die beiden Dörfer direkt am Meer. In der Nähe des Wassers zeigt sich das Neue immer am schnellsten, die Veränderung in Form von neuen Straßenzügen, ja komplett neuen Ortsteilen, die jetzt die einstmals kaum besiedelte Küstenlandschaft überziehen. Vueltas, der alte Hafen, läßt zumindest noch einen gewachsenen Ortskern erkennen, doch La Playa ... Ein Venezuela-Heimkehrer, der vielleicht vor 10 oder 15 Jahren zuletzt sein heimatliches Tal sah, hätte seine liebe Not, sich hier zu orientieren.

Die Veränderung kam nicht über Nacht, sie entwickelte sich im Valle Gran Rey langsam, aber stetig. Das Tal des Großen Königs ist heute das mit Abstand größte Ferienzentrum La Gomeras. Ein Ende des Booms ist nicht abzusehen. Speziell in der Hochsaison sind freie Unterkünfte so knapp wie Wasser in der Wüste. Mit Baukränen und ratternden Betonmischern wird versucht, der Nachfrage gerecht zu werden. Wer bislang ein Stockwerk hatte, stockt eine zweite Etage auf. Überall wird ausgebaut und erweitert.

Und trotzdem: der Reiz des Tales ist ungebrochen. Im Unterschied zu den Touristenghettos auf Teneriffa oder Gran Canaria hält sich alles bislang in noch vertretbarem Rahmen, von einigen unrühmlichen, ein bis zwei Nummern zu groß geratenen Apartmentkästen und Bungalowsiedlungen einmal abgesehen. Individualurlauber rangieren zahlenmäßig immer noch vor den Pauschalgästen.

Sicherlich, man hätte so manches schöner gestalten können, doch dazu wiederum war das verfügbare Kapital zu knapp. Die meisten der Unterkünfte sind in privater Hand, man wohnt bei Miguel und Vidal oder bei Maria und Lola, das entschädigt für Vieles. Zu rasch verlief der soziale Wandel vom einstigen Plantagenarbeiter oder Fischer zum Vermieter. Für kostspielige Raffinessen blieb keine Zeit, zumal von Anfang an sich weniger betuchte Gäste vornehmlich vom Tal angezogen fühlten, denen weder nach einem luxuriösen noch teuren Apartment der Sinn stand. Das mag sich vielleicht schon in absehbarer Zeit ändern, bei den neueren Unterkünften ist ein deutlicher Trend zu mehr Komfort erkennbar. Häuser mit einem Stern oder Schlüssel mehr sind keine Seltenheit.

Denn die Besucherstruktur verändert sich. Studenten, die vor 10 Jahren erstmals im »Valle« ihre Semesterferien verbrachten, sind mittlerweile als Lehrer, Architekten oder Sozialarbeiter etabliert, dazu ein paar Jahre älter geworden und nicht unbedingt darauf erpicht, die »schönsten Tage des Jahres« in einer Absteige mit tropfendem Wasserhahn und durchgelegenen Matratzen zu verbringen. Doch noch präsentiert sich die Szene kunterbunt, und es bleibt zu hoffen, daß dies noch eine Weile anhält, macht doch gerade die skurrile Mixtur von Althippies, Yuppies, Individualisten und Pauschalgästen die besonders lockere und entspannte Atmosphäre im Tal aus. Valle Gran Rey ist immer noch ein Szene-Platz, an dem sich Kontakte und Bekanntschaften schnell knüpfen lassen. Für viele Gäste mag das auch Grund genug sein, immer wiederzukommen.

La Calera

Das knapp 15 Minuten zu Fuß vom Meer entfernt gelegene La Calera ist das Verwaltungszentrum der Gemeinde, was nicht heißen soll, daß sich hier eine Behörde an die andere reiht. Außer dem Bürgermeisteramt gibt es bloß noch die Post, zwei Banken und ein Gesundheitszentrum. Weitaus beeindruckender als die administrative Infrastruktur ist jedoch die Lage des Dorfes. Herrlich am Hang plaziert, mit strahlend weiß getünchten Fassaden, ist La Calera geradezu eine Perle von Dorf. Verwinkelte Gassen, die größtenteils zu eng für den rollenden Verkehr sind, dazu steile Treppenwege machen die ganz typische Atmosphäre La Caleras aus. Hochgewach-

Lesen Sie bitte weiter auf Seite 171

VALLE GRAN REY

Es begann Ende der 60er Jahre in einer Zeit allgemeiner Aufbruchstimmung, als sich Hippies und Blumenkinder anschickten, ihrer spießigen, militarisierten Heimat den Rücken zu kehren und Glück und Frieden in der Ferne zu suchen. Goa und Kathmandu hießen die verheißungsvollen Ziele, und für jene, die es nicht ganz so weit weg zog, Ibiza, Matala auf Kreta und bald auch La Gomera. Das Tal »entdeckt« zu haben, konnte zunächst die Berliner Szene für sich beanspruchen. Doch schon bald übersprang die Mundpropaganda die damals eingemauerte deutsch-deutsche Enklave, und mit Rucksackreisenden aus Frankfurt, München und Düsseldorf wurde das Tal des Großen Königs fast schon kosmopolitisch.

Von Aussteigern und Paradiesvögeln

Kaum war Valle Gran Rey mit einer Straßenverbindung halbwegs an die Zivilisation angeschlossen, tröpfelte ein stetig wachsender Strom von Aussteigern, Freaks und Überwinterern auf die entlegene Kanareninsel. Daß dabei Welten aufeinander prallten, konnte nicht ausbleiben. Zu verschieden waren Leben und Lebensphilosophien: Auf der einen Seite die noch in einer fast archaischen Hirten- und Fischerkultur verhafteten Einheimischen, von Natur aus an ein hartes und entbehrungsreiches Inselleben gewöhnt und aufgezogen im streng katholischen Milieu der faschistischen Franco-Diktatur; auf der anderen Seite eine jugendliche Subkultur westlicher Großstädte, die im Begriff stand, sich freizumachen von althergebrachten Zöpfen, die auf der Suche nach alternativen Perspektiven war, neue Lebensstile erproben und nicht zuletzt dem grauen nordischen Winter ein Schnippchen schlagen wollte. Dem Klima angepaßt lief man halbnackt durch die Dörfer, und an der Playa del Inglés fielen zum großen Schrecken der Einheimischen auch bald die letzten Hüllen. Moderne Wertvorstellungen zogen mit Brachialgewalt ins Königs-Tal ein.

Zur großen Verwunderung der Gomeros dauerte der Zustand an. Man begann, sich in dem Wenigen, das man vorfand, einzurichten. Der Strand diente als kostenloses Nachtquartier, Fisch und Bananen waren billig, so daß auch die dünnste Reisekasse über Monate hinweg den Unterhalt für ein bescheidenes Leben sichern konnte.

Erste, in der deutschen Presse farbig aufgemachte Geschichten von »Sodom und Gomera« machten neugierig und lockten schon bald neue Wellen von Gästen an. Auf die Freaks der ersten Stunde folgten Politologie-Studenten, Esoteriker, alleinstehende Mütter mit vor den Bauch gebundenen Babies, später dann Lehrer, Sannyasins und last not least die »freie Liebe« propagierenden Aktivisten Mühl'scher Prägung, die sich aller-

▶ *Fortsetzung von Seite 169*

dings nicht im Valle, sondern in einer gekauften Bucht im Süden der Insel niederließen.

Die Gomeros erkannten rasch die Zeichen der Zeit, arrangierten sich mit der bunt zusammengewürfelten Szene und setzten auf Expansion. Aus Hohlblocks schnell hochgezogene Gästezimmer besserten ihre kargen Einkünfte aus der Feldarbeit auf. Aus Tante-Emma-Läden entstanden kleine Supermercados, Fischer eröffneten Restaurants und avancierten zu Gastronomen. Valle Gran Rey wurde zum Sammelplatz einer bunt zusammengewürfelten Gesellschaft mit Müsli und Pizza, Saftbars und Disco.

Mit den zahlreicher werdenden Pauschalurlaubern steht man im Valle vor dem Sprung vom »alternativen« zum »harten« Tourismus. Der Bürgermeister der Gemarkung spricht heute vom »turismo de calidad«: Mehr Qualität soll in Valle Gran Rey einziehen, mit Kläranlagen, Strandpromenade und komfortableren Unterkünften. Zur Debatte stand auch eine riesige Wellenbrecheranlage, die das ganze Jahr über einen gefahrlosen Badetourismus gewährleisten sollte. Gleichzeitig wollte man damit verhindern, daß das Markenzeichen eines jeden guten Strandes – der Sand – regelmäßig im Winter vom Meer zurückgeholt wird und weniger attraktive Kies- und Steinstrände zurückläßt. Nach massiven Protesten von lokalen Umweltschützern und Anwohnern wurde das Projekt zunächst auf Eis gelegt.

sene Dattelpalmen spenden Schatten, eingetopfte Pflanzen vor den Haustüren und ab und an ein blühender Bougainvilleastrauch wirken als dezente Farbtupfer.

Je höher man durch das Wirrwarr der übereinander geschachtelten Häuser steigt, desto schöner sind die Ausblicke über die Bananenplantagen und auf die östlich steil aufragende Barrancoseite. Nicht umsonst sind die oben gelegenen Apartmenthäuser so beliebt, zudem sind es auch die am ruhigsten gelegenen. La Calera wird besonders von ruhesuchenden Gästen geschätzt, die nicht unbedingt direkt an der Strandpromenade wohnen müssen, um stets »dabei« zu sein, und auch auf eine lärmende Bar oder Disco in der Nachbarschaft verzichten können. Es ist auch der bevorzugte Ort für Langzeiturlauber, die abseits vom Trubel an ihrer Diplomarbeit werkeln oder anderen kreativen Dingen nachgehen.

Ein paar unauffällig ins Dorfbild eingepaßte kleinere Supermärkte und idyllisch gelegene Restaurants lassen keine Versorgungsängste aufkommen. Zwar wohnt man in La Calera nicht direkt am Meer, dafür aber zentral und verkehrsgünstig an Bus und Taxi bestens angebunden. Wanderer ersparen sich zusätzliche Anlaufwege, geht es doch von hier aus gleich richtig zur Sache.

Oberhalb von La Calera, an der alten Landstraße, schließt sich der Ortsteil **Las Orijamas** an. Hier gibt es etwas ab vom Schuß ebenfalls viele

VALLE GRAN REY

kleine Apartmenthäuser, zumeist mit schönem Blick hinunter ins Tal.

Das obere Tal

Die Dörfer im *Valle Alto,* dem Tal oberhalb von La Calera, sind praktisch kaum vom Fremdenverkehr berührt. An den kleinen Weilern **Casa de la Seda, Los Granados** und **Retamal** donnert undankbarerweise der Durchgangsverkehr vorbei. Auf der anderen Seite des Tales, an der schmalen Straße, die für Lastwagen gesperrt ist, gehen einige ausgetretene Wanderwege ab, auf denen sich schon seit Jahren eine begeisterte Wandergemeinde durch die Terrassenkulturen zum Talrand durchschlägt.

Von wenigen Ausnahmen abgesehen, sucht man hier Apartmenthäuser und Fischlokale vergebens. Nur einige wenige Individualisten und Überwinterer, die abseits vom Trubel sein möchten, ziehen es vor, irgendwo im oberen Tal zurückgezogen zu leben.

Ein malerischer Weiler, der sich zu einer Künstlerkolonie vornehmlich deutscher Einwanderer entwickelt hat, ist **El Guro** oberhalb von La Calera. Inmitten ländlicher Umgebung mit Ziegenverschlägen und gackernden Hühnern entstanden hier eine kleine *Galerie* und diverse Ateliers. Viele der architektonisch ausgefallenen Häuschen wurden von einem deutschen Baumeister entworfen, weshalb sich alle ein bißchen ähneln.

In El Guro gibt es auch eine *Vollkornbäckerei.* Bereits seit Ende der 70er Jahre wird hier in einem holzgefeuerten Steinofen ein geschmacklich hervorragendes Sauerteigbrot ge-

backen, das in den meisten Supermärkten im Tal verkauft wird.

La Playa

Von La Calera aus erreicht man über ein mitten durch ausgedehnte Bananenplantagen führendes Sträßchen den Ortsteil La Playa, der, wie der Name schon sagt, direkt am Meer liegt. Dank eines attraktiven Sandstrandes entstand hier in den letzten Jahren ein touristisches Zentrum, das mehr und mehr auch von Pauschalgästen besucht wird, für die nach Westen zu in Richtung Playa del Inglés immer neue Apartmentanlagen und Bungalows entstehen. La Playas schwarzer Sand ist im Winter schon mal mit großen Steinen garniert, manchmal verschwindet der Sandstrand fast ganz, taucht aber im Frühjahr, wenn die See wieder ruhiger ist, mit aller Regelmäßigkeit wieder auf.

Schmuckstück der Strandsiedlung ist ein Stückchen Strandpromenade vor einer Reihe teils mit hübschen Holzbalkonen ausgestatteter Apartmenthäuser. Im Erdgeschoß finden sich Restaurants, Bars und Geschäfte, die La Playa mittlerweile das Flair verleihen, wie man es von einem Badeort erwartet. Zuletzt wurden gar einige Palmen angepflanzt, die bislang allerdings kaum groß genug sind, um einen ordentlichen Schatten zu werfen. Tagsüber ist die Strandzeile der lebendigste Platz im ganzen Tal. Noch voller wird es kurz vor Sonnenuntergang, wenn sich die Szene ganz traditionsbewußt vor María's Bar ein Stelldichein gibt und mit einem Bier in der Hand der Sonne zusieht, wie sie langsam ins Meer abtaucht. Zwar mußte die aus Palmwedeln und Spanischem Rohr zusammengeschusterte legendäre Terrasse der Strandpromenade weichen, doch man tut einfach so, als wäre alles beim Alten.

Wie hat sich La Playa doch in den letzten Jahren verändert! Die kleine *Ermita San Pedro* nimmt sich gegenüber den neuen Apartmentkästen recht bescheiden aus. Doch auf dem gekachelten Vorplatz ist meist was los, entweder übt sich die Dorfjugend am Basketballkorb, oder auf den beiden Stufen vor dem blaugetünchten Portal sitzen ein paar alte Gomeros, die genüßlich das Treiben um sie herum verfolgen.

Nur wenige Meter abseits der Strandzeile machen sich trist wirkende Apartmentblocks breit. Funktionale Architektur, die nicht einen Funken von Atmosphäre ausstrahlt, Asphaltstraßen, die schon nach kurzem in staubige Pisten übergehen und wo kaum ein dekoratives Pflänzchen auszumachen ist – das ist das zweite Gesicht von La Playa. Im Unterschied zu La Calera und Vueltas ist der Ort voll und ganz von den Fremden vereinnahmt. So etwas wie ein Dorfleben findet hier nicht statt. Dennoch, der Ort wächst und wächst. Warum das so ist, ist ein offenes Geheimnis: Hauptsache, der Strand ist greifbar nahe und die Sonne brennt vom Himmel! La Playa bietet beides.

Borbolán und La Puntilla

Borbolán liegt entlang der Hauptstraße auf halbem Weg zwischen La Calera und Vueltas, während sich La Puntilla am Meer zwischen La Playa und Vueltas entlang zieht. Beide Ortsteile sind so gut wie von Bananenplantagen umzingelt und lassen kaum Struktur und Kern erkennen. In Borbolán haben sich zwischen die weitgehend freistehenden Häuser einige Apartmentanlagen geschmuggelt, wo es sich teils ganz geruhsam wohnen läßt. Wenig schön anzusehen sind die auffallend an der Straße gelegenen genormten Reihenhäuser, die ursprünglich als eine Art sozialer Wohnungsbau für die von der Schließung der Fischfabrik in La Rajita betroffenen Familien gedacht waren.

In **La Puntilla** wird entlang des steinigen Strandes eine Baulücke nach der anderen geschlossen. Ein paar Apartmenthäuser, Boutiquen, Autovermietungen und eine Saftbar erfüllen den zersiedelten Ort mit etwas Leben. Die Befestigung der staubigen Küstenstraße läßt allerdings noch auf sich warten. Am Charco del Conde, besser bekannt als Baby Beach, ist ein großer Ferienkomplex entstanden, der sich wie ein Fremdkörper in der bislang relativ maßvollen Küstenbebauung ausnimmt und eigentlich besser nach Teneriffa gepaßt hätte.

Vueltas

Der Hafen Vueltas liegt am Fuß der steil aufragenden südlichen Barrancoseite. In dem Fischerdorf sind in den letzten Jahren beiderseits der Hauptstraße zahlreiche Unterkünfte entstanden. Viele einstige Fischer setzen

Lesen Sie bitte weiter auf Seite 176

VALLE GRAN REY

Der 6. Januar ist einer der bedeutendsten Feiertage auf La Gomera bzw. in ganz Spanien – im Stellenwert vergleichbar mit unserem Weihnachtsfest. Die Bescherung findet nicht an Heiligabend statt, sondern an Los Reyes, dem Dreikönigstag. Bereits am Vortag reisen die drei Könige aus dem »Morgenland« an, reiten allerdings nicht, wie auf den Nachbarinseln üblich, stilecht auf Dromedaren, sondern werden ganz unspektakulär auf einem japanischen Pick-up durchs Tal kutschiert. Am späten Nachmittag des 5. Januar werden sie in La Playa auf dem Vorplatz der kleinen Kapelle San Pedro mit großer Begeisterung von den Kindern empfangen und werfen bei dieser Gelegenheit mit vollen Händen »caramelos« in die Menge.

Die Fiesta Los Reyes im Tal des Großen Königs

Am 6. Januar findet als kirchlicher Höhepunkt der Fiesta von der Kirche in La Calera aus eine Prozession zur *Ermita de Los Reyes* statt. Mit Kastagnetten und Trommeln, begleitet von archaisch anmutendem Männergesang, wälzt sich der Zug talaufwärts. Knallkörper sorgen dafür, daß auch der letzte Einwohner im Tal hört, was gerade Sache ist. Als Reminiszenz an vorchristliche Bräuche werden kunstvoll zusammengestellte Opfergaben aus Obst und Gemüse mitgeführt und in der Kapelle der Madonna zu Füßen gelegt. Die Prozession ergießt sich in das hoffnungslos überfüllte Kirchlein, wo der mit einer goldenen Krone geschmückten und von weißen Gladiolen umgebenen Marienstatue gehuldigt wird.

Wie alle kirchlichen Feste auf La Gomera ist Los Reyes eine für die Kanaren typische Mischung aus Sakralem und Profanem. Während in der Ermita noch der Weihrauch abbrennt, werden draußen schon die Holzkohlengrills angeworfen. In die Chorgesänge der Gemeinde mischt sich bereits der Sound-check einer Salsa-Band, die auf einem mit Palmwedeln geschmückten Podium auf dem Kirchplatz ihren Auftritt probt.

Nach der Messe wandelt sich der mit bunten Papiergirlanden überzogene Kirchplatz in einen Festplatz. Der Wein fließt in Strömen, dichte Knoblauchschwaden hängen in der Luft, auf dem Grill brutzeln Schweinefleisch und Thunfischspieße. Die Band spielt lautstark zum Tanz auf, wobei jung und alt und auch Zugereiste kräftig mitmischen. Die Sonne verschwindet allmählich hinter der Barrancowand, auf die stimmungsvolle Dämmerung folgt eine rabenschwarze Nacht, und die Fiesta ist noch immer voll im Gang. ◄

Die Prozessionsraupe schlängelt sich den Weg zur Ermita de Los Reyes hinauf

▶ *Fortsetzung von Seite 173*

heute auf den Tourismus, praktisch fast in jedem Haus werden ein paar Apartments vermietet.

Von der Mole aus kann man dennoch beobachten, wie kleine Fischkutter mit ihrem Fang heimkehren, meist bringen sie Makrelen und Weißfisch mit. Doch viel ist es nicht mehr, was ins Netz geht; die Abnahmepreise sind zudem nicht sehr hoch. Neben den bunten Fischerbooten liegen auch einige Segelyachten vor Anker, die teilweise touristisch genutzt werden.

Zu einem ordentlichen Hafen gehören auch ein paar richtige Hafenkneipen, was durch die Bars *El Puerto* und *America* durchaus sichergestellt ist. Darüber hinaus ist Vueltas der einzige Ort im Tal, der über eine quicklebendige Nachtszene mit Disco und schrillen Musikbars verfügt – Insider sprechen gar vom Rotlichtviertel.

Tagsüber geht es zumindest während der Siesta recht geruhsam zu. In Vueltas urlauben heute bevorzugt Familien mit Kindern, die den von der Mole geschützten Strand schätzen. Eine stattliche Anzahl kleiner bis mittelgroßer Supermärkte ist bestens auf die sich selbst versorgenden Gäste eingestellt. Das Angebot an Gemüse und exotischen Früchten ist weitaus besser als in La Calera oder La Playa.

Künstlerischer Anlaufpunkt in Vueltas ist **Taller Puerto**, am Hafen gegenüber der Bar America. In der alten Fischhalle richtete der deutsche Bildhauer Fred Donant ein Atelier mit Galerie ein. Donant stellt seine abstrakten Skulpturen aus Sandstein, Granit, Obsidian, Marmor und anderen Gesteinsarten ausschließlich von Hand ohne maschinelle Hilfe her. Die Galerie entwickelte sich in den letzten Jahren zu einem kleinen internationalen Kulturzentrum, in dem auch Maler, Lithographen und andere bildende Künstler ausstellen.

Bootstrips und Segeltörns

Schon seit Jahren sind die Bootsausflüge von *Capitano Claudio* eine feste Größe in Valle Gran Rey. Highlight ist der Trip entlang der wildzerklüfteten Steilküste zu den »Orgelpfeifenfelsen« *Los Organos* an die Nordküste La Gomeras, die sich nur vom Meer dem Betrachter und Fotografen zeigen. Besonders in den Wintermonaten gebärdet sich der Atlantik jedoch oft sehr rauh, so daß das Boot nicht jeden Tag auslaufen kann. Und auch bei einigermaßen ruhiger See sollte man mehr oder weniger seefest sein, Brechtüten gibt's an Bord. Wer einen schwachen Magen hat, sollte sich einen wirklich ruhigen Tag für den Trip aussuchen. Die etwa 3stündige Fahrt ab dem Hafen Vueltas kostet circa 3500 ptas pro Person.

Ebenfalls beliebt sind die *Wal- und Delphin-Fahrten* (circa 3750 ptas). In kleinen Gruppen zwischen 4 und 8 Personen wird den großen Meeresbewohnern nachgestellt, mit der Kamera wohlgemerkt, wobei keine Garantie gegeben werden kann, daß sich die Wale und Delpine tatsächlich im Sucher zeigen – die Tiere haben mit Capitano Claudio noch kein Abkommen geschlossen. Doch meistens klappt es, der Kapitän weiß, wo er seine Schützlinge suchen muß.

Neben Angelfahrten und Trips entlang der Südküste können auch *Segeltörns* gebucht werden, wer will, kann sich hinüber auf eine der Nachbarinseln schippern lassen.

Info und Buchung im *Bait & Tackle Shop*, Vueltas.

Capitano Claudio hat neuerdings durch einheimische Fischer Konkurrenz bekommen, die auf der *Siron* ebenfalls Los Organos, Angeltouren und Delphin-Watching im Programm haben. Nur Transport kostet 3000 ptas pro Person, inklusive Mittagessen ab Valle Gran Rey 5000 ptas, ab Santiago 6000 ptas. Besonders reizvoll: die Siron umrundet die ganze Insel. Doch auch hier gilt: bei Schlechtwetter oder abgetauchten Walen und Delphinen gibt es keine Entschädigung.

Info und Buchung in vielen Apartmenthäusern und Geschäften, z.B. bei *Atlantis, Pepa's Playa* und *Viajes Gran Rey.*

Tropischer Fruchtgarten Argaga

Der Fruchtgarten im *Barranco Argaga* ist nicht nur für botanisch Interessierte informativ, sondern für alle Obstfans, Rohköstler und Naturliebhaber einen Besuch wert. Auf dem weitläufigen Areal werden 130 verschiedene Obstarten kultiviert. Jeden Dienstag und Freitag zwischen 10 und 18 Uhr führen *Rosita* und *Gerd Schrader* (✆ 697004) sachkundig durch den Garten, wobei auch so manche exotische Frucht wie Cherimoya, Guave oder der daraus gepreßter Saft gekostet werden darf. Für die Führung wird ein Unkostenbeitrag von 1000 ptas pro Person erwartet. Die Obstplantage erreicht man vom Hafen Vueltas aus über den Fahrweg Richtung Finca Argayall. Im Barranco Argaga dem Schild »Tropischer Fruchtgarten Argaga« folgen.

Badestrände »im Valle«

Daß La Gomera nicht gerade als ausgesprochene Strandinsel bezeichnet werden kann, hat sich mittlerweile herumgesprochen. Noch relativ gut weg kommt Valle Gran Rey, das nicht zuletzt durch ein paar akzeptable Sandstreifen zu dem geworden ist, was es heute ist: ein Ferienzentrum, in dem sich aktive Wander- und Bike-Ferien aufs Angenehmste mit ein paar Strandtagen kombinieren lassen.

Hauptstrand des Tales ist die **Playa de Calera**, ein passabler schwarzer Sandstrand, der den Sand auch fast das ganze Jahr über behält. An stürmischen Tagen können recht ansehnliche Brecher den beliebten Familienstrand nicht ganz ungefährlich machen. »Oben ohne« wird zwar immer mal wieder praktiziert, ist hier jedoch fehl am Platz – die Playa de Calera ist der Dorfstrand des Tales.

VALLE GRAN REY

La Playa kann mit einem passablen Strand aufwarten.

»Fkk verboten« steht in unübersehbaren großen Lettern auf einem findlingsgroßen Felsen an der **Playa del Inglés** gepinselt. Doch niemand scheint sich darum zu kümmern, so als seien alle Analphabeten. Über die Jahre hinweg scheint das hüllenlose Sonnenbaden nun stillschweigend akzeptiert – der Versuch, dies zu ändern, käme für das überwiegend deutsche Publikum einer Revolution gleich –, doch den Einheimischen wird durch das Nacktbaden die Möglichkeit genommen, an »ihrem« Strand auch zu baden. Die Männerwelt macht zwar gerne mal einen Spaziergang zur Playa del Inglés, um zu schauen, ob der Strand noch da ist, aber ältere Leute oder Familien mit Kindern lassen sich erst gar nicht mehr blicken. Und wenn dann, wie es im Winter 1994 passierte, eine Ausländerin vergewaltigt wird, sagen die Gomeros vermeintlich mit Recht, sie sei selbst an der Sache schuld, das hüllenlose Baden würde dies doch nur provozieren …

Die Playa del Inglés ist der Strand der ersten Stunde. Früher wuchs hier regelmäßig zu Beginn der Saison ein Zeltdorf aus dem Boden, was mittlerweile jedoch strikt unterbunden wird. Der Ansturm auf die winzige Bucht, an der es einige vor dem Flugsand geschützte Felsnischen gibt, ist an sonnigen Tagen manchmal schon zu groß. Zumal sich fast alle beharrlich kaum von der Strandmatte fortbewegen – zum Schwimmen ist das Meer hier bis auf die Sommermonate zu gefährlich. Hohe Wellen und aus dem Wasser ragende spitze Felsen sowie eine tückische Unterströmung haben im Laufe der Jahre schon so manches Opfer gefordert. Natürlich kann es auch im Winter Tage geben, wo die See ganz friedlich ist. Vom Zentrum in La Playa erreicht man den Strand auf einer Piste in etwa 10 Gehminuten. Von der Strandzeile geht es bei der Pizzeria Piccolo Amore in die Gasse hinein und von dort immer geradeaus, vorbei an den Pauschalapartments.

Ein Strand, der kaum als solcher bezeichnet werden kann, ist **Charco del Conde**, im Szene-Jargon besser als *Baby Beach* bekannt. Wie der Name bereits andeutet, wird die Minibucht von Kids und ganz kleinen Badegästen bevorzugt. Das mag früher etwas anders gewesen sein, denn die seichte Lagune diente bereits der Gräfin Beatriz de Bobadilla als Badeplatz. Badebetrieb ist praktisch bei jedem Wetter möglich, die Mütter (es sind tatsächlich meistens nur Mütter) müssen lediglich darauf achten, daß der Nachwuchs nicht zur Autostraße hochkrabbelt. Eigentlich ist der Charco del Conde ein größerer Swimmingpool mit hüfttiefem Wasser zum Planschen. Seitdem der gleichnamige Ferienkomplex Charco del Conde sich am Rand der Lagune ausgebreitet hat, ist die einstmals liebliche Atmosphäre dahin. Die Baby Beach liegt in La Puntilla, genau zwischen La Playa und Vueltas.

Mit dem rapiden Ausbau der Gästebetten in Vueltas belebt sich auch zunehmend die kleine **Playa Vueltas**. Durch die Hafenmole vor Wind und hohen Wellen recht gut geschützt, ist hier fast ganzjährig Baden möglich, was vornehmlich von Familien bzw. Müttern mit Kleinkindern genutzt wird. Trotz der relativ ruhigen Brandung sollten auch hier die Kleinen im Auge behalten werden. Der schwarze Sandstreifen macht meist einen etwas ungepflegten Eindruck. Der exponierten Lage am Hafen wegen sollte auch hier auf »Oben ohne« verzichtet werden.

Von der Playa Vueltas führt ein schöner 15-minütiger Spaziergang auf einem Weg direkt unterhalb eines Steilabsturzes zur **Playa de Argada**, einer überaus steinigen Bucht, an der Sannyasins ein Meditationszentrum betreiben. Über einen felsigen Pfad oder direkt am steinigen Strand entlang gelangt man von hier zur etwa 5 Minuten entfernten **Playa de las Arenas**, die aus nicht mehr rekonstruierbaren Gründen »Schweinebucht« genannt wird. Je nach dem Stand der Flut ist das letzte Wegstück nur kletternd zu erreichen, wobei es meist unumgänglich ist, sich die Füße naß zu machen. Die geschützte Bucht mit einem Streifen Sandstrand ist schon seit Jahrzehnten das Freak-Dorado im Valle Gran Rey und der von Austeigern und Überwinterern bevorzugte Platz, zum Nulltarif zu nächtigen. Unter geschützten Felsüberhängen entstanden im Lauf der Jahre mit Steinen und Palmwedeln abgedeckte Verschläge, die während der Saison Dutzenden von Hippies Obdach geben. Je nach der Struktur der Bewohner wird das Müllproblem unterschiedlich angegangen. Für organische Abfälle wurde ein Komposthaufen angelegt, der manchmal eine beachtliche Höhe erreicht. Die Einheimischen sind von der illustren Gästeschar in der Schweinebucht nicht besonders erbaut. Mit aller Regelmäßigkeit wird die Hippiekolonie durch die Polizei geräumt – schon einen Tag später ziehen die vertriebenen »Mieter« wieder ein. Zum Strand selbst: er ist sandig mit zumeist ruhiger Brandung und selbstverständlich Fkk.

Wohnen in Valle Gran Rey

Mit mehr als der Hälfte aller Gästebetten ist Valle Gran Rey das touristische Zentrum der Insel. So groß das Angebot an Unterkünften auch sein mag, ein Hotel sucht man bislang vergebens. Es gibt etwa 130 offizielle Vermieter und vielleicht noch einmal so viele inoffizielle. Praktisch kann man in jedem Supermarkt und Geschäft nach einer Unterkunft fragen. Es dominieren auf Individualurlauber zugeschnittene Apartmenthäuser. Je nach Ortsteil lassen sich bis zu fünf Wohngebiete unterscheiden, die teils beträchtlich auseinander liegen. Wer es idyllisch mag, bevorzugt La Calera, Strandmenschen geben eindeutig La Playa den Vorzug, und Nachtschwärmer fühlen sich in Vueltas am besten aufgehoben. Für alle Ortsteile gilt: für die Hauptsaison (Weihnachten und Ostern) sollte rechtzeitig gebucht werden, ansonsten kann die Quartiersuche leicht zur Qual werden. Wenn bei den unten aufgeführten Apartments nicht ausdrücklich auf deutsche Wirtsleute oder Vermittler hingewiesen wird, sind zur telefonischen Buchung elementare Spanischkenntnisse notwendig.

Trotz Reservierung kann es gelegentlich passieren, daß man »sein« Zimmer bereits besetzt vorfindet. Besonders in der Hauptsaison kommt es zu Überbuchungen, wenn so mancher Vermieter der Versuchung nicht widerstehen kann, die zwischen zwei Reservierungen drei oder vier Tage lang freie Wohnung an Suchende abzugeben und vielleicht vergessen hat, seine neuen Gäste darauf hinzuweisen, daß sie nur befristet bleiben können. So gut wie immer zeichnet sich in solchen Fällen eine Lösung ab, die Umlegung kann jedoch leicht einen halben Tag kosten.

Eine unliebsame Praxis, die sich im Valle eingeschlichen hat, soll nicht unerwähnt bleiben: Zur Verringerung der Apartmentkosten lassen viele Mieter nachgereiste Freunde oder Fährbekanntschaften bei sich wohnen, obschon das Apartment nur für ein oder zwei und nicht für drei oder vier Leute gemietet und auch bezahlt wurde. Kommt der Vermieter solchen »Untermietern« auf die Schliche, kann dies seinen berechtigten Zorn heraufbeschwören. Einige Vermieter haben anscheinend auch mit alleinreisenden Müttern samt Anhang schlechte Erfahrungen gemacht und vermieten nur noch zögernd an kinderreiche Gäste. Schade, schade!

Außerhalb der Hochsaison, wenn viele Apartments leer stehen, lassen viele Vermieter nicht selten im Preis mit sich handeln. Eine Woche nach Ostern können die ansonsten festgelegten Apartmentpreise plötzlich um ein Drittel fallen.

⌂ in La Calera

★ *Pensión Concha*, La Calera, ✆ 805007. María Games gebührt der Ruhm, im Valle Gran Rey das erste Fremdenzimmer vermietet zu haben.

Vermietet wird in 2 Häusern, eines davon schön eingebettet in subtropische Flora mit Obstbäumen und baumgroßen Weihnachtssternen in sehr schöner Lage und ruhiger Gasse. Die DZ sind klein, spartanisch und kosten stolze 3500 ptas. Etagenbad. Mit etwas mehr Komfort gibt es auch einige schöne Apartments, ab 4000 ptas.

★ *Habitaciones Bella Cabellos*, ✆ 805182, DZ 2500 ptas. Zwei schön restaurierte Häuser, etwas außerhalb an der alten Dorfstraße. Die 5 einfachen Zimmer und ein großes Apartment werden von einer freundlichen, schon in die Jahre gekommenen Señora vermietet.

★ *Pensión Parada*, ✆ 805052, DZ 3000 ptas. Zentral an der Hauptstraße und am Busstop über der gleichnamigen Bar, entsprechend laut ist es. Für einfachste Ansprüche. Etagenbad.

♟ *Casa Policarpo*, ✆ & Fax 805143, 45 DM pro Tag; Studio mit Meerblick oben am Hang. Im selben Haus *Apartamentos Policarpo*, ✆ 805477, Fax 805366, ab 50 DM pro Tag; kleines Studio und ein großes Apartment mit 2 Schlafzimmern, Küche, Bad und großer Sonnenterrasse; beide Wohnungen unter deutscher Leitung.

♟ *Apartamentos La Galería*, ✆ 805477, Fax 805366. Zwei Studios mit tollem Blick ab 50 DM pro Tag. Für die Hauptsaison empfiehlt es sich, bereits mehrere Monate im voraus zu reservieren.

♟ *Apartamentos Dominguez*, ✆ 805030. 14 geräumige Apartments in sehr schöner Lage mit tollem Meerblick hinweg über die Bananen; Die meisten der Apartments haben eigene Küche und Bad, manche Gemeinschaftsküche. Besonders beliebt sind die Dachwohnungen mit eigener kleiner Terrasse. Der Restaurantbetrieb im Erdgeschoß stört kaum. 4000 ptas. Alteingesessen und gut.

♟ *Apartamentos Chinea*, ✆ 805032, 3000 ptas. 4stöckiger nicht besonders attraktiver Bau über dem Supermarkt El Chorro, doch große Apartments mit Platz bis zu 5 Personen.

♟ *Apartamentos Rivas*, ✆ 805068, ohne oder mit Terrasse 3000 bis 5000 ptas. Gute Lage nahe dem Restaurant Orquidea, mit sonniger Dachterrasse.

♟ *Apartamentos Orone*, ✆ 805283; im alten Ortskern in einer ruhigen autofreien Gasse. Die Zimmer der oberen Etage haben einen sonnigen Balkon und einen Panoramablick auf Bananen und Meer. 3000 ptas.

Casa Uli, ✆ 805087. Kleines Häuschen im Herzen La Caleras von deutscher Vermieterin. Apartment für zwei Personen ab 3500 ptas.

Rosa Damas, ✆ 805059; schmaler 3stöckiger Bau in herrlicher Lage in autofreier Gasse. Ohne Schild an der Tür, circa 50 m hinter der Pensión Concha. Toller Ausblick. 4500 ptas.

Tienda María, ✆ 805071; die freundliche Dame aus dem Tante-Emma-Laden hat teils schöne Apartments an der Hand. Ab 3500 ptas.

Olga, ✆ 805375, unterhalb der Zumería Mirador; 2 preiswerte Doppelzimmer mit Gemeinschaftsküche, Etagenbad und Terrasse. 2500 ptas.

⌂ *in Las Orijamas*

♟ *Apartamentos Ana Rosa*, ✆ 805623, am oberen Ortsrand gegenüber der

Apotheke. Geschmackvolle Apartments mit kanarischen Balkonen. Je nach Größe 3500 – 4000 ptas, auch Studios in La Calera. Deutsche Vermittlung.

♀ *Apartamentos Gran Rey,* ℂ 805039, an der Straße zur Apotheke; mit sonnigem Balkon und tollem Talblick, tagsüber etwas Verkehrsgeräusche von der unterhalb gelegenen Hauptstraße. 3500 ptas.

♀ *Apartamentos Damas,* ℂ 805244, Hanglage über der Hauptstraße am oberen Ortsrand. 3500 ptas.

⌂ im oberen Tal

♀ *Apartamentos Nelly,* ℂ 805084, Cañada de la Rosa (nahe El Guro); 2 ansprechende Häuser schräg gegenüber vom Lebensmittelladen Nestor, etwas unterhalb der Hauptstraße mit jeweils 4 Apartments und Studios. Geschmackvoll eingerichtet, hell und sehr sauber. Garten und ein von etwas Wiese umrandeter Pool. In ländlicher Umgebung, zum Strand etwa 2,5 km. 4500 ptas. Pauschal über *Mallorca-Reisedienst* ℂ 069/442023, Fax 439957.

♀ *Apartamentos Lucía,* ℂ 805407, Los Granados; Apartments mit Balkon, Terrasse und sehr schönem Talblick. 3500 ptas.

♀ *Apartamentos Nestor,* ℂ 805370, El Guro, direkt an der Hauptstraße; Info im gleichnamigen Lebensmittelladen. 3000 ptas.

♠ *Finca La Sotea,* malerische Lage an der westlichen Talflanke am oberen Ortsrand von El Hornillo. Mit dem Auto zum Meer 10 Minuten, zu Fuß auf einem Wanderweg circa 1 Stunde.

Das restaurierte und erweiterte Bauernhaus bietet Platz für maximal 4 Personen. Warmwasser per Solarenergie, Info und Buchung über *Mallorca Reisedienst,* ℂ 069/442023, Fax 439957. Preis pro Woche bei Zweierbelegung inklusive Flug und Mietwagen je nach Saison circa 1420 – 1615 DM pro Person.

Weitere Unterkünfte in den Dörfern im oberen Tal sind am besten in Lebensmittelgeschäften und Bars zu erfragen.

⌂ in La Playa

★★★ *Bungalows Oasis,* ℂ & Fax 805017, Ortsrandlage am Fuße des Steilabsturzes Mérica; gepflegtes, von Bougainvillea und Feuerbignonien eingerahmtes Anwesen mit Avocado-, Mango und Papayabäumen im Garten. Die 3 Bungalows und 2 Studios liegen sehr ruhig, sind individuell gestaltet und haben große Sonnen- und Schattenterrassen. 50 – 70 DM für 2 Personen, zuzüglich Endreinigung.

Auf dem Nachbargrundstück auch eine große Villa mit 300 m² Wohnfläche und Meerblick. Die 3 Schlafzimmer bieten Platz für 6 Personen; Terrasse, offener Kamin. 2 Personen zahlen pro Tag 110 DM, jede weitere Person 20 DM, zuzüglich 100 DM Endreinigung. Unter deutscher Leitung.

★ *Pensión & Apartamentos Lola,* ℂ 805148; großer 3stöckiger Kasten über dem gleichnamigen Restaurant mit 23 Wohneinheiten. Apartments verschiedener Größe, für 2 Personen um 4000 ptas bei Mietdauer von einer

Will man nicht auf eigene Faust eine Unterkunft suchen, was in der Hochsaison ziemlich ermüdend sein kann, bieten sich zwei Vermittler an, die bequemerweiser auch telefonische Reservierungen aus der Heimat annehmen.

Die Preise entsprechen dem ortsüblichen Niveau, da die Vermittlungsprovison nicht vom Mieter, sondern vom Vermieter gezahlt wird, der vom Vermitteln ebenfalls profitiert: er muß sich nicht selbst darum kümmern, das Haus voll zu bekommen. Einziger Nachteil ist, daß man quasi die Katze im Sack bucht, da man sich die Unterkunft nicht vorher ansehen kann. Gebucht werden muß für mindestens eine Woche. Die beiden Vermittler sind *Señor Trujillo* in La Puntilla und *Viajes Gran Rey* in Borbolán. Um Mißverständnissen vorzubeugen, sollten spezielle Ortswünsche, Lage und gewünschter Komfort bei der Buchung möglichst genau angegeben werden. Das Reservierungssystem setzt voraus, daß die Gäste ebenfalls zu ihren Abmachungen stehen.

● *Manuel Trujillo y Trujillo,* **La Puntilla,** ✆ 805129, nahe der Bar Edén. Señor Trujillo ist ein älterer Herr mit sehr guten Deutschkenntnissen, was eine te-

Apartmentvermittlung – Ein spezieller Service in Valle Gran Rey

lefonische Buchung völlig problemlos macht. In seinem Angebot befinden sich circa 25 Apartments und Häuser, einige davon gehören ihm selbst. Die meisten Objekte sind in Meeresnähe in La Puntilla, daneben auch in Vueltas, Borbolán und La Calera. Apartments für 2 Personen sind ab 3500 ptas zu haben. Häuser für 4 und mehr Personen kommen je nach Lage und Komfort auf 4000 bis 10.000 ptas. Für die Hauptsaison sollte man rechtzeitig reservieren. Als besonderen Service arrangiert Señor Trujillo für seine Gäste die Abholung per Taxi von der Fähre.

● *Viajes Gran Rey,* **Borbolán,** ✆ 805480, Fax 805293, linkerhand an der Hauptstraße zwischen La Calera und Vueltas. Nicht ganz so charmant wie Señor Trujillo ist das auch als *Oficina Informacion* bekannte Vermittlungsbüro von Manolo Piñero. Der englisch sprechende Besitzer vermittelt mehr als 100 verschiedene Objekte in allen Ortsteilen des Tales, überwiegend Apartments, dazu auch einige Häuser. Apartments für 2 Personen kosten je nach Komfort und Lage 3000 bis 4000 ptas. Zu haben sind auch große Apartments für 4 bis 6 Personen.

Woche. Eine-Nacht-Gäste zahlen 5000 ptas.

★ *Pensión Las Jornadas* (Casa María), ✆ 805047, DZ 2500 – 3000 ptas. Das einstige Freak-Domizil wird heute vornehmlich von Gästen frequentiert, die mit einfachsten Zimmern und nicht immer sauberem Etagenbad Vorlieb nehmen. Bar und Restaurant im Hause, die Brandung praktisch vor der Haustür.

Jardín Tropical, ✆ 805477, Fax 805366, am Ortsrand Richtung Playa del Inglés; 2 individuelle Bungalows mit eigenem Garten (55 – 65 DM plus Endreinigung) und 2 Studios mit Meerblick (50 – 55 DM). Deutsche Vermieterin.

♀♀ *Apartamentos Tres Palmeras*, ✆ 805480, Fax 805293; gepflegte 2stöckige Reihenhäuser mit 75 Apartments an der Straße nach Playa del Inglés. Am Meer, mit Pool. 5000 ptas, pauschal bei TUI, ITS, Esco-Reisen.

♀♀ *Apartamentos Los Tarajales*, ✆ 805301, Fax 805653. Größere Anlage mit 40 komfortablen Wohneinheiten, direkt am Meer an der Straße zur Playa del Inglés. Die Studios (im Parterre) und Apartments (im 1. Stock) werden meist von TUI- oder NUR-Gästen belegt, doch selbst in der Hochsaison kann was frei sein. Die Rezeption ist nur vormittags besetzt. Meerwasserswimmingpool und Sonnenterrasse. Studio 5000, Apartment 5500 ptas.

♀ *Casa Rudolfo*, ✆ 805195, 4500 – 5000 ptas. Zentral an der Strandzeile. Eine der ältesten Unterkünfte in La Playa mit 11 geräumigen, komfortabel eingerichteten und sehr sauberen Wohneinheiten, unter deutscher Leitung. Vom Balkon schöner Blick über die lebhafte Promenade auf den Strand. Vielfach von »Neckermännern« ausgebucht, ab und an ist dennoch was frei; 2 bis 4 Wochen vorher reservieren.

♀ *Casa Domingo*, ✆ & Fax 805143. Freistehendes 4geschossiges Wohnhaus an dem Sträßchen nach La Calera, das von Bananen umzingelt ist. Geräumige, helle und saubere Apartments, alle mit sonnigen Balkons und Meerblick. Zum Strand 2 Minuten. Buchungen in deutsch von zu Hause aus möglich. Für 2 bis 4 Personen 3500 bis 4000 ptas.

♀ *Apartamentos Balcón Canario*, ✆ 805175, 4500 ptas. Zentral an der Strandzeile. 6 große Apartments (jeweils circa 40 m^2) mit tollem Balkon.

♀ *Apartamentos Eladio*, ✆ 805124, 3500 ptas. 3stöckiger Neubau mit Balkonen, die Aussicht zum Meer wird allerdings durch die gegenüberliegende Häuserfront versperrt. Kinderfreundliche Vermieterin.

♀ *Apartamentos Genaro*, La Playa, ✆ 805066. Hinter der Strandzeile über dem gleichnamigen Supermarkt, wo man sich auch informieren kann. 4000 ptas für 2 Personen, für 3 Personen etwas teurer.

🏠 in Borbolán

Über die von den beiden ortsansässigen Vermittlungsbüros *Trujillo* und *Viajes Gran Rey* (siehe Kasten) angebotenen Häuser und Apartments hinaus finden sich in Borbolán noch weitere Unterkünfte:

♀♀♀ *Apartamentos Laurisilva*, ✆ 805817. Mit 110 Apartments eine der größten Anlagen im Tal, nach jahrelangem halbfertigen Zu- und Leerstand endlich offen. Restaurant und Süßwasserpool. Man wartet auf Pauschalgäste von TUI, bis diese kommen wird auch vor Ort vermietet. Das 3-Personen-Apartment kostet 7500 ptas.

★ *Villa Aurora*, ✆ 805053, DZ 2700 ptas, auch große Apartments für 2 – 4 Personen 4000 ptas. Eine schöne und ruhig gelegene alte Villa, umgeben von einem verwunschenen Garten. Man wohnt in etwas hellhörigen Zimmern mit Etagenbad und Gemeinschaftsküche.

♥♥ *Apartamentos Borbolán*, ☎ 805021. Gepflegte und ruhige Anlage mit 5 Apartments mit Terrasse direkt oberhalb des Bananengürtels, mit kleinem subtropischem Garten. TUI-Vertragshaus. 4000 ptas.

♥ *Apartamentos Iballa*, ☎ 805152, 3500 für zwei Personen, auch größere Apartments. Infos im Bazar Esther.

⌂ in La Puntilla

★★★ *Hotel Gran Rey*, ☎ 805859, Fax 805651. Seit Ende 1996 gibt es im Tal nun ein richtiges Komforthotel. Das dreistöckige Gebäude verfügt über knapp 100 klimatisierte DZ, alle mit Sat-TV, Telefon und Safe, etwa die Hälfte von ihnen mit Meerblick. Ein Pool auf dem Dach läßt vergessen, daß sich das Meer vor der Haustür nicht zum Baden eignet. DZ mit Frühstück 4700 – 7300 ptas.

♥♥♥ *Aparthotel Baja del Secreto*, ☎ 805709, direkt am Baby-Beach. 1996 eröffnetes, komfortables und architektonisch durchaus gelungenes Haus mit 29 Apartments, Pool und Dachterrasse. Preis für 2 Personen je nach Saison 7000 – 8000 ptas. Auch große und gar nicht mal so teure Apartments für bis zu 6 Personen (je nach Saison 9500 – 12.000 ptas), die sich gut für Familien mit Kindern eignen. Kinder ab 2 Jahre gelten allerdings bereits als Erwachsene.

♥♥ *Apartamentos Paraíso del Conde*, ☎ & Fax 805143, am Charco del Conde direkt am Meer. Geschmackvolles neues Apartmenthaus mit 12 Apartments, umgeben von einem 4000 m² großen Garten mit Pool. Die Zimmer sind komfortabel ausgestattet, mit Sat-TV, Telefon und Safe. Circa 70 DM, unter deutscher Leitung (Fertigstellung 1997).

♥♥ *Apartamentos Charco del Conde*, ☎ 805597, Fax 805502; Apartment 6760 ptas, das etwas kleinere Studio 5720 ptas für 2 Personen; für gomerische Verhältnisse riesige Anlage direkt am sogenannten Baby Beach. Die über zwei Etagen wabenförmig angeordneten Wohneinheiten bieten Platz

Die Kinder genießen ihre Freiheit, während die Väter vom Fischfang heimkehren

VALLE GRAN REY

für insgesamt 250 Personen, zumeist wird pauschal vermietet. Hell und freundlich eingerichtete Apartments, Sonnenterrasse, Süßwasser-Swimmingpool und daneben im Souterrain ein Supermarkt. Wanderprogramme. Neben der Rezeption auch eine Filiale der Autovermietung Piñero.

?? *Apartamentos La Condesa*, ℗ 805802, an der Küstenstraße zwischen La Puntilla und Vueltas; 3stöckige Pauschalanlage, alle 26 Zimmer haben einen großen Balkon mit Meerblick. 4500 ptas, pauschal bei TUI.

? *Apartamentos Sansofé*, ℗ 805535, direkt an der Küstenstraße; Schöne Apartments, 4000 ptas, und zwei noch schönere Studios mit Meerblick, 5000 ptas.

? *Apartamentos Bajio*, ℗ 805481, ebenfalls an der Küstenstraße mit großem Balkon, 3500 ptas. Info in der Zumería La Puntilla.

⌂ in Vueltas

★ *Pensión Candelaria*, ℗ 805402. Schöne und sehr ruhige Lage in der letzten Reihe oben am Hang. Freundliche Wirtin. Die Apartments kosten je nach Saison 3500 – 4000 ptas, auch einige billigere DZ. Sehr beliebt.

★ *Pensión Las Vueltas*, ℗ 805216. Einfache DZ ohne Bad für 3000 ptas.

? *Apartamentos María-Isabel*, ℗ 805483, 4500 ptas. Alleinstehend und schön ruhig über dem Strand am Hafen. Vielfach von Sannyasins belegt.

? *Casa Humberto*, Lomo de Vueltas, ℗ 805451, je nach Saison 4000 bis 4500 ptas. Sehr schönes Haus mit sechs geschmackvoll eingerichteten Apartments in ruhiger Lage oben am Hang. Telefonische Reservierung mit spanischen Sprachkenntnissen oder pauschal über den *Reisedienst Mallorca*, ℗ 069/442023. Eines der besten Häuser in Vueltas.

? *Casa Pablo*, ℗ 805179. Zimmer und Apartments in ruhiger Lage am Hang. Die Apartments kosten um 4500 ptas, in der Nebensaison etwas weniger. Das DZ kommt auf 3000 ptas, für Längerbleibende wird es etwas billiger.

? *Apartamentos Vidal*, ℗ 805275, 3000 bis 4000 ptas. Gelegen in einer Seitengasse, die Zimmer mit Balkon. Es gibt auch ein großes Apartment für bis zu 6 Personen. Hilfsbereiter Vermieter.

? *Apartamentos Elias*, ℗ 805185, 2500 ptas, das große Apartment (3000 ptas) für 4 Personen.

? *Apartamentos Avenida*, ℗ 805461, 3400 bis 3900 ptas. 12 Wohneinheiten in einem handtuchschmalen Bau oberhalb des Kreisverkehrs. Mit tollem Meerblick, aber einfachster Ausstattung.

? *Apartamentos Erasmo*, ℗ 805180; ruhige Lage in Seitengasse, mit von Bougainvillea umrankten Balkonen. 4000 ptas.

? *Apartamentos Colón*, ℗ 805402, oben am Hang in autofreier Gasse; 6 Studios mit winzigem Bad, die Zimmer im Parterre ohne Balkon, die oberen beiden Etagen mit Balkonen zur Nordseite hin, dafür gibt es eine sonnige Dachterrasse. 2800 ptas für eine Person, 3000 – 4000 ptas für zwei. Unter deutscher Leitung, Reservierungen von Deutschland über ℗ & Fax 040/497812.

♀ *Apartamentos Yenay,* © 805471, gegenüber von Aptos. Colón, mit großen Balkonen, doch nur die obere Etage bekommt volle Sonne ab. 3500 ptas.

♀ *Apartamentos Francisco,* © 805649, neben Aptos. Yenay, sehr schöne sonnige Lage am oberen Ortsrand. Apartments ab 3000 ptas, mit Balkon und Meerblick 4000 ptas.

♀ *Apartamentos Jobel,* © 805425, oben am Hang in autofreier Gasse. Von den Zimmern blickt man über ein paar Obstbäume hinweg. Studio 2500 ptas, sonnige Apartments auf dem Dach 4000 – 5000 ptas.

♀ *Apartamentos Olivier,* © 805153, zentral im Ortszentrum; große Apartments mit Balkonen, 4500 ptas. Lebhafte kleine Seitengasse. Info im Supermercado Olivier.

Apartamentos Berta, © 805082 (deutsche Vermittlung), linkerhand am Ortsrand. Große Apartments mit einem, zwei und drei Schlafzimmern, 4000 – 8000 ptas. Sonnenterrasse.

⌂ Weitere Unterkünfte in Valle Gran Rey
Zwischen 3500 und 4500 ptas

Apartamentos Veronica, Las Orijamas, © 805733, Info im Restaurant La Dolce Vita.

Pensión Playa Mar, La Playa, © 805672, an der Strandzeile.

Apartamentos Bella, La Playa, © 805115, an der Strandzeile.

Apartamentos El Guirre, La Playa, © 805401, an der Straße nach Playa del Inglés; pauschal und etwas teurer.

Apartamentos San José, La Playa, © 805493.

Am Schluchtausgang des Barranco de Argada betreiben seit Mitte der 80er Jahre Osho-Jünger ein Meditationszentrum namens *Finca Argayall*. Idyllisch von Obstplantagen umgeben, bietet die kleine spirituelle Gemeinschaft ein breit gefächertes Seminar- und Gruppenprogramm an: Rebalancing, Rolfing, Reiki, Tarot, Yoga, Bachblüten,

Meditativ und esoterisch

afrikanischer Tanz, Trommel- und Percussionkurse. Täglich kann an Dynamischer Meditation und Kundalini teilgenommen werden. Die Finca Argayall versteht sich als »Place of Light«, an dem die Basis für individuelles Wachstum und gruppendynamische Prozesse geschaffen werden kann.

✉ Finca Argayall, Valle Gran Rey, © & Fax 697008. Info/Anmeldung außer Di 10 – 12.30 Uhr. Für Gäste und Seminarteilnehmer stehen etwa 25 Betten in geschmackvoll eingerichteten Zimmern zur Verfügung. Die Übernachtung mit vegetarischer Vollpension kostet im DZ mit Gemeinschaftsbad 75 DM pro Tag und Person, im DZ mit Bad 95 DM. Wer ein DZ für sich allein möchte, zahlt einen Aufschlag von 30 DM. Nach vorheriger Anmeldung können auch Nichtgäste an den Mahlzeiten teilnehmen. Die Stromversorgung der Finca wird durch einen leicht ratternden Dieselgenerator sichergestellt, Solarkollektoren bereiten heißes Wasser auf. Ist der Himmel mal bedeckt, bleibt die Dusche lau.

Ein Osho-Ableger ist die *Casa Blanca* in Vueltas, nahe dem Hafen. Man kann dort bei der täglichen Meditation mitmachen, auch Reiki, Shiatsu, Akupunktur und andere therapeutische Angebote.

✉ Casa Blanca, Vueltas, © 805540. Unterkunftsmöglichkeiten sind vorhanden.

Apartamentos Abraham, Vueltas, ℰ 805424, oben am Hang.

Apartamentos Damas, Vueltas, ℰ 805052, kleine Seitengasse im Ortszentrum.

Apartamentos Miguel, Vueltas, ℰ 805307, kleine Seitengasse im Ortszentrum.

✖ Essen und Trinken in La Calera

Sebastián, geöffnet täglich außer Sa 18 – 22 Uhr. Nach einer schöpferischen Pause wieder offen und gleich wieder in. Das kleine, einfach eingerichtete Lokal überrascht mit solider kanarischer Küche. Etwas Zeit sollte allerdings mitgebracht werden – wenn es voll ist, muß man bis zu einer Dreiviertelstunde aufs Essen warten. Neben Gambas, Chocos, Paella (nur sonntags) besonders empfehlenswert die Hähnchenkeulen und der Fleischspieß, der sich als 4 aufgespießte kleine Rindersteaks entpuppt, mit denen eine Person reichlich zu tun hat. Dazu werden wahlweise Pommes oder Schrumpelkartoffeln serviert. Alle Beilagen werden extra berechnet, für gomerische Verhältnisse nicht ganz billig, doch es lohnt. Kommen Sie rechtzeitig, in der Hochsaison sind die Tische schon besetzt, bevor das Lokal richtig geöffnet hat; oder etwas später zur »zweiten Schicht«.

La Pista, geöffnet ab 17.30 Uhr. Kleines Lokal mit zumeist dicht umringter Bar und einer überdachten Terrasse, auf der während der Saison das halbe Dutzend Plastiktischchen bereits kurz nach Öffnung des Lokals belegt ist. Das Ambiente ist schnör-kellos, dafür sind die Fischgerichte sehr schmackhaft. Das Essen braucht hier zwar seine Zeit, doch das Warten lohnt. Spezialitäten sind der leckere Schwertfisch *(Aguja)* und die nicht minder guten Chocos asado. Bleibt noch zu bemerken, daß La Pista nicht mehr an einer Piste, sondern eher an einer Autobahn liegt, was sich jedoch kaum negativ auswirkt, da abends der Verkehr praktisch ruht.

Restaurante/Bar La Plaza, geöffnet ab 18 Uhr, außer Do; an der Hauptstraße beim Taxistand. Das kleine Eßlokal befindet sich über der Bar im 2. Stock. Null-Ambiente ist auch ein Ambiente, es ist laut, und mangels Rauchabzug hängt der Fritiergeruch noch nach 2 Tagen in den Klamotten. Der Beliebtheit des Lokals tut dies keinen Abbruch, die Küche gibt sich kanarisch mit Conejo, Pollo und Carne en salsa, Pulpo oder den hervorragenden Chocos in Knoblauch. Alle Gerichte werden allerdings nicht mit Schrumpelkartoffeln, sondern mit Pommes Frites serviert. Moderate Preise, üppige Portionen.

El Descansillo, geöffnet von 9.30 bis 13 Uhr und ab 17 Uhr, Mo geschlossen. Im Herzen von La Calera mit einer oberhalb der Hauptstraße an den Hang gebauten, idyllisch von Palmen beschatteten Terrasse. An den Wänden prangen Poster von Tutench-Amun und Che Guevara. Auf der kleinen Tafel stehen vornehmlich Fischgerichte, allerdings von schwankender Qualität. Durchweg gut dagegen kommen Vegetarier weg, die mit dem in Teigmantel fritierten Blumenkohl bestens bedient sind. Außer den

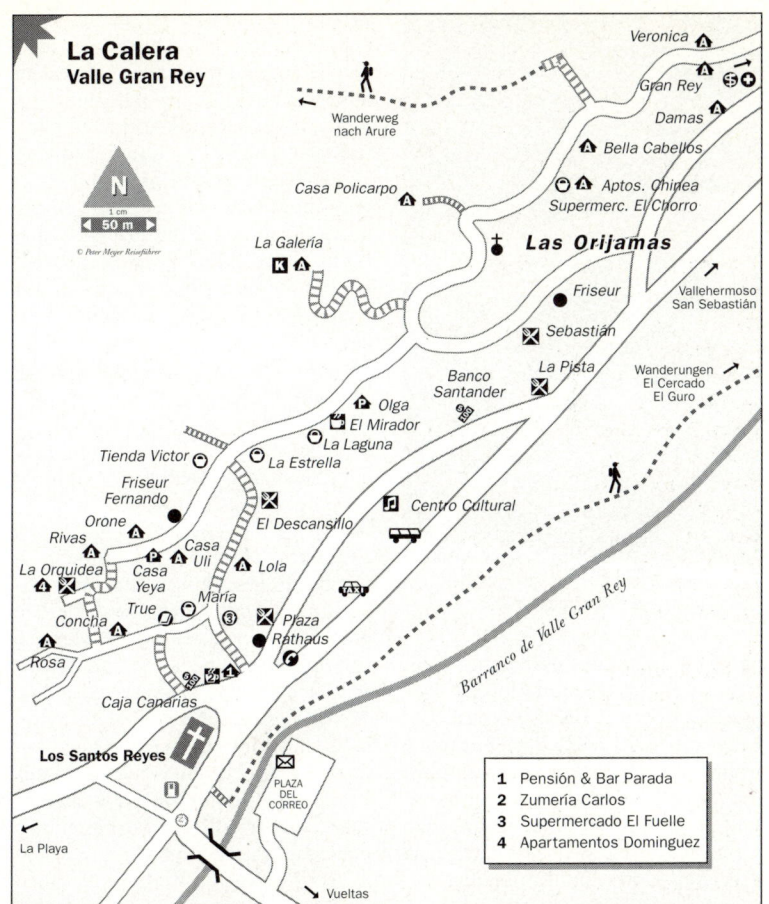

La Calera
Valle Gran Rey

Veronica

Gran Rey

Damas

Bella Cabellos

Wanderweg
nach Arure

Casa Policarpo

Aptos. Chinea
Supermerc. El Chorro

La Galería

Las Orijamas

Vallehermoso
San Sebastián

Friseur

Sebastián

La Pista

Wanderungen
El Cercado
El Guro

Banco
Santander

Olga
El Mirador
La Laguna

Tienda Victor

La Estrella

Friseur
Fernando

Centro Cultural

Orone
Rivas

El Descansillo

Casa
Uli

Lola

La Orquidea

Casa
Yeya

True

María

Concha

Plaza
Rathaus

Rosa

Caja Canarias

Barranco de Valle Gran Rey

Los Santos Reyes

PLAZA
DEL
CORREO

La Playa

Vueltas

1	Pensión & Bar Parada
2	Zumería Carlos
3	Supermercado El Fuelle
4	Apartamentos Dominguez

© Peter Meyer Reiseführer

N
1 cm   50 m

Langusten alle Gerichte unter 1000
ptas. Auch ein beliebter Frühstücks-
platz mit Spiegeleiern und einem allerdings wenig überzeugenden Müsli.

La Orquidea, geöffnet 10 – 14 Uhr
und ab 17.30 Uhr, So geschlossen. Mit
dem phantastischen Blick über die

Bananen auf La Playa zweifelsohne
das schönste Terrassenlokal im Tal,
besonders romantisch sitzt man
während des Sonnenuntergangs. Im
Winter baumeln die reifen Avocados
direkt über den Tischen, darunter sorgen ein halbes Dutzend herumstreu-

*La Caleras Dachterrassen sind als Früh-
stücksplatz kaum zu übertreffen*

nender Katzen für zusätzliches Flair.
Aus den Boxen tönt unterkühlte Pop-
musik à la Prince und Lou Reed. Lo-
benswert sind die Salatvariationen,
wahlweise mit Sojasprossen, Hühn-
chenfleisch, Ananas, Käse oder Eiern.
Lecker auch die Hühnchengerichte,
wahlweise in Paprikasauce oder kroß
gebacken und mit Knoblauch gespickt

⊠ im oberen Tal

*Mirador de Palmarejo de César Man-
rique,* am Talschluß auffällig an der
Straße gelegen. Das Panoramalokal
wird seit kurzem von der »Hecansa«
betrieben, einer Schule für Kellner
und Köche. Entsprechend jung ist das
Personal, das in weißgestärkten Hem-
den, Fliege und Bluse fürs Valle ziemlich herausgeputzt wirkt. Neben dem
Super-Talblick ist jedoch auch das
Kulinarische interessant: kreative kanarische Küche wie Kaninchen und
Ziegenfleisch vom Feinsten. Gepflegte Atmosphäre und sehr gute Weinkarte. Und gar nicht mal so teuer.
Nach einem Ausflug im Nebelwald
der bestmögliche Stop.

Bar Lomo del Balo, im gleichnamigen Dorf; typisch gomerische Dorf-
bar mit Tapas und venezolanischen
Arepas.

Bar Retamal, im gleichnamigen
Dorf an der Durchgangsstraße; gute
Tapas und Ziegenfleisch.

⊠ in La Playa

El Baifo, Edificio Noramara, ☏
805775, Fr geschlossen. Das neue Lokal von Andy, dem malayischen
Koch, der obendrein perfekt deutsch
spricht. Herrliche asiatische Küche
mit knackigem Gemüse aus dem
Wok, Vegetarisches wie das Gado
Gado mit Erdnußsauce und nicht zuletzt die Spezialitäten wie Reistafel,
Ente nach Kaiserart oder das chinesi-
sche Fondue (alle auf Vorbestellung,
doch das Warten lohnt).

Bar Pic-Nic, im Edificio Noramar-
ra, So geschlossen. Deutscher Imbiß
mit Spätzle, Leberkäs und tollen venezolanischen Arepas (auch vegetarisch). Gut zum Frühstücken.

La Islita, an der Strandzeile, geöffnet 13 – 16 Uhr und ab 18 Uhr, Mo
Ruhetag. Italienisch geführtes Lokal,
gutbürgliches Ambiente mit weißen
Tischdecken und freundlichem Ser-

vice. Interessante Nudelgerichte wie Tagliatelle mit Lachs oder Spaghetti mit Meeresfrüchten. Man ist bemüht, sich durch eine gewisse Raffinesse von der übrigen Gastronomie abzuheben. Überzeugend das Kaninchen nach Art des Hauses und das stilechte Tirami sú. Hauptgerichte um 1000 bis 1200 ptas.

La Terraza, durchgehend geöffnet ab 13 Uhr, Mo Ruhetag. Riesiges überdachtes Terrassenrestaurant hinter der Strandzeile. Hier essen vornehmlich die Urlauber aus den umliegenden Strandapartments. Es geht professionell zu und ist dazu ausgesprochen preiswert. Auch wenn es voll ist, werden die Gänge so schnell hintereinander weg serviert, daß man kaum mit Essen nachkommt. Der gegrillte Thunfisch mit Pommes Frites kostet ganze 650 ptas, und dafür ist er wirklich nicht schlecht.

El Paraiso, ✆ 805447, ab 13 Uhr, Sa geschlossen. Überdachtes Terrassenlokal am Meer an der Promenade Richtung La Puntilla. Für den großen Hunger empfiehlt sich als Vorspeise die mächtige Kichererbsensuppe. Interessant, aber nicht jedermanns Geschmack, die Ensaladilla Russia, eine Art Kartoffelsalat mit Thunfisch. Von den Fischgerichten lecker ist das scharf gewürzte Thunfischfilet, dazu wird eine gute rote Mojosauce serviert. Außerdem Paella (auch für Singles), Hackfleischbällchen, nicht fehlen darf das gulaschartige Carne en salsa und als Spezialität des Hauses das Kaninchen in Knoblauchsauce. Zum Trinken empfiehlt sich Inselwein oder ein Krug Sangria.

Pizzeria Piccolo Amore, an der Strandzeile; unter gleicher Leitung wie das La Terraza mit fast identischer Karte.

Las Jornadas, geöffnet von 12 bis 16 Uhr und ab 19 Uhr, außer Di. Die Casa María ist auch ohne die berühmte Terrasse ein Szene-Treff im Tal geblieben. Man sitzt in nüchternem Ambiente, als wäre man noch in den 70er Jahren. Der Sonnenuntergang von hier aus ist nach wie vor ein Muß. Essen muß man nicht unbedingt, vielleicht eine üppige Tortilla oder die frisch zubereitete Paella. Ungebrochen beliebt, man lebt anscheinend vom Mythos.

El Bodegón, geöffnet ab 17 Uhr, So geschlossen. Man sitzt auf einer schön überdachten Terrasse und ißt Haifischfilet, Thunfisch, Kaninchen oder Carne mejada, ein feingeschnittenes Rindfleischgericht, dessen Rezept aus Venezuela stammt. Das Lokal hat seine Höhen und Tiefen.

San José, an der Straße zur Playa del Inglés im Hochparterre. Die übliche Auswahl an Fischgerichten (um 900 ptas), ausgefallen der Arroz a la Cubana, ein Reisgericht mit gebackener Banane.

La Tasca, Edificio Noramara, ab 18 Uhr geöffnet, Mi Ruhetag. Künstlerisch ansprechend ausgemalte Bar. Hier wird gelegentlich Live-Musik geboten.

⊠ in Borbolán

Coco Loco, ✆ 805756, ab 19 Uhr, Mi geschlossen. Etwas abseits von der Hauptstraße am kleinen Park gelegen. Luftiges Lokal mit deutschem, genau-

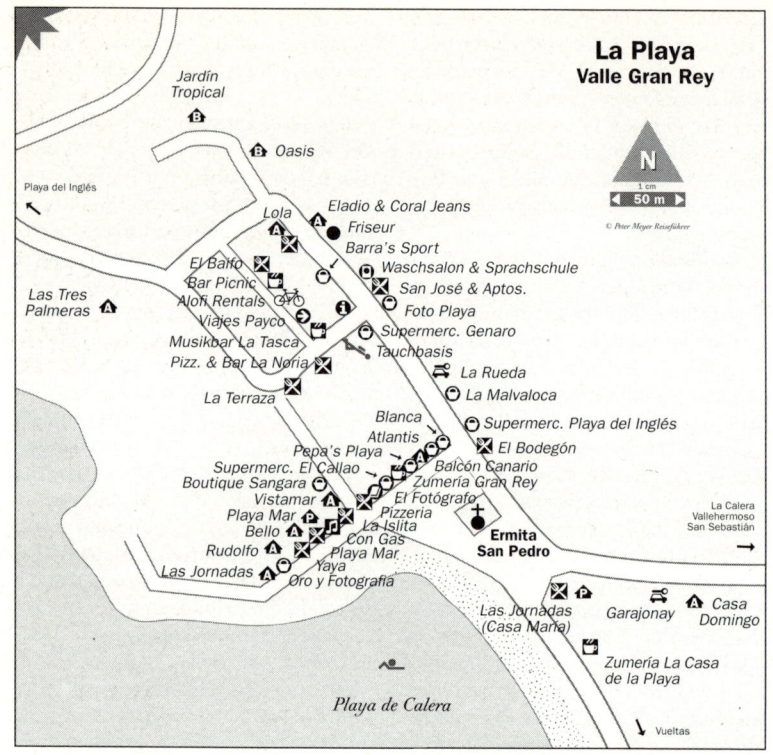

La Playa
Valle Gran Rey

N
1 cm
50 m

© Peter Meyer Reiseführer

Jardín Tropical

Oasis

Playa del Inglés

Lola
Eladio & Coral Jeans
Friseur
Barra's Sport
El Baño
Bar Picnic
Waschsalon & Sprachschule
San José & Aptos.
Aloi Rentals
Viajes Payco
Foto Playa
Musikbar La Tasca
Supermerc. Genaro
Pizz. & Bar La Noria
Tauchbasis
La Rueda
La Malvaloca
La Terraza

Las Tres Palmeras

Blanca
Supermerc. Playa del Inglés
Atlantis
El Bodegón
Pepa's Playa
Balcón Canario
Supermerc. El Callao
Zumería Gran Rey
Boutique Sangara
El Fotógrafo
Vistamar
Pizzeria
Playa Mar
La Islita
Bello
Con Gas
Rudolfo
Playa Mar
Yaya
Las Jornadas
Oro y Fotografía

Ermita San Pedro

La Calera
Vallehermoso
San Sebastián

Las Jornadas (Casa María)
Garajonay
Casa Domingo

Zumería La Casa de la Playa

Playa de Calera

Vueltas

er gesagt sächsischem Koch. Serviert werden Fischgerichte, Vegetarisches und deutsche Hausmannskost.

Casa Simón, ℰ 805060, geöffnet ab 13 Uhr, warme Küche ab 18 Uhr, Fr geschlossen. An der Straße von La Calera nach Borbolán ragt rechterhand ein Haus über die Bananen hinaus. Das Lokal liegt im 1. Stock und ist von einer Terrasse umgeben, die einen tollen Blick zum Meer bietet. Auf der Karte steht ein buntes Sammelsurium internationaler Küche, angefan-

gen von mexikanischem Chili con Carne und Steaks bis hin zum gomerischen Hirtenspieß auf Reis und Fischfilet in Currysauce (Hauptgerichte 900 – 1200 ptas). Hört sich alles ganz eingängig an, schmeckt aber leider mittelmäßig. Dafür kann sich die Weinkarte sehen lassen, neben diversen Riojas gibt es auch einen hervorragenden Lanzarote-Wein (El Grifo), sehr beliebt ist die Sangria.

El Palmar, ℰ 805332, schräg gegenüber von der Casa Simón, etwa 30 m von der Straße entfernt am Rande der Bananen. Kanarische Küche mit akzeptablen Fleischgerichten wie Kaninchen oder Pollo en salsa, der Fisch schmeckt woanders besser. Gomerawein gibt es vom Faß. Zu vorgerückter Stunde greift der Wirt ab und an zur Gitarre.

⊠ in La Puntilla

Charco del Conde, geöffnet ab 10 Uhr, Mi geschlossen; direkt neben der gleichnamigen Ferienanlage am Baby Beach in La Puntilla. Neben einer satten Auswahl an Fisch trifft man hier ganz unverhofft auch auf kanarische Gerichte wie Kichererbsen oder Gemüsesuppe mit Gofio. Gar nicht mal so schlecht. Auf der Terrasse läßt es sich auch gut frühstücken, während der Nachwuchs in Sichtweite im seichten Wasser rumplätschert.

Bar El Edén, täglich außer Sa. Eines der älteren Lokale im Tal, mit schattiger Terrasse und guten Tapas. Probieren Sie doch mal die Churros de Pescado. Bei den Gomeros beliebt.

⊠ in Vueltas

La Dolce Vita, ☎ 805733, geöffnet 9.30 – 14.30 Uhr und ab 16.30 Uhr, Di geschlossen; am Ortseingang nahe der Hauptstraße. Szene-Lokal, man trifft sich bereits zum Frühstück oder nachmittags zu selbstgemachten Kuchen und Torten, abends dann vorwiegend vegetarische Gerichte wie Linsencurry und Polenta. Einfach, locker und kommunikativ.

La Salsa, im gelben Haus, ☎ 805518, geöffnet ab 18.30 Uhr, Do geschlossen. Mexikanisch angehauchte

Küche mit mexikanischer Fischsuppe, Chili con Carne und Empanadas. Für den Nachwuchs steht ein Kinderstuhl bereit. Die Karte wechselt schnell, vielleicht ein Zeichen, daß das Lokal noch auf der Suche nach dem eigenen Stil ist. Deutsche Wirtsleute.

Abisinia, ☎ 805529, geöffnet ab 18.30 Uhr. Gemütliches Lokal mit gutem Fischangebot, empfehlenswert ist die Seezunge. Auch echt Kanarisches wie Pollo und Conejo mit Schrumpelkartoffeln und Mojo, weniger gelungen jedoch sind die Salatvariationen. Die Atmosphäre ist entspannt, die rustikale Bar noch bis spät in die Nacht umlagert, manchmal gibt es Musik und Parrandas und obschon relativ neu, bereits nicht mehr aus Vueltas wegzudenken.

Taller de Guano (Bar Azul), ☎ 805192, geöffnet ab 18.30 Uhr. Spitzenlokal am Hafen mit eigenwilligem Ambiente. Das dezent mit Halogen ausgeleuchtete Restaurant überzeugt durch eine gelungene Mischung internationaler Küche mit einem Pfiff Nouvelle Cuisine – dafür darf das Essen auch ruhig etwas über dem ortsüblichen Preisniveau liegen (1200 – 1700 ptas). An Vegetarischem stehen Couscous oder die Makkaroni mit

Lesen Sie bitte weiter auf Seite 196

VALLE GRAN REY

Was für Paris die Bistros sind, für London die Pubs oder für Wien die Kaffeehäuser – das sind fürs Valle Gran Rey die Saft- und Milchbars. Auf Spanisch relativ nichtssagend *Zumerías* genannt, bekommt man hier doch allerhand Schmackhaftes. Schon morgens geöffnet und zum Frühstück bereits gut gefüllt, bieten sie ein exakt auf das Szene-Publikum zugeschnittenes Angebot. Die Palette reicht von Urgesundem wie frischgepreßten Säften, Obstsalaten und Müsli bis hin zu Eisbechern, Sandwiches und, wenn der Tag etwas weiter fortgeschritten ist, auch zu Cocktails und härteren Sachen.

▶ *Café der Anderen Art*, Vueltas, an der Hauptstraße, geöffnet 10 – 13 Uhr und ab 17 Uhr, Mo und Do nur abends. Wie der Name schon vermuten läßt, ist das Café sowohl von den beiden sympathischen Betreibern als auch vom Publikum voll in deutscher Hand. An der Fassade prangt zwar noch das Neonschild »Zumería Vueltas«, doch von Stammgästen wird der Laden kurz und treffend »Bistro« genannt. Das beliebte Frühstückscafé offeriert Croissants, Salate sowie Schoko- und Mandelkuchen. Ganz nebenbei läßt sich auch die aushängende Süddeutsche Zeitung vom Vortag lesen. Empfehlenswert ist das Gesundheitsfrühstück mit Vollkornbrot, Tahin, Käse, Müsli, Getreidekaffee und O-Saft. Auch Eiscreme, Batidos, Cocktails und deutsche Biere. Ab und an auch Live-Musik.

Nicht nur zum Frühstück gut:

▶ *Zumería Carlos*, La Calera, am Taxistand, geöffnet 9 – 19 Uhr, So geschlossen. In absolut zentraler Lage liegt der Treff in La Calera mit meist voller Terrasse, von der aus alle Neuankömmlinge im Tal kritisch beäugt werden können. Das Schwarze Brett ist eine der besten Infobörsen, zum Beispiel werden billige Rückflugtickets angeboten. Auch finden sich immer Leute zusammen, die gemeinsam ein Taxi zur Frühfähre chartern wollen. Auf der Karte stehen mehr als 20 frischgepreßte Fruchtsäfte, darunter so exotische wie Mango-, Guave-, Maracuja-, Papaya- oder Cherimoyasaft. Spezialität des Hauses unter den Eisbechern ist die Copa el Caidero mit diversen Eissorten, Erdbeersauce, Karamel, Früchten der Saison und das Ganze mit einem ordentlichen Sahnehäubchen dekoriert. Gute Bocadillos und ein phantastischer vegetarischer Toast mit Ei, Tomate und Avocadocreme. Die beachtliche CD-Sammlung berieselt die Szene mit lockerer Musik quer durch alle Stilrichtungen.

▶ *Bar Yaya*, an der Strandzeile in La Playa, geöffnet ab 8 Uhr, außer Mo; Strandbar in extravagentem blau-weiß gestyltem Ambiente, nach Sonnenuntergang in schummrig kühle Beleuchtung getaucht. Gut frequentierter Frühstückstreff mit diversen Eiergerichten, Bocadillos und einer breiten Saftauswahl. Ab mittags auch warme Küche mit Inseltypischem wie Chocos a la Plancha, Thunfisch und Kaninchenfleisch.

Saftbars & Cafeterías im Tal

▶ *Zumería Casa de la Playa*, La Playa, Mi geschlossen; an der Promenade mit sonniger Terrasse und Dachgarten im ersten Stock, für coole Drinks und gute Eisbecher nach dem Sonnenbaden. Auch Tapas und kleine Gerichte wie z.B. vegetarische Kroketten. Treffpunkt zum Sonnenuntergang.

▶ *Zumería & Heladería Gran Rey*, an der Strandzeile in La Playa, täglich ab 9 Uhr. Leckere Eisbecher, Fruchtsäfte und Batidos mit frischen Erdbeeren oder Papayas, auch Obstsalate, Toasts und Sandwiches.

▶ *Zumería El Mirador,* La Calera, geöffnet ab 9 Uhr durchgehend bis 22 Uhr. Die neueste unter den Saftbars und sofort »in«. Kein Wunder, bei dem Super-Panoramablick von der Terrasse aus. Frühstück mit Croissants, Tortilla oder Spiegelei, demnächst auch richtiger Restaurantbetrieb.

▶ *Café Tambara,* Vueltas, neben den Apartments Avenida. Wäre die Terrasse nicht so klein, könnte der Laden mit dem Su... glatt María in La... ablaufen. Doch a... Sonnenuntergang... was ... dröhnt lautstarke arabische Musik aus Kairo und Khartum aus den Boxen – Francisco, der Besitzer, hat wohl die beste CD-Sammlung dieses Genres auf der Insel. Dazu passend das orientalische Interieur mit schönen Mosaiken. Café, Säfte, Cocktails, Arepas und vegetarische Gerichte. Mein Lieblingsplatz in Vueltas, vorausgesetzt, es ist gerade ein Platz zum Sonnenuntergang frei.

▶ *Zumería No. 2,* Vueltas, direkt am Hafenstrand. Versucht den Platz der einstigen Pizzeria Quasimodo zu füllen. Neben dem üblichen Saft-, Eiscreme- und Snackangebot gibt es echt österreichische Schmankerl wie Kaiserschmarrn und Apfelstrudel. An heißen Tagen der beste Platz, um mal schnell vom Strand aus sich was Kühles zu gönnen.

▶ *Zumería La Puntilla,* Puntilla, neben der Bikestation. Macht ab und an einen etwas verwaisten Eindruck, am Angebot an Bocadillos, Sandwiches und Milchshakes kann es nicht liegen, die sind nicht schlechter als anderswo. Doch wenn die Küste von La Puntilla erstmals mit Apartmenthäusern zugebaut sein wird ...

VALLE GRAN REY

ttspinat zur Auswahl. Von den
?leischgerichten sind die Steaks und
das Huhn in Orangensauce zu empfehlen. Wer etwas aus dem Meer haben möchte, wählt gegrillte Gambas,
Krebsfleisch, Miesmuscheln oder
Thunfisch. Als Dessert dann Bana-
nenflan oder Zitronenkuchen. Ein
rundum gelungenes Eßerlebnis.

El Pescador, in einer Seitengasse im
Zentrum, geöffnet ab 18.30 Uhr.
Fischlokal mit fischermäßigem Ambiente, wo es in der Hochsaison üblich ist, draußen auf dem Bürgersteig
auf einen freien Tisch zu warten. Neben Fischgerichten (um 1000 ptas)
und Gambas, wahlweise mit Knoblauch oder von der heißen Platte, wird
das Lokal auch wegen seiner gegrill-
ten Hähnchen geschätzt, die es auch
zum Mitnehmen gibt. Dazu trinkt
man Inselwein vom Faß.

El Puerto, ℂ 805224, geöffnet täglich ab 7.30 Uhr, Küche ab 13 Uhr.
Hafenkneipe, die Bar wird besonders
von einheimischen Dominospielern
frequentiert. Weiter nach hinten zu
ißt man Thunfisch, je nach Gusto gegrillt, paniert oder in Essig eingelegt.
Gar nicht so schlecht die gegrillte
Fischplatte (1600 ptas für 2 Personen).

America, ℂ 805092, geöffnet täglich ab 7.30, Küche ab 13 Uhr. Die
nach hinten ausgebaute Hafenbar hat
sich zum Fischrestaurant entwickelt.
Spezialitäten sind Zarzuela und Paella
mit Meeresfrüchten.

La Loli, geöffnet täglich ab 10 Uhr.
Bar mit angeschlossenem kleinem Lokal. Auf der Tafel stehen frischer

Fisch, Kaninchen und Zicklein; auch
Eiscreme und frischgepreßte Säfte.

**Wenn es
Nacht wird
in Vueltas …**
Wenn es dar-
um geht, der
quirligen
Nightlife-
Szene in Vueltas einen Namen zu geben, werden keine Vergleiche ge-
scheut. Da wird vom Rotlicht- oder
Chinesenviertel gesprochen oder my-
stisch verzerrt gar vom berühmt-
berüchtigten Bermuda-Dreieck. Tatsächlich gibt es weder anrüchige Bars
und Peep-Shows noch Chinesen in
Vueltas. Was das Bermuda-Dreieck
angeht: in wilden Nächten soll allerdings so mancher einfach spurlos ab-
getaucht sein, doch das mag woanders
auch passieren.

Tatsache ist jedenfalls: in puncto
Nachtleben hat Vueltas mehr zu bieten als der Rest der Insel zusammen-
genommen! Seit in La Playa mehr und
mehr pauschale Nüchternheit einge-
zogen ist, konzentriert sich der harte
Kern der Szene um den Hafen herum.
Zwar läßt sich nicht zwischen besonders vielen Anlaufpunkten wählen,
doch die wenigen, die es gibt, haben
es in sich. Da ist zunächst einmal die
eher ruhige *Bar Barranco* (ab 21 – 2
Uhr), eine Musikbar im Gelben Haus,
in der auch spanisch sprechende Gäste verkehren.

Bunt gemischtes Publikum dann in
La Tasca (ab 20 Uhr). In dem Nacht-
café trifft sich der nicht so ganz harte
Kern der Szene zu Tapas, Cocktails

und hausgemachter Sangría. Das Lokal liegt etwas versteckt, links neben dem Restaurant El Pescador führt eine Treppe in den ersten Stock.

Schon seit Jahren der absolute Treff und immer im Trend ist das *Cacatua* (21 bis 2 Uhr). Die Bar ist ein echter Eckpfeiler des »Bermuda-Dreiecks« mit gedimmten Halogenspots, Classic-Rock und einem deutschen Wirt, der es gekonnt versteht, den schrägen Paradiesvögeln einen relaxenden Platz anzubieten. Mit einem Tequila Sunrise in der Hand werden Kontakte geknüpft und gepflegt – nach dem Motto »sehen und gesehen werden« – und ganz nebenbei ist »die Kuh am fliegen«, so der O-Ton des Szene-Blattes »Der Valle-Bote«.

Nach Mitternacht, eigentlich erst so ab 1 Uhr, zieht es die Unermüdlichen hinunter zum Strand in *Pako's Disco* (22.30 bis 5.30 Uhr), wobei man das Musikprogramm nicht unbedingt mögen muß. Zumindest ist bei dem Mix aus Pop, Reggae, Salsa und Tech-

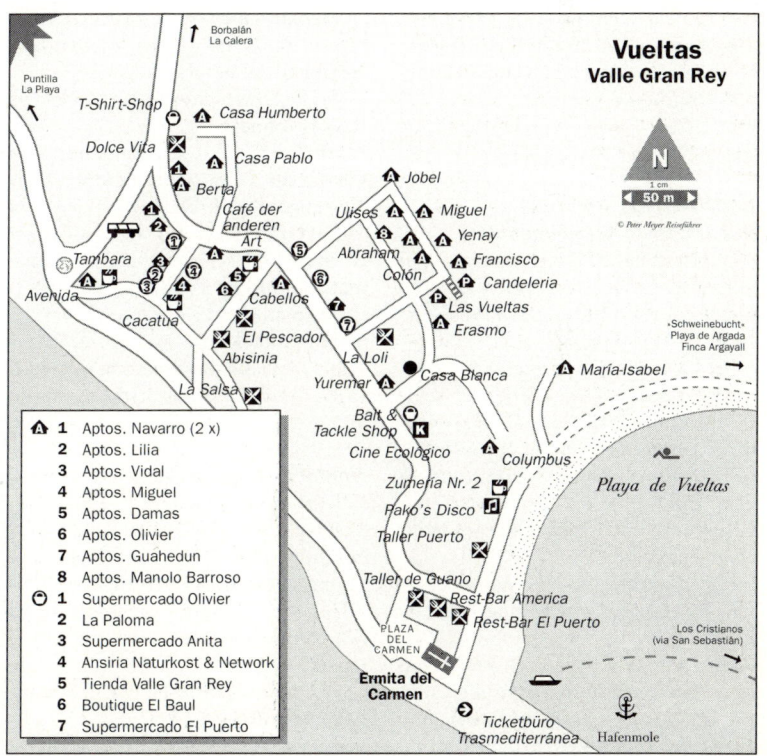

etwas dabei, was die Vor-
~~schafft~~, daß der Laden ei-
~~oll~~ ist und wirklich »die
~~augent~~«. Dann dauert die
»Show« bis zum ersten Morgenrot,
wenn die letzten Schwärmer sich
zurückziehen und den Tag abgedun-
kelt verschlafen, um für die kommende Nacht wieder fit zu sein. Nur schade, daß in der Hitze der Nacht es ab
und an etwas Zoff zwischen Einheimischen und Zugereisten gibt.

Zumindest einen Hauch von
Nachtleben versucht die *Disco Con
Gas* (22 – 3 Uhr) nach La Playa hin-
überzuretten. In bester Lage an der
Strandzeile wird jede Nacht ein ande-
res Programm zelebriert, Flamenco,
Disco oder Rock. Highlight sind die
regelmäßigen Live-Gigs.

Einkaufen im Tal
Supermärkte & Lebensmittel
Alle Ortsteile im Tal sind relativ gut
mit mittelgroßen Supermärkten und
kleinen Lebensmittelgeschäften ver-
sorgt.

In La Calera: *Supermercado El Fu-
elle* ist zentral gelegen, aber für seine
Größe schlecht sortiert, *Tienda Victor*
und *Tienda María* sind beides kleinere Läden mit allem Lebensnotwendi-
gen, inseltypischen Produkten wie
Palmhonig und Wein sowie freundlichem Service.

Supermercado El Chorro an der alten Dorfstraße etwas oberhalb im
Dorf.

In La Playa: *Supermercado Gena-
ro* ist gut sortiert; die Supermercados
El Callao an der Strandzeile und
Playa del Inglés neben dem Restau-

rant El Bodegón haben durchgehend
bis 21 Uhr geöffnet.

In Borbalán: *Supermercado La Palomera,* links vom sozialen Wohnungsbau.

In Vueltas: Das Hafenviertel ist
mit Lebensmittelgeschäften am besten
bestückt. *Supermercado El Puerto* an
der Hauptstraße, etwas versteckt im
Souterrain, ist einer der größten Läden mit Fleisch und guter Käseaus-
wahl.

Supermercado Olivier mit gutem
Angebot an exotischen Früchten.

Tienda Valle Gran Rey ist ein kleiner freundlicher Laden, in dem erstaunlich viel untergebracht ist.

Im *Supermercado Anita* gibt es frische Vollmilch.

Naturkost: *Ansiria,* am Ende der
Gasse, die beim Supermercado Olivier abgeht. Die Naturkost-Oase im
Valle Gran Rey mit bescheidenem
Körner- und Vollwertsortiment, auch
makrobiotische Produkte, dazu Naturkosmetik und Boutique.

Vollkornbäckerei: in El Guro; das
sehr schmackhafte Sauerteigbrot wird
in den meisten Supermärkten im Tal
verkauft.

Nonfood & Sportlves
Zeitungen & Bücher: *El Fotógrafo,*
La Playa, Strandzeile: deutsche Tageszeitungen, Illustrierte und Nachrichtenmagazine; gutes Sortiment an Reiseführern, Gomera-Literatur und
Wanderkarten, auch deutsche Belle-
tristik.

Boutique Blanca, La Playa, Strandzeile; spanische und deutsche Tageszeitungen und Illustrierte.

Seit Anfang der 80er Jahre ist der Fotoshop des gebürtigen Darmstädters Thomas K. Müller eine feste Größe in Valle Gran Rey. Früher in La Calera, jetzt leicht zu finden und in bester Geschäftslage an der Strandzeile in La Playa, offeriert der vielseitige Fotograf seine Postkarten-Edition vom Palmenmotiv bis hin zu ausdrucksstarken Portraits und Landschaftsaufnahmen, Originalfotos, Poster und T-Shirts mit Gomera-Motiven für eingefleischte Gomerafans und Souvenirjäger. Ebenfalls mit eigenen Fotos ausgestattet und bei Wanderungen ganz hilfreich, ist der handliche Pflanzenführer »¿Como te llamas?« mit ausgewählter Inselflora, den er mit seiner Schwester Andrea zusammen herausgegeben hat. Für Video-Fans liegt ein VHS-Video mit tollen Bildern von der Insel bereit, wahlweise in deutsch oder spanisch. Der profesionell gemachte

El Fotógrafo – Der Laden, in dem sich alles ums Foto dreht

Film wurde 1994 beim *Internationalen Festival des ökologischen Films* in Teneriffa prämiert.

Wanderbücher, Reiseführer (wie dieser Peter Meyer Reiseführer), Karten, Spezialliteratur über Geschichte und Kultur La Gomeras sind ebenso vorhanden, wie Musikkassetten und CDs mit gomerischer Folklore. Und sollten Sie Ihren Krimi schon »durch« haben, auch da gibt es Abhilfe. Deutsche Zeitungen und Zeitschriften komplettieren das literarische Angebot.

Nicht zu vergessen natürlich das fotospezifische Angebot: Foto-Express-Labor, Filme, Batterien, Fotokopien, Fax-Service, Telefonkarten, Wechselstube, Apartments – El Fotógrafo ist fast auf alle touristischen Bedürfnisse eingestellt.

✉ La Playa, ✆ 805654 & Fax 805366. Geöffnet Mo – Sa 9.30 – 14 Uhr und 17 bis 20.30 Uhr

---

Atlantis, La Playa, an der Strandzeile; Gomera-Literatur, Sprach- und Reiseführer (auch über die Nachbarinseln La Palma und El Hierro).

Librería Andrés, La Puntilla; deutsche Tageszeitungen, Papier- und Schreibwaren, Zeichenbedarf, Telefonkarten und Kanaren-Reiseführer aus dem Verlag Peter Meyer Reiseführer.

La Paloma, Vueltas, deutsche Zeitungen, Illustrierte und Nachrichtenmagazine.

Bazar Lilia, Vueltas, deutsche und Schweizer Zeitungen, Telefonkarten.

Drogerie: *Bazar el Correo*, La Playa; unscheinbarer Laden links von der Caja Canarias mit Drogerie- und Strandartikeln.

Blumenladen: *Florestería*, direkt an der Hauptstraße in Borbolán.

Fotogeschäft: *El Fotógrafo*, La Playa, Strandzeile; Kodak Express Labor, Filme, Batterien, Fotokopien, Fax-Service, Videofilme. Info und Vorverkauf für alle Veranstaltungen in der La Galería.

Foto Playa (der Fujiladen), La Playa, neues Entwicklungslabor mit Annahmestelle in Vueltas (La Paloma). Auch Kameras und Filme.

Sportgeschäft: *Barra's Sport*, La Playa; großer Laden mit Joggingschuhen und Sportswear, dazu Rucksäcke,

Isomatten, Wasserflaschen und Taschenlampen.

Maritimes: *Bait & Tackle Shop,* Vueltas; Anglerbedarf, Flossen, Schnorchel und für Sammler des Szene-Blattes »Der Valle Bote« gibt es hier direkt beim Herausgeber auch ältere Nummern. Bei Capitano Claudio können Bootsausflüge, Whale-Watching-Trips und Segeltörns gebucht werden.

Boutiquen & Kunstgewerbe

Boutiquen: *Pepa's Playa,* an der Strandzeile von La Playa; gut sortierte Boutique mit Sommermode aus Baumwolle und Viskose, leicht, sportlich und bequem, zu erschwinglichen Preisen. Seidentücher, origineller Silberschmuck und Ray-Ban-Sonnenbrillen, die hier billiger als daheim sind. Auch ein kleines Buchsortiment mit Reiseführern und Gomera-Literatur. Buchungsstelle für Wandertouren, Apartmentvermittlung, Avis-Autovermietung und Flugtickets nach Deutschland.

Atlantis, an der Strandzeile von La Playa; aktuelle Mode und originell bedruckte T-Shirts, dazu große Auswahl an Büchern, Reise-

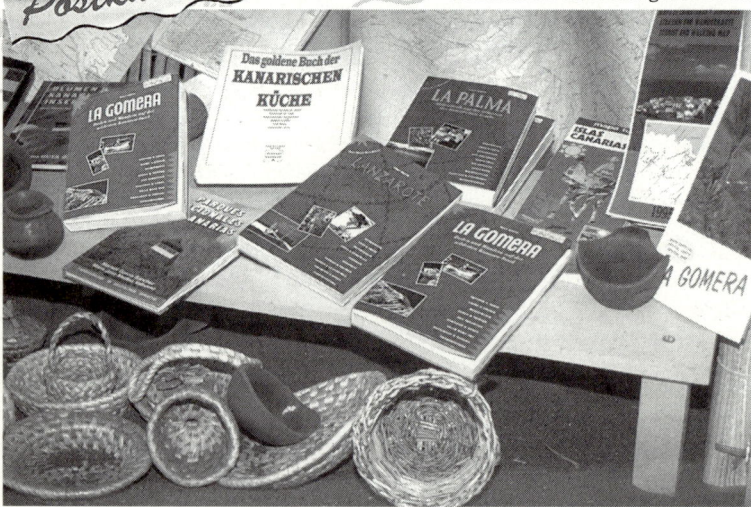

Reiseführer oder Inselkarte vergessen? Kein Problem, die Läden der Insel sind gut bestückt!

führern (auch über die Nachbarinseln La Palma, Lanzarote und El Hierro), Kochbücher zur kanarischen Küche, deutsche Kinderbücher und schöne Ansichtskarten. Wer sein Spanisch-Deutsch-Wörterbuch vergessen hat, wird hier ebenfalls fündig. Musikkassetten, Schreibwaren, handkolorierte Postkarten, Sonnenhüte, Schmuck und Strandartikel komplettieren das Angebot. Für ganz heiße Tage können Sonnenschirme ausgeliehen werden. Auch ein Satellitenbild von La Gomera ist hier erhältlich. Die Wand ziert eine ständige Fotoausstellung eines auf La Gomera heimisch gewordenen Schweizer Fotografen. Im Atlantis können auch geführte Wanderungen gebucht werden.

Coral Jeans, La Playa, gegenüber von Apartamentos Lola; Sportswear und Diesel-Jeans.

La Estrella, La Calera, Las Palmeritas; ein liebevoll gestalteter Laden, behaglich wie eine Wohnzimmerstube, mit ausgewähltem Silberschmuck, Klamotten, attraktiven Seidentüchern und Büchern für Kids. Vielleicht die schönste Boutique im Tal.

Aladdin, La Puntilla, direkt an der Küstenstraße; Klamotten, Silberschmuck und Seidentücher.

La Laguna, La Calera, neben der Zumería El Mirador; der einzige Laden, der La Calera die Treue hält und nicht, wie viele andere, ans Meer nach La Playa abgewandert ist. Großes Angebot an Sommer- und Strandmoden sowie eine schöne Auswahl an Seidentüchern. Dazu ein ebenso breites Sortiment an Silber- und Modeschmuck, Liebhaber von Halbedel-

steinen finden hier ungefaßte Lapislazuli, Türkise und Rosenquarz. Für Wanderer liegen Wanderführer und Karten bereit, ebenso können Touren gebucht werden. Es gibt Tagesrucksäcke und Mützen gegen zu viel Sonne.

Kunsthandwerk & Souvenirs: *Oro y Fotografía*, Goldschmiede mit eigener Meisterwerkstatt an der Strandzeile in La Playa; Christine Connert offeriert handgefertigten und ausgewählten Silber- und Goldschmuck, schön eingefaßte Ringe mit Türkisen und Lapislazuli. Auch Sonnenbrillen und Uhren.

Malvaloca, La Playa; verkauft Keramik, handgewebte Taschen und Rucksäcke.

Taller de Artesanía (Zapatería), an der Straße zwischen La Calera und La Playa; Schuhmacher, der nach Maß Sandalen und schicke Lederschuhe im Mokassinstil anfertigt. Am besten gleich zu Anfang der Ferien aufsuchen, die Handwerker haben reichlich zu tun, nach dem Maßnehmen muß man mit fünf Werktagen Wartezeit rechnen. Modisch, »in« und sehr bequem. Kleines Manko: Das Leder kann die Strümpfe etwas einfärben, doch auf der Insel lassen sich die Schuhe selbst im Winter ohne Strümpfe tragen. Kostenpunkt: etwa 100 DM das Paar.

On-Line-Shirts, Borbalán; im Airbrush-Verfahren hergestellte, schreiend bunte T-Shirts, wobei die Farbe mit Schablonen auf die Shirts aufgespritzt wird.

Ansiria, Vueltas; nicht nur Gesundes zum Essen, sondern auch geba-

Schuhe nach Maß vom Schuster: ein fast ausgestorbenes Handwerk

tikte Textilien, Kaktusschmuck und reichlich Accessoires und Nippes made in Valle Gran Rey.

El Baul, Vueltas, an der Hauptstraße; Modeboutique mit ausgefallenen Klamotten, Lederschmuck, Strandmode, Gürtel, balinesische Sarongs und viel Nippes. Wer will, kann sich ein Uhrarmband maßanfertigen lassen. Auch Buchungen für organisierte Wanderungen.

Nützliche Adressen

Polizei: Für Valle Gran Rey ist die Guardia Civil in Vallehermoso zuständig, ℂ 800027.

Medizinische Hilfe: *Centro Sanitario de Higiene Rural,* La Calera, ℂ 805804; an der alten Landstraße, kurz bevor diese in die neue Hauptstraße mündet. Die Erste-Hilfe-Station ist Tag und Nacht besetzt.

Apotheke: *Farmacia José Piñero,* La Calera; ebenfalls an der alten Landstraße, etwas unterhalb des Centro Rural.

Post: Das kleine Postamt liegt etwas versteckt in La Calera an der Plaza del Correo gegenüber der Tankstelle auf der anderen Bachbettseite. Die beiden wichtigsten Funktionen des originellen Büros sind der Verkauf von Briefmarken und die Ausgabe postlagernder Sendungen (Lista de Correos, E 38700 Valle Gran Rey). Während der Hauptsaison kann es durchaus passieren, daß Briefmarken tagelang ausverkauft sind! Achtung Postsparer: Postsparkassen gibt es nur in San Sebastián und Hermigua. Größere Pakete ab etwa 3 kg werden nicht automatisch nach Valle Gran Rey befördert, sondern verbleiben auf der Hauptpost in San Sebastián. Gegen eine Gebühr von 300 ptas kann man sie sich ins Tal kommen lassen. Die Post hat Mo – Fr 9 – 13 Uhr, Sa 9 – 12 Uhr geöffnet.

Neben der Post gibt es eine kleine Tienda, in der praktischerweise Ansichtskarten verkauft werden, die sich bestens bei einem Gläschen Wein auch gleich an Ort und Stelle schreiben lassen.

Telefon: Moderne Telefonsäulen, wahlweise für Karten oder Münzen, stehen am Taxistand in La Calera, an der Strandzeile in La Playa, in Borbolán, Puntilla und am Hafen in Vueltas.

Banken: Valle Gran Rey kann mit lediglich 2 Banken aufwarten, in der

Saison ist der Andrang entsprechend groß. Beide, die *Caja Canarias* und die *Banco Santander*, befinden sich in La Calera an der Hauptstraße. Sie haben Mo – Fr 8.30 – 14 Uhr geöffnet, die Caja Canarias auch Do 17 – 20 Uhr; beide Banken verfügen über einen Geldautomaten.

Außerhalb der Bankzeiten kann man Geld wechseln in Vueltas bei *La Paloma* und im TUI-Büro *Ultramar Express*, in Borbalán bei *Viajes Gran Rey* und in La Playa im Fotoshop *El Fotógrafo* sowie im Reisebüro *Viajes Payco*.

Info- & Kulturzentren

Patronato Insular de Turismo, La Playa; offizielle Touristeninformation mit aktuellem Busfahrplan und einer Apartmentliste für Valle Gran Rey.

La Paloma, Vueltas, ✆ & Fax 805685. Neues kleines Infozentrum und Wechselbüro (gleiche Kommissionsgebühren wie bei der Bank) und einem breiten Angebot an deutschsprachigen Zeitungen und Illustrierten, auch Reiseführer (u.a. dieser Peter Meyer Reiseführer), Straßen- und Wanderkarten, Postkarten und Briefmarken bis hin zu Gomera-

Autoaufklebern. Hier können Sie ihre Filme entwickeln lassen, Faxe abschicken und empfangen, Wandertouren buchen. Sollten Sie noch kein Zimmer haben – auch dabei kann geholfen werden (Reservierungen von zu Hause aus möglich). Wann geht der letzte Bus, wann die erste Fähre? – die Ex-Hamburger Conny und Claus haben auf fast alle Fragen eine Antwort.

Ansira Network, Vueltas, neben dem Naturkostladen; Leihbücherei, Taxi-Sharing und Anlaufstelle für esoterische und meditative Workshops und was spirituell im Tal sonst noch läuft.

Leihbücherei: *Peggy True's Store*, La Calera, geöffnet Di, Mi und Do 17.30 – 19.30 Uhr. Eine von einer amerikanischen Einwanderin bereits in den 70er Jahren eröffnete Leihbibliothek, die über vornehmlich englische und deutsche Titel verfügt, dazu ein paar Randsortimente in französisch, holländisch, spanisch und italienisch. Alles in allem ein beachtliches Angebot, das besonders von Langzeiturlaubern ausgiebig genutzt wird. Selbst aktuelle Bestseller sind vorrätig. Die Leihgebühr beträgt 100 ptas zuzüglich einer Kaution.

Veranstaltungen & Kino: *La Galería* im Zentrum von La Calera. Die Galería ist ein

»Wie leicht und bequem ist es doch, mit einer Telefonkarte zu telefonieren« behauptet der Werbetext auf der Telefonsäule

VALLE GRAN REY

**G**omera ist auch in sprachlicher Hinsicht anders, anders als die deutschen Urlaubshochburgen Gran Canaria oder Mallorca, wo praktisch der ganze Ferienaufenthalt problemlos in deutscher Sprache abgewickelt werden kann. Auf La Gomera sind zumindest ein paar Brocken Spanisch hilfreich, um sich bei der Apartmentsuche, bei der Mietwagenfirma oder auf Bank und Post verständlich machen zu können. Und wer darüber hinaus engere Kontakte zu den Einheimischen sucht, sich für gomerische Lebensart und Kultur interessiert, für den sind – wie überall sonst im Ausland auch – wenigstens rudimentäre Sprachkenntnisse der Schlüssel zu Kontakt und Kommunikation.

**¡ Eso es!
Sprachferien auf
La Gomera**

Erste Adresse für Sprachferien auf La Gomera ist die Sprachschule *La Palmera* in La Playa. Ganzjährig werden ein- bis vierwöchige Kurse für Anfänger und Fortgeschrittene angeboten. Der Unterricht in Kleingruppen mit maximal 9 Teilnehmern umfaßt an 5 Tagen in der Woche täglich 4 Stunden vor- oder nachmittags (9.30 bis 13 Uhr oder 17 bis 20.30 Uhr), so daß noch genügend Zeit für andere Urlaubsaktivitäten bleibt. Die Kurse werden von ausgebildeten »Muttersprachlern« geleitet. Für Eltern mit Kindern kann während des Unterrichts eine deutschsprachige Kinderbetreuung arrangiert werden (circa 80 DM pro Woche). Auf Wunsch wird auch die Unterkunft besorgt.

Und als besonderer Pluspunkt: das Ganze kostet zwar Geld, aber keinen Urlaub, denn die Sprachschule ist in mehreren deutschen Bundesländern als Bildungsurlaub anerkannt. Ein einwöchiger Sprachkurs kostet 300 DM (Bildungsurlaub mit etwas mehr Wochenstunden 450 DM), zwei Wochen 500 DM (750 DM), jede weitere Verlängerungswoche 200 DM (300 DM). Für ein Zwei-Personen-Apartment werden pro Woche und Person je nach Saison 10.500 bis 14.000 ptas berechnet, für Einzelunterbringung 17.500 bis 21.000 ptas.

✉ *La Palmera,* La Playa, Di und Do um 11.30 Uhr, ✆ 805608; Buchung in Deutschland: *La Palmera,* Klosterstr. 3, 48143 Münster, ✆ 0251/ 4847820, Fax 4847840, oder
Lernbrücke-Reisen, Feurigstr. 62, 10827 Berlin, ✆ 030/7824989, Fax 7883044.

Forum, das neben einem La-Gomera-Video und einer beeindruckenden Tonbildschau in Überblendtechnik auch ein Programmkino mit Spielfilmen in deutscher Sprache offeriert. Sehenswert ist der einmal wöchentlich gezeigte Gomera-Spielfilm »Guarapo« (1988), der im Jahr 1947 spielt und Eindrücke vom Leben der Einheimischen und ihrer Musik und Folklore vermittelt. Der Film wird in der spanischen Originalfassung mit deutschen Untertiteln gezeigt. Ausstellungen, Theater, Folklore und gelegentliche Konzerte vervollständigen das kulturelle Programm. Kurzfristig bieten sich für Künstler und Musiker auf der Durchreise auch Auftrittsmöglichkeiten an. Veranstaltungen Mo – Fr, Beginn 21 Uhr, Eintritt 500 ptas, ✆ 805878.

Cine Ecològico im Club de Mar in Vueltas ist das neueste Kulturforum im Tal. Fast jeden Abend werden Dokumentarfilme und Dia-Shows zum Thema Wale, Delphine und alles was mit dem Meer zu tun hat gezeigt. Einmal wöchentlich steht ein Kinofilm in deutscher Sprache auf dem Programm. Eintrittskarten im *Bait & Tackle Shop,* Vueltas, oder an der Abendkasse. Beginn 21 Uhr.

Verkehr

Bus: Der ankommende Bus aus San Sebastián hält in La Calera vor der Bar Parada, in Vueltas nahe dem Verkehrskreisel und in La Playa vor der Bar Las Jornadas (Casa María).

Ab La Calera verkehren vier Busse täglich, morgens um 4.30 Uhr, 8 Uhr, 14.30 Uhr und 19 Uhr. Direktverbindungen nach Vallehermoso, Hermigua oder Playa Santiago gibt es nicht, was heißt, daß zuerst nach San Sebastián gefahren werden muß (Busfahrplan siehe Seite 106).

Tip für die Rückreise: In der Hochsaison ist der Bus von Valle Gran Rey nach San Sebastián in der Regel voll. Für Abreisende aus La Calera empfiehlt es sich, in La Playa einzusteigen, wer keinen Platz mehr bekommt, dem bleibt nur das Taxi.

Schnellboot: Vom Hafen Vueltas legt seit dem Sommer 1996 das *Hidrofoil*

¿Hablas español?

Barracuda dreimal täglich Richtung Los Cristianos auf Teneriffa via San Sebastián ab. Eine flotte Möglichkeit, die Inselhauptstadt zu erreichen.

Taxi: Der Taxistand ist in La Calera vor der Bar Parada, ✆ 805058. Die Taxen stehen in der Zeit von 7 bis 20 Uhr am Platz, im Sommer abends auch etwas länger. Will man die Frühfähre erreichen, so bedarf es einer Reservierung am Vortag. Die Taxifahrer sind zuverlässig und holen den Fahrgast um 5.30 Uhr direkt vom Apartment ab.

Taxipreise ab La Calera:
nach Vueltas 300 ptas
nach Chipude 3500 ptas
nach Arure 2000 ptas
zum Garajonay 3500 ptas

VALLE GRAN REY

nach San Sebastián 5500 – 6000 ptas
nach Vallehermoso 4000 ptas

Mietwagen: *La Rueda*, La Playa, ℰ 805197 & 805517; *Autos Piñero*, Vueltas, ℰ 805397; *Autos El Carmen*, Vueltas, an der Hafenmole, ℰ 805029 & 805474; *Avis*, La Puntilla, ℰ 805067; *Autos Garajonay*, La Playa, Casa Domingo, ℰ 805112.

Tankstelle: Sie befindet sich an der Hauptstraße in La Calera und hat Mo – Sa 7 – 20.30 geöffnet, So 8 – 14 Uhr.

Reisebüro: *Viajes Payco*, La Playa, Edificio Normara, ℰ & Fax 805800, Flugtickets, Apartmentvermittlung, Fax-Service und Flugbestätigungen.

Flugvermittlung: Ingrid Schreiber von der *Boutique Pepa's Playa*, ℰ 805143, an der Strandzeile in La Playa hat die Agentur für Condor, Hapag Lloyd und Aero Lloyd übernommen und ist auch Anlaufstelle für Fischer-Reisen (Umbuchungen). Hier werden preiswerte Flüge nach Deutschland vermittelt, auch Avis-Mietwagen.

Mountainbikes: *Bike Station*, La Puntilla 7, ℰ 805082. Mountainbike-Verleih und organisierte Touren.

Alofi Rentals, La Playa, ℰ 805554. Verleih von Mountainbikes, Mopeds und Motorrädern.

Mehr oder weniger gemütliche Treffpunkte: der Strand am Abend und die Casa María

Die Bergdörfer oberhalb von Valle Gran Rey

Beliebte Wander- und Ausflugsziele sind die pittoresken Bergdörfer, die sich entlang der Nationalparkgrenze oberhalb des Valle Gran Rey wie auf eine Perlenschnur aufgezogen aneinanderreihen.

Arure

Von Valle Gran Rey aus ist Arure die erste größere Ortschaft. Von dem 825 m hoch gelegenen Dorf wird vermutet, daß es bereits ein Siedlungszentrum der Altkanarier war. Auch die ersten spanischen Siedler ließen sich an dem exponierten Ort am Rande des Hochplateaus häuslich nieder. Arure war ehemals der Verwaltungssitz für ganz Valle Gran Rey. Auf der südlich vorgelagerten Hochebene *Risco de la Mérica* wurde früher Getreide kultiviert. Die Gemarkung liegt in einer einstmals von Lorbeerwald und Baumheide bewaldeten Region, wovon nur noch spärliche Reste erhalten sind. Heute werden die sanften Hügelkuppen in geringem Umfang als Viehweiden genutzt. Das Wasser aus zwei kleinen Stauseen erlaubt eine bescheidene landwirtschaftliche Nutzung. Östlich des Plateaus stürzt der mächtige *Barranco de Arure* zu Tal, der als Nebenschlucht nahe *Casa de la Seda* in den Valle Gran Rey mündet.

Das Straßendorf hat seine frühere Bedeutung praktisch gänzlich eingebüßt, viele Einwohner wanderten ab. Doch trotz anhaltender Landflucht sind etliche der alten Natursteinhäuser noch bewohnt. Arure ist heute ein vielbesuchtes Wanderziel, das von Valle Gran Rey aus nach einem zweieinhalbstündigen, mühevollen Aufstieg erreicht werden kann.

Nur wenige Minuten von der Dorfstraße entfernt erreicht man durch einen großen Äquadukt am südlichen Ortsausgang die *Ermita El Santo*. Die aus behauenem Basaltstein gebaute Kapelle schmiegt sich geschützt an den Fels, so als ob sie sich von dem am Vorplatz sich auftuenden Abgrund in acht nehmen wollte. Tatsächlich hat man vom gepflasterten Platz vor der Ermita aus einen spektakulären und berühmten Ausblick auf das mehr als 500 m tiefer wie in einem Hängetal liegende Dorf *Taguluche*. Hinter der Ermita kann man auf einem alten Eselspfad nach Taguluche absteigen. Bevor es eine Straßenverbindung gab, war der steil abwärts führende Pfad ein vielbegangener Weg (siehe Wanderung Nr. 9). Für Wanderer fast noch attraktiver ist der ebenfalls an der Ermita beginnende Wanderweg nach *Alojera* und weiter zu den *Chorros de Epina* (Wanderung Nr. 10).

Folgt man der Hauptstraße von Arure weiter aufwärts in Richtung Vallehermoso, bietet sich vom Bergrücken *Lomo de Arure* bei klarem Wetter eine tolle Aussicht auf die beiden Nachbarinseln El Hierro und La Palma. Besonders im Winterhalbjahr ist die Gegend jedoch in eine milchige Passatnebelschicht eingehüllt.

Essen und Trinken

Ein bei Wanderern beliebtes »Drehkreuz« ist die an der Dorfstraße gelegene *Bar Conchita*. Der angeschlossene große Gastraum wird ab und an auch von Bussen mit Tagesausflüglern aus Teneriffa angefahren, ansonsten geht es relativ ruhig zu. Immer für eine sättigende Mahlzeit gut ist die Gemüsesuppe, die zusammen mit Gofio serviert wird. Nur der etwas unfreundliche Wirt fällt aus dem Rahmen.

Las Hayas

Noch stärker als Arure ist das etwa 1000 m hoch gelegene Las Hayas dem Einflußbereich der Passatwolken ausgesetzt, so daß hier auch ohne künstliche Bewässerung Landwirtschaft möglich ist. Neben Kartoffeln wird auch etwas Getreide angebaut. Die lose Ansammlung einiger Häuser ist vor

Bei Doña Efigenia wird man gut verpflegt

allem durch die *Bar La Montaña* bekannt, in der die Wirtin Efigenia seit Jahren ein außergewöhnliches kulinarisches Erlebnis zelebriert und vom einstigen Geheimtip schon lange zu einer festen Größe eines Gomera-Aufenthalts geworden ist.

Essen und Trinken
Restaurant Amparo, direkt an der Dorfstraße; typisch gomerische Küche mit Ziegenfleisch und Kaninchen. Von Einheimischen und Wanderern gleichermaßen geschätzt.

Casa Efigenia (Bar La Montaña), an der Dorfstraße. Inselberühmtes vegetarisches Lokal (siehe Extra-Story).

El Cercado

Folgen Sie der Straße von Las Hayas weiter nach Osten, dann kommen Sie nach El Cercado. Praktisch auf gleicher Höhe liegend, trennt lediglich der Einschnitt des *Barranco de las Lagunetas* die beiden Dörfer. Dieser setzt sich in östlicher Richtung nach einem mächtigen Steilabsturz als *Barranco del Agua* fort und mündet weiter unten im Gran-Rey-Tal.

El Cercado ist ein altes Dorf, dessen einstöckige Steinhäuser sich harmonisch in die Terrassenlandschaft einfügen. In den letzten Jahrzehnten wurde das Dorfbild jedoch durch kubische zweistöckige Neubauten merklich verändert.

Der Ort ist das **Töpferdorf** von La Gomera. An der Hauptstraße bieten zwei winzige Töpferstudios ihre Ware feil. Die beiden Töpferinnen sind meist bei ihrer Arbeit anzutreffen. In den schlichten Wandregalen steht teils noch ungebrannte Ware. Vor dem Brennen wird das Töpfergut mit siennaroter Tonerde eingerieben und geglättet, wodurch die El-Cercado-Keramik ihre charakteristische Glasur bekommt. Gebrannt wird schließlich in einem holzgefeuerten Steinofen. Die nach alter Guanchenart ohne Töpferscheibe aufgebauten Gefäße und Krüge sind von rustikalem Aussehen und ein beliebtes Souvenir oder Mitbringsel für die Daheimgebliebenen. Die rege touristische Nachfrage schuf für das vom Aussterben bedrohte Handwerk eine neue ökonomische Basis, bislang gar ohne große Zugeständnisse an den Gebrauchswert der Töpferware. Noch immer bestimmt der ursprüngliche Verwendungszweck das Schaffen der Handwerkerinnen: da gibt es die Milchkanne *(olla)* und den Milchkrug *(tarro)* für die Ziegenmilch, den Wasserkrug *(bandeja)*, die *Tostadora* zum für die Gofioherstellung unentbehrlichen Rösten des Getreides; Kastanien werden traditionell in der *olla de castaña* aufbewahrt, und auch für Kartoffeln gibt es eine spezielle Schale, die *plato de las papas.*

Unterkunft

In den Bars des Ortes werden bescheidene Zimmer vermittelt, das DZ um die 2500 ptas.

Essen und Trinken

Bar Victoria, in der Ortsmitte; Inseltypische Gerichte wie Kaninchen, Ziegenfleisch, Almogrote, aber auch Thunfisch und Muräne, und als Dessert Leche asada mit Palmhonig.

Bar María, am Ortsausgang Richtung Las Hayas, direkt da, wo der Wanderweg von Valle Gran Rey auf die Dorfstraße mündet. Praktisch für Fußkranke: die kinderreiche Familie hat stets ein Taxi bereitstehen. Das urige Lokal wartet mit deftiger und preiswerter Landküche auf, beispielsweise Ziegenfleisch und Schweinekoteletts, doch auch einen sehr leckeren vegetarischen Gemüseeintopf und gute Tortillas. Dazu gibt es einen guten gomerischen Hauswein.

Chipude

Chipude gilt als eine der ältesten Siedlungen im Hochland der Insel. Noch vor 200 Jahren lebten hier mehr Menschen als in der Hauptstadt San Sebastián. Auf vielen Inselkarten ist für Chipude noch der alte Name *Tecomadá* eingetragen. Wie auch in Arure reichte vor einigen Jahrhunderten der Lorbeer- und Fayal-Brezal-Wald bis an Chipude heran. Die geschlagenen und gerodeten Flächen dienten zur Selbstversorgung der großen Gemeinde. Durch die Vernichtung des Waldbestandes verstärkte sich jedoch die Bodenerosion; das Grundwasser wurde zunehmend knapp, was in trockenen Sommern schon so manchen Wassernotstand auslöste.

Den Ortskern bildet die an der Plaza stehende große Pfarrkirche *Nuestra Señora de Candelaria.* Um 1540 als kleine Kapelle begonnen, wurde sie in der Mitte des 17. Jahrhunderts stark erweitert, die sie nun als Pfarrkirche auch die Gläubigen der umliegenden Gemeinden El Cercado, Las Hayas und Arure aufnehmen mußte.

Ein von hohen Eukalyptusbäumen beschatteter, äußerlich recht geschmackloser Bau, von dessen Wand in großen Lettern *Bar La Montaña* ins Auge sticht – dies ist der erste, nur wenig einladende Eindruck von der so berühmten Casa Efigenia. Der Gastraum dagegen wirkt überraschend einladend und stilecht. Von der rustikalen Holzdecke baumeln getrocknete Maiskolben, und die Tische stehen nicht für sich allein und verloren im Raum, sondern sind gesellig und kontaktfördernd zu zwei langen Reihen aufgestellt. Nur etwas kalt kann es im Winter sein.

In der Küche führt Doña Efigenia, die vielleicht bekannteste, ganz sicher jedoch originellste Wirtin Gomeras, höchstpersönlich Regie. Für die rein vegetarischen Gerichte kommt fast ausschließlich Grünzeug aus dem eigenen Garten auf den Tisch. Nicht selten macht Doña Efigenia erst nach der Bestellung einen Gang durch den Garten und pflückt zusammen, was die Natur gerade hergibt: zumeist Möhren, Weißkohl, Süßkartoffeln und Kürbis, dazu kommen Kichererbsen, Mais und diverse Kräuter – schon ist der Grundstock für ihren berühmten großen Gemüseeintopf gelegt.

Alles wird immer frisch zubereitet; daß dies etwas länger dauert als anderswo, liegt auf der Hand. Vom Gast wird erwartet, daß er Zeit mitbringt, Wartezeiten von anderthalb Stunden für das »Menue typico« – und nur das gibt es – sind keine Seltenheit. Damit der Magen nicht vollkommen durchhängt, werden zwei Gänge vorgeschaltet. Als Appetizer gibt es hausgemachten Ziegenkäse, der mit einem ersten Krug süffigen Inselweins heruntergespült wird.

Mit heißem Gofiobrei, serviert mit einer pikanten roten Mojosauce, geht es dann schon kräftig zur Sache. Nirgendwo sonst auf der Insel schmeckt das kanarische Nationalgericht so lecker, insbesondere nach einem vielleicht langen Wandertag in der ursprünglichen ländlichen Umgebung rund um Las Hayas. Natur, das ist es auch, womit sich Señora Efigenia bei ihrem Tun leiten und inspirieren läßt. Ihre Küche ist ein Stück praktisch gewordener Philosophie. Zurück zur Reihenfolge der Gänge: Auf den Gofiobrei folgt quasi als Hauptgericht der schon angesprochene mächtige Gemüseeintopf. Und dann, eigentlich ganz entgegen gastronomischer Gepflogenheiten, kommt überraschenderweise eine Salatplatte auf den Tisch, bunt gemischt aus grünem Salat, Tomaten, Gurken und Avocados, als besonderer Pfiff finden sich darauf auch Bananen und Apfelstücke.

Die vegetarische Naturküche der Casa Efigenia

Ohne große Atempause schließt sich das Dessert an: Mandelkuchen nach Art des Hauses mit einem Schuß Palmhonig garniert. Kaffee und als letzter Gang ein Gläschen Orangenlikör, selbstverständlich ebenfalls hausgemacht, bilden den Abschluß des rundum gelungenen Menüs. Das Ganze wird zum Festpreis von 1400 ptas angeboten, inklusive georderter Nachschläge. Urgesund, originell und lecker!

Heute präsentiert sich die Kirche dreischiffig mit einem aufgesetzten Glockengiebel.

Auf der großen, etwas verloren wirkenden Plaza stehen zwei vom Passat in Windrichtung getrimmte Eukalyptusbäume. Der Platz wird von vier Bars eingerahmt, in dem sich das soziale Leben Chipudes konzentriert. In dem knapp 1100 m hoch gelegenen Ort kann es an Wintertagen ausgesprochen kühl bis kalt sein. Während hier die Einheimischen oft in Anoraks, Mänteln und Handschuhen herumlaufen müssen, herrscht im nur 6 km Luftlinie entfernten Valle Gran Rey reger Badebetrieb.

Wahrzeichen von Chipude ist der markante Tafelberg *Fortaleza* (1241 m). Der basaltische Erosionsrest überragt mit seinem abgeplatteten Gipfelplateau als leicht erkennbare Landmarke den ganzen Südwesten der Insel. Von den Rändern des großflächigen Basalttisches aus hartem Ergußgestein brechen die Felsen senkrecht ab. Die exponierte Lage des Tafelbergs muß bereits auf die Ureinwohner anziehend gewirkt haben. Ovale Steinsetzungen weisen auf einen prähistorischen Kultplatz hin, wobei nach Ansicht von Archäologen auch Opferriten eine Rolle gespielt haben könnten. Vom nahegelegenen Weiler *Pavón* kann der Tafelberg über einen nicht ganz einfachen Kletterpfad bestiegen werden (siehe Wanderung Nr. 12).

Unterkunft

Bar/Pensión Sonia, La Plaza, ℅ 804158. Kleine, einfache Pension über der Bar mit 7 Zimmern und einer Aussichtsterrasse auf die Fortaleza. EZ ohne Fenster 1200 ptas, DZ ohne Bad 2400 ptas. Die Zimmer werden vornehmlich von Wanderern genutzt, auf Eine-Nacht-Gäste ist man eingestellt. In den Wintermonaten ist es nicht verkehrt, nach einer Extradecke zu fragen!

Bar Navorro, © 804132, an der Plaza; einfachste Zimmer, pro Person 1000 ptas. Etwas stören könnte das Klicken der Billardkugeln im Barraum.

Essen und Trinken
Die *Bar Sonia* (auch Taxi-Service) verfügt über einen großen Gastraum, wo eine bescheidene Auswahl an gomerischer Landküche serviert wird.

Warme Küche und Tapas gibt es auch in der *Bar Candelaria*.

Einkaufen
Supermercado Argodey, an der Hauptstraße Richtung El Cercado. Frisches Brot und eine bescheidene Käse- und Obstauswahl.

Tankstelle
Am oberen Ortsausgang zweigt nach circa 500 m die Straße Richtung La Dama ab. Dieser folgend, kommt nach einem halben Kilometer die Tankstelle, die auch sonntagvormittags geöffnet hat.

La Dama und La Rajita
Von Valle Gran Rey kommend, zweigt hinter Chipude ein Sträßchen an die Südküste nach La Dama und La Rajita ab. Die Fortaleza de Chipude links liegen lassend, durchfährt man die herbe, fast menschenleere Landschaft des Südens. An den kargen Hängen scheinen sich lediglich Wolfsmilchgewächse wohl zu fühlen. Um so überraschender, daß oberhalb der Steilküste eines der landwirtschaftlichen Zentren der Insel liegt. In den ausgedehnten Plantagen von La Dama wird kapitalintensiver Bewässerungsanbau betrieben. Neben den obligatorischen Bananen werden auch Avocados und Ananas kultiviert. Inmitten großer Wassertanks, hinter Mauern und unter Folie gezogenen tropischen Früchten nimmt sich die kleine *Kapelle* recht verloren aus. Eine Bar und ein Lebensmittelladen sind praktisch die ganze Infrastruktur des Ortes.

Von der Kapelle aus führt eine rauhe Piste hinunter in einen engen Barranco und zur Küste nach La Rajita. Hier entstand in den 20er Jahren eine Fischkonservenfabrik, worauf sich das winzige Fischerdorf zu einer ansehnlichen Siedlung mit werkseigenen Unterkünften, Schule, Kapelle und Sportplatz entwickelte. Seit 1984 die zuletzt unrentabel arbeitende Fabrik schließen mußte, ist der Ort praktisch ausgestorben. Überall macht sich Verfall breit. Ein Ort, den man nicht unbedingt gesehen haben muß, es sei denn, Sie lieben es, an einem absolut einsamen Steinstrand zu liegen, hinter Ihnen die apokalyptisch wirkenden Fabrikhallen und über Ihnen ein bedächtig seine Kreise ziehender Fischadler, der vor der zerklüfteten Küste wieder konkurrenzlos fischen kann.

GARAJONAY & NORDEN

IM NATIONALPARK GARAJONAY

*»Seltsam im Nebel zu wandern«, diese Worte des deutschen
Dichters Hermann Hesse treffen den Nagel auf den Kopf. Hesse, der nie auf
La Gomera wanderte, bringt in seiner Poesie eine Stimmung zum Ausdruck,
die ziemlich genau auf den Nebelwald La Gomeras paßt. Feuchter
Nebel findet sich im zentralen Hochland der Insel mehr als genug, und viele
Wanderer meinen, daß gerade die im Winter fast ständig präsente »milchige
Suppe« dem Wald eine unvergleichliche Atmosphäre beschert.*

Den Wasserhaushalt der weitläufigen Waldfläche im zentralen Hochland regulieren – durch irgendetwas muß das üppige Grün ja entstehen – die Passatwolken. Daß dabei wie in einem riesigen Treibhaus die Brillengläser beschlagen und die Haare binnen weniger Minuten mikroskopisch kleine Tautropfen aufnehmen und sich bald klatschnaß anfühlen, das gehört genauso selbstverständlich zum Nebelwald wie … wie eben der Nebel selbst.

La Gomeras immergrüner Wald ist ein Märchenwald mit leuchtenden Farnen, schimmernden Moosen und von den Bäumen wehenden Bartflechten. Die Phantasie des Wanderers wird durch bizarres Astwerk geschürt, da lassen sich Vogelköpfe, Schwanenhälse oder Schlangenlinien ausmachen. Alte knorrige Baumriesen mit lederartigen Blättern wachsen neben jungem Grün, Riesenfarne überragen schon Abgestorbenes und Zugewuchertes. Der Nebelwald ist ein teils undurchdringlicher Dschungel, ohne jegliche Ordnung – ein Chaos im besten Sinne. Dazu gehören auch unverhofft sich öffnende Lichtungen mit blühenden Wiesen und Bienengesumm, gurgelnde Flußläufe und kleine Wasserfälle – kurz: ein Paradies für Naturfreunde und Wanderer. Nicht von ungefähr ist der Wald zu einem der großen touristischen Anziehungspunkte der Insel geworden, der jährlich mehr als 100.000 Besucher anlockt.

Lage und Größe

Praktisch das ganze zentrale Bergland La Gomeras wird heute vom *Parque Nacional de Garajonay* eingenommen. Um den einzigartigen Waldbestand der Insel zu schützen, der in den letzten Jahrhunderten durch Raubbau und Holzkohlengewinnung auf etwa 40 % seines ursprünglichen Umfangs schrumpfte, wurde 1978 ein 3974 Hektar großes Areal als neuntes großes Schutzgebiet Spaniens zum Nationalpark erklärt. Damit nicht genug: es steht außerdem unter dem speziellen Schutz der Europäischen Union, und die UNESCO erklärte die Region 1986 zum Naturerbe der Menschheit (World Heritage). Etwa 10 % der Inselfläche werden vom Nationalparkgebiet eingenommen, das sich auf Höhenlagen zwischen 800 und knapp 1500 m erstreckt und neben dem Hochplateau auch einige Talschlüsse einbezieht.

Den Namen für den Park entlehnte man vom Berg *Garajonay,* dem mit 1487 m höchsten Gipfel der Insel, der sich allerdings nur unwesentlich über das Hochplateau erhebt. Einer Legende zufolge geht der Name Garajonay auf die schöne Gomera-Prinzessin Gara und den mittellosen Bauernsohn Jonay aus Teneriffa zurück, der die kurze Seereise von Teneriffa nach La Gomera täglich auf aufgeblasenen Ziegenhäuten hinter sich gebracht haben soll. Die junge Liebe der beiden wurde von der adligen Familie der Prinzessin mißbilligt, und man versuchte, die zarten Bande gewaltsam zu trennen. Gara und Jonay flohen daraufhin in die Wälder des Hochlandes und zogen sich bis auf die höchste Erhebung der Insel zurück, wo sie ihrer Liebe mit dem gemeinsamen Tod ein Ende machten – sie erstachen sich gegenseitig mit aus Lorbeerholz geschnitzten Lanzen.

Lorbeer und Baumheide

Im Spanischen heißt der Wald irreführenderweise *El Bosque del Cedro,* also Zedernwald. Doch Zedern sucht man hier vergebens. Was das Besondere des Waldes ausmacht, sind die guterhaltenen Lorbeerwaldbestände, wie sie anderswo kaum noch zu finden sind. Das spezifische Klima und die ausgesprochen strukturschwache Randlage La Gomeras ermöglichten es, den herrlichen Waldbestand zu erhalten, der vor Millionen von Jahren den ganzen Mittelmeerraum bedeckte und heute auf den Westkanaren eine der letzten Nischen findet. Neben La Gomera können auch die beiden Nachbarinseln La Palma und Teneriffa mit beachtlichen Restbeständen aus dem Tertiär aufwarten.

Insgesamt kommen im Nationalpark 16 Lorbeerarten vor, lediglich zwei davon eignen sich als Gewürz. Besonders charakteristisch präsentiert sich der Wald mit seinem dicht geschlossenen Kronendach an den steilen Hängen im Nordwesten oberhalb des Tales von Hermigua.

Große Flächen des Nationalparks sind heute allerdings nicht mit Lorbeerbäumen, sondern mit Fayal-Brezal bewachsen. Die beiden charakteristischen Bäume dieser Pflanzengemeinschaft sind Gagelbaum *(faya)* und Baumheide *(brezo),* die als eine Art Degenerationsform des Lorbeerwaldes angesehen werden und überall dort vorherrschen, wo der ursprüngliche Lorbeerwald heute keine Lebensgrundlage mehr findet. Typische Fayal-Brezal-Vegetation gibt es beispielsweise am trockeneren Südrand des Parks. Gagelbäume und Baumheide kommen mit weniger Feuchtigkeit aus als Lorbeer, sie konnten sich vor allem nach dem ersten Kahlschlag ansiedeln, auch wenn durch Erosion bereits wertvoller Humus weggeschwemmt wurde.

Anlaufpunkte im Nationalpark

Der Park ist durch ein gut ausgebautes Straßen- und Wegenetz bestens für den Besucherverkehr erschlossen, bereits zu gut, wie viele besorgte Naturschützer nicht zu Unrecht meinen. Ein Dorn im Auge der Ökologen ist vor allem die in den letzten Jahren zu einer Schnellstraße ausgebaute Höhenstraße, die praktisch vom Roque Agando bis zur Kreuzung Apartacaminos den Park in seiner gesamten Länge durchschneidet. Da durch die zerklüftete Inseltopographie kein Straßenbau entlang der Küste finanzierbar ist, blieb den Planern lediglich der Weg mitten durch die grüne Lunge der Insel übrig.

Zusätzlich zum Straßennetz hat die Parkverwaltung eine ganze Reihe von alten Wander-, Wald- und Kieswegen hergerichtet, die für Wanderer einen

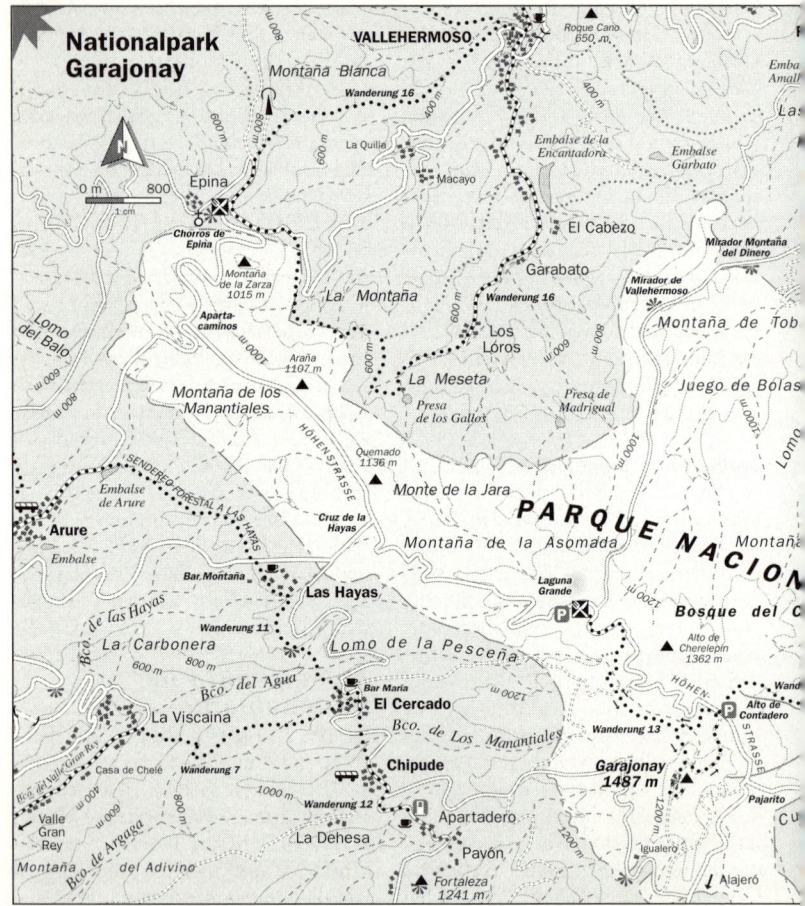

optimalen Rahmen für die Erkundung des Parks bieten.

Centro de Visitantes Juego de Bolas

1987 wurde an der nördlichen Zufahrt zum Nationalpark ein aufwendiges *Besucher- und Informationszentrum* eröffnet. Der interessierte Gast erfährt hier eine wahre Fülle von nützlichen Informationen über Geologie, Flora und Fauna sowie das ökologische Gleichgewicht des Lorbeerwaldes. Visuelle Schaubilder, ein etwas pathetisch geratener Lehrfilm in deutscher Sprache und zahlreiche zum Verkauf ausliegende Bücher und Broschüren machen mit allen Aspekten des Nationalparks vertraut. Am Büchertisch kann ein informativ geschriebener deutschsprachiger Führer durch das Zentrum ausgeliehen werden.

Für Pflanzenfreunde interessant ist der kleine **Botanische Garten.** Im Innenhof des Zentrums findet sich eine sehenswerte Sammlung von Sukkulenten und Farnen. Im Außenbereich rund um den Gebäudekomplex sind die wichtigsten Pflanzen und Bäume La Gomeras angesiedelt, darunter viele endemische und seltene Spezies der verschiedenen Lebensräume der Insel, die ansonsten nur schwer auf eigene Faust zu entdecken sind. Für Laien ist es schade, daß die Pflanzen nur mit ihren lateinischen Namen vorgestellt werden. Eine Pflanzenliste im Anhang diese Buches macht Sie mit den wichtigsten lokalen und deutschen Namen vertraut. Ein ausgiebiger Besuch des Botanischen Gartens ist eine große Hilfe, um auf späteren Streifzügen durch die Insel einige charakteristische Pflanzen selbst zu bestimmen.

Das Centro bietet nach Voranmeldung auch kostenlos **Wanderungen** unter der sachkundigen Führung eines Mitarbeiters der Nationalparkbehörde

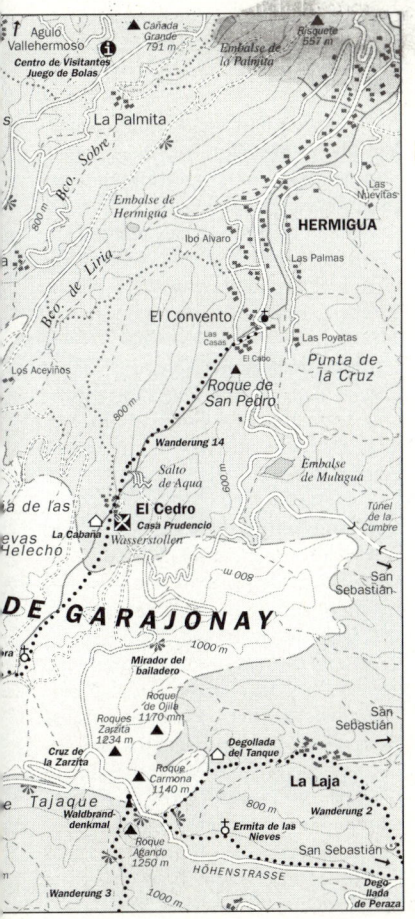

an. Anmelden kann man sich direkt im Centro de Visitantes, ℅ 800993. Die geführten Touren machen mit den verschiedenen Vegetationsformen im Park bekannt und dauern je nach gewählter Route 2 bis 4 Stunden. Die von mir beschriebenen Wanderungen durch den Nationalpark mit den Nummern 13 und 14 beginnen ab Seite 281.

Dem Besucherzentrum sind verschiedene **Werkstätten** angeschlossen, die mit dem lokalen Kunsthandwerk La Gomeras vertraut machen. In einem *Töpferstudio* ist die Herstellung von traditionellen Trinkgefäßen, Schalen und Krügen zu beobachten. Auf *Webstühlen* werden Flickenteppiche und Decken gewebt, im *Holz-* und *Flechtstudio* sind aus Bananenblättern geflochtene Körbe und Taschen ausgestellt, auch inseltypische *Musikinstrumente* wie Kastagnetten und Trommeln werden hier angefertigt. Natürlich können alle ausgestellten Produkte käuflich erworben werden.

Sehenswert ist das kleine **heimatkundliche Museum,** dessen Eingang von akkurat zurechtgestutzten Rosmarinhecken flankiert wird. Die bescheidene Sammlung besteht aus diversen früher im Haushalt gebräuchlichen Gegenständen wie Mahlsteinen, Mörsern und einer Vorrichtung zur Herstellung von Ziegenkäse sowie traditonellem Ackerbaugerät. Daneben ist auch die typische Einrichtung eines gomerischen Gehöfts mit Küche, Schlaf- und Wohnraum nachempfunden.

Öffnungszeiten: Das Besucher- und Informationszentrum Centro de Visitantes Juega de Bolas ist von Dienstag bis Sonntag von 9.30 bis 16.30 geöffnet. Der Eintritt ist frei.

Anfahrt: Von Agulo kommend, zweigt von der Carretera del Norte Richtung Vallehermoso kurz vor Las Rosas links eine mit »Centro de Visitantes« ausgeschilderte Straße ab, auf der man nach knapp 3 km zum Besucherzentrum gelangt. Von der Höhenstraße erreicht man Juego de Bolas ab La Laguna Grande über eine 9 km lange Stichstraße.

Laguna Grande

Direkt an der Höhenstraße, nur wenige Kilometer nordwestlich des Garajonay, befindet sich ein fast kreisförmiger Krater von etwa 150 m Durchmesser. Die Spuren vulkanischer Aktivität sind wie fast überall auf La Gomera kaum noch auszumachen. Der einstige Tuffring ist stark verwittert. Selbst von der leichten Vertiefung in der Mitte des einstigen Kraters, in der sich nach winterlichen Regenfällen das Wasser bis zu einem Meter hoch sammeln konnte, ist nichts mehr zu sehen. Was blieb, ist der Name Laguna, der immerhin andeutet, daß die große Lichtung mitten im Nationalpark einstmals mit Wasser gefüllt war. 1240 m hoch gelegen, ist Laguna Grande an Wochenenden bei den Gomeros einer der beliebtesten

Freizeit- und Picknickplätze. Zwei Spielplätze und eine große Wiese zum Ballspielen halten die Kinder auf Trab.

Wer keine Lust zum Grillen hat, der findet im *Ausflugslokal Laguna Grande* einen vorzüglichen Landgasthof (℡ 895445). Hier werden inseltypische Gerichte auf Plastiktischdecken serviert. Spezialität ist Gegrilltes, beispielsweise ein rustikales Schweinekotelett, Kaninchenfleisch oder Hähnchen. Lecker ist auch die Kressesuppe oder eine Portion Kichererbsen. Fischgerichte gibt es ebenfalls, sie sind jedoch zweite Wahl – bedenken Sie, daß Sie im Inselinnern sind. Während der Mittagszeit wird das Lokal regelmäßig von Reisegesellschaften aus Teneriffa blockiert. Das Personal ist dennoch bemüht, auch Einzelgäste zuvorkommend zu bedie-

Zum Verkauf ausgestellte Guanchen-Keramik im Informationszentrum Juega de Bolas

Der Roque Agando ist eines der vulkanischen Wahrzeichen La Gomeras

nen. Gut und mit um 1000 ptas dazu auch preiswert.

Am ausgetrockneten Kratersee sollte nur eines bedacht werden: Bleiben Sie abends nicht allzu lange! Die Lichtung ist von alters her als Hexentreff bekannt. Besonders unsicher soll es in Vollmondnächten sein ...

Alto de Contadero

Alto de Contadero bezeichnet einen Parkplatz an der Höhenstraße, knapp 2 km vom Straßenkreuz *Pajarito* entfernt. Von 1350 m Höhe läßt es sich von hier bequem auf einer Forstpiste in nur 20 Minuten zum 1487 m hohen Garajonay aufsteigen. Von dem höchsten Gipfel der Insel kann man an klaren Tagen die Nachbarinsel La Palma aus dem Atlantik ragen sehen – beliebte Kulisse für Familienfotos.

Alto de Contadero ist gleichzeitig auch ein vielfrequentierter Einstieg für Wanderungen nach El Cedro (siehe Wanderung Nr. 14) und La Laguna (siehe Wanderung Nr. 13).

Roque Agando

An der südlichen Grenze des Parks, direkt an der Höhenstraße, beherrscht der 1250 m hohe Vulkanschlot Roque Agando das Landschaftsbild. Von zwei Aussichtspunkten bietet sich ein herrlicher Ausblick auf die benachbarten *Roques Zarzita* (1234 m) und *de Ojila* (1170 m). Die Felsengruppe der drei freigewitterten Schlotfüllungen wird auch »La Familia de los Roques« genannt. Nach Süden fällt der Blick auf die bewaldeten Hänge des Barranco de Benchijigua und hinunter zur Küste.

El Cedro

El Cedro ist ein fast verlassener Weiler in einem Hochtal am nördlichen Rand des Lorbeerwaldes in etwa 850 m Höhe. Viele der Einwohner wanderten nach Venezuela aus, wer geblieben ist, lebt von Obstanbau oder von Holzarbeiten. Idyllisch eingebettet in eine weite Lichtung mitten im Wald ist die winzige Streusiedlung ein beliebtes Etappenziel für Wanderer. Eine der klassischen Routen läuft genau nach El Cedro und von dort weiter auf einem alten Maultierpfad steil hinunter ins Tal von Hermigua.

Unweit der Bar *Casa Prudencio* läßt sich eine abenteuerliche Tunnelwanderung durch einen etwa 500 m langen Wasserstollen machen. Der Tunnel quert den 1040 m hohen Bergrücken *La Montañeta*. Durch eine Krümmung ist das andere Ende erst mittendrin sichtbar. Um einer Höhlenphobie vorzubeugen, ist das Mitnehmen einer gut funktionierenden Taschenlampe absolutes Muß.

Einziger Zufahrtsweg nach El Cedro ist eine im Winter oftmals schlammige Erdpiste. Von Hermigua kommend, zweigt die ausgeschilderte Piste rechts von der Asphaltstraße ab. Nach knapp 2 km gabelt sich die Piste, hier geht es nochmals rechts abwärts zum Caserio El Cedro.

Unterkunft

Für Wanderer gibt es die einfachst ausgestattete Herberge *La Cabaña* in El Cedro, mit Platz für 12 Personen. Die Übernachtung kostet 1200 ptas pro Person. ℂ 880318.

▲ *Camping El Cedro:* am Rand des Nationalparks gelegen und einziger offizieller Campingplatz der Insel. Die notwendige Camping-Genehmigung ist im Nationalparkbüro einzuholen; San Sebastián, Carretera del Sur 6, ℂ 870105. Im Winter ist die Erlaubnis problemlos zu bekommen, wegen der Waldbrandgefahr wird sie im Sommer meist verweigert. Der Platz verfügt über keine sanitären Einrichtungen, Trinkwasser liefert der saubere Cedro-Bach.

Essen & Trinken

La Cabaña, die Wanderherberge im Nebelwald sorgt auch für das leibliche Wohl, selbst wer unangemeldet kommt, kann mit einer improvisierten Mahlzeit rechnen.

Casa Prudencio hat zwar seit dem Sommer '96 geschlossen, der hochbetagte »El-Silbo-König« Prudencio ließ sich in letzter Zeit ohnehin nur noch selten sehen. Dafür eröffnete ganz in der Nähe die

Bar La Vista. Die einheimischen Wirtsleute bieten Wanderern einfache Kost; im Garten kann auch gezeltet werden.

Mirador del Bailadero

Unweit von El Cedro, an der Straße zwischen dem Roque Agando und Hermigua, gelangt man zu dem Aussichtspunkt Mirador del bailadero. Bei guter Sicht schweift von hier der Blick über die von Lorbeerwald bedeckten Hänge bis hinunter zur Hauptstadt San Sebastián. Mit etwas Glück läßt sich auch mal eine der endemischen Lorbeertauben sehen.

Welch' Idylle: morgens aus dem Haus mitten in die Natur treten, durch das taufeuchte Gras zum Open-air-Frückstückstisch stapfen und einen Blick auf den im Winter oftmals schneegepuderten Teide-Gipfel werfen!

Möglich ist dies bei *La Cabaña* am Rande des Nationalparks. Wenn das Wetter stimmt, ist die etwa 950 m hoch gelegene und alternativ aufgezogene, einfach ausgestattete Herberge einer der reizvollsten Plätze der Insel.

Die Häuser wurden von den hessischen Wirtsleuten Anna und Peter liebevoll restauriert, man

La Cabaña – Die alternative Wanderherberge im Nebelwald

lebt hier einfach ohne großen Luxus, teilt sich das Zimmer mit anderen und benutzt die Gemeinschaftsdusche. Die Herberge bietet Platz für maximal 12 Personen, geschlafen wird in Etagenbetten, Schlafsäcke und Inlets sind vorhanden. Die beiden Häuser haben einen offenen Kamin – für kühlere Tage, und die gibt's in den Wintermonaten garantiert. Sofern es nicht überhand nimmt, ist Zelten auf dem Grundstück kostenlos möglich, für die Benutzung von Bad und WC ist eine Spende erwünscht.

In Sachen Energie- und Wasserversorgung versucht man auf möglichst naturgegebene Ressourcen zurückzugreifen. Da das Hochland der Insel im Winter oftmals in Wolken gehüllt ist, kann nicht ausschließlich auf Solarstrom gesetzt werden, doch für die Beleuchtung reicht es allemal. Butangas sorgt für warmes Wasser, eine Windkraftanlage ist geplant. Das eigene Quellwasser weist beste Trinkwasserqualität auf.

Auf dem 5000 m² großen Grundstück rund um die Herberge gibt es einen beachtlichen Obstbaumbestand. Hier wächst so Vertrautes wie Äpfel, Birnen und Pflaumen, doch auch Feigen, Guaven, Zitronen und Kiwis gedeihen in dieser Höhenlage noch gut. Und

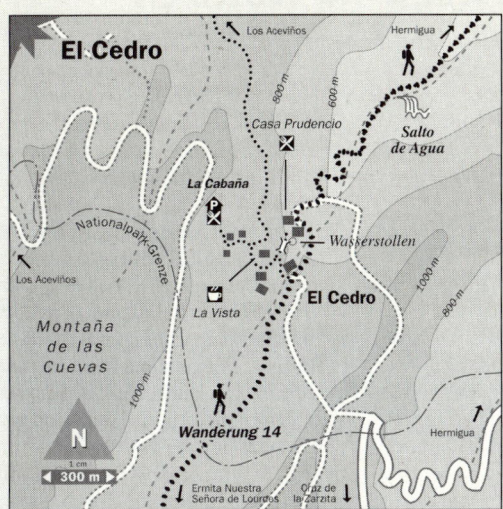

El Cedro

Los Aceviños
Hermigua
Casa Prudencio
Salto de Agua
La Cabaña
Nationalpark-Grenze
Los Aceviños
Wasserstollen
El Cedro
La Vista
Montaña de las Cuevas
Wanderung 14
Hermigua
Ermita Nuestra Señora de Lourdes
Cruz de la Zarzita
N
300 m

neben den Erdbeeren sind auch die eingeführten Himbeer- und Stachelbeersträucher angegangen, am Cedro-Bach sprießt wilde Bachminze und Kapuzinerkresse.

Die Früchte und das biologisch gezogene Gemüse aus dem Hausgarten wandern direkt auf den Gästetisch. Als besonderen Leckerbissen gibt es im Herbst geröstete Maronen, natürlich ebenfalls aus eigenen Beständen. Die Küche des Hauses ist kanarisch angehaucht, mit Kressesuppe und Carne en Salsa. Auf Vorbestellung wird Kaninchen oder eine Paellapfanne zubereitet, auf besonderen Wunsch bleibt die Küche vegetarisch. Auf dem Frühstückstisch steht ab und

an selbsteingekochte Brombeermarmelade, dazu Ziegenkäse und frische Ziegenmilch. Auch für Tagesausflügler steht immer eine Mahlzeit und ein kühles Bier bereit.

Peter und Anna sorgen für eine betont familiäre Atmosphäre, man sitzt gelegentlich am Lagerfeuer oder an einem der drei Grillplätze, macht Musik zusammen, plaudert und plant den nächsten Tag. Wer will, kann beim El-Cedro-Bauern nebenan die Käserei besichtigen. Für Wanderer ist die Herberge die beste Ausgangsbasis für Touren in den Nationalpark; zum Garajonay oder nach Aceviños ist es nicht weit, und die spektakuläre Abstiegswanderung ins Tal nach Hermigua (siehe Wanderung Nr. 14) beginnt praktisch vor der Haustür. Kein Wunder, daß viele Wandergruppen das Haus als Quartier nutzen oder zum Mittagessen anlaufen.

La Cabaña, El Cedro, telefonische Anmeldung unter ☎ 880318. Übernachtung pro Person 1200 ptas.

GARAJONAY & NORDEN

DIE TÄLER IM NORDEN

Der Norden der Insel wird von den beiden weitläufigen und grünen Tälern von Hermigua und Vallehermoso geprägt. Der natürliche Wasserreichtum begünstigte in dieser Region von jeher eine intensive landwirtschaftliche Nutzung. Mit fruchtbaren Terrassenkulturen, Obstgärten und weitläufigen Palmenhainen hebt sich der Norden La Gomeras merklich von der eher kargen Südhälfte der Insel ab.

Hermigua

Von San Sebastián steigt die mit EU-Mitteln großzügig ausgebaute *Carretera del Norte* gemächlich auf etwa 800 m an. Das Landschaftsbild wird von einer kargen Vegetation beherrscht, die trotz des milden Klimas kaum Gelegenheit hat, sich zu entfalten. Sobald der *Túnel de la Cumbre* durchfahren ist, ändert sich das Bild schlagartig. Die Cumbre wirkt als Wetterscheide, die den trockenen Südosten von dem feuchten Norden trennt.

Das grüne Tal von Hermigua ist das wasserreichste der Insel. Es wird vom *Río del Cedro* durchflossen, einem schmalen, aber ganzjährigen Bachlauf, der vom Weiler El Cedro über einen mehr als 100 m hohen Wasserfall zu Tal stürzt. Das Wasser aus den *Barrancos del Rejo* und *de Liria,* das auch zwei Talsperren speist, fließt in erster Linie in die im Talgrund angelegten Bananenplantagen. Fast jede zweite Banane La Gomeras stammt aus dieser breiten Talsohle. Hermigua ist daher noch ganz auf Landwirtschaft eingestellt. Es kann quasi gar nicht anders, denn die sattgrünen Bananenplantagen erstrecken sich bis auf eine Höhe von 350 m und durchziehen den ganzen Ort. Überall ergießen sich gurgelnde Bewässerungskanäle ins Kulturland, wo das kostbare Naß gierig von den extrem wasserzehrenden Bananenstauden aufgenommen wird. Das Tal quillt geradezu vor Wasser über, die Vegetation scheint aus allen Nähten zu platzen. Steinmauern und Zäune sind von rankendem Efeu überwuchert, im Barranco-Bett wachsen dichte Bestände von Spanischem Rohr.

Hermigua ist ein über mehr als 4 km sich erstreckendes Straßendorf mit mehreren Ortskernen, die zumeist auf felsigen Grund gebaut wurden, der für die landwirtschaftliche Nutzung nicht zu gebrauchen war. Mit etwa 2600 Einwohnern ist die Gemeinde der zweitgrößte Ort der Insel.

Charakteristisches Wahrzeichen von Hermigua sind die den Talschluß überragenden Zwillingsfelsen *Roques de San Pedro* (430 m). Am Fuße der auch als »Pedro y Pablo« (Peter und Paul) bezeichneten Vulkanschlote liegt der Ortsteil **Monteforte.** Er ist für einen wirtschaftlich rentablen Bananenanbau bereits zu hoch gelegen. In dem heute verarmten Monteforte befand sich früher eine große Zuckermühle. Zucker war lange vor den Bananen im Tal von Hermigua wie auch auf den anderen Westkanaren das er-

Hermigua

Meerwasser-Schwimmbecken

Playa de Hermigua

Lepe

Playa

Piloto

El Faro

Agulo
Valle-
hermoso

El Silbo

Santa Catalina

1 cm

◀ 300 m ▶

© Peter Meyer Reiseführer

Clínica

Gomera Art Center

Casa Creativa

Submarino

N.S.de la Encarnación

Casa de
la Cultura

Lebensmittelläden

Cafetería Don Juan

CIT

Telemaco

Colegio Nacional

Banco Bilbao

Playa
de la
Caleta

Estadio

El Curato

Caja Canarias &
Autovermietung

Apotheke

Rathaus

circa 1 km

N

Las
Nuevitas

Guardia Civil

El Convento

Librería
Supermercado Hermigua

Convento de
Santo Domingo

Los
Telares

Los Telares

Clemente

Las Chacares

Ortsteil Monteforte
San Sebastián

ste profitable Exportgut der neuen spanischen Besitzungen.

Siedlungszentrum im *Valle Alto,* dem Oberen Tal, ist **El Convento**, benannt nach dem einstigen Dominikanerkloster *Santo Domingo.* Die Baugeschichte der direkt unterhalb der Plaza gelegenen Klosterkirche geht bis auf das Jahr 1511 zurück. Markante Stilelemente der verschiedenen Epochen sind gotische Bögen, Mudéjar-Decken sowie die toskanische Säulenordnung im linken Kirchenschiff. Die prachtvoll geschnitzten Holzaltäre haben allerdings eine Restaurierung dringend nötig. Der Glockengiebel steht recht eigenwillig rechts vom Hauptportal.

Nur wenige Schritte oberhalb der Dominikanerkirche liegt an der Hauptstraße **Los Telares,** das einer der wichtigsten touristischen Anlaufpunkte Hermiguas ist. Grund dafür ist nicht allein das schön restaurierte kanarische Bürgerhaus, das von einer markanten Palme überschattet wird, die so schräg und bedrohlich über die Straße ragt, daß sie vorsichtshalber »in Ketten gelegt« wurde, sondern das *volkskundliche Museum,* das sich in dem von einem prachtvollen kleinen Park umgebenen Anwesen befindet. Es zeigt außer alten Webstühlen (den *Telares)* irdene Töpferware, Mörser, Mühlenräder und bäuerliches Arbeitsgerät. Ein von Busgesellschaften regelmäßig frequentierter großer und gut bestückter Souvenirshop mit einem breiten Angebot an Flickenteppichen und Lochstickereien macht deutlich, daß Hermigua eines der kunsthandwerklichen Zentren La Gomeras ist.

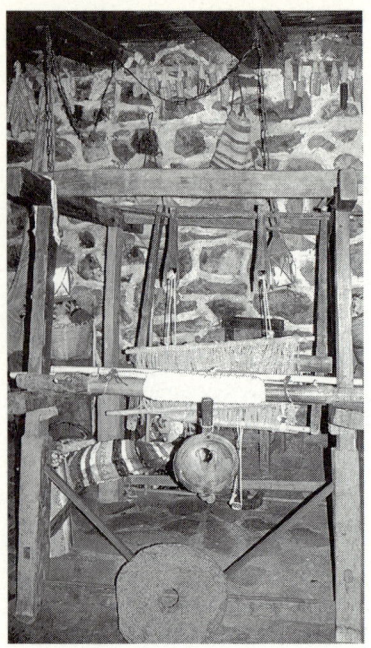

Handwebstuhl im Museum Los Telares

Nuestra Señora de la Encarnación bildet. Sie nimmt den Platz anstelle einer auf Mitte des 17. Jahrhunderts zurückgehenden kleinen Kapelle ein. Bis auf den sehenswerten, von zwei Seitenaltären flankierten hölzernen Hochaltar nimmt sich das Innere ausgesprochen schlicht aus. Der Kirche vorgelagert ist eine kleine beschauliche Plaza mit zwei Prachtexemplaren des Indischen Lorbeerbaums.

Nach der Kirche die Straße weiter abwärts gehend, findet sich schräg gegenüber des Vollwertcafés *Casa Creativa* mit dem **Gomera Art Center** ein zweites *Kunsthandwerkszentrum.* Neben Holzmörsern zur Mojo-Zubereitung, schöner Töpferware, Lederarbeiten und lokalem Bienenhonig kann man hier auch die in der gomerischen Folklore verwendeten *Chácaras* (Kastagnetten) und *Tambores* (Trommeln) erstehen.

Der Hauptstraße abwärts folgend, vorbei an der Guardia Civil, der Post und dem Rathaus, passiert man **El Curato** (210 m), das verwaltungstechnische Zentrum des Hermiguatals. Entlang der von mächtigen Eukalyptusbäumen und einigen jungen Drachenbäumen gesäumten Straße finden sich Bars und kleine Lebensmittelgeschäfte. Etwas oberhalb der Polizei steht ein beeindruckendes Exemplar der ansonsten auf La Gomera nur selten zu sehenden Königspalme. Etwas weiter unterhalb beginnt der *Valle Bajo*, das Untere Tal, dessen Blickfang die in den 20er Jahren erbaute Kirche

Am unteren Ortsausgang zweigt ein Sträßchen zur **Playa de Hermigua** ab. Das Wörtchen Playa sollte man hier nicht allzu wörtlich nehmen. Der geröllige und im Winter unaufgeräumt wirkende Strand macht nicht viel her. Brandung und Unterströmung sind zudem rauh und gefährlich. Nahe den gespenstisch aus dem Meer ragenden Pfeilern der alten Bananenverladestelle gibt es ein *Meeresschwimmbecken,* wo es sich ganz ungefährlich planschen läßt.

Etwas geschützter ist der weiter südöstlich gelegene Kiesstrand der **Playa de la Caleta,** die allerdings nur motorisiert oder nach einem gut einstündigen Fußmarsch erreichbar ist. Vom Ortskern an der Pfarrkirche folgt man dem Sträßchen Richtung Bar Telemaco hinüber zur anderen Talseite. Etwa 2 km hinter der *Bar Telemaco* biegen Sie rechts in eine rauhe Piste ein, die zum Kamm hinauf führt. Oben auf dem Kamm halten Sie sich geradeaus abwärts und erreichen dann nach insgesamt 6 km den Parkplatz oberhalb des Strandes. Wer nahe der Playa Hermigua wohnt, hat es etwas näher: Auf dem Weg zur alten Anlegestelle führt hinter der Brücke über das Barrancobett ein asphaltiertes Sträßchen rechts die Talflanke hinauf. Nach einem Kilometer passieren Sie eine Telefonzelle, etwa 100 m weiter biegen Sie links in die Piste ein, auf der man nach 1,5 km die Weggabelung auf dem Kamm erreicht, hier geradeaus abwärts.

Die Playa de la Caleta ist einer der schönsten Badeplätze im Norden. Ab und an finden sich hier ein paar »wilde« Camper ein, eine Süßwasserquelle etwas oberhalb des Strandes und eine im Sommer geöffnete kleine Bar sorgen fürs Lebensnotwendigste.

Unterkunft

★ *Clínica*, ℂ & Fax 881040, Valle Bajo, Carretera General 72, vis à vis der Tankstelle. Die ehemalige Klinik wurde von deutschen Einwanderern restauriert und zu einer Pension mit alternativem Touch umgebaut. Die insgesamt 5 Zimmer eignen sich gut für kleine Gruppen bis zu 8 Personen; große Gemeinschaftsküche, Eßraum und schöner Garten, die Duschen gehen vom Patio ab. DZ 40 bis 50 DM,

EZ 25 DM; Mindestmietdauer drei Tage, ab zwei Wochen wird es etwas billiger.

★ *Pensión Piloto*, ℂ 144120 & 880243, an dem Sträßchen zur Playa de Hermigua, DZ 2000 ptas, EZ 1500 ptas, Etagenbad. Low-Budget-Pension für einfache Ansprüche, mit Blick über die Bananenplantagen aufs Meer.

♀ *Apartamentos Telares*, ℂ 880950, Valle Alto, Carretera General, nahe der Klosterkirche. Kleine Apartmentanlage in einem geschmackvollen Neubau mit kanarischen Holzbalkonen. Die geräumigen und gepflegten Apartments kosten je nach Größe zwischen 3000 und 4000 ptas. Info gegenüber im Museum bzw. dem Souvenirshop Los Telares.

♀ *La Casa Creativa*, ℂ & Fax 881023, Valle Bajo, Carretera General 56. Von einer deutschen Gesundheitsberaterin geführtes Vollwertzentrum mit sehr schönen Studios und Apartments mit Terrasse. Preis pro Person und Tag inklusive Vollpension 115 DM, bei Einzelbelegung 145 DM. Kontakt und Buchungen aus Deutschland: Christa Zimmermann, Am Bürsteler Feldschlatt 15, 28816 Stuhr, ℂ 04206/9621 (siehe auch Extra-Story).

Apartamentos Santa Catalina, Playa Santa Catalina, ℂ 880700; Taxifahrer Ramón vermietet 3 neue, komfortable Apartments mit Blick über die Bananen aufs Meer. 3500 ptas.

Apartamentos Playa, Playa de Santa Catalina, ℂ 880758, Fax 880276; 6 saubere Apartments mit schönem Blick auf die Playa. 3000 ptas. Info nebenan in der Bar.

♠ *Casa Fraile,* im Ortsteil El Convento. Das stilvoll restaurierte alte Haus diente früher als Pfarrhaus. Die 2 Ferienwohnungen sind schön mit kanarischen Holzdecken, teils Holzfußböden und kleinen Sitzbänken unter den Fenstern ausgestattet. Die Paterrewohnung bietet Platz für zwei Personen, im Obergeschoß mit separatem Eingang können maximal 4 Personen wohnen. Preis pro Woche bei Zweierbelegung inklusive Flug und Mietwagen je nach Saison ab 1200 DM pro Person. Info und Buchung über *Mallorca Reisedienst,* ✆ 069/442023, Fax 439957.

Weitere Unterkünfte in und um Hermigua werden von dem gemeinnützigen Verein *Centro de Iniciativas y Turismo del Norte de La Gomera*

W er auf La Gomera einen ernährungsbewußten Urlaub à la Vollwertkost verleben will, für den ist die Casa Creativa in Hermigua die erste Adresse. Von deutschen Einwanderern Mitte der 80er Jahre aufgebaut, bietet das geschmackvoll restaurierte Haus 22 Gästen Platz. Um den dekorativ mit Holz gestalteten Patio gruppieren sich stilecht eingerichtete Studios und Apartments mit eigener Terrasse. Der Preis pro Person und Tag beläuft sich im 2-Personen-Studio auf 115 DM inklusive Vollpension, Einzelbelegung kostet 30 DM extra. Geboten wird dafür Urgesundes: der Morgen beginnt mit selbstgebackenem Vollkornbrot und Frischkornmüsli, doch kulinarischer Höhepunkt ist das Abendessen, ebenfalls frisch und vollwertig, wahlweise vegetarisch oder mit Fisch. In dem angeschlossenen Café werden für den kleinen Hunger Vollwertkuchen, Salate und frischgepreßte Säfte angeboten. Bei der Auswahl der Speisen wird versucht, die vegetarische Vollwertküche mit gomerischen Rezepten zu kombinieren. Nichtgäste können nach vorheriger Anmeldung an den Mahlzeiten teilnehmen. Ein kleiner Pool mit Liegeterrasse sorgt für Entspannung, die gut bestückte Hausbibliothek garantiert an wolkenverhangenen Tagen für Kurzweil. Zusätzlich gebucht werden können Massagen, Reflexzonenbehandlung, Shiatsu, Yoga und anderes. Gelegentliche kulturelle Ereignisse (Pantomime etc.) komplettieren das Angebot.

La Casa Creativa – Eine »Vollwertpension« mit Pfiff

✉ *La Casa Creativa,* Carretera General 56, 38820 Hermigua, ✆ 003422/881023 und Fax 880751 Kontakt in Deutschland: ✉ *Christa Zimmermann,* Am Bürsteler Feldschlatt 15, 28816 Stuhr, ✆ 04206/9621

(C.I.T.), Plaza de la Encarnación, ℗ & Fax 144101, vermittelt. Darunter finden sich auch sehr schöne Fincas und Landhäuser, auch größere Häuser für bis zu 8 Personen. Die Unterkünfte liegen teils abgeschieden und in herrlicher Alleinlage. Preise je nach Komfort und Personenzahl pro Tag zwischen 4000 und 12.000 ptas.

Restaurants & Bars

Bar Piloto, Playa Santa Catalina, ℗ 880214, So geschlossen. Bar mit drei winzigen Tischchen und akzeptabler kanarischer Küche ohne Speisekarte. Zur Auswahl stehen Carne en Salsa, Kaninchen, Koteletts und Fisch, der am Nachmittag manchmal schon ausverkauft ist.

El Faro, Playa Santa Catalina, Mi geschlossen. Macht von innen einen weitaus besseren Eindruck als von außen, hell und freundlich mit Tischdecken und durchschnittlicher Küche.

Las Chacaras, Valle Alto, Calle San Pedro. Deftige gomerische Küche mit Ziegenfleisch, Carne en Salsa und Kichererbseneintopf. Bis auf die Kressesuppe nur mäßige Qualität.

El Silbo, Carretera General, am Ortsausgang an der Straße nach Agulo, ℗ 880304, Di geschlossen. Die Aussichtsterrasse mit tollem Blick auf Playa und Teide ist eher einen Besuch wert als die knoblauchgetränkte Küche. Hier kann man auch nach Apartments fragen.

Casa Creativa, Valle Bajo, Carretera General 56. Café mit Terrasse, Vollwertkuchen und leckeren Tapas.

Einkaufen

Supermärkte und kleinere Lebensmittelgeschäfte finden sich entlang der Carretera General. Größter Supermarkt im Ort ist der *Supermercado Hermigua* an der Hauptstraße unterhalb von El Convento. Sonntags haben alle Geschäfte geschlossen.

Zeitschriften: *Librería*, Carretera General, mit deutschen Illustrierten und Nachrichtenmagazinen.

Kunsthandwerk: *Los Telares*, El Convento, Carretera General, und

Gomera Art Center, El Curato, Carretera General, siehe Beschreibung im Textteil.

Nützliche Adressen

Infozentrum: *Centro de Iniciativas y Turismo del Norte de La Gomera (C.I.T.)*, Plaza de la Encarnación, ℗ & Fax 144101; in dem kleinen Büro des gemeinnützigen Vereins zur Förderung des ländlichen Tourismus werden neben der Vermittlung von Ferienhäusern und Apartments auch themenorientierte Exkursionen und Wandertouren angeboten, beispielsweise eine El-Silbo-Demonstration, ein Besuch bei einem Palmhonigzapfer oder eine Tour durch die Bananenplantagen. Die geführten Touren kosten pro Person 1000 bis 2500 ptas. Ferner sind Biketouren geplant, auch Reiten soll angeboten werden.

Polizei: *Guardia Civil*, ℗ 880179, Carretera General 77.

Medizinische Hilfe: *Médico Seguridad Social*, ℗ 880727, und *Farmacia*, ℗ 880078, beide Carretera General.

Post: Carretera General, oberhalb des Rathauses, mit Postsparkasse.

Telefon: Telefonsäulen an den beiden Plazas in Valle Alto und Valle Bajo und nahe der Post.

Banken: *Caja Canarias, Banco Bilbao* und *Caja Rural*, alle entlang der Carretera General. Die Caja Canarias hat auch Do von 17 bis 19 Uhr geöffnet.

Bus: Feste Haltestellen gibt es nicht, man wartet am besten bei einer der Plazas. Der Bus hält auf Handzeichen. Täglich vier Verbindungen nach Agulo und Vallehermoso.

Taxistand: an der Plaza vor der Pfarrkirche Nuestra Señora de la Encarnación, ✆ 880047.

Mietwagen: *Rent a car Hermigua,* Carretera General, ✆ 880152.

Tankstelle: Valle Bajo, Carretera General, So geschlossen.

Agulo

Vielfach als die Perle La Gomeras gepriesen, zählt Agulo zu Recht zu den Bilderbuchdörfern der Insel. Verkehrstechnisch liegt der Ort günstig zwischen Vallehermoso und Hermigua und liegt von der Straße aus gesehen wie auf dem Präsentierteller vor einem. Die sich 250 m über dem Meer erhebende Plattform, auf der sich Agulo zusammendrängt, entstand aller Wahrscheinlichkeit nach durch einen gewaltigen Erdrutsch. Der schmucke Ort wirkt wie ein von einer unsichtbaren Stadtmauer befriedetes Städtchen, nur daß sich anstelle der Mauer ein Bananengürtel um das Dorfrund schließt.

Was die schöne Lage Agulos noch verstärkt, ist die pittoreske Aussicht auf den 3718 m hohen Teide Teneriffas, der von hier aus zum Greifen nahe scheint und sich so majestätisch wie kaum von anderswo her zeigt.

Koloniale Bürgerhäuser mit kleinen Holzbalkonen und kopfsteingepflasterte, verwinkelte Gassen geben dem Ort ein gewisses Flair, das auch ohne große Sehenswürdigkeiten anspricht. Der Ort an sich spricht für sich. Eine bauliche Attraktion hat Agulo dennoch zu bieten. Schon von der Straße oben überraschen die maurisch anmutenden runden Kuppeldächer der im Ortsteil *Las Casas* gelegenen *Pfarrkirche San Marcos.* Die eigenwillig gestaltete, von außen wuchtig wirkende Kirche entstand um 1920 nach einem Entwurf des Architekten Pintor y Ocete. Bei aufmerksamer Betrachtung fällt auf, daß sie ohne Turm auskommt. Das Innere beherbergt eine sehenswerte Christusfigur des kanarischen Künstlers Pérez Donis, ansonsten nimmt sich die Kirche ausgesprochen schlicht aus. Auf dem Kirchplatz darf der Indische Lorbeer nicht fehlen, zu dem sich zwei etwas verkrüppelte Auracarien gesellen. Zu Ehren des Schutzheiligen San Marco wird jedes Jahr eine Woche vor Ostern eine große *Fiesta* abgehalten. Höhepunkt des Festes ist der Sprung durchs Feuer, eine Mutprobe der jungen Männer. Begleitet wird das Spektakel vom Klang der Kastagnetten und Gesänge, die an afrikanische Rhythmen erinnern.

An der Plaza befindet sich auch das *Rathaus,* in welchem die Gemeindeverwaltung sowie die Polizei untergebracht sind. Ein Sträßchen des Ortes ist dem berühmtesten Sohn Agulos, dem Maler José Aguiar (auch Aguilar,

Wie auf grünen Samt gebettet und zum Zugreifen präsentiert liegt das Schmuckstück Agulo

1895 – 1978) gewidmet, der mit seinen ausdrucksstarken, naturalistischen Volksdarstellungen über La Gomera hinaus bekannt geworden ist.

Mit etwa 1500 Einwohnern ist Agulo die kleinste der 6 Gemeinden La Gomeras. Die meisten Menschen finden ihr Auskommen in der Landwirtschaft. Die buntgemusterten üppig grünen Terrassen sind mit Bananen, Kartoffeln und Wein bestellt.

Zum Gemeindegebiet gehören die im Hochtal von Agulo gelegenen Weiler **Meriga** und **La Palmita.** Auf der Straße nach Vallehermoso passiert man die 670 m hoch gelegene Streusiedlung **Las Rosas.** Rosen wird man hier allerdings vergebens suchen: der Name leitet sich von Rodungen (= *rozas*) ab. Die einstmals dichten Wälder der Kämme oberhalb Agulos verschwanden größtenteils als Holzkohle und Brennholz in den Kaminen des Dorfes. Dieser Raubbau an der Natur brachte das empfindliche Ökosystem der Region nicht unwesentlich aus dem Gleichgewicht. Wasser fließt seither spärlicher, zudem wird davon entschieden mehr verbraucht als früher, zumal heute jeder nutzbare Fleck Land um das Dorf kultiviert wird – und bewässert werden muß. Der größte Teil des aus den Bergen kommenden Wassers fließt in die Bananenplantagen.

Unterkunft

♟ *Aptos. Bajip,* ℭ 880929, 3000 ptas; in schöner Lage am Ortsrand mit Blick über die Bananen. Das Haus selbst macht nicht allzu viel her, doch die Apartments sind hell und sauber.

★★★ *Hotel Casa de los Pérez,* Calle Piedra Grande 20, © 146122, Fax 146151. Das im Frühjahr 1996 eröffnete Mini-Hotel unter deutscher Leitung ist in einem stilvoll restaurierten, hundert Jahre alten Bürgerhaus untergebracht. Die neun DZ, jeweils mit geräumigem Bad, sind komfortabel ausgestattet samt Kühlschrank und TV. DZ je nach Größe zwischen 6000 und 8000 ptas. Guter Stützpunkt für Wanderer. Pauschal bei Unger.

Restaurants

La Zula, an der Carretera General am Ortsausgang Richtung Hermigua, Mo geschlossen. Inseltypische und recht schmackhafte Fleisch- und Fischgerichte. Von der Terrasse aus hat man einen schönen Blick auf den Pico de Teide, vorausgesetzt, er versteckt sich nicht hinter Wolken. Man hat sich allerdings auf die Bewirtung von Busgesellschaften festgelegt.

Kleine Snacks gibt es unterhalb des Lokals in der unter gleicher Leitung stehenden *Cafetería La Zula.*

Café Bertermann, an der Ortsausfahrt nach Hermigua. Wie der Name schon offenbart, handelt es sich hier um ein von Deutschen geführtes Café mit Tapas und kleinen Snacks.

Bodegón El Patio, kleine Bar unterhalb der Kirche in der Calle Pintor José Aguiar.

Bar Pepe, mitten im Ortskern, mit leckeren Tapas und abends einer bescheidenen Auswahl gomerischer Gerichte. Dorftreff der Einheimischen.

Bar Agusto, winzige Bar nahe der Schule, in die schon Aguiar ging.

Bar Alameda, an der Straße zur Post mit schöner Terrasse zum Draußensitzen.

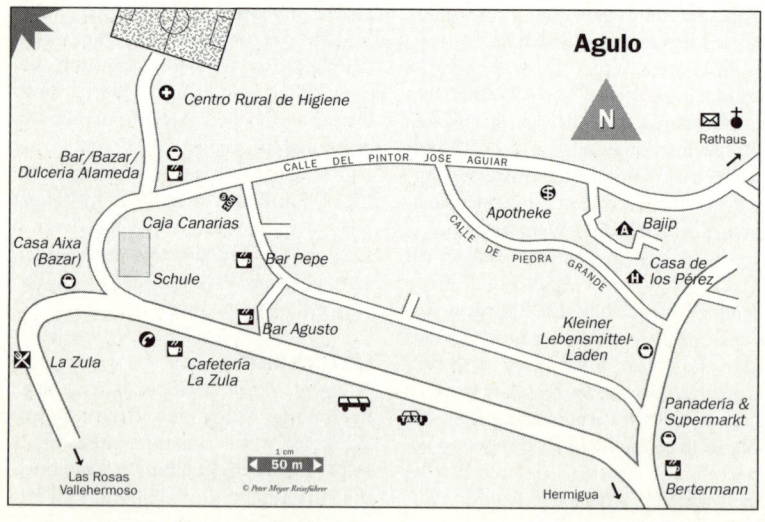

Las Rosas, außerhalb im gleichnamigen Weiler, direkt an der Straße nach Vallehermoso; geöffnet täglich 12 – 15 Uhr. Panoramarestaurant in exponierter Lage. Das Lokal lebt von Tagesausflüglern aus Teneriffa, die in ganzen Busladungen einfallen und den tollen Ausblick auf »ihren« Teide genießen wollen und während des Essens einer El-Silbo-Demonstration lauschen.

Einkaufen
Einen gutsortierten Supermarkt sucht man vergebens. Im Dorf gibt es einige kleine Lebensmittelgeschäfte.
Bäckerei: *Elvira Medina Barrera,* am Ortsausgang Richtung Hermigua mit frischem Brot, Kuchen und inselbekannten Süßspeisen.

Nützliche Adressen
Polizei: ✆ 880832, im Rathaus an der Plaza.
Medizinische Hilfe: *Centro Rural de Higiene,* Calle Nueva, ✆ 880844.
Apotheke: *Farmacia González Campora,* Calle Pintor José Aguiar.
Post: die neue Post liegt versteckt am südlichen Ortsrand. Von der Kirche aus die Calle del Calvario hinauf, an der Telefonzelle die Stufen hinunter gehen.
Telefon: Telefonsäule vor der Cafería Zula.
Bank: *Caja Canarias,* C. Pint. Aguilar.
Bus: Der Bus hält oberhalb des Dorfes an der Carretera del Norte. Viermal täglich Verbindungen nach San Sebastián (via Hermigua) und Vallehermoso.
Taxistand: ✆ 880931.

Vallehermoso
Wie die Finger einer riesigen Hand ziehen sich vom Hochland fächerförmig mehrere Schluchten nach Nordwesten hinunter und bilden an ihrem Zusammenfluß ein kesselartig erweitertes großes Tal. Inmitten der palmenbestandenen grünen Oase liegt auf knapp 200 m Höhe Vallehermoso, was soviel wie »Schönes Tal« heißt und seinem Namen voll gerecht wird. Der Ortskern wird vom mächtigen Vulkanschlot *Roque Cano* (Der Weißhaarige) um mehr als 400 m überragt. Auch in diesem Fall trifft die Namensgebung für das Wahrzeichen Vallehermosos zu – das Haupt des bizarren Felsens ist nicht selten von milchigweißen Passatwolken eingehüllt.

Der Talgrund wird von Bananenplantagen bedeckt, die von zwei Talsperren bewässert werden. Weiter oberhalb im Tal machen sich Äcker mit Kartoffeln und kleine Weinberge breit. Was den besonderen Reiz des Tales ausmacht, sind die Obstgärten, vor allem im *Barranco del Ingenio* wachsen neben Südfrüchten und Aprikosen auch Äpfel, Birnen und Pflaumen. Praktisch das ganze Jahr über reift irgendeine Fruchtart heran.

Die gerodeten Oberläufe der Schluchten sind mit lichtem Buschwerk durchsetzt, dazu gesellen sich verkrüppelter Zwergwacholder und kleine Kiefernbestände. Der Fayal-Brezal-Wald zieht sich bis auf 800 m in den Kessel hinein und wird im Süden von Kastanienbäumen aufgelockert.

Charakteristisch für die Region sind die *paredones,* auffällig überein-

ander gestapelte Natursteinmauern, die an den fruchtbaren Bergflanken jede noch so kleine Fläche terrassieren und so landwirtschaftlich nutzbar machen. Das Gemeindegebiet zieht sich bis auf das Hochplateau der Insel hinauf und umfaßt etwa ein Drittel der Fläche des Nationalparks.

Vallehermoso ist das Siedlungszentrum des verzweigten Talsystems. Den Ortskern des großen Dorfes bildet die *Plaza de la Constitución,* auf die strahlenförmig die vier Hauptstraßen zulaufen. Die Mitte des Kreisverkehrs ziert ein Springbrunnen, drum herum konzentrieren sich Banken, Bars und Geschäfte. Hier hält der Bus, und für Eilige stehen Taxis bereit. Obschon Vallehermoso einschließlich der eingemeindeten Dörfer nur knapp 3000 Einwohner zählt, kann es an der Plaza ab und an richtig hektisch zugehen, besonders um die Mittagszeit, wenn die Ausflugsbusse aus Teneriffa dem Tal ihren obligatorischen Besuch abstatten. Vallehermoso allerdings auch nur ein »Städtchen« zu nennen, wäre bereits hochgestapelt.

Schon ein paar Schritte von der Plaza entfernt kehrt eine beschauliche Ruhe ein. Etwas unterhalb davon liegt die zu Anfang dieses Jahrhunderts errichtete *Pfarrkirche.* Das für die Kanaren untypische Gotteshaus entstand nach Plänen von Pintor y Ocete, der auch die eigenwillige Kirche von Agulo gestaltete. Die benachbarten Ziegeldächer werden von dem Glockenturm überragt, der wie aus

Vallehermoso, das »Schöne Tal«

drei übereinandergehäuften Würfeln zusammengesetzt aussieht.

Kleine Gassen und ein paar wenige alte Bürgerhäuser repräsentieren das alte Vallehermoso, das zunehmend von modernen und funktionalen Gebäudekomplexen wie Schule, Gesundheits- und Agrarzentrum vereinnahmt wird. Vor dem Landwirtschaftszentrum steht schon fast von der Vegetation geschluckt eine abstrakte Metallskulptur eines Plantagenarbeiters, der schwer an einer Bananenstaude zu tragen hat. Als weiteres Kunstwerk fällt der an der Straße nach Agulo gelegene Kinderspielplatz ins Auge, vornehmlich die überlebensgroßen und abstrakten, aber ganz witzigen Skulpturen. Kinder sind allerdings auf dem mit viel Beton gestalteten Platz selten zu sehen.

Wie auch im Nachbarort Hermigua hat in Vallehermoso das Kunsthandwerk Tradition. So manche in den Souvenirshops der Insel angebotene Webarbeit oder Schnitzerei ist in Vallehermosos Häusern entstanden. Auch inseltypische Spezialitäten wie Palmhonig und Almogrote stammen oft von hier. An den Bergflanken wächst ein herber Wein, weitere alkoholische Spezialitäten sind der hochprozentige *Parra* und der mit Palmhonig versüßte Apfelsinenlikör *Mistela.*

Die Playa de Vallehermoso

Verläßt man den Ort von der Plaza abwärts über die Avenida Guillermo Moreno, gelangt man auf einer schmalen Asphaltstraße zur 3 km unterhalb gelegenen Playa. Auf halbem

Weg zum Meer entsteht derzeit rechts der Straße ein *Botanischer Garten.*

Der Weg führt durch den mit Bananen und Gemüsefeldern bestellten Unterlauf des Tales, an dessen Ausgang der rauhe und von Felsen eingerahmte Strand liegt. An der Playa wird derzeit kräftig gebaut. Neben einem künstlich angelegten Sandstrand mit vorgelagerten Wellenbrechern samt dazugehöriger Promenade mit Snackbar und Boutiquen soll ein neues Meeresschwimmbad auch bei unruhiger See den Badebetrieb garantieren. Selbst Umkleidekabinen und Süßwasserduschen werden nicht fehlen – Vallehermoso will Badeort werden. Zumindest für die sonnigen Sommermonate mag das Konzept aufgehen, im Winter jedoch ist der Himmel wie fast überall im Norden oftmals bedeckt. Die Umgestaltung der Playa sollte eigentlich schon für die Sommersaison 1996 abgeschlossen sein. Doch wer die Mañana-Mentalität der Gomeros richtig einschätzt, weiß, daß es auch 1997 werden kann.

Unterkunft

Aparthotel Vallehermoso: Am Ortsrand an der Straße zum Stausee Embalse de la Encantadera entsteht das erste Hotel der Stadt. Das alte Gebäude wird derzeit renoviert und soll einmal 25 Gäste beherbergen. Preise standen bei Redaktionsschluß noch nicht fest. Info im Rathaus, ℡ 800000.

Hostal Vallehermoso, Calle Triana 9, ℡ 800283; kleine Pension in kanarischem Haus mit 5 Zimmern, Gemein-

Bei einem Ausflug zur Encantadora-Talsperre südlich von Vallehermoso sieht man auf einer Insel diesen einsamen Fährmann

schaftsküche und Etagenbad. Die freundliche Vermieterin wohnt in der Calle Mayor 11 und betreibt dort ein kleines Textilgeschäft. DZ 2500 ptas, EZ 2000 ptas.

★ *Pensión Amaya*, Plaza de la Constitución 2, ℂ 800073, über dem gleichnamigen Restaurant, direkt an der Plaza. Von den einfachen und sauberen, aber durch Barbetrieb und Plaza ziemlich unruhigen Zimmern hat man einen schönen Blick auf den Roque Cano. DZ mit Etagenbad 2500 ptas, EZ 1250 ptas.

Hostal Pensión Amaya II., Plaza de la Constitución, ℂ 800073, Fax 801138. Neue Apartments in der 1. Etage im Haus der Caja Canarias. Die 6 DZ und 2 EZ sind mit TV und Safe ausgestattet. Die derzeit komfortableste Unterkunft in Vallehermoso. DZ 4000 ptas, EZ 2500 ptas.

★ *Pensión Central*, Plaza de la Constitución, ℂ 800023. Die Zimmer liegen nicht im Haus der gleichnamigen Bar, sondern ein Stück unterhalb der Plaza. DZ mit Etagenbad 2500 ptas pro Nacht, für länger 2000 ptas.

★ *Casa Bernardo*, Calle Triana 4, ℂ 800849. Trotz der zentralen Lage nahe der Plaza recht ruhig. Die Zimmer gehen von einem Patio ab, in dem es sich auf ein paar Plastikstühlen auch ganz gut frühstücken läßt, sofern die Señora nicht den ganzen Hof mit Wäsche zugehängt hat. Die Zimmer sind einfach und sauber, es gibt zwei Etagenbäder. Eine Küche mit Kühlschrank steht zur allgemeinen Benutzung zur Verfügung. DZ 2500 ptas, EZ 1500 ptas. Auf das Dach aufgestockt gibt es auch zwei Apartments (3000 ptas) mit Roque-Cano-Blick. Bernardo spricht ein akzeptables Englisch, so daß auch für Spanisch-Unkundige telefonische Reservierungen möglich sind. Die beste Wahl in Vallehermoso.

♥ *Apartamentos Paco el Taxista*, ℂ 801069 und 800211, Information am Kiosco Garajonay am Ende der Calle Triana. Die beiden oft belegten Apartments liegen etwas oberhalb von Vallehermoso an der wenig befahrenen Landstraße nach Los Loros. Einfach und etwas außerhalb, aber für 2800 ptas preiswert. Mit schönem Blick auf Vallehermoso.

Häuser und Fincas

Im Rahmen des Projektes *Turismo rural* wurde in Vallehermoso die *Asociación Roque Cano* gegründet, die im Norden der Insel verschiedene Unterkünfte auf dem Land anbietet. Es handelt sich dabei meist um restaurierte und ausgebaute alte Häuser, zumeist in schöner Natur und ruhig gelegen. Wegen der teilweise sehr abgeschiedenen Lage empfiehlt sich für einige der Häuser ein Leihwagen. Buchen können Sie direkt bei den Eigentümern oder über das Koordinationsbüro im Rathaus von Vallehermoso, ℂ 800000 – Fernando Martín spricht ein passables Deutsch. Die angegebenen Preise beziehen sich auf das ganze Haus und variieren je nach Personenzahl.

♠ *Casa Los Chapines:* Das kleine alte Haus liegt 3 km außerhalb von Vallehermoso in einem üppiggrünen Seitental am Rande des etwa 200 Einwohner zählenden Weilers *Los Chapines*. Das geschmackvoll eingerichtete Haus bietet Platz für maximal 3 Personen, hat eine komplett eingerichtete Küche mit Waschmaschine sowie Patio und Terrasse. ℰ 800374, 4500 – 5500 ptas.

🔺 *Casa Manuel Luis:* Altes Natursteinhaus in Vallehermoso mit 3 Schlafzimmern und Patio, ℰ 801139, 5000 – 8000 ptas.

🔺 *Los Bellos:* Das Haus hat 2 Schlafzimmer mit maximal Platz für 4 Personen und liegt 2 km außerhalb von Vallehermoso, mit herrlichem Blick auf den palmenbestandenen Weiler Macayo. ℰ 880141, 5000 – 7000 ptas.

🔺 *Casa El Palmar:* Restauriertes Haus im Ortsteil *Palmar.* 3 Schlafzimmer mit Platz für maximal 6 Personen. Gut ausgestattete Küche. ℰ 800282, 5000 – 8000 ptas.

🔺 *Casa Arguamul:* Das Haus liegt nahe der Küste, etwa 15 km von Vallehermoso entfernt, die letzten 7 km geht es über eine rauhe Piste. Das Meer ist zu Fuß in 15 Minuten erreichbar. Das kleine Häuschen ist für 2 Personen ausgelegt und ideal für »weltflüchtige« Individualisten. ℰ 800142, 4500 – 5500 ptas.

🔺 *Casa Epina;* Unterhalb von *Chorro de Epina* nahe der Straße nach Alojera, in herrlicher Alleinlage mit Blick auf die fruchtbaren Terrassenkulturen von Epina. Das Haus liegt in etwa 700 m Höhe inmitten einer sehr guten Wanderregion. In den Wintermonaten kann es kühl bis kalt sein. 2 Bäder, 4 Schlafzimmer. Das Haus gehört der Gemeinde Vallehermoso und stand 1996 kurz vor der Fertigstellung, ℰ 800000, 6000 – 9000 ptas.

Restaurants & Treffs

Bar/Restaurante Amaya, Plaza de la Constitución 2, ℰ 800073. Die Bar ist zentraler Dorftreff mit Tapas und Dartspiel. Hinter der Bar liegt das geräumige Restaurant, das regelmäßig von Reisegesellschaften frequentiert wird – die Speisekarte ist 5sprachig! Preiswerte Fisch- und Fleischgerichte (600 bis 750 ptas), empfehlenwert die gebratenen Chocos, zur Kressesuppe gibt es Gofio. Auch Ziegenfleisch.

Iballa, Calle Guillermo Ascanio, ℰ 800314. Großes Lokal, das bequem zwei Busladungen aufnehmen kann. Sind gerade keine Tagesausflügler aus Teneriffa da, kommt man sich darin richtig verloren vor. Die Preise liegen geringfügig über dem ortsüblichen Rahmen, was durch die Qualität der Speisen nicht unbedingt gerechtfertigt wird. Hervorragend jedoch ist die mit Kreuzkümmel abgeschmeckte Kressesuppe. Die Fleisch- und Fischgerichte sind Durchschnitt; neuerdings serviert man auch Pizzen und Arepas.

Triana, Calle Triana, ℰ 800305. Eins der wenigen Restaurants, in dem die Speisekarte noch nicht mehrsprachig ist. Fisch- und Fleischgerichte (600 bis 700 ptas) von schwankender Qualität, Kaninchenfleisch kann man bestimmt anderswo besser essen. Gut und preiswert und etwas, bei dem man nicht viel verkehrt machen kann, ist die Tortilla Española. Als Dessert stehen Flan oder die typisch gomerische Leche asada auf der Karte.

Einkaufen

An **Supermärkten** und kleinen Lebensmittelgeschäften besteht in Valle-

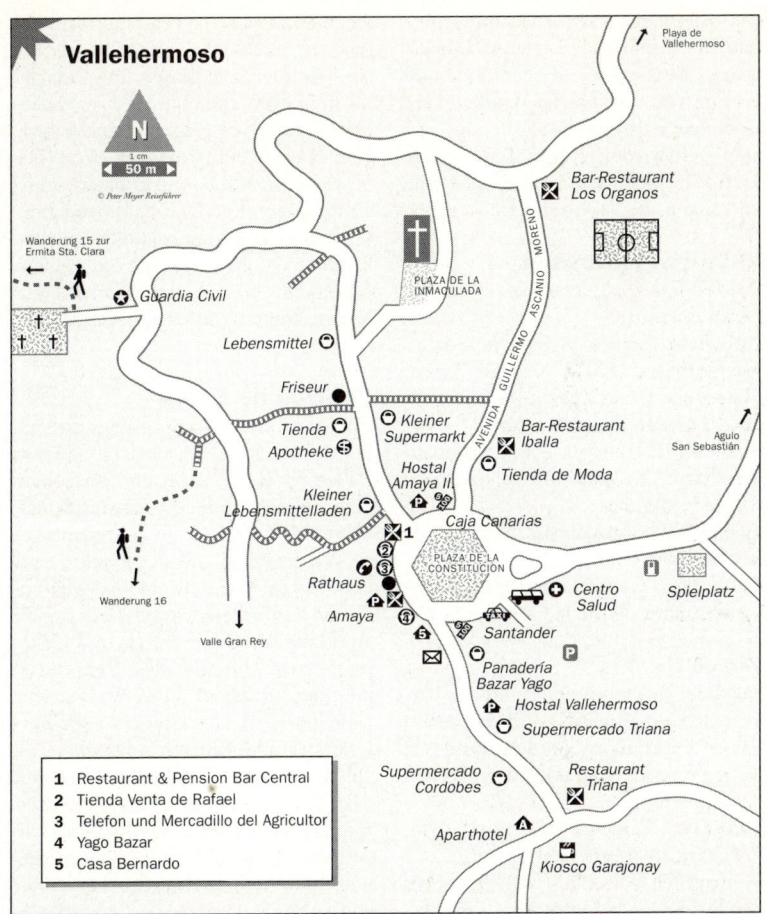

Vallehermoso

Playa de Vallehermoso

N
1 cm
◀ 50 m ▶
© Peter Meyer Reiseführer

Wanderung 15 zur
Ermita Sta. Clara

Bar-Restaurant
Los Organos

PLAZA DE LA
INMACULADA

Guardia Civil

Lebensmittel

Friseur

Tienda
Apotheke

Kleiner
Supermarkt

Bar-Restaurant
Iballa

Tienda de Moda

Hostal
Amaya II

Kleiner
Lebensmittelladen

Caja Canarias

Aguio
San Sebastián

PLAZA DE LA
CONSTITUCIÓN

Rathaus

Centro
Salud

Spielplatz

Wanderung 16

Amaya

Santander

Valle Gran Rey

Panadería
Bazar Yago

Hostal Vallehermoso

Supermercado Triana

Supermercado
Cordobes

Restaurant
Triana

Aparthotel

Kiosco Garajonay

1 Restaurant & Pension Bar Central
2 Tienda Venta de Rafael
3 Telefon und Mercadillo del Agricultor
4 Yago Bazar
5 Casa Bernardo

hermoso kein Mangel. Gut sortiert sind *Cordobes* und *Triana* in der Calle Triana. Sonntags haben alle Läden geschlossen.

Mercadillo: Jeden Samstagmorgen wird neben der Bar Central im Kellergeschoß ein kleiner *Bauernmarkt* ab-

gehalten, mit Obst und Gemüse aus der Region.

Bäckerei: Calle Triana 3; winziger Laden rechts von der Santander-Bank, mit leckerem Brot.

Gomera-Spezialitäten: *Venta de Rafael*, Plaza de la Constitución; winziger, origineller Kramladen mit Palm- und Bienenhonig, Mistela, Maulbeerwein, Almogrote, Ziegenkäse und Gofio. Von der Decke baumeln getrocknete Paprikaschoten herab.

Gemischtwaren: *Bazar Yago*, Calle Triana 2; Bekleidung, Stoffe, Filme und spanische Tageszeitungen.

Nützliche Adressen

Polizei: Guardia Civil, Carretera General, ℡ 800027.

Apotheke: *Farmacia*, Calle Mayor.

Medizinische Hilfe: *Centro Salud*, Plaza de la Constitución. Neues, modernes Gesundheitszentrum.

Post: Calle Triana 6, etwas oberhalb der Plaza. Die nächste Postsparkasse ist in Hermigua.

Telefon: Telefonsäule an der Plaza de la Constitución.

Bank: *Caja Canarias* und *Banco Santander* an der Pl. de la Constitución.

Verkehr

Bus: Die Bushaltestelle ist an der Plaza de la Constitución vor dem Centro Salud. Busse nach San Sebastián (via Agulo und Hermigua) gehen viermal täglich.

Taxistand: Plaza de la Constitución, ℡ 800279.

Tankstelle: Unterhalb der Plaza an der Straße nach Hermigua, sonntags geschlossen.

Tamargada

Tamargada wird gerne als das besterhaltene Dorf im traditionellen kanarischen Stil bezeichnet. Doch auch hier ist die Zeit nicht stehen geblieben. Zwischen den alten langgezogenen, ziegelgedeckten Natursteinhäusern machen sich vereinzelt kubische, weißgetünchte Häuser mit Flachdächern breit, die sich wie Fremdkörper ins Ortsbild geschmuggelt haben. Der Weg lohnt trotzdem. Von der Straße von Vallehermoso nach Agulo zweigt einen knappen Kilometer hinter dem zweiten Tunnel linkerhand eine Piste ab, auf der man nach einem Kilometer eine kleine Kapelle erreicht. Von dort führt ein Weg durchs Dorf.

Chorros de Epina

Etwa 11 km der Straße Richtung Valle Gran Rey folgend, erreicht man den *Picknickplatz Chorros de Epina* nahe dem gleichnamigen Ausflugslokal. Hinter dem Restaurant geht rechts eine Waldpiste ab, auf der man zu Fuß in wenigen Minuten eine Kapelle erreicht. Unterhalb davon finden sich am Hang verstreute Bänke und Grillplätze und die aus dem Berg sprudelnden *Quellen*. Das Wasser der Quellen wird von alters her als heilend bei Krankheiten angesehen, es soll ferner das Eheleben stabilisieren und wird auch von abergläubischen Gomeros bei Hexenproblemen gerne getrunken, zumal es in der Gegend einen Hexentanzplatz gegeben haben soll.

Durch das Panoramafenster des Lokals *Chorros de Epina* blickt man hinunter auf den idyllisch gelegenen Weiler *Epina* mit seinen wie ein Flickenteppich zusammengeschusterten Terrassen, auch zur Westküste ergeben sich schöne Ausblicke, immer vorausgesetzt, daß kein Nebel die

Eins der typischen Langhäuser von Tamargada, umgeben von halbüberwucherten Stallungen aus Naturstein.

Sicht behindert. Links vom Eingang werden Allerweltssouvenirs angeboten. Auf der Speisekarte stehen Fischkroketten, Ziegenfleisch und Rindfleisch in pikanter Sauce, doch zu Preisen, die deutlich über dem Üblichen liegen. Selbst der Milchkaffee kostet doppelt so viel als anderswo.

Unterkunft, *Casa Epina,* siehe unter Vallehermoso.

Tazo und Arguamul

Tazo ist ein kleiner Weiler westlich von Vallehermoso, der bis heute nur über eine holprige Fahrpiste mit der Außenwelt verbunden ist. Man erreicht den Ort über Chorros de Epina. Kurz vorher biegt man auf die Straße Richtung Alojera ein, von der die Piste nach Tazo und weiter bis Ar-

guamul abzweigt. Tazo ist von lichten Palmenhainen umgeben, die zur Palmsaftgewinnung genutzt werden. Der westlich der Fahrpiste gelegene Caserio Cubaba ist eines der unbewohnten Geisterdörfer der Insel.

Der Piste weiter folgend, erreicht man schließlich mit Arguamul die nordwestlichste Siedlung der Insel. Das über der wellengepeitschten Küste liegende Dorf ist, wie auch die Nachbardörfer, stark von der Landflucht betroffen, viele der Natursteinhäuser stehen leer.

Vom Dorf kann man auf einem etwa 4 km langen Weg zur *Playa de Arguamul* absteigen. Mit einem guten Auge, besser einem Fernglas, läßt sich von hier die Südflanke von Los Organos ausmachen. Wie fast überall an der Nordküste erlaubt die stürmische See auch hier keinen Badebetrieb. Dem Strand vorgelagert sind die Baja de los Roques, einige in der Brandung verstreut liegende Felsen. In der Nähe des Strandes wurden mehrere Muschelschalenhaufen (Concheros) gefunden, die bezeugen, daß bereits die Ureinwohner reichlich von den Früchten des Meeres Gebrauch machten. Manche der Concheros sind bis zu 7 m lang, inmitten der Muschelschalen fand man Keramikscherben und einen kleinen Menhir.

Alojera

Nahe dem Ausflugslokal *Chorros de Epina* zweigt eine neu asphaltierte Straße hinunter zur Nordwestküste ab. Gelegen zwischen den kleinen Weilern Tazo und Arguamul im Nordwesten und dem südlichen Taguluche ist Alojera der größte Ort an der Westküste. Die Streusiedlung ohne festen Kern liegt etwa 300 m oberhalb der Küste, umgeben von stattlichen Palmenhainen und mit Gemüse, Tomaten und Kartoffeln kultivierten Feldern. Die Landwirtschaft im relativ trockenen Westen wird durch ein riesiges Wasserreservoir am Leben gehalten, das sich allerdings weniger harmonisch in die Landschaft einpaßt. Aus der Zeit nach der Conquista ist bekannt, daß ein ganzjährig fließender Bach eine Zuckermühle in Gang halten konnte. Die Berghänge oberhalb des Ortes sind heute kahlgeschlagen und von tiefen Erosionsrinnen durchzogen.

Von Alojera aus führt ein neues Asphaltsträßchen hinunter zur *Playa*

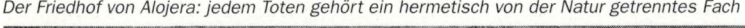

Der Friedhof von Alojera: jedem Toten gehört ein hermetisch von der Natur getrenntes Fach

Die Playa de Alojera ist eine der schönsten Badebuchten der Insel

de Alojera, die letzten anderthalb Kilometer müssen allerdings auf einer Piste zurückgelegt werden. Die von steil abfallenden Bergrücken geschützte Bucht bietet einen der besten Sandstrände La Gomeras. Der kaum 200 m lange schwarze Sandstreifen wird vornehmlich im Sommer stark besucht, weniger von Mitteleuropäern als vielmehr von urlaubenden Festlandspaniern und Tenerifeños. Künstliche Wellenbrecher ermöglichen auch an manchen Wintertagen ein gefahrloses Baden. Direkt am Strand entstanden in den letzten Jahren einige neue Häuser, darunter auch Apartments, die in den Sommermonaten immer ausgebucht sind. Der Platz für neue Anlagen ist begrenzt, viel kann in der engen Bucht nicht mehr passieren.

Unterkunft

Apartamentos Miguel Brito, Playa Alojera, ✆ 800217 und 800703. Señor Brito verfügt über insgesamt 14 Apartments, 2 Personen zahlen 3000 ptas. Die geräumigen und schön eingerichteten Unterkünfte haben heißes Wasser und eine Sonnenterrasse. Die Wellen spülen den Sand bis unmittelbar vor die Terrasse. Wer nicht auf die einzige Bar am Ort angewiesen sein will, muß sich selbst versorgen.

Apartamentos Ossorio, ✆ 800334, unterhalb vom Kirchplatz. Der Besitzer des gleichnamigen Restaurants vermietet diverse Apartments, je nach Größe zwischen 3000 und 4000 ptas. In Sichtweite des Lokals gibt es einen freistehenden neuen Bungalow mit tollem Blick über das Palmental. Mindestmietdauer 3 Tage.

Essen und Trinken

Bar/Restaurante Ossorio, © 800334, nahe der Kirche. Ein beliebter Treff von Einheimischen und Wanderern. Auf der Terrasse werden gutes Kaninchenfleisch und andere kanarische Gerichte serviert.

Verkehr

Alojera ist nicht ans öffentliche Busnetz angeschlossen.

Taguluche

Viele Feriengäste haben Taguluche zumindest von oben gesehen: von der Ermita El Santo am Ortsausgang von Arure bietet sich ein imposanter Ausblick auf das mehr als 500 m tiefer gelegene, von steilen Felswänden eingeschlossene Taguluche. Die weitläufige Streusiedlung liegt inmitten eines lieblichen Talgrundes, der abrupt zum Meer abbricht.

Von Arure kann auf zwei alten Eselspfaden nach Taguluche abgestiegen werden (siehe Wanderung Nr. 9). Der beschwerliche Abstieg war noch bis vor wenigen Jahrzehnten die einzige Landverbindung mit dem Rest der Insel.

Um Taguluche rankt sich eine kuriose Geschichte: Über viele Jahre hinweg wurden den Behörden ausschließlich Mädchengeburten aus Taguluche gemeldet. Das Militär mußte daher auf neue Rekruten aus dem kleinen abgeschieden liegenden Gomeradorf verzichten. Natürlich wurden in Taguluche genauso viele Jungens wie anderswo auf der Insel geboren. Doch keine Familie konnte sich den Luxus leisten, die heranwachsenden Männer ans Militär zu verlieren, schließlich wurden sie in der arbeitsintensiven Landwirtschaft gebraucht! Durch die extreme Randlage des Ortes mit nur schlechten Straßenverbindungen konnten sich die Taglucher vor behördlichen Kontrollgängen weitgehend sicher fühlen – bis den Dörflern auch ihre Einigkeit nichts mehr nutzte.

Wer nicht zu Fuß nach Taguluche absteigen will, nimmt die Straße über Chorros de Epina und Alojera, was einem beträchtlichen Umweg gleichkommt. Das Dorf ist eine große Palmenoase. Die Menschen leben nach wie vor von der Subsistenzwirtschaft und etwas Viehzucht. Unterhalb des Dorfes gelangt man auf einem Pfad hinunter zur alten Anlegestelle.

WANDERFÜHRER

ZU FUSS DURCH LA GOMERA
Die 200 schönsten Wanderkilometer

La Gomera ist eine der faszinierendsten Wanderregionen der Kanarischen Inseln. Mit tief erodierten Cañons, üppig grünem Feuchtwald und fast schon alpinen Abstiegswanderungen durch den trockenen Süden finden sich vielseitige und lohnende Ziele mehr als genug. Mit dem Nationalpark Garajonay steht heute ein Großteil der Insel unter Naturschutz. Hauptwandergebiete sind neben dem Nationalpark vor allem die Region Valle Gran Rey und das grüne Tal von Vallehermoso.

Die richtige Ausrüstung ...

Für spontan entschlossene Wanderer sind bestimmte leichte Wanderungen auch ohne größere Ausrüstung in Turnschuhen und mit einer Mineralwasserflasche im Tagesrucksack machbar. Schwierigere Touren sollten jedoch grundsätzlich nicht ohne geeignete Ausrüstung in Angriff genommen werden. Erste Priorität genießen feste, bis über die Knöchel gehende, gut eingelaufene Wanderschuhe mit Profilsohlen, mit denen sich auch problemlos lose Geröllhalden und steinige Barrancos durchqueren lassen.

In den Wintermonaten sind ein warmer Pulli und ein guter Regenschutz erforderlich (am leichtesten, aber nicht ganz billig sind Textilien aus Mikrofasern). In höheren Lagen und vor allem auf der Nordseite der Insel nieselt oder regnet es häufiger als im Süden und der Küstenzone. Im Bergland über 1000 m, beispielsweise in Chipude oder Laguna Grande, kann es mitunter 10 bis 12 Grad kühler sein als an der Küste (siehe auch Seite 88).

... und das richtige Wetter

Die beste Zeit für Wanderungen sind die Monate April bis Juni und September bis Oktober, wenn die Wetterverhältnisse einigermaßen stabil sind und es nicht zu heiß ist, um auch schweißtreibende Touren in Angriff zu nehmen. Natürlich läßt sich die Insel auch im Sommer erwandern, obschon die höheren Temperaturen einem ab und an etwas zu schaffen machen können und es dann schwerer fällt, einen Fuß vor den anderen zu setzen.

In den Wintermonaten ist der Wettergott so launisch wie er nur sein kann, was nicht heißen soll, daß überhaupt nicht gewandert werden kann. Doch mit kühlen Tagen, Regen, starkem Wind in den Höhenlagen und wolkenverhangenen Bergen müssen Sie rechnen. Manchmal sind die Passatwolken so dicht, daß eine Orientierung nur noch schwer möglich ist. Besonders bei Touren im zentralen Hochland und im Norden können die Sichtverhältnisse stark eingeschränkt sein. Die Wetterlage ist unberechenbar und kann sich binnen einer Stunde vollkommen verändern. Gehen Sie morgens früh los, da es oft bis gegen

Mittag relativ klar bleibt. Nach starken Regenfällen sind die Forstwege von Pfützen übersät und leicht schlammig, das Gestein rutschig, auch mit Steinschlag muß gerechnet werden. Atlantische Tiefausläufer können manchen der Wanderwege kurzfristig unpassierbar machen.

Allen Vorbehalten zum Trotz sollten Sie sich auch im kanarischen Winter nicht von Bergwanderungen abhalten lassen. Es gibt Tage, an denen die Sicht auch im Dezember und Januar tagelang völlig klar und optimal ist. Auch bei unbeständigem Wetter scheint irgendwo auf der Insel meist die Sonne, und gerade das Wechselspiel zwischen Sonne und Passatwolken kann oftmals reizvoller sein als ein strahlend blauer Postkartenhimmel.

Fazit: Wanderungen auf La Gomera, insbesondere im Winter, lassen sich nicht nach einem festgelegten Terminplan durchziehen. Für Bergtouren im zentralen Hochland lohnt es, das Wetter einige Tage zu beobachten, um so bei optimalen Wetterbedingungen und guter Fernsicht zu starten.

Ausgangsorte und Anfahrtswege

Ohne die teils langen Anfahrtswege könnte man La Gomera als Wanderinsel par excellence bezeichnen, doch leider beginnen die Routen in den seltensten Fällen vor der Tür des Feriendomizils. Völlig problemlos kommen hier die Teilnehmer *organisierter Wandertouren* über die Runden, die im gecharterten Bus zum Anfang der Tour gebracht und am Ende wieder abgeholt werden.

Etwas schwerer haben es Individualisten. Die Insel ist zwar klein genug, um in ein bis maximal zwei Stunden zu jedem gewünschten Ausgangspunkt einer Wanderung zu kommen, Voraussetzung hierfür ist jedoch ein *Mietwagen*. Dies hat außer den Extrakosten den Nachteil, daß man immer zum Wagen zurücklaufen muß – es sei denn, man überlegt sich pfiffige »Car-Sharing«-Lösungen mit Nachbarn.

Für kürzere Anfahrtswege bietet sich ein *Taxi* an, was meist billiger ist, als ein Mietauto während der ganzen Wanderung nutzlos herumstehen zu lassen.

Weitaus preiswerter gestaltet sich die Anfahrt mit dem *Linienbus*. Einziges Problem: die Busse fahren selten und für Wanderer zu nicht immer günstigen Zeiten. Man muß praktisch den ganzen Tagesplan auf die Buszeiten ausrichten. Oftmals müssen auch einige zusätzliche Gehkilometer einkalkuliert werden. Wer die Ausgangsorte der Wanderungen per Bus erreichen will, ist mit San Sebastián als Standort am besten bedient. Busfahrplan siehe Seite 106.

Ein idealer Ausgangsort, von wo es gleich richtig losgeht, ist Valle Gran Rey. Das idyllisch von Palmenhainen und Terrassenkulturen durchzogene Tal bietet neben einer mittlerweile guten touristischen Infrastruktur auch akzeptable Strände, um die manchmal schweißtreibenden Wanderungen mit Badevergnügen abrunden zu können. Einziger Nachteil hierbei: praktisch bei jeder Tour aus dem Tal heraus gilt es, einerseits äußerst reizvolle, andererseits auch äußerst anstrengende

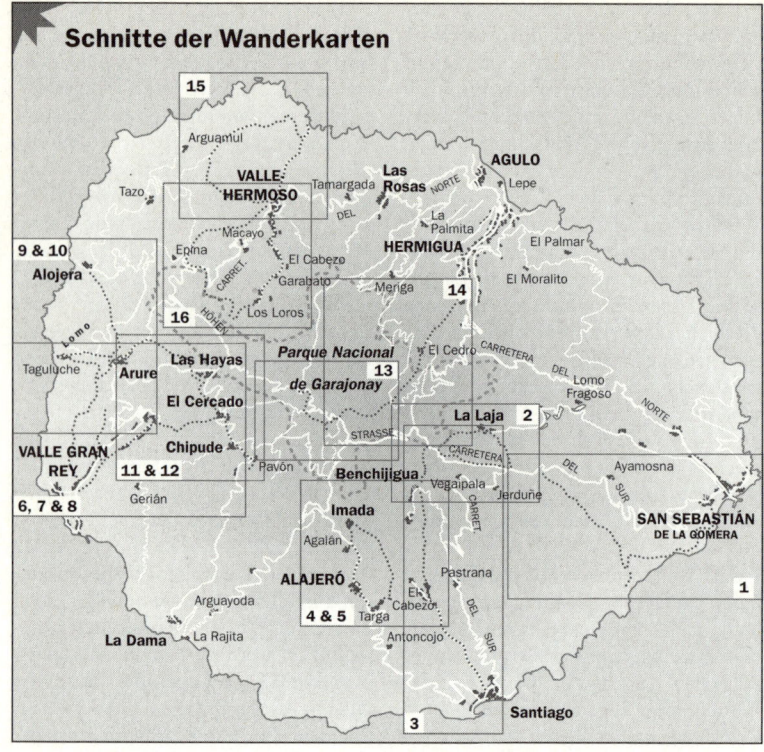

Schnitte der Wanderkarten

15

Arguamul

VALLE
HERMOSO

Tazo

Tamargada

Las
Rosas

AGULO

NORTE

Lepe

La
Palmita

DEL

HERMIGUA

El Palmar

9 & 10

Alojera

Epina

Macayo

El Cabezo

Garabato

Meriga

El Moralito

CARRET.

16

Los Loros

HIERRO

14

Parque Nacional
de Garajonay

El Cedro

CARRETERA

Lomo
Fragoso

DEL

Taguluche

Las Hayas

Arure

El Cercado

13

NORTE

VALLE GRAN
REY

Chipude

STRASSE

La Laja

2

Ayamosna

CARRETERA

Pavon

Benchijigua

Vegaipala

DEL

SUR

6, 7 & 8

11 & 12

Gerian

Jerduñe

Imada

SAN SEBASTIÁN
DE LA GOMERA

Agalán

Arguayoda

ALAJERÓ

Pastrana

El
Cabezo

4 & 5

Targa

CARRET.

DEL

1

La Dama

La Rajita

Antoncojo

SUR

3

Santiago

---

und sich teilweise wiederholende
Aufstiege einzuplanen.

Wegenetz

Mit dem wachsenden Wandertouris-
mus wurden von der örtlichen Natur-
schutzbehörde viele der alten Dorf-
verbindungswege und Maultierpfade
wieder instandgesetzt. Vielbegangene
Routen im Nationalpark Garajonay
werden zunehmend durch Wegmar-
kierungen und Schilder kenntlich gemacht, verlaufen können Sie sich

kaum. Bei weniger frequentierten
Routen im Süden fällt es gelegentlich
etwas schwer, die Orientierung zu behalten. Streckenweise kaum auszuma-
chende Wege, die ein gewisses Gefühl
der Orientierung erfordern, sind jedoch ganz selten. Die Tradition der
»Steinmännchen«, aus Steinen aufgetürmte Wegzeichen, sollte geachtet
bzw. weitergeführt werden. Daneben
finden sich noch weitere Markie-
rungssysteme wie rote Kringel, blaue
Pfeile oder weiße Striche, die von en-

gagierten Wanderern einmal angelegt wurden und für eine begrenzte Zeit sicherlich ihre Lotsenfunktion erfüllten. Doch irgendwann wird auch die beste Markierung von der Realität in Form von Bebauungen und neuen Straßen überholt. Viele vor Jahren angebrachte Markierungen sind zudem schon merklich verblaßt. Neue Wegmarken anzubringen, ist von offizieller Seite nicht erwünscht.

Gehen Sie aus Sicherheitsgründen, und vor allem um die Pflanzenwelt zu schonen, nicht vom Weg ab. Versuchen Sie auch nicht, den Weg abzukürzen, indem Sie ein bebautes Feld durchqueren. Der kürzeste Weg querfeldein ist außerdem in den seltensten Fällen der schnellste. Häufig stellen sich steile Katarakte, unüberwindbare Barrancos oder eine völlig zugewucherte Kakteenlandschaft in den Weg.

In Notfällen ist keine schnelle ärztliche Hilfe zu erwarten. Längere Touren sollten daher nicht allein unternommen werden.

Sollten Sie sich mit der Zeit vertan haben und von der Dunkelheit überrascht werden, gehen Sie keinesfalls mehr weiter, auch wenn eine kalte Nacht unter freiem Himmel nicht gerade angenehm sein mag. Ohne ausreichende Sicht sind manche Routen lebensgefährlich, steile Abstürze gibt es auf der Insel mehr als genug.

Schwierigkeitsgrad & Wanderzeit

Alpine Kletterkünste sind auf La Gomera nicht erforderlich. Manche der Touren sollten dennoch nicht unterschätzt werden. Vielfach gilt es, 1000 Höhenmeter zu überwinden, was eine gewisse Kondition und teils auch Schwindelfreiheit voraussetzt. Die Orientierung ist meist einfach, wenig begangene Touren können allerdings stellenweise von der schnell wachsenden Vegetation zugewuchert sein.

Allen Routenbeschreibungen in diesem Buch sind Schwierigkeitsgrad und Orientierung vorangestellt. Hinter den meisten Etappenzielen ist die jeweilige Meereshöhe angegeben, so daß auf den ersten Blick ersichtlich ist, welche Steigungen bzw. Gefälle überwunden werden müssen. Die angegebenen Wanderzeiten dienen lediglich als Richtwert! Dabei handelt es sich um reine Gehzeiten ohne Pausen. Viel schneller wird es auch geübten Wanderern nicht möglich sein, die Strecke zu bewältigen. Bei einigermaßen ebener Strecke wurden pro Stunde etwa 4 Gehkilometer angesetzt, bei starken Steigungen oder Abstiegen entsprechend weniger. Durch ausgedehnte Picknicks, Erholungspausen, kleine Abstecher und Fotostops kann sich die Zeit schnell verdoppeln.

Geführte Wanderungen

Von der Nationalparkverwaltung wird mindestens einmal die Woche (in der Regel freitags) eine Wanderung durch den Park angeboten. Die Teilnahme bedarf einer telefonischen Anmeldung im Besucherzentrum *Juego de Bolas*, © 800993, siehe Seite 217. Treffpunkt ist meist La Laguna Grande vor dem Restaurant. Die äußerst kompetenten Führer geben eine sachkundige Einführung in die gomeri-

WANDERFÜHRER

sche Flora und das Ökosystem des Regenwaldes. Die Führungen sind kostenlos.

Organisierte Wanderungen

Die wachsende Nachfrage nach geführten Wanderungen teilen sich einige teils in Valle Gran Rey vor Ort operierende Anbieter. Organisierte Touren können durchaus ihre Vorteile haben. Von ortskundigen Betreuern begleitet, läßt sich manch Interessantes entdecken und erklären. Besonders vorteilhaft sind die Bustransfers zum Startpunkt und zurück.

»Caminos Reales«

Der in Valle Gran Rey ansässige Veranstalter bietet verschiedene *Tagestouren* an. Mindestens einmal pro Woche geht es durch den Nebelwald nach El Cedro. Ein Shuttle-Bus bringt die Wanderer zum Ausgangspunkt Alto de Garajonay. Im Programm sind außerdem die Rundwanderung Vallehermoso – Santa Clara, die Besteigung der Fortaleza sowie die Tour vom Roque Agando über Benchijigua nach Santiago. Preise inklusive Transfer zwischen 2900 und 3500 ptas.

Bike Station, La Puntilla 7, ✆ 805082.
El Fotógrafo, La Playa, ✆ 805654 .
El Baul, Vueltas.
Boutique La Laguna, La Calera,
✆ 805791.

»Timah Bergwandern«

Wanderführer Joseph Knoflach leitet kleine Gruppen durch Schluchten, über die Hochebene und den Regenwald. Die beliebtesten Touren sind nach El Cedro, der Abstieg vom Roque Agando nach Santiago (Rückfahrt per Schiff), die Besteigung des Tafelbergs Fortaleza und die anspruchsvolle Tour von Imada nach Targa. Die Preise ab Valle Gran Rey bewegen sich je nach Route inklusive Bus- bzw. Schiffstransfer zwischen 2900 und 6500 ptas pro Person.

Apartamentos Charco del Conde, La Puntilla, oder ✆ 805726.
La Paloma, Vueltas.
Pepa's Playa, La Playa.

»Gomera Trekking Tours«

Über den auf La Gomera spezialisierten Nürnberger Veranstalter kann bereits von zu Hause aus ein kompletter Wander- und Badeurlaub gebucht werden. Angeboten wird eine 14-Tage-Reise, die eine 7tägige *Inseldurchwanderung* und einen einwöchigen Aufenthalt in Valle Gran Rey beinhaltet. Die Trekking-Tour auf alten Dorfverbindungswegen und Maultierpfaden macht mit den interessantesten Touren der Insel bekannt (Nebelwald, Garajonay, Hermigua, Vallehermoso u.a.). Übernachtet wird in Pensionen und in einem gomerischen Bauernhaus am Rande des Nebelwaldes. Die Gehzeit der einzelnen Tagesetappen variiert von 3 bis 6 Stunden, gute Kondition ist also mitzubringen. Die Gruppe ist auf maximal 10 TeilnehmerInnen begrenzt. Preis pro Person ab 2195 DM, inklusive Flug nach Teneriffa, Fähre nach La Gomera und alle Tranfers, 14 Übernachtungen, 7tägige geführte Trekkingtour.

✉ *Gomera Trekking Tours,* Sandstraße 1a, 90443 Nürnberg, ✆ 0911/20787, Fax 0911/20799.

Zum Teil auf alten Maultierpfaden geht es quer durch La Gomera

»Hauser Exkursionen«

Für alle, die außer La Gomera auch La Palma und Teneriffa erwandern wollen, bietet *Hauser Exkursionen* einen kombinierten Wanderurlaub auf den Westkanaren an. Zwei Wochen inklusive Flug, Transfers, Übernachtung mit Frühstück und organisertem Wanderprogramm kostet je nach Reisezeit um die 3000 DM. Die anspruchsvoll zusammengestellten Wanderungen erfordern ein gewisses Maß an Kondition.
Hauser Exkursionen, Marienstr. 17, 80331 München, ℂ 089/2350060, Fax 2913714.

»Studien-Kontakt-Reisen«

Angeboten wird eine 14tägige Wanderreise mit 6 geführten Wanderungen mit Tourenlängen zwischen 5 und 6 Stunden. Man wohnt in einem gepflegten kanarischen Haus in Hermigua mit Vollwertkost, wahlweise auch vegetarisch. Preis inklusive Flug, Transfer, Übernachtung, Verpflegung und geführten Wanderungen je nach Saison und Abflughafen circa 2600 bis 3100 DM pro Person,
Studien-Kontakt-Reisen, Postfach 201051, 53140 Bonn, ℂ 0228/935730, Fax 9357350.

»Wikinger Reisen«

Der renommierte Spezialist für Wander- und Abenteuerreisen weltweit hat schon seit Jahren La Gomera und die Nachbarinsel La Palma im Programm. Die zweiwöchige Gomera-Reise kostet pro Person circa 2100 DM und beinhaltet sieben geführte *Tageswanderungen* (Dauer zwischen 5 und 7 Stunden), Flug, Fährtransfer und Übernachtung mit Halbpension

WANDERFÜHRER

(vegetarische Kost möglich) in einem kleinen Apartmenthaus in Hermigua. ✉ *Wikinger Reisen GmbH*, Postfach 7464, 58125 Hagen, ✆ 02331/9046, Fax 904704.

Wandern mit »TUI«

Von TUI, dem größten Reisekonzern Europas, wird eine einwöchige *Wanderwoche* auf La Gomera angeboten. Die von einem Bergführer der Alpinschule Innsbruck geführten Wanderungen beinhalten leichte bis mittelschwere Touren (Benchijigua, El Cedro, El Cercado etc.) mit durchschnittlichen Tagesetappen von 4 Stunden. Eine Woche mit Flug, Unterbringung im Hotel Tecina in Santiago und Vollpension kostet je nach Reisezeit zwischen 2300 und 2700 DM, ohne Flug etwa 800 DM weniger. Buchungen über jedes Reisebüro.

1 Für Abenteurer und Fährtensucher

Carretera del Sur (600 m) → El Cabrito (25 m) → Playa de la Guancha → San Sebastián

Gehzeit: 4 ½ Stunden

Schwierigkeitsgrad: Kondition und Schwindelfreiheit erforderlich

Orientierung: Der wenig begangene Weg ist oft nur schwach erkennbar.

Anfahrt und Einstieg: Mit dem Bus (Richtung Valle Gran Rey oder Santiago) oder Taxi bis zum Km-Stein 14 der Carretera del Sur. Der Weg beginnt ein paar Meter hinter der km-Markierung. Unterhalb eines alleinstehenden Hauses (ehemalige Bar) geht es zwischen zwei Leitplanken hindurch abwärts.

Auch wenn sie die Nummer Eins trägt – mit dieser Tour sollten Sie Ihr Wanderprogramm nicht unbedingt beginnen! Es handelt sich um eine anspruchsvolle und schwierige Abstiegswanderung, die zudem ein erhebliches Maß an Orientierungssinn erfordert. Dafür sind die Ausblicke auf die wildzerklüftete Südhälfte La Gomeras um so lohnender. Der Wegabschnitt bis zur Oase El Cabrito, die nur per Schiff oder zu Fuß erreichbar ist, ist in seiner Ursprünglichkeit kaum zu übertreffen. Für einen Badestop an der einsamen Playa de Guancha sollte genügend Zeit eingeplant werden.

▶ Schon die ersten Meter ab der Leitplanke sind nicht einfach zu finden. Doch halten Sie genau auf den markanten Roque Sombrero zu, läßt sich bald ein mit Steinen eingefaßter Weg erkennen. Der Weg führt Sie gemächlich abwärts durch seit Jahrzehnten brachliegende Terrassenfelder, auf denen sich die typische Vegetation des Südens breit gemacht hat – Veroden, Agaven und Disteln beherrschen das Bild.

Nach knapp 20 Minuten erreichen Sie den Fuß des *Roque El Magro* (679 m), der rechts umgangen wird. Sie passieren einen verlassenen Einödhof und stehen wenige Minuten später vor dem *Roque Sombrero* (657 m) – Form und Name des Vulkanschlotes stimmen unverwechselbar überein. Der Weg führt rechts unterhalb an Felsen vorbei, wobei sich erstmals ein Blick in das verzweigte Schluchtensystem des Barranco Juan de Vera werfen läßt.

Der zeitweise schlecht erkennbare Weg hält jetzt über einen kleinen

Bergrücken genau auf den nächsten tieferliegenden Vulkanschlot zu, den *Roque Garcia* (443 m). Die Orientierung wird durch ein paar Steinmännchen erleichtert. Auch der Roque Garcia wird rechts umgangen, zunächst steil abwärts, dann weiter durch einen kleinen Palmenhain hindurch. Hier wuchert auch die kaktusähnliche Kandelaberwolfsmilch. Linkerhand schmiegt sich der Pfad direkt an die mächtige Felswand des Roque Garcia.

Folgen Sie dem Weg weiter abwärts. Sie erreichen ein Steinhaus mit terrassierten Wiesen davor. Über halbverfallene Lesesteinmauern hin-

weg hält der Weg, der kurze Zeit aussetzt, auf den nächsten Felsklotz zu. Dieser wird auf einem schmalen Pfad ausnahmsweise links umgangen, wobei sich ein toller Ausblick in das zweihundert Meter tiefer gelegene Bett des Barranco de la Guancha ergibt. Nachdem Sie eine kleine Anhöhe genommen haben, fällt Ihr Blick auf eine exponiert gelegene natürliche Aussichtsplattform, die über ein an einer Felswand vorbeilaufendes Schichtband erreicht wird.

Sie sind jetzt ab der Carretera del Sur eine Stunde unterwegs. Auf der felsigen Plattform, die wie mit aus dicker Basaltschicht geformten

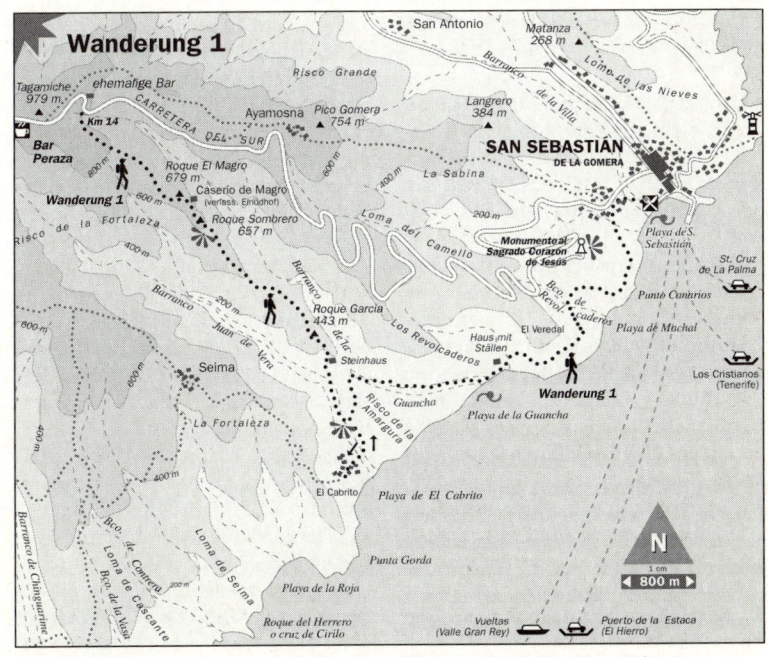

WANDERFÜHRER

Der steinige Pfad hält genau auf den Roque Sombrero zu

Sie queren nun das steinige Barrancobett zu einer Wasserleitung hin und folgen dem Weg direkt an den Wasserrohren entlang. Genießen Sie das Flachstück, auch wenn es ziemlich steinig ist. Werfen Sie einen Blick zurück und hoch zur Felswand – wie weit man doch innerhalb einer halben Stunde kommen kann!

Sie gehen weiter auf der rechten Seite des Bettes, übersteigen eine lose geschüttete Steinmauer (Steinmännchen!) und erreichen 2 Stunden nach dem Aufbruch von der Straße das von einer soliden Steinmauer eingefaßte jetzige Feriendomizil *El Cabrito*. Das gepflegte, mit Obstplantagen bestandene Anwesen ist Privatgelände.

An einem direkt an der Steinmauer stehenden südamerikanischen Pfefferbaum queren Sie das ausgetrocknete Bachbett und folgen den Steinmännchen circa 50 m schluchteinwärts. Etwa unter der Hochspannungsleitung beginnt ein gut erkennbarer steiler Aufstieg über das *Risco de la Amargura*. Nach der Paßhöhe führt ein Zickzackweg hinunter ins steinige Bett des *Barranco de la Guancha*, in dem Sie auf mehr oder weniger deutlichem Pfad die *Playa de la Guancha* erreichen (3 ½ Stunden ab Carretera). Hier haben Sie sich einen ausgiebigen Badestop verdient!

Die letzte Etappe nach San Sebastián beginnt am östlichen Ende des Strandes. Direkt bei den Stallungen nahe eines Hauses beginnt ein langgezogener, aber gemächlicher Aufstieg über einen Steilabbruch zur Hochebene *El Veredal*. Von dem über dem Meer gelegenen Plateau haben Sie bei

schwarzen Steinplatten ausgelegt ist, bietet sich eine erholsame Rast an. Von hier haben Sie erstmals einen Panoramablick auf das unten am Meer gelegene Etappenziel El Cabrito.

Von der Felsplattform geht es links haltend weiter abwärts. Nach einigen Minuten taucht eine einer menschlichen Hand nicht unähnliche, mehrere Meter hohe markante Steinformation auf. Etwa 15 m unterhalb davon windet sich der Pfad in steilen Kehren rechts eine Geröllflanke hinunter ins flache Bett des *Barranco Juan de Vera*. Im letzten Drittel des viertelstündigen Abstiegs wird der Pfad zunehmend abschüssig und verliert sich teils in Gras und Gestrüpp. Auch hier ist es wieder hilfreich, auf Steinmännchen zu achten.

klarer Sicht einen freien Blick auf Teneriffas Teide. Kurze Zeit später rückt der Leuchtturm San Cristóbal ins Bild. Links über Ihnen die Christusstatue, die mit ausgebreiteten Armen auf die weißen Häuser San Sebastiáns zeigt.

Kaum haben Sie sich an den Anblick der Hauptstadt gewöhnt, folgt nach Querung der Hochebene ein Abstieg hinunter in den V-förmigen Einschnitt des *Barranco del Revolcadero*. Auf der anderen Schluchtseite geht es zum *Lomo del Hilgueral* erneut aufwärts. Sie queren den Bergrücken und kommen nach wenigen Minuten oberhalb San Sebastiáns am Elektrizitätswerk heraus. Steigen Sie nun entlang des Zaunes ab; sich rechts haltend, erreichen Sie kurz darauf die Strandpromenade *San Sebastiáns*.

2 Ins liebliche Tal nach La Laja hinunter & hinauf zum Roque Agando

Degollada de Peraza (940 m) → La Laja (320 m) → Höhenstraße am Roque Agando (1050 m)

Gehzeit: bis zum Roque Agando gute 2 Stunden, plus 45 Minuten zur Degollada de Peraza

Schwierigkeitsgrad: Steiler Abstieg, gefolgt von einem langen Aufstieg. Nach Regenfällen kann der steinige Weg rutschig sein.

Orientierung: Sehr einfach, wichtige Wegkreuzungen sind ausgeschildert.

Anfahrt: Mit Bus (Richtung Valle Gran Rey oder Santiago), Pkw oder Taxi zur Degollada de Peraza

Rückfahrt: Busse von Valle Gran Rey und Santiago Richtung San Sebastián

sind gegen 16 Uhr am Roque Agando bzw. einige Minuten später an Degollada de Peraza. Die Fahrer halten auf deutliches Handzeichen.

Die sehr schöne Rundwanderung führt zunächst hinunter in den Talschluß des Barranco de la Villa in den von Palmen und Orangenbäumen eingerahmten Weiler La Laja. Auf dem von der Forstbehörde vorbildlich angelegten Wanderweg geht es weiter durch lichten Kiefernwald zu einer Schutzhütte hinauf und schließlich zum Fuß des mächtigen Vulkanschlots Roque Agando in mehr als 1000 m Höhe.

▶ Gehen Sie vom Restaurant Peraza etwa 100 m westlich die Straße entlang bis zur Aussichtsterrasse. Direkt unterhalb der Terrasse beginnt ein schön gepflasterter, steil abwärts führender Weg. Der Blick fällt hinunter in den *Barranco de la Villa* und auf die sich an der gegenüberliegenden Seite wie ein silbernes Band hinaufschlängelnde Straße nach Hermigua. Am Hang ducken sich vereinzelte Palmen und Kiefern. Ab und an wird der Blick frei auf die noch tief unten liegenden Häuser und den weißen Umspannturm von La Laja.

Unterhalb eines von amerikanischen Agaven umstandenen verfallenen Steinhauses stoßen Sie direkt am Wegrand auf eine Quelle. Nach ein paar hundert Metern fast ebenerdiger Wegstrecke geht es wieder steil abwärts in ein kleines, von einem Palmenhain und verwilderten Feigenbäumen bestandenes Seitental. Nach Querung des Bachlaufs folgt ein kur-

WANDERFÜHRER

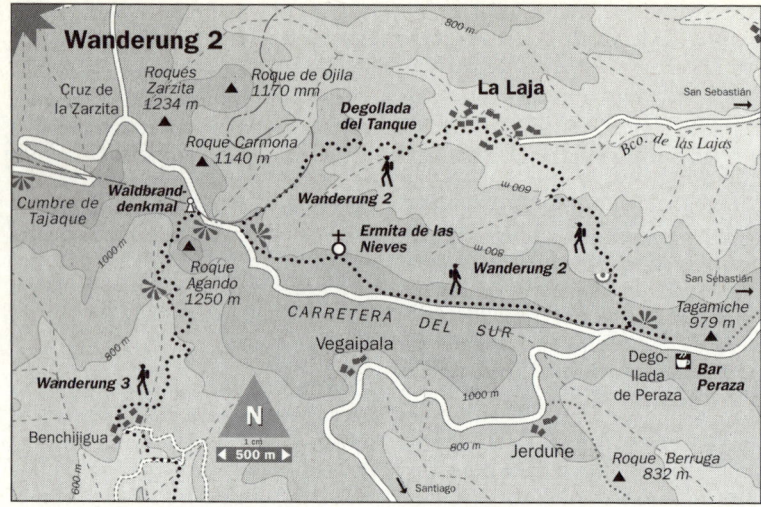

Wanderung 2

Cruz de la Zarzita

Roqués Zarzita 1234 m

Roque de Ojila 1170 mm

Degollada del Tanque

La Laja

San Sebastián

Roque Carmona 1140 m

Bco. de las Lajas

Cumbre de Tajaque

Waldbrand-denkmal

Wanderung 2

Ermita de las Nieves

Wanderung 2

Roque Agando 1250 m

CARRETERA DEL SUR

San Sebastián

Tagamiche 979 m

Vegaipala

Wanderung 3

Dego-llada de Peraza

Bar Peraza

Benchijigua

N

1 cm

◀ 500 m ▶

Jerduñe

Roque Berruga 832 m

Santiago

zer Anstieg auf einen Bergvorsprung. Sie stehen jetzt unmittelbar über *La Laja.* Vorbei an eingezäunten Weinbergen erreichen Sie den Ortsrand (50 Minuten ab Höhenstraße).

Variante: Beim ersten Haus stoßen Sie auf ein Wegkreuz. Geradeaus läßt sich ein Abstecher ins Dorf machen, wo es ein kleines Lebensmittelgeschäft und Telefon gibt. Sie können hier auch weiter auf der unterhalb des Ortes beginnenden schmalen Landstraße durch den idyllischen Barranco de Villa nach San Sebastián wandern (circa 2 ½ Stunden).

Wollen Sie zum Roque Agando, biegen Sie am Wegkreuz links ab. Der Weg windet sich zwischen pittoresk am Hang gelegenen, von Palmen beschatteten alten kanarischen Steinhäusern hindurch aufwärts. In den kleinen Vorgärten stehen Orangenbäume,

scharrende Hühner und schreiende Maulesel sorgen für ländliches Idyll. Das Tal präsentiert sich in einem üppigen Grün, gurgelnde Wasserläufe durchfließen schmale, mit Gemüse und Kartoffeln bestellte Terrassen.

Mit steigender Höhe ergeben sich immer wieder neue schöne Ausblicke zurück auf La Laja. Der zumeist schattige Aufstieg führt durch einen lichten Wald, an den schwarzen Kiefernstämmen sind noch die Spuren des verheerenden Waldbrandes von 1984 deutlich zu sehen. Abgestorbene Eukalyptusbäume geben der Szenerie eine bizarre Note. Über einige Holzbrückchen werden kleine Wasserläufe gequert, bis schließlich der Wald sich lichtet und Sie unvermittelt vor der Schutzhütte *Degollada de Tanque* stehen. Die aus Naturstein erbaute ziegelgedeckte Hütte ist offen, der schön weich mit langen Kiefernnadeln aus-gepolsterte Boden bietet ein einiger-maßen komfortables Nachtlager für 2 bis 3 Personen – bitte halten Sie die Hütte sauber. Bei gutem Wetter kann auch draußen unter der überdachten Veranda geschlafen werden. Auch wenn Sie keine Übernachtung im Sinn haben, ist die Hütte ein toller Platz zum Picknicken. Hinter der Schutz-hütte ragen die beiden mächtigen Vul-kanschlote *Roque de Ojila* (1170 m) und links davon der *Roque Zarzita* (1234 m) in den Himmel und geben eine imposante Kulisse ab.

Von der Schutzhütte geht es auf dem breiten gepflasterten Weg weiter aufwärts. Kaum ist die nächste Kehre umgangen, schiebt sich das Tagesziel,

der *Roque Agando* (1250 m), ins Bild. Der Weg verläuft über einen Kamm, von wo sich linkerhand nochmals wei-te Tiefblicke zurück in den Barranco de Villa ergeben. Rechts des Weges thronen majestätisch die ausgebrann-ten Vulkanschlote. Nur der Wald ist durch den Brand von 1984 stark dezi-miert, obschon teils neu aufgeforstet wurde. Das letzte Wegstück zum Ro-que Agando verläuft treppenartig auf-wärts und mündet am Fuß des Felsens in die Höhenstraße. Auf der anderen Straßenseite eröffnen sich Tiefblicke nach Süden in den Barranco de Santia-go. Wollen Sie hier die Wanderung ab-brechen, gehen Sie die Straße rechts entlang zum *Waldbranddenkmal* und warten dort auf den Bus.

Die Schutzhütte Degollada de Tanque wird vom Roque de Ojila bewacht

WANDERFÜHRER

Gehen Sie links die Straße hinunter, kommen Sie zu *Degollada de Peraza* (45 Minuten). Sind Sie gut in der Zeit, können Sie auf dem Weg noch einen kleinen Abstecher zur *Ermita Virgen de las Nieves* machen. Nehmen Sie hierzu wenig später den links abgehenden Forstweg, der direkt zur Kapelle führt. Von dort können Sie auf einer von einem Geländer eingefaßten Treppe zur Höhenstraße absteigen und erreichen auf dieser wenige Minuten abwärts gehend Degollada de Peraza.

3 Durch den wildromantischen Süden

Roque Agando (1050 m) → Benchijigua (560 m) → Playa de Santiago

Gehzeit: 3 ½ Stunden

Schwierigkeitsgrad: Anspruchsvolle Abstiegswanderung mit 1000 m Höhendifferenz.

Orientierung: Bis auf die Durchquerung von Benchijigua relativ einfach.

Anfahrt: Mit dem Bus (Richtung Valle Gran Rey) zum Waldbranddenkmal am Roque Agando. Der 11.30-Uhr-Bus ab San Sebastián ist gegen 12 Uhr am Agando. Wollen Sie früher los, bleibt nur ein Taxi (2000 bis 2500 ptas).

Die Streckenwanderung durch La Gomeras Süden ist unter Wanderfans ein Klassiker und eine vielbegangene Route. Von der Höhenstraße geht es zunächst über bewaldete Hänge abwärts, später werden die idyllisch gelegenen, doch fast ausgestorbenen Weiler Benchijigua und Pastrana passiert.

▶ Direkt unterhalb des abstrakten Denkmals geht ein gepflegter und gut gepflasterter Weg steil abwärts. Im Winter ist die Gegend um den Roque Agando oftmals in eine milchige Wolke gehüllt, doch schon wenig unterhalb bricht meist die Sonne durch. Der Weg führt durch Baumheidewald, das teilweise dichte Unterholz wölbt sich wie ein Baldachin über dem Kopf. Auch mehr als ein Jahrzehnt nach dem großen Waldbrand sind an den geschwärzten Kiefernstämmen die Spuren der Katastrophe sichtbar.

Am Fuße des *Roque Agando* angekommen, lichtet sich das Buschwerk allmählich – der Blick wird frei auf das palmenbestandene Tal von Benchijigua. Am Wegrand zeigen sich mächtige amerikanische Agaven mit teils meterhohen Blütenständen.

Nach etwa 30 Minuten wird ein Wasserkanal gequert, wenig später ein nur im Winter Wasser führendes Bachbett. Erste Mandelbäume tauchen auf. Der Weg führt nun auf der rechten Talseite auf halber Höhe weiter abwärts. Ein Wasserreservoir kommt in Sicht, die Häuser von Benchijigua rücken allmählich näher.

Knapp eine Stunde ab der Höhenstraße verläuft der Weg an einem kleinen Wasserkanal rechts abwärts, der in einem Kiefernwäldchen gequert wird. Linkerhand stehen hohe Eukalyptusbäume. An einem verfallenen Gehöft erreichen Sie den Ortsrand von *Benchijigua*. Der Pfad mündet auf einen ungeteerten Fahrweg, an dessen Seite von Solarzellen gespeiste Lampen stehen. Gehen Sie am Haus nicht den breiten Weg geradeaus, sondern folgen links dem Fahrweg etwa 50 m leicht abwärts. Direkt an den stämmigen Eukalyptusbäumen biegen Sie rechts hinab in einen von einem Steinmäuerchen eingefaßten Pfad ein. Sie durchqueren ein ausgetrocknetes Bachbett und passieren, sich links haltend, einige verlassene Häuser und grüne Terrassen mit Nispero-, Orangen- und Gummibäumen bestanden sowie üppig blühender Bougainvillea bewachsen.

Eine Viertelstunde nach dem ersten verfallenen Gehöft stoßen Sie auf einen weiteren dem Verfall preisgegebenen Hof. Vor diesem macht der von Eukalyptusbäumen gesäumte Weg einen scharfen Knick abwärts durch wild wuchernde Feigenkakteen hindurch. Sie haben jetzt Benchijigua hinter sich gelassen. Wiederum wird das Bachbett gequert. An verwilderten Gärten vorbei mündet der Pfad an einer Bogenbrücke in den Fahrweg, der Lo de Gato mit der Straße nach Santiago verbindet.

Folgen Sie dem leicht ansteigenden Fahrweg in Richtung der grünen Pfeilmarkierung. Schon nach etwa 100 m biegen Sie in einer scharfen Linkskurve in den rechts abwärts verlaufenden Pfad ein. Auf der linken Barrancoseite gehend, haben Sie nun einen Ausblick auf die schroff aufragenden Felswände der gegenüberliegenden Talseite. Unter Ihnen windet sich der Fahrweg nach Lo de Gato, das über wunderschön terrassiertem Kulturland oberhalb des Talgrundes am Hang klebt.

Immer weiter auf der linken Barrancoseite gehend, sind Sie bald auf gleicher Höhe mit dem gegenüberliegenden *Lo de Gato*. Sie ignorieren den

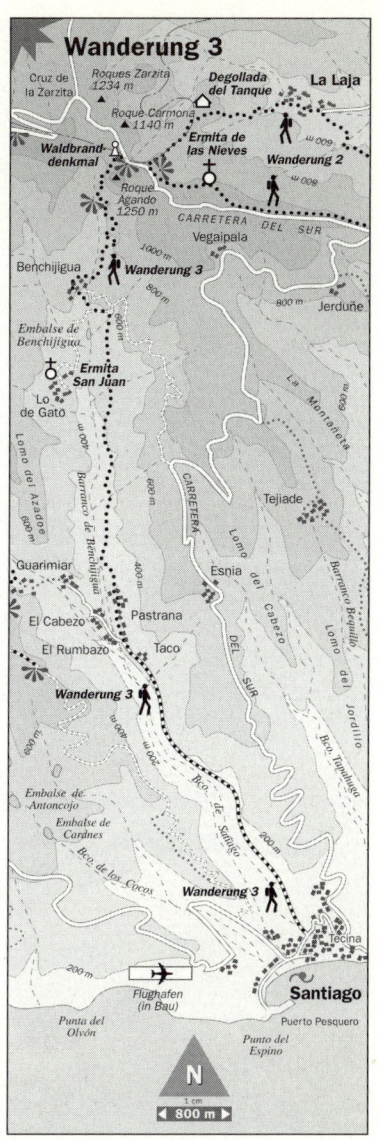

Abzweig zum Weiler und gehen geradeaus parallel zur Hochspannungsleitung weiter.

Die Schlucht verengt sich zunehmend, zur Rechten fällt das Tal an die 100 m steil ab, während sich der neu angelegte, teils von Mäuerchen begrenzte Weg links an die Wand schmiegt. Am Wegrand wuchert Kandelaberwolfsmilch, unten im Barrancobett liegen haushohe Findlinge.

Mit einem verfallenen Haus kündigt sich der Weiler *Pastrana* an. Unterhalb des Anwesens stehen zwei große kreisrunde Wassertanks. Sie sind jetzt im Barrancobett. Ein weiteres Steinhaus lassen Sie rechts liegen. Gehen Sie einige Meter durch das steinige Bachbett, ignorieren einen rechts hochgehenden Pfad, bis etwa 50 m weiter auf der linken Seite ein gepflasterter Weg aufwärts führt. Der von Palmen beschattete Weg führt an den ersten Bananenplantagen dieser Wanderung vorbei. Feigenbäume, Nisperos, etwas Wein und wie dazwischen gestreut einige Gemüsefelder sind deutliche Vorboten der Zivilisation – Sie sind im Weiler Pastrana angekommen (gut 2 ¼ Stunden ab Höhenstraße).

Der Pfad mündet in einen Fahrweg, der schon bald in eine Asphaltstraße übergeht. Gehen Sie auf der Straße immer barrancoauswärts, dann erreichen Sie in circa einer Stunde *Playa de Santiago*.

Sie gehören zum »typischen« La-Gomera-Bild: die Terrassenfelder von Lo de Gato

4 Durch die Schlucht von Guarimiar

Imada (850 m) → Guarimiar (280 m) → Targa (690 m) → Alajeró (810 m) → Imada (850 m)

Gehzeit: 3 ½ Stunden
Schwierigkeitsgrad: Mittelschwere bis schwere Rundwanderung, mit langem kräftezehrendem Aufstieg.
Orientierung: Nicht immer ganz einfach, hilfreich ist eine rote Punktmarkierung.
Anfahrt: mit Pkw oder Taxi bis Imada nördlich von Alajeró

Die nur wenig begangene Rundwanderung bietet grandiose Einblicke in die bizarre Gebirgslandschaft des Südens. Obschon nie über 850 m Höhe hinausgehend, weist die Route fast schon alpine Züge auf, mit tiefabfallenden Schluchten, felsigen Teilstücken und einem Kammanstieg, bei dem es immerhin 400 Höhenmeter zu überwinden gilt. Vielleicht eine der faszinierendsten Bergtouren La Gomeras.

▶ Die Wanderung beginnt am Ortseingang von *Imada*. Sie passieren rechterhand das erste Haus mit zwei rot gestrichenen Garagentüren. Daneben befindet sich ein Kaufladen, der während der Siesta-Zeit allerdings kaum als solcher erkennbar ist. Etwa 20 m nach den Garagen biegen Sie an einem verfallenen Haus auf einen Pfad rechts abwärts ein und halten auf den Umspannturm zu. Vor dem Umspannturm gehen Sie rechts, folgen dem Trampelpfad durch Kakteen und durchqueren dann einen ausgetrockneten Bachlauf.

WANDERFÜHRER

Linkerhand beginnt nun ein steiniger Weg, der zunächst gemächlich abwärts führt, vorbei an Palmen, Mandelbäumen und kleinen mit Kartoffeln bestellten Terrassen. Auch etwas Wein wird hier angebaut.

Der Weg verläuft auf der rechten Talflanke auf halber Höhe auf den V-förmigen Einschnitt des *Barranco de Guarimiar* zu. Sie haben jetzt die letzten Terrassen hinter sich gelassen und erreichen nach etwa 40 Minuten eine kleine Felsplattform, von der aus das Meer zu sehen ist. Von hier halten Sie sich links relativ steil abwärts. Kurze Zeit später rücken unten im flachen Talgrund die von grünen Wiesen umgebenen Häuser von Guarimiar ins Bild. Der Weg wird zunehmend abschüssiger, steinig oder geröllhaltig und verläuft in spektakulärer Weise eng an Felswänden entlang die Schlucht abwärts.

Sie treffen auf einen schmalen Wasserkanal, der dem Weg einige Meter folgt. Unterhalb der Wasserleitung erreichen Sie die ersten Terrassen von *Guarimiar*. Nach einer guten Stunde ab Imada passieren Sie die ersten Häuser des völlig verlassen wirkenden Weilers. Steigen Sie nicht ins Barrancobett ab. Der Weg verläuft rechts am oberen Dorfrand leicht ansteigend zwischen Häusern hindurch, eine mitunter etwas verblaßte rote Punktmarkierung erleichtert die Orientierung.

Oberhalb eines ziegelgedeckten Hauses zweigt der Weg nach rechts hoch ab. Hier beginnt in steilen Kehren der fast einstündige Aufstieg nach Targa. Bald haben Sie den auf der gegenüber liegenden Talseite liegenden Weiler El Cabezo an Höhenmetern übertroffen. Von einem kleinen Plateau aus ergibt sich ein grandioser Ausblick hinunter in das Schluchtensystem des Barranco de Guarimiar und das bei El Cabezo endende Asphaltsträßchen.

Nach einem kurzen erholsamen Flachstück folgt nochmals ein serpentinenartiger Anstieg zum Kamm. Auf dem Kamm angekommen, bietet sich zunächst wenig Aufsehenerregendes. Doch wenn Sie auf der anderen Kammseite der kurz unterhalb verlaufenden Piste etwa 10 Minuten nach links auf den gezackten Fels zu folgen, dann haben Sie vom Vermessungspunkt aus einen tollen Blick nach Süden auf Santiago und die Landebahn des Flughafens.

Gehen Sie auf der Piste zurück und biegen bei *Targa* links in die Asphaltstraße ein, auf der Sie nach wenigen Minuten die Hauptstraße Alajeró – Santiago erreichen. Dieser rechts folgend, kommen Sie nach einem Kilometer zum Ortseingang von *Alajeró*. Dort warten im Lokal Las Palmeras kühle Drinks und kanarische Spezialitäten; in der Dorfkneipe La Alegria unterhalb der Pfarrkirche gibt es nur Kleinigkeiten zu essen. Bei Las Palmeras hält auch der Bus bzw. kann man sich ein Taxi rufen lassen. Sollten Sie Ihren Wagen in Imada geparkt haben, benötigen Sie, der Hauptstraße weiter aufwärts folgend und dann rechts abzweigend, nochmals 45 Fußminuten.

Die Tour 4 durch den zerklüfteten Süden der Insel ist eine der schönsten Touren

5 Ausflug ins Tertiär: Zum Drachenbaum von Agalán

Gehzeit: 1 ½ Stunden hin und zurück.

Schwierigkeitsgrad: Trotz der Kürze der Wanderung sind festes Schuhwerk und Trittsicherheit erforderlich.

Anfahrt: Mit Bus, Pkw oder Taxi. Von Playa de Santiago kommend, passie-ren Sie Alajeró und verlassen am Ab-zweig Imada das Fahrzeug.

Orientierung: Einfach.

Kombi-Tip: Die vielbegangene kleine Wanderung läßt sich auch gut mit der Autotour Nr. 2 verbinden.

Der Drachenbaum von Agalán zählt zu den botanischen Attraktionen von

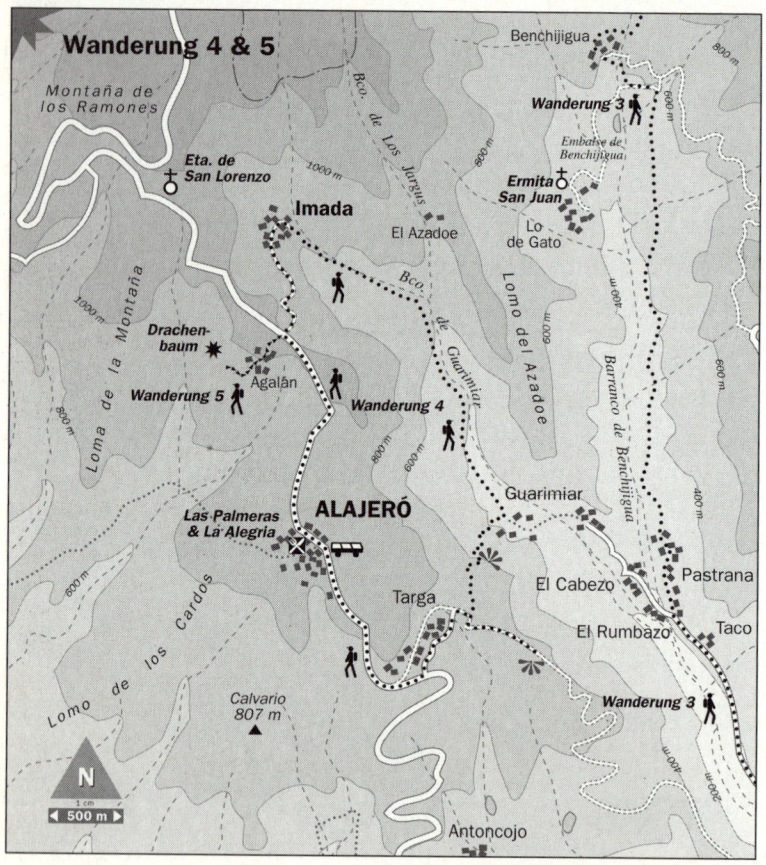

La Gomera. Der mächtige Baum verkörpert ein stattliches Exemplar seiner Gattung, das auf der Insel seinesgleichen sucht (siehe auch Seite 58/59).

▶ Genau gegenüber der Abzweigung nach Imada verläuft von der Straße aus ein gepflasterter Weg abwärts, der nach wenigen Minuten in den Fahrweg Richtung Agalán mündet. Folgen Sie diesem rechts. Sie passieren linkerhand das erste Haus der kleinen Streusiedlung und halten weiter geradeaus auf die Häusergruppe an einem Eukalyptusbaum zu. Direkt davor folgen Sie dem ausgeschilderten Pfad *Camino de El Drago*, einem von Feigenkakteen und Agaven überwucherten Weg, der die Privatsphäre der Anwohner schützt, an der Hinterseite des Anwesens entlang führt und sogleich wieder auf den Fahrweg trifft. Diesem folgen Sie etwa 150 m weiter, bis eine weiße Wegmarkierung auf einen links abzweigenden Pfad aufmerksam macht.

Der Pfad windet sich in steilen Kehren den Hang abwärts und führt in ein von Kakteen und Gestrüpp überwuchertes Tal. Die weiße Markierung macht die Orientierung einfach, schon bald taucht der Baumriese auf. Die vielverzweigte Krone strahlt eine ehrwürdige, fast schon meditative Atmosphäre aus – dem Baum wird ein Alter von mehreren hundert Jahren nachgesagt.

6 Schnuppertour für Einsteiger

La Calera → El Guro → Wasserfall → La Calera

Gehzeit: 3 Stunden

Schwierigkeitsgrad: Trittsicherheit erforderlich, ab und an darf über ein paar Felsen geklettert werden.

Orientierung: Nicht immer ganz einfach, an manchen Stellen bedarf es etwas Gespür.

Einstieg: Tankstelle in La Calera.

Eine vielbegangene Halbtagestour, die bequem und schnell von La Calera machbar ist. Fußkranke lassen sich mit dem Taxi bis El Guro bringen und verkürzen so die Gehzeit um eine Stunde. Die Tour läßt sich mit einem kurzen Spaziergang durch das Künstlerdorf El Guro kombinieren. Von dort führt ein überaus idyllischer Pfad in den Barranco de Arure hinein, einem Seitental des Valle Gran Rey, an dessen Ende Sie ein Wasserfall erwartet.

▶ Gegenüber der Tankstelle führt eine kleine Treppe ins Bachbett hinunter. Der anfangs nicht gerade einladend wirkende ungeteerte Fahrweg bringt Sie in einer guten halben Stunde zur *Ermita de Los Reyes,* einer malerisch am Hang gelegenen Kapelle, die jedes Jahr am Dreikönigstag Schauplatz einer großen Fiesta ist.

Direkt unterhalb der Ermita queren Sie auf einem gepflasterten Weg links das Barrancobett. Sie passieren ein Dickicht aus Spanischem Rohr und erreichen in 2 Minuten die Hauptstraße. Vorbei am Umspannturm gehen Sie diese etwa 150 m

WANDERFÜHRER

*Der spargelige Cardoncillo, ein Säulen-
kaktus, ist vom Aussterben bedroht*

Barranco de Arure zu. Entlang an einer für La Gomera typisch steil aufragenden geriffelten Basaltwand folgen
Sie einem quirligen Wasserkanal und
stoßen auf zwei große Wasserbecken.
Ab hier wird der weitere Wegverlauf
etwas unübersichtlich, obwohl der
Barranco recht eng ist und kaum
größere Irrwege zuläßt. Steinmännchen und rote Punktmarkierungen
sorgen für die nötige Orientierung.
Zunächst geht es ein paar Meter
durchs steinige Bachbett, dann auf der
rechten Seite weiter. Der Pfad wechselt mehrmals die Seiten. Wahlweise
kann auch direkt im Bachbett gegan-
gen werden, von Stein zu Stein hüp-
fend oder durch dichtes Rohrdickicht
hindurch. Ab und an sind auch kleine
Steilstücke kletternd zu überwinden.

Sollten Sie an einen kleinen Wasserfall kommen, an dem es nicht mehr
weitergeht: Gehen Sie etwa 30 m zurück und klettern an dem mit einem
Steinmännchen markierten Aufstieg
über Felsen das Bachbett hinauf, so
können Sie oberhalb des Wasserfalls
bequem die Steilstufe umgehen. Zum
»richtigen« Wasserfall sind es von hier
nochmals etwa 25 Minuten, wobei es
immer wieder kleine Kletterpartien
einzulegen gilt. Das Ganze hört sich
komplizierter an als es ist. Notfalls
hängen Sie sich einfach an ein paar
wegkundige Wanderer an, die Strecke
ist vielbegangen.

Am *Wasserfall* erwartet Sie ein fast
kreisrunder Kessel mit senkrecht aufsteigenden Wänden. Zumindest im
Winter stürzen ansehnliche Wasser-
massen hinunter und bilden einen
kleinen Tümpel – zum Vergnügen

rechts aufwärts und biegen sodann
links in einen von einem grüngestrichenen Geländer begrenzten gepflasterten Weg ein. Über ein Brückchen
queren Sie einen ausgetrockneten
Wasserlauf und gelangen über eine
Steintreppe in den Ortsteil *El Guro*.

Sie passieren einige Häuser, bis Sie
rechterhand an ein Häuschen mit einem auffallend dreieckigen kleinen
Fenster kommen. Hier dreiteilt sich
der Weg. Gehen Sie scharf rechts und
lassen das Haus mit der großen Eidechse am Giebel unter sich.

Nun beginnt ein schöner Weg, der
zunächst ein Stück parallel zur Straße
verläuft, vorbei an Palmen und Kakteen, genau auf den Einschnitt des

darin planschender Kinder. Zurück geht es garantiert nicht immer auf demselben Weg!

7 Durchs Tal des Großen Königs ins Töpferdorf El Cercado

La Calera (60 m) → Ermita Los Reyes → El Cercado (1030 m)

Gehzeit: gute 2 ½ Stunden

Schwierigkeitsgrad: Ein langer Aufstieg, der eine gewisse Kondition erfordert.

Orientierung: Relativ einfach.

Einstieg: Tankstelle in La Calera. Will man sich den Weg durchs Barrancobett ersparen, kann man mit dem Taxi bis El Guro fahren. 20 m hinter der Tienda Nestor geht von der Hauptstraße rechts ein gepflasterter Weg hinab ins Barrancobett, quert dieses und führt über eine Steintreppe hoch zur Ermita Los Reyes.

Rückweg: Wer mit dem Mittagsbus zurück will, sollte früh von La Calera aufbrechen. Der Bus von San Sebastián nach Valle Gran Rey hält etwa gegen 12.30 Uhr in El Cercado vor der Bar Victoria. Der nächste Bus fährt erst gegen 15 Uhr.

Die zunächst bequeme Wanderung macht mit den Schönheiten des Valle Gran Rey bekannt. Vorbei an der Ermita Los Reyes durchwandern Sie grüne Palmenhaine, alte Terrassenkulturen und die Weiler im oberen Tal. Am Talschluß beginnt ein kräftezehrender, aber beeindruckender Aufstieg zu dem auf 1000 m Höhe gelegenen Dorf El Cercado.

▶ Gegenüber der Tankstelle in La Calera führt eine kleine Treppe ins Bachbett hinunter. Der anfangs nicht gerade einladend wirkende staubige Fahrweg bringt Sie in einer guten halben Stunde zur *Ermita de Los Reyes,* die etwa 15 m oberhalb des Barrancobettes liegt und über eine Steintreppe erreicht wird. Vom Vorplatz hat man einen tollen Blick ins Tal. Links der Kapelle beginnt ein schöner gepflasterter Weg. Ab hier entfaltet das grüne Gran-Rey-Tal seinen ganzen Reiz. Unter stattlichen Palmen führt der Weg immer etwas oberhalb des Talgrundes entlang, der mit Bananen und Spanischem Rohr bestanden ist. Die Felder werden hier noch bewirtschaftet, weiter oben liegen allerdings viele Terrassen brach.

An der *Casa de Chelé* mündet der Pfad auf einen breiten Fahrweg, auf dem Sie nach ein paar Minuten eine Asphaltstraße erreichen. Dieser etwa 25 Minuten nach rechts folgend, nähern Sie sich im Ortsteil *Vizcaina* dem Talende. Hinter einem Neubau an einem kleinen mit Schilf bestandenen Wasserlauf zweigt rechts eine Betontreppe ab, die nach etwa 30 m auf einen alten gepflasterten Maultierpfad mündet. Dieser steigt in spitzem Winkel weiter an. Nach 5minütigem Aufstieg sind Sie bereits oberhalb der Siedlungsgrenze und folgen rechts der roten Pfeilmarkierung auf dem treppenartigen Weg weiter bergan. Am Ende des Treppenaufstiegs kommen Sie zu einem Wasserhäuschen, dort geht es links weiter aufwärts.

Der steile Aufstieg bringt Sie rasch über die letzten terrassierten Felder.

WANDERFÜHRER

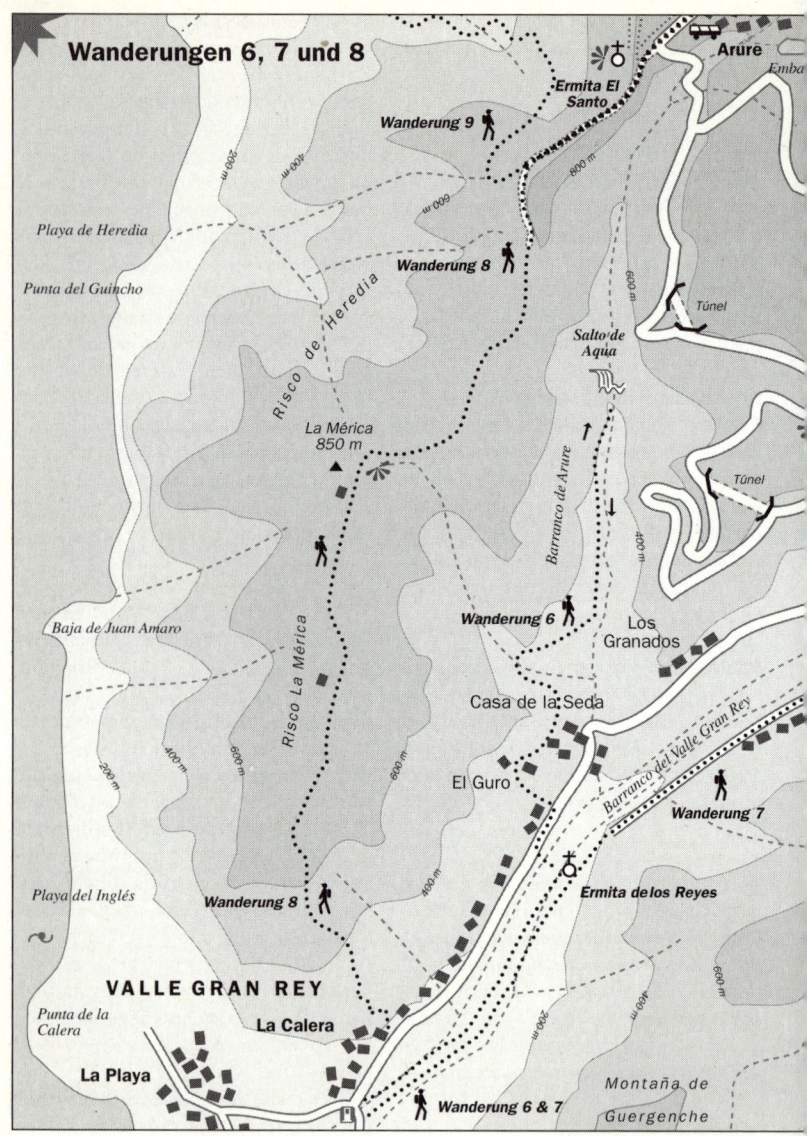

Wanderungen 6, 7 und 8

Arure

Emba

Ermita El Santo

Wanderung 9

Playa de Heredia

Punta del Guincho

Wanderung 8

Túnel

Risco de Heredia

Salto de Aqua

La Mérica 850 m

Túnel

Barranco de Arure

Baja de Juan Amaro

Wanderung 6

Los Granados

Risco La Mérica

Casa de la Seda

Barranco del Valle Gran Rey

El Guro

Wanderung 7

Ermita de los Reyes

Playa del Inglés

Wanderung 8

VALLE GRAN REY

Punta de la Calera

La Calera

La Playa

Montaña de Guergenche

Wanderung 6 & 7

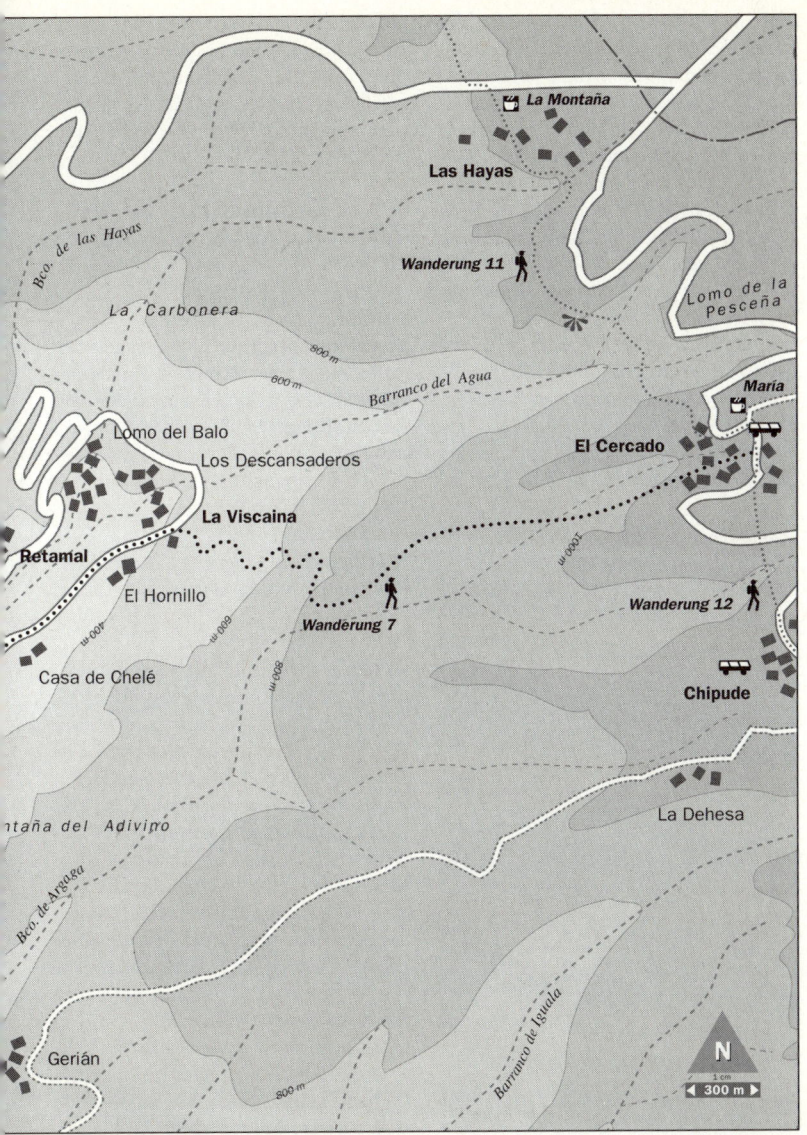

Sie passieren einen Steilabsturz, hier kann ein bißchen Schwindelfreiheit nicht schaden. Sie haben jetzt grandiose Tiefblicke hinunter ins Tal. Anstiege wechseln von nun an mit erholsamen kurzen Flachstücken. Der Weg führt allmählich in einen Schluchteinschnitt hinein. Immer neue Kehren tun sich auf, bis schließlich der Kamm erreicht ist. Von hier haben Sie nochmals einen Panoramablick zurück ins Tal.

Der Weg führt weiter aufwärts, grüne Weiden und das erste große Haus von *El Cercado* tauchen auf. Halten Sie genau auf das Haus zu, vorher stößt der Weg auf einen geteerten Fahrweg, dem Sie links folgen und

Bizarre Felsformationen säumen den Aufstieg ins Bergdorf Arure

auf dem Sie wenig später das Haus passieren. Zwei Minuten später gelangen Sie an der Bar María auf die Hauptstraße von El Cercado, an der die beiden bekannten *Töpferstudios* liegen.

8 Steilanstieg auf die Hochebene La Mérica

La Calera (60 m) → Risco de la Mérica (850 m) → Arure (825 m)

Gehzeit: gute 2 ½ Stunden

Schwierigkeitsgrad: Einstündiger steiler Aufstieg ohne Schatten, wobei eine Höhendifferenz von 800 m zu überwinden ist. Daher: Sonnenhut und Trinkflasche nicht vergessen! Im Winter liegt bis 10 Uhr morgens jedoch noch fast das ganze Tal im Schatten.

Orientierung: Einfach.

Startpunkt: La Calera am Taxistand.

Rückweg: Mit dem Bus um circa 12.45 Uhr oder gegen 15.30 Uhr.

Ein anspruchsvoller Aufstieg führt Sie auf einem gut angelegten, größtenteils gepflasterten Weg hoch zur kahlen Hochebene La Mérica und weiter ins Bergdorf Arure. Eine viel begangene Tour, die auch andersherum als Abstiegswanderung beliebt ist.

▶ Gehen Sie am Taxistand in La Calera die Treppe zwischen der Bar Plaza und der Bar Parada hoch. Nach einigen Stufen macht die Treppe einen scharfen Knick nach rechts. Vorbei an den Apartments Lola und dem kleinen Supermarkt Victor und von dort geradeaus stoßen Sie auf die alte Dorfstraße, die sich nach 50 m gabelt. Gehen Sie hier die Straße links weiter und passieren die in einer Rechtskurve gelegene Galería. Nach wenigen Minuten gelangen Sie zur Pensión Bella Cabellos. Unmittelbar danach führt links eine Treppe aufwärts, die etwas weiter oben als gepflasterter und von einem Mäuerchen eingefaßter Weg den Beginn des Aufstiegs markiert.

Im Verlauf des Anstiegs wird die Landschaft zunehmend felsiger. Nach etwa einer halben Stunde führen in einer auffallenden Rechtskehre ein paar Schritte zu einer bizarren Steinformation mit jetzt schon toller Sicht auf Vueltas und den Talausgang. Im weiteren Wegverlauf ergeben sich immer neue fotogene Ausblicke auf die Dörfer im Tal. Bald schiebt sich auch erstmals der mächtige Tafelberg von Chipude über den rechten Barrancorand.

Nach einem gut einstündigen kräftezehrenden Aufstieg ist die Hochebene *La Mérica* erreicht. Nur noch gemächlich ansteigend, führt der Weg durch verwilderte, schon lange brachliegende Terrassen auf ein Haus mit rotem Ziegeldach zu. Das verfallene Gehöft wird nicht nur als schattiger Rastplatz benutzt, sondern dient so manchem Wanderer auch als nächtlicher Unterschlupf. Direkt am Wegrand nahe dem Haus findet sich ein instandgesetzter kreisrunder Dreschplatz, ein Zeichen dafür, daß früher auf dem Hochplateau Getreide angebaut wurde.

Vom Haus hält der Weg über die steinige Hochebene weiter leicht ansteigend auf den gezackten Felskamm *La Mérica* (850 m) zu. Sie treffen auf ein weiteres Gehöft mit Stallungen für Ziegen, die direkt unter die Südwand

eines Felsens gebaut sind. Unser Weg führt links daran vorbei weiter auf den Grat zu, wobei sich jetzt faszinierende Tiefblicke in den Barranco Arure und das obere Valle Gran Rey ergeben.

Bald haben Sie den höchsten Punkt der Wanderung überschritten. Der Weg verläuft nun leicht abwärts und wechselt auf die linke Seite des Kammes mit jetzt schöner Sicht auf die Westküste La Gomeras. Lediglich die Müllkippe von Arure, die leicht an der aufgeregt flatternden Vogelschar darüber zu erkennen ist, verschandelt das Bild. Bei klarem Wetter sieht man die Silhouette La Palmas (übrigens auch eine schöne Wanderinsel).

Mehr und mehr rückt das jetzt vor Ihnen liegende Bergdorf Arure ins Bild. Auf der östlichen Talseite zieht sich die Schnellstraße die letzten Steigungen zum Talrand hoch.

Der Weg mündet schließlich in einer breiten Fahrpiste. Den drei Minuten später nach links gehenden Fahrweg ignorierend, halten Sie weiter auf Arure zu. Wieder wechselt der Weg auf die linke Kammseite, jetzt auch mit Ausblick auf die Insel El Hierro und den tief unten liegenden Weiler Taguluche. Kurz vor dem Dorf können aufmerksame Beobachter die gut getarnte *Ermita El Santo* ausmachen. Etwa 200 m bevor Sie die Hauptstraße erreichen, kann der kleinen Kapelle ein Besuch abgestattet werden, indem Sie links unter dem Aquädukt hindurch gehen. Vom Vorplatz der Kapelle ist der Blick hinunter auf Taguluche noch beeindruckender.

Zurück am Aquädukt erreichen Sie nach wenigen Metern die ins Dorf führende Hauptstraße. Die Bar Conchita in *Arure* hält für hungrige Wanderer eine leckere Gemüsesuppe mit Gofio bereit. An der Bar stoppt auch der Bus, von der Telefonzelle daneben läßt sich gegebenenfalls ein Taxi rufen.

9 Ins Tal von Taguluche

Arure (825 m) → Taguluche (300 m) → Arure (825 m)

Gehzeit: Mit Abstecher zur Anlegestelle knapp 4 Stunden

Schwierigkeitsgrad: Schwerer Abstieg und Kondition erfordernder Aufstieg. Insgesamt sind 1600 Höhenmeter zu bewältigen, die eine Hälfte hinunter, die andere wieder hinauf.

Orientierung: Nicht immer einfach.

Startpunkt: Bar Conchita in Arure.

An- und Rückfahrt: Mit Bus, Taxi oder Pkw.

Kombi-Tip: Wer sich noch fit fühlt, kann über die Hochebene La Mérica nach Valle Gran Rey absteigen (Tour Nr. 8 andersherum).

Das »Hängetal« von Taguluche war noch vor wenigen Jahrzehnten nur über Maultierpfade zugänglich. Die Rundwanderung von Arure aus macht Sie mit zwei dieser alten Wege bekannt. Der Abstieg in das dicht von Palmen bestandene Tal nimmt an der Ermita el Santo seinen Anfang. Zurück geht es auf einer etwas weiter südlich gelegenen Route.

► Von der Dorfdurchfahrt in Arure geht es zunächst abwärts in Richtung Valle Gran Rey zum Ortsausgang. Folgen Sie rechterhand der ausge-

schilderten Piste zum *Mirador Ermita el Santo*. Nach etwa 100 m führt rechts ein gepflasterter Weg unter einem Aquädukt hindurch zu der kleinen Kapelle mit der berühmten Aussicht hinunter nach Taguluche.

Hinter der Ermita beginnt unser Pfad, zweigen Sie von diesem nach 50 m nach unten ab. Hier beginnt der Steilabstieg, zunächst durch einen lichten Kiefernbestand, dann an senkrecht aufsteigenden Basaltwänden entlang. Der serpentinenartige Weg quert felsiges Terrain, wobei es anstrengend hohe Trittstufen zu nehmen gilt.

Nach einer guten halben Stunde werden die ersten Palmen passiert. Am Wegrand macht sich Brombeergestrüpp breit, an manchen Stellen wird es jetzt etwas unübersichtlich, doch dem geübten Auge wird es nicht schwer fallen, sich zu orientieren. Sie erreichen die ersten Häuser oberhalb der Asphaltstraße. Als Orientierung dient jetzt die ebenfalls abwärts verlaufende Stromleitung und ein weiter unterhalb stehender Umspannturm.

Sollten Sie vom Pfad abgekommen und auf der Teerstraße gelandet sein, versuchen Sie sich zum Umspannturm durchzuschlagen. Dort beginnt ein schöner Treppenweg weiter talabwärts durch die weitläufige Streusiedlung, vorbei an mit Gemüse bestellten Terrassen und Obstkulturen.

Der Treppenweg mündet weiter unten auf die Asphaltstraße. Gehen Sie bis zum Wendeplatz am Ende der Straße. Hier geht es auf einem erneut gepflasterten Treppenweg weiter abwärts zur alten *Schiffsanlegestelle*. Der sich zum Pfad verengende Weg

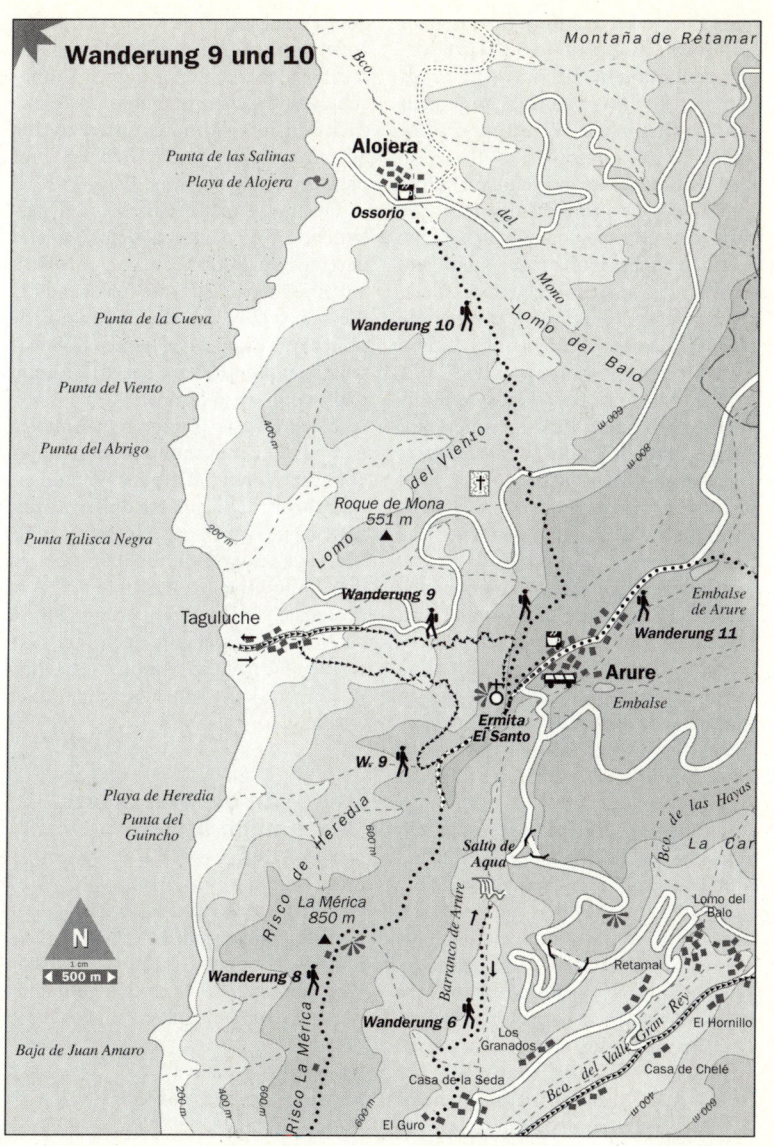

Wanderung 9 und 10

Montaña de Retamar

Punta de las Salinas
Playa de Alojera

Alojera

Ossorio

Punta de la Cueva

Wanderung 10

Lomo del Balo

Punta del Viento

Mono del Balo

Punta del Abrigo

del Viento

Punta Talisca Negra

Roque de Mona
551 m

Lomo

Wanderung 9

Taguluche

Embalse de Arure

Wanderung 11

Arure

Embalse

Ermita El Santo

W. 9

Playa de Heredia
Punta del Guincho

Risco de Heredia

Salto de Aqua

Bco. de las Hoyas
La Car

Lomo del Balo

La Mérica
850 m

Retamal

Wanderung 8

Barranco de Arure

El Hornillo

Wanderung 6

Los Granados

Casa de Chelé

Risco La Mérica

Baja de Juan Amaro

Casa de la Seda

Bco. del Valle Gran Rey

El Guro

N
1 cm
◀ 500 m ▶

führt durch das dicht mit Spanischem Rohr bewachsene und von Dattelpalmen beschattete Barranco-Bett bis hinunter ans Meer, zum Schwimmen ist das Wasser hier allerdings zu bewegt.

Wieder zurück am Wendeplatz folgen Sie etwa 10 m der Asphaltstraße aufwärts und gehen dann gleich rechts an einem Wasserrohr einen steinigen, etwas undeutlichen Pfad empor. Nach 30 m werden zwei rechts stehende Häuser passiert. Scharf links hinauf haltend, geht es nun an einem links vom Pfad stehenden Haus auf zunächst gerölligem Pfad steil bergauf. Einige brachliegende Terrassen werden rechts liegen gelassen. Der Pfad bleibt weiter etwas unübersichtlich, ab und an weisen Steinmännchen die Richtung.

Nach einigen Gehminuten haben Sie linkerhand einen Blick aufs Dorf. Die Wegverhältnisse werden zunehmend klarer. Ein riesiger Findling wird passiert, von dem man meint, er könnte jede Sekunde zu Tal rollen. Weit über Ihnen auf dem Kamm ist der Aquädukt erkennbar, an dem der Abstieg begann.

Durch eine kleine Seitenschlucht getrennt bleibt Taguluche linkerhand immer etwas auf Distanz. Der Weg trifft auf ein Bachbett und verläuft kurzzeitig rechts daran entlang. Sie queren den Bach, gehen auf der anderen Seite nicht links ins Dorf, sondern geradeaus den felsigen Weg aufwärts. Die Stromleitung läuft links immer 300 bis 400 m parallel zum Weg.

Etwa 15 Minuten nach Querung des Bachbettes sind Sie nun schon ein gutes Stück oberhalb von Taguluche angekommen. An einer Gabelung lassen Sie den rechten Abzweig unbeachtet und gehen halblinks im Zickzack bergauf. 5 Minuten später treffen Sie erneut auf einen Abzweig, hier nehmen Sie den rechten Weg.

Der nicht mehr ganz so steil verlaufende Weg nähert sich zunehmend der rechten Barrancowand und läuft auf eine rostrot gefärbte Felswand zu, die sich schließlich als erodierte Erdschicht entpuppt. Ein lichtes Kiefernwäldchen kündigt an, daß der Kamm nicht mehr allzu fern ist.

Nach etwas 75minütigem Aufstieg ist endlich der Kamm erreicht. Links aufwärts haltend, trifft der Weg auf eine Fahrpiste. Folgen Sie dieser rechts, können Sie über die Hochebene *La Mérica* in etwa anderthalb Stunden in den Valle Gran Rey nach La Calera absteigen (siehe Wanderung Nr. 8 rückwärts). Gehen Sie nach links, erreichen Sie nach 20 Minuten die Dorfmitte von *Arure* mit möglichem Busanschluß.

10 An die Westküste nach Alojera

Arure (825 m) → Alojera (300 m) → Arure (825 m)

Gehzeit: 3 ¾ Stunden hin und zurück.

Schwierigkeitsgrad: Mittelschwere Abstiegswanderung. Geht man denselben Weg zurück, ist auch einigermaßen Kondition für den steilen Aufstieg erforderlich.

Orientierung: Einfach.

Anfahrt: Mit Bus, Taxi oder Pkw nach Arure.

Kombi-Tip: Wollen Sie am Ende dieser Wanderung nicht nach Arure zurück, können Sie von Alojera auf der kaum befahrenen Landstraße nach Chorros de Epina auf- und von dort nach Vallehermoso absteigen (siehe Wanderung Nr. 16). Zwar etwas lang, doch in einer Tagestour gerade noch machbar.

Die im ersten Abschnitt grandiose Route führt hinunter zu dem oberhalb der Steilküste gelegenen Weiler Alojera. Der ruhige, abseits vom Trubel gelegene Ort kann auch mit einer schönen sandigen Bucht aufwarten.
Von der Dorfdurchfahrt in Arure geht es zunächst abwärts in Richtung Valle Gran Rey zum Ortsausgang. Folgen Sie rechterhand der ausgeschilderten Piste zum *Mirador Ermita el Santo.*

▶ Nach etwa 100 m führt rechts ein gepflasterter Weg unter einem Aquädukt hindurch zu der kleinen Kapelle mit der berühmten Aussicht hinunter nach Taguluche.

Hinter der Ermita beginnt ein schöner Weg in nördlicher Richtung. Nach etwa 50 m wird der Abzweig hinunter nach Taguluche passiert (siehe Wanderung Nr. 9). Auf einem der schönsten Panoramawege der Insel geht es nun geradeaus durch ein lichtes Kiefernwäldchen, zunächst immer mit Blick auf das 500 m tiefer gelegene Taguluche. Bei guten Wetterverhältnissen können auch die Nachbarinseln El Hierro und La Palma gesichtet werden.

Von Alojera zeigt sich bereits, aber noch in weiter Ferne, das oberhalb

Die Tour 10 führt duch den schattenarmen Palmenhain von Alojera – ein Sonnenhut kann manchmal ganz praktisch sein!

WANDERFÜHRER

Der schwarz und orange gemusterte Monarch ist der größte Schmetterling auf den Kanaren

des Dorfes gelegene große Wasserreservoir. Der mit Kiefernnadeln gepolsterte Pfad führt in Schleifen abwärts und geht bald in einen gepflasterten Weg über. Ein längeres ebenerdiges Wegstück schließt sich an, wobei eine fast halbkreisförmig angeordnete Basaltwand umlaufen wird. Dieses Teilstück zählt zu den spektakulärsten Strecken der Insel: rechterhand die senkrecht hochschießenden Basaltstränge, zur Linken ein steil abschüssiger Hang.

Unter Ihnen liegt malerisch der von einer weißen Mauer eingefaßte Friedhof von Taguluche, an dem sich eine anthrazitfarbene Asphaltstraße vorbeischlängelt, die Taguluche mit Alojera und Chorros de Epina verbindet. Wie aus dem Nichts heraus tauchen plötzlich massenweise Feigenkakteen am Wegrand auf. Erstmals wird der Blick frei auf das noch weit unter Ihnen liegende Alojera.

Etwa eine halbe Stunde ab der Kapelle beginnt jetzt ein serpentinenreicher steiler Abstieg. Die Kiefern bleiben zurück, mit einem letzten Blick auf Taguluche verläuft der Weg über einen teils gerölligen Bergrücken abwärts und hält genau auf einen Stromgittermast zu.

Etwa 100 m unterhalb des Gittermastes, noch bevor man die Straße erreicht, zweigt links ein Pfad nach Taguluche ab. Sie gehen jedoch geradeaus weiter abwärts und steigen zur Straße ab.

Am Steinmännchenhaufen auf der anderen Straßenseite setzt sich der Weg weiter bergabwärts fort. Sie haben jetzt einen vollen Blick auf die verstreut stehenden Häuser von *Alojera*, die von fruchtbaren Terrassenkulturen umgeben sind. Doch bis die grüne Oase erreicht ist, gilt es, noch über ein ödes, gerölliges Wegstück abzusteigen.

Schon nahe den ersten Häusern quert der Weg ein prächtig mit Palmen bestandenes Barranco-Bett, kurz darauf wird nochmals ein steiniges trockenes Bachbett durchgangen. Am oberen Dorfrand entlang führt der Weg auf einen weißen Umspannturm zu. Dort beginnt ein schmales Sträßchen, auf dem Sie links abwärts in 10 Minuten den *Kirchplatz* mit Telefonzelle erreichen. Einige Schritte davon entfernt gelangt man zur Bar Ossorio mit Terrasse und annehmbarer kanarischer Küche. Man kann hier auch übernachten.

11 Durch die Bergdörfer des Valle Gran Rey

Arure (825 m) → Las Hayas (1000 m) → El Cercado (1030 m) → Chipude (1050 m)

Gehzeit: 2 ½ Stunden.

Schwierigkeitsgrad: Leicht.

Orientierung: Bis auf die Durchquerung von Las Hayas einfach.

Anfahrt: Mit Bus, Taxi oder Pkw nach Arure.

Rückfahrt: Der Bus von San Sebastián erreicht Chipude gegen 12.15 Uhr und 14.45 Uhr.

Kombi-Tip: Die Wanderung ist auch im Anschluß an Tour 8 möglich.

Eine stille Wanderung durch das bewaldete Hochland der Insel, die außer dem kurzen Ab- und Aufstieg durch den Barranco del Agua keine nennenswerten Höhendifferenzen aufweist.

▶ Auf der Hauptstraße in Arure geht es Richtung San Sebastián bis zum Ortsausgang in Höhe der Staumauer. Etwa 150 m vor dem Stauwehr biegen Sie rechts in einen breiten Fahrweg ein und lassen die Staumauer rechts liegen.

Der Weg führt einige Minuten am Ufer des Sees entlang. Nachdem Sie diesen hinter sich gelassen haben, biegen Sie rechts in den Forstweg *Sendero Forestal a las Hayas* ein.

Ein links abgehender Weg bleibt unbeachtet, stattdessen queren Sie kurz danach ein Bachbett. Auf der anderen Seite beginnt geradeaus ein steiniger, ansteigender Weg, der Sie nun durch die für das südliche Hochland typische Vegetationszone der Fayal-Brezal-Gruppe mit Gagelbäumen und Baumheide führt.

Nach kurzem Anstieg mündet der Weg auf einem Bergrücken in eine breite Forstpiste, der Sie geradeaus weiter folgen. Ganz unspektakulär entfaltet sich zu beiden Seiten des Weges eine bewaldete sanfte Hügellandschaft.

Abermals bleibt eine links abgehende Piste unbeachtet. Unser Weg verläuft parallel zur Stromleitung. Etwa 50 Minuten ab Arure tauchen die ersten Häuser von *Las Hayas* auf, das im Hintergrund vom Tafelberg von Chipude überragt wird.

An einer kleinen Farm mit Ziegen, Schafen, Mauleseln und Federvieh endet der Weg an der Landstraße. Biegen Sie hier links ein; nach wenigen Schritten gelangen Sie im Dorf zur inselbekannten *Bar La Montaña* von Doña Efigenia (siehe Seite 210). Von der Bar nehmen Sie den unterhalb einiger Eukalyptusbäume beginnenden betonierten Weg in östlicher Richtung. Sie durchwandern nun die Streusiedlung von Las Hayas, die sich zwischen Palmen und gepflegtem Kulturland verteilt.

Etwa 10 Minuten ab der Bar La Montaña kreuzt der Weg ein Bachbett und führt unter der Stromleitung leicht abwärts. Zwei Minuten später verzweigt sich der Weg, halten Sie sich links. Leicht aufwärts gehend, passieren Sie einen Palmenhain, viele Stämme sind ohne Wedel. Unter den Dattelpalmen wird etwas Wein kultiviert.

Auf einer Anhöhe erreichen Sie ein weiteres Wegkreuz. Von hier ergeben sich beeindruckende Ausblicke auf den sich vor Ihnen auftuenden *Barranco del Agua,* den Weiler El Cercado auf der anderen Schluchtseite und den dahinter dominierenden Tafelberg.

Das Schweifblatt liebt felsigen Untergrund

WANDERFÜHRER

Am Wegkreuz gehen Sie geradeaus abwärts. Im Verlauf des Abstiegs haben Sie zu Ihrer Rechten grandiose Weitsichten auf das obere Gran-Rey-Tal. Nun nimmt die Wanderung doch eine spektakuläre Wende: Der steil abschüssige Weg schmiegt sich in die Wand, während sich rechts ein gähnender Abgrund auftut. Der Blick fällt auf terrassierte Wiesen, die Assoziationen an balinesische Landschaften wecken. Ein paar Terrassen tiefer stürzt der Barranco steil in den Valle Gran Rey ab.

Sie queren einen gurgelnden Wasserlauf, einige Minuten später einen weiteren. Wenige Meter danach kommen Sie an einen Fahrweg, dem Sie nicht folgen, sondern rechts den Pfad hoch nach El Cercado aufsteigen. Etwa 40 Minuten ab der Bar La Montaña gelangen Sie bei der Bar María auf die Dorfstraße von *El Cercado*. Folgen Sie dieser abwärts Richtung San Sebastián, Sie passieren die beiden bekannten Töpfereien (siehe auch Seite 208). Etwa 50 m hinter der Telefonzelle gehen Sie durch die offene Leitplanke links den gepflasterten Weg hinunter und kürzen so eine Rechtsschleife der Straße ab. Das Dorf Chipude vor Augen läßt sich eine weitere Kehre abkürzen; die Talmulde querend, erreichen Sie linkerhand wieder die Hauptstraße.

Wieder auf der Landstraße, passieren Sie am Ortseingang von *Chipude* den alten Waschplatz des Dorfes, der genau rechts unterhalb der Straße liegt. Vom Waschplatz aus 100 m der Straße dorfeinwärts folgend, biegen Sie links am Busunterstand in einen

zunächst schmalen, dann großzügigen Treppenweg ein. Dieser mündet in einen Fahrweg, den Sie links hinauf gehen. In der nächsten Kurve verlassen Sie den Weg wieder, gehen rechts hinauf und stehen nun auf der Plaza von Chipude.

12 Die Besteigung des Tafelberges Fortaleza de Chipude

Chipude (1050 m) → Pavón → Fortaleza de Chipude (1241 m)

Gehzeit: knapp 2 Stunden hin und zurück

Schwierigkeitsgrad: Das letzte Stück des Aufstiegs ist nur erfahrenen Bergwanderern zu empfehlen. Keinesfalls sollte bei Nässe oder Nebel aufgestiegen werden. Packen Sie eine Windjacke ein, oben ist es oft sehr windig.

Orientierung: einfach

Anfahrt: Mit Bus bis Chipude, mit Taxi oder Pkw bis Pavón.

Kombi-Tip: Auch als Anschlußwanderung an Tour 11 möglich.

Der kurze Anstieg hoch auf den Tafelberg bietet nicht nur ein grandioses Rundumpanorama: das markante Hochplateau soll bereits ein Kultplatz der Ureinwohner gewesen sein.

▶ Von der Plaza in Chipude folgen Sie der Straße aufwärts Richtung San Sebastián. Nach wenigen Minuten biegen Sie am Straßenkreuz rechts nach La Dama und Rajita ab. Im Weiler *Apartadero* passieren Sie eine Tankstelle und die Bar »Los Caminioneras« und gelangen nach der nächsten Straßenkehre nach *Pavón*.

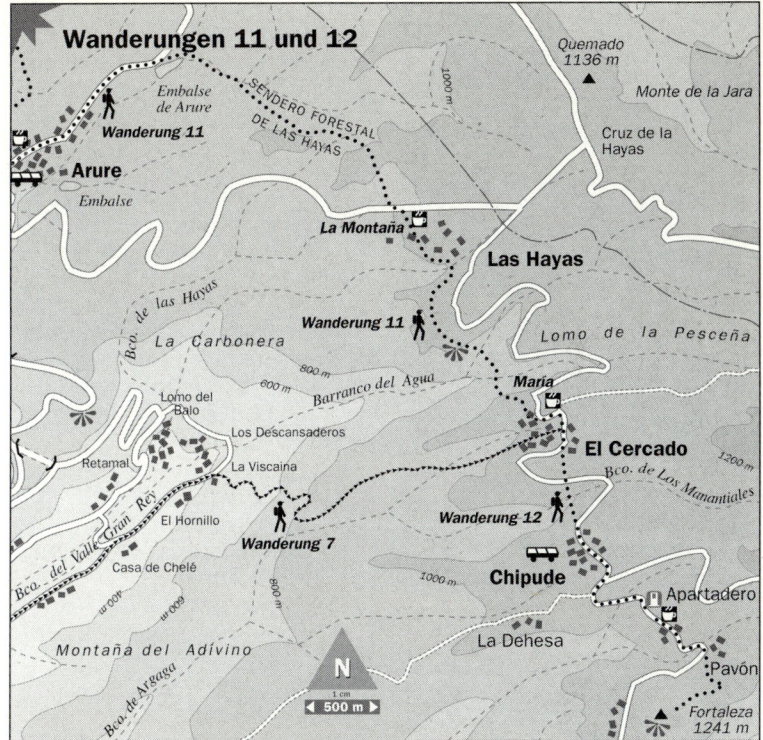

Etwa 15 m hinter dem weißen Stromumspanntürmchen biegen Sie links in einen aufwärts führenden breiten gepflasterten Weg ein, der sich wenig später verengt und zunächst rechts vom Tafelberg aufwärts führt. Linkerhand liegen harmonisch in die Landschaft eingefügt alte Natursteinhäuser, alle so gut wie ohne Fenster, die meisten verlassen und leer.

Etwa in der Höhe eines Steinhauses mit grünem Fenster verlassen Sie den Weg und nehmen scharf rechts den steil hinauf führenden ausgetretenen Trampelpfad. Über dem Haus verzweigt sich der Pfad nochmals, nehmen Sie den schmaleren und halten direkt auf einen alleinstehenden Eukalyptusbaum unter dem Felsplateau zu.

Oberhalb des Eukalyptusbaumes weisen Steinmännchen die Richtung nach links, etwa nach 30 m treffen Sie unterhalb der Felsen auf den Einstieg zum Gipfel der *Fortaleza,* der »Festung von Chipude«. Fast treppenartig

WANDERFÜHRER

geht es durch die mächtigen Felszinnen hindurch, mehr oder weniger auf allen Vieren erreichen Sie kletternd, immer den Steinmännchen nach, den Rand des Felsplateaus. Von dort sind es nur noch wenige Minuten zum Gipfelkreuz.

Von der weitläufigen Felsenkanzel bietet sich ein toller Ausblick zum Garajonay, und nach Süden liegt Ihnen die ganze Südhälfte La Gomeras zu Füßen. Zwischen der niedrigen Strauchvegetation haben sich Staudenmargariten und Farne angesiedelt. Von den Ureinwohnern der Insel sind noch einige Spuren in Form von Steinsetzungen erhalten.

Die verlassenen Steinhäuser von Pavón wirken recht archaisch.
Die Besteigung des Tafelberges ist auch für Routiniers nicht ganz einfach

13 Auf das Dach von La Gomera

Laguna Grande (1260 m) → Garajonay (1486 m) → Laguna Grande

Gehzeit: 2 ½ Stunden hin und zurück.

Schwierigkeitsgrad: Leicht.

Orientierung: Bis auf die vielen Gabelungen einfach. Wollen Sie den gleichen Rückweg gehen, merken Sie sich die Abzweigungen.

Anfahrt: Mit Bus, Taxi oder Pkw bis Laguna Grande.

Eine ruhige Wanderung auf Forstwegen durch dichten Fayal-Brezal-Wald, die Sie bis auf einen halbstündigen Anstieg bequem zum höchsten Punkt der Insel führt. Die Tour sollte nur bei klarem Wetter gemacht werden, ansonsten verliert sich die Sicht – und damit die Orientierung – in milchigem Passatnebel.

▶ Vom Parkplatz Laguna Grande aus überqueren Sie den Spielplatz in Richtung Waldrand. Neben dem öffentlichen Wasserhahn steht ein zwei Meter hoher Backofen, dahinter beginnt ein neuer, von einem Geländer eingefaßter und mit roter Erde und Querbalken ausgelegter Weg. Diesen verlassen Sie jedoch bereits nach 10 m, um geradeaus einen Trampelpfad entlang eines Wasserrohres durch den Wald hochzusteigen.

Nach 5 Minuten stoßen Sie auf die Höhenstraße, folgen dieser rechts abwärts und biegen nach weiteren 5 Minuten in den breiten Forstweg *Camino Forestal Chipude* ein.

Wieder einige Minuten später zweigt die *Pista Forestal Llanos de Crispin* ab. Sie gehen jedoch gerade-

aus weiter. Bei der nächsten Gabelung folgen Sie dem Schild Richtung Garajonay. Die Fahrgeräusche von der zunächst parallel verlaufenden Höhenstraße verlieren sich allmählich, so daß sich die Stille des Waldes um Sie herum ausbreiten kann.

Der nächste Abzweig ist unbeschildert: Etwa dort, wo Sie in ein kleines Tal auf ein Stauwehr schauen und bei klarem Wetter die Silhouette der Nachbarinsel La Palma erkennen können, geht es links leicht abwärts. Fünf Minuten später folgen Sie an einem großen, diesmal beschilderten Wegkreuz dem Weg Richtung Garajonay, nach 30 m weist ein weiteres Holzschild nach rechts. Hier steigt der Weg zum ersten Mal etwas an. Rechterhand bieten sich bald schöne Ausblicke auf den Tafelberg von Chipude, den Sie an Höhenmetern gemessen schon etwas unter sich gelassen haben. Immer wieder werden Sie sich fragen, wo er denn nun ist, der höchste Berg La Gomeras. So viel sei verraten – er ist kaum auszumachen!

Etwa 25 Minuten nach dem letzten Wegkreuz mündet der Forstweg auf einen Fahrweg, dem Sie aufwärts folgen. Von der Höhenstraße kommend, schließen nun eilige Wanderer zu Ihnen auf, die den Gipfelsturm in einem bequemen Viertelstündchen hinter sich bringen wollen – ausgerüstet mit leichten Sandalen oder modischen schwarzen Lackschuhen. Sie werden also auf dem Gipfel kaum allein sein (was man an so exponierter Stelle schwerlich erwarten kann). Zwar ragt der Garajonay als Kuppe nur wenige Meter aus dem Hochland heraus,

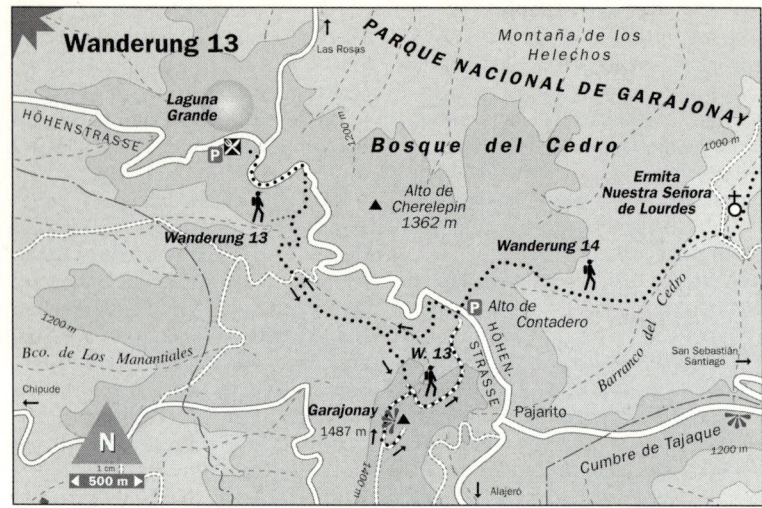

doch erwartet Sie von hier oben aus bei klarer Sicht ein grandioser Rundumausblick. Mehr als der halbe Archipel läßt sich überblicken – El Hierro, La Palma, Teneriffa, und dahinter kann auch ein Stückchen von Gran Canaria ausgemacht werden.

Als *Variante* für den Abstieg gehen Sie vom Gipfel neben dem ICONA-Schild den kleinen Trampelpfad abwärts, wenden sich bei der nächsten Gabelung nach links und treffen auf den Fahrweg, den Sie hochgekommen sind. Diesen steigen Sie nun geradeaus zur Höhenstraße hinab. Folgen Sie der Straße links etwa 5 Minuten und biegen wiederum links in einen abwärts führenden unbeschilderten Forstweg ein. Die nächsten beiden Abzweigungen bleiben unbeachtet. Der Weg mündet in die *Pista Forestal a Llanos de Crispin de Laguna Gran-* *de*, auf der Sie geradeaus weitergehen. Ab hier kennen Sie bereits den Weg. Bei der nächsten Gabelung geht es wieder geradeaus. Sie erreichen die Höhenstraße und nehmen nach 5 Minuten an der Zisterne links den bekannten Trampelpfad zum Spielplatz (ab Garajonay eine gute Stunde). In *Laguna Grande* sollten Sie jetzt unbedingt dem hervorragenden Landgasthof einen Besuch abstatten.

14 Im Nebelwald wandeln

Alto de Contadero (1350 m) → El Cedro (850 m) → Hermigua (250 m)
Gehzeit: 3 ½ Stunden.
Schwierigkeitsgrad: Mittelschwere Tour, der lange und steile Abstieg nach Hermigua ist wirklich nicht zu unterschätzen.

Orientierung: Relativ einfach.

Anfahrt: Mit Bus, Taxi oder Pkw zum Parkplatz Alto de Contadero unterhalb des Garajonay.

Die klassische Route durch den Nationalpark, auf welcher der Lorbeerwald seine ganze Faszination entfaltet. Der zunächst geruhsamen Tour auf verwunschenen Dschungelpfaden zum idyllisch auf einer Lichtung gelegenen Weiler El Cedro folgt ein atemraubender langer Abstieg ins Tal von Hermigua. Will man nicht den kräftezehrenden Aufstieg zurückgehen, müssen Individualwanderer entweder in Hermigua ein Taxi nehmen oder dort übernachten.

▶ Ab dem Parkplatz *Alto de Contadero* folgen Sie waldeinwärts einem ausgetretenen, teils mit Trittstufen angelegten Trampelpfad. Leicht abwärts gehend, durchwandern Sie einen dichten Wald aus Baumheide, Gagelbäumen und mit abnehmender Höhe verschiedenen Lorbeerbaumarten. Am Wegrand wachsen lange Farne, Strauchmargariten und hüfthohe Gänsedisteln.

Nach etwa 45 Minuten vernehmen Sie erstmals das gurgelnde Plätschern des *El Cedro*, des heute einzigen ganzjährig wasserführenden Baches der Insel. Sie passieren einen mächtigen alten Kastanienbaum. Wenige Minuten danach wenden Sie sich an der Gabelung auf einer kleinen Lichtung mit Papierkorb nach rechts, kurz dahinter geht es nochmals rechts weiter. Der Bach, an dem sich eine kurze Rast anbietet, wird überquert. Sie sind jetzt mitten drin im Nebelwald, umgeben von einer urwüchsigen unberührten Vegetation.

Der Bach begleitet Sie nun ein Stück, Sie gehen über ein Holzbrückchen und queren wiederholt das Bachbett. Der Weg stößt dann auf eine Forstpiste, die linkerhand zum Weiler Los Aceviños führt. Sie folgen jedoch der Piste nach rechts, überqueren einen kleinen Platz und nehmen leicht abwärts steigend den ausgeschilderten Weg *Sendero Forestal al Ermita*. Ein weiteres Mal wird das Bachbett gequert.

Nach einer guten Wegstunde ab Parkplatz erreichen Sie mitten im Wald die *Ermita Nuestra Señora de Lourdes*. Die von einer englischen Einwanderin gestiftete Kapelle war bis vor einigen Jahren Schauplatz einer großen Sommerfiesta, bis man wegen der Waldbrandgefahr die Festlichkeiten untersagte. Ein beliebter Picknickplatz mit Holzbänken, Grillplätzen und einer Trinkwasserquelle ist der schöne Platz dennoch geblieben.

Von der Ermita gehen Sie nicht den Weg bergauf, sondern abwärts weiter und gelangen 10 Minuten später auf die große Lichtung oberhalb des Weilers El Cedro. Von hier sind bereits am nördlichen Ende der Lichtung ein Strommast und ein Umspanntürmchen zu erkennen, von wo der Abstieg nach Hermigua beginnt. Doch zunächst passieren Sie einige Gehöfte, umgeben von kleinen mit Mais, Kartoffeln und Kohl bestellten Parzellen; auch Apfelbäume wachsen hier.

Kurz vor dem Umspannturm trifft der Pfad auf einen Fahrweg, dem Sie geradeaus folgen. 50 m danach gehen Sie auf einer von oben kommenden Betonpiste hinunter zur *Casa Prudencio,* einer einfachen Bar mit Erfrischungen und kleinen Snacks. Der schon betagte Besitzer Don Prudencio beherrscht übrigens perfekt die El-Silbo-Pfeifsprache, mit der sich noch bis weit in die 70er Jahre hinein die Männer von Bergdorf zu Bergdorf üblicherweise unterhielten, Bestellungen aufgaben oder sich nach einem verloren gegangenen Vieh erkundigten, denn schließlich gab es hier oben weder Straßen noch Telefon. Nur wenige Meter von der Casa Prudencio läßt sich ein beliebter Abstecher zum *El-Cedro-Tunnel* machen, einem einen halben Kilometer langen Wasserstollen, der allerdings nur mit einer guten Taschenlampe begehbar ist.

An der Bergflanke gegenüber von Prudencio liegt die Wanderherberge *La Cabaña,* in der man übernachten kann (siehe Seite 222).

Unterhalb der Casa Prudencio hält die Piste auf ein neues Flachdachhaus zu. Links vom Gatter beginnt ein von einem Mäuerchen begrenzter gepflasterter Weg, der in einem Halbkreis das kleine Anwesen umrundet. Am Gittermast angekommen, haben Sie einen überwältigenden Ausblick hinunter ins grüne Tal von Hermigua und, wenn es das Wetter erlaubt, auf den Teide-Gipfel von Teneriffa. Die Guanchen nannten ihn übrigens den »Weißen Berg« (Ten-erife), da der 3717 m hohe Vulkan im Winter oftmals von Schnee bedeckt ist.

Auf einem gut ausgebauten Treppenweg beginnt nun der fast einstündige, recht anstrengende Steilabstieg. Hier fällt der *Salto de Agua,* La Gomeras höchster Wasserfall, zu Tal, der sich im Lauf der Jahrtausende eine tiefe Rinne in den Fels gewaschen hat. Das Wasser wird heute jedoch größtenteils vorher gestaut, so daß vielfach kaum mehr als ein dünner Faden an den grün gepolsterten Steilwänden »hinabstürzt«.

Schon ziemlich weit talabwärts zweigt an einem Stauwehr eine Forstpiste zur Straße

Die Tour führt hautnah am Wahrzeichen von Hermigua, dem Roque de San Pedro, vorbei

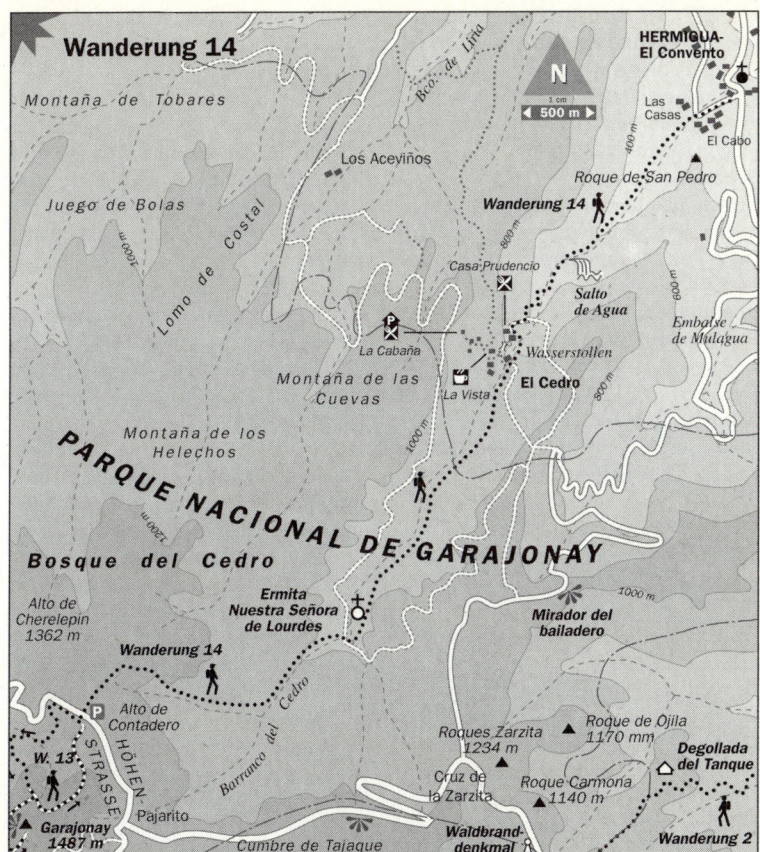

ab, die Hermigua mit Monte Cedro verbindet. Sie gehen jedoch weiter auf dem gepflasterten Weg links der Staumauer abwärts am Bach entlang. Als Vorbote von Hermigua schiebt sich der *Roque de San Pedro* ins Bild, der wie ein spitz zulaufender überdimensionaler Hinkelstein das oberere Tal von Hermigua beherrscht.

Durch das üppige, mit Spanischem Rohr bewachsene Bachbett gelangen Sie auf einen zementierten Weg, überqueren den Bach auf einer Fußgängerbrücke und erreichen schließlich eine Landstraße. Dieser folgen Sie rechts und kommen in etwa 30 Minuten zur Plaza von Hermigua an der Hauptstraße im Ortsteil *El Convento*.

15 In den äußersten Nordwesten der Insel

Vallehermoso (185 m) → St. Clara (690 m) → Buenavista (555 m) → Vallehermoso (185 m)

Gehzeit: 4 Stunden.

Schwierigkeitsgrad: Eine mittelschwere Tour; für den Aufstieg nach St. Clara bedarf es etwas Kondition, für den Abstieg Trittsicherheit.

Orientierung: Relativ einfach.

Startpunkt: Plaza Vallehermoso.

Die herrliche Rundwanderung beginnt mit einem Aufstieg durch das grüne Tal des Barranco de la Era Nueva hoch zur Ermita Santa Clara. Von dort führt ein bequemer Höhenweg über einen verkarsteten Bergrücken nach Nordwesten. Krönender Abschluß der Tour ist der spektakuläre Abstieg zur Playa de Vallehermoso mit tollen Ausblicken auf die steilabfallende Nordküste.

▶ Von der Plaza (siehe Ortsplan Seite 239) gehen Sie zwischen der Bar Central und der Caja Canarias die Calle Mayor zur Hauptstraße Richtung Valle Gran Rey. Biegen Sie hier links ab. Sie erreichen nach 100 m die Guardia-Civil-Station, wo Sie rechts das Sträßchen zum Friedhof nehmen. Vor dem Friedhofstor führt rechterhand ein betonierter Weg abwärts, der nach wenigen Metern als Pfad über eine Bogenbrücke das Barrancobett quert und auf der anderen Seite ansteigt. Halten Sie sich nach der Brücke vor dem Schilfdickicht rechts, vorbei an terrassierten Weinbergen und von Orangen- und Papayabäumen um-

standenen Gehöften. Links und rechts zu den Terrassen führende Wege bleiben unbeachtet.

Unter Ihnen liegt jetzt bereits der *Barranco de la Era Nueva,* genau im Rücken der 650 m hohe Vulkanschlot des *Roque Cano.* Nach den letzten Häusern steigt der Weg an der rechten Talseite aufwärts. Bald ist das Ende der Terrassenwirtschaft erreicht. Im Barrancobett steht Spanisches Rohr, am Wegrand duckt sich knorriger Phönizischer Wacholder.

Nach einer guten halben Stunde passieren Sie das Wasserbecken einer verlassenen Finca. Kurz dahinter zweigt an einer Gruppe mächtiger Wacholderbäume ein Weg links hinunter ins Bachbett ab. Sie gehen jedoch weiter geradeaus aufwärts, hier knickt die Schlucht im rechten Winkel ab. Wenige Minuten später kommen Sie an einen gepflasterten, schon fast ganz von Klee überwucherten Platz, der früher als Dreschplatz diente. Nach weiteren 5 Minuten wird ein rechts hochgehender Pfad ignoriert, Sie steigen auf der linken Schluchtseite auf einem teils verwachsenen, aber gut erkennbaren Trampelpfad talaufwärts.

Der Pfad wechselt auf die rechte Talseite, kurz dahinter bleibt ein links abgehender Pfad unbeachtet. Mit zunehmender Höhe wird die Vegetation üppiger, das Buschwerk verdichtet sich allmählich zu einem Wald aus flechtenbehangenen Gagelbäumen, Baumheide und vereinzelt auch Eukalyptus. In der Krautschicht wuchern Brombeerranken und üppige Farne. Erstmals bietet sich jetzt ein schöner

Blick in das Tal von Vallehermoso mit der Talsperre *Embalse de la Encantadora*.

Auf dem Bergrücken gehen Sie weiter links leicht aufwärts über ockerfarbene Erdpartien hinweg. Nun beginnt ein breiter Weg durch den Wald, auf dem Sie 10 Minuten später die *Ermita Santa Clara* erreichen (1 ½ Stunden ab Vallehermoso). Kurz vor der Ermita treffen Sie auf den von Chorros de Epina kommenden breiten Fahrweg. Vom großen

Vorplatz der Kapelle genießt man einen tollen Tiefblick auf den Weiler Arguamul und die dort steil abbrechende brandungsumtoste Küste. Bei schönem Wetter lassen sich auch die Umrisse von La Palma ausmachen.

Rechts der Ermita folgen Sie der breiten Piste über die *Cumbre de Chigueré*. Nach den Mühen des Aufstiegs beginnt nun ein bequemes, in sanften Kurven leicht abwärts verlaufendes Wegstück mit herrlichem Panorama auf den Roque Cano und die

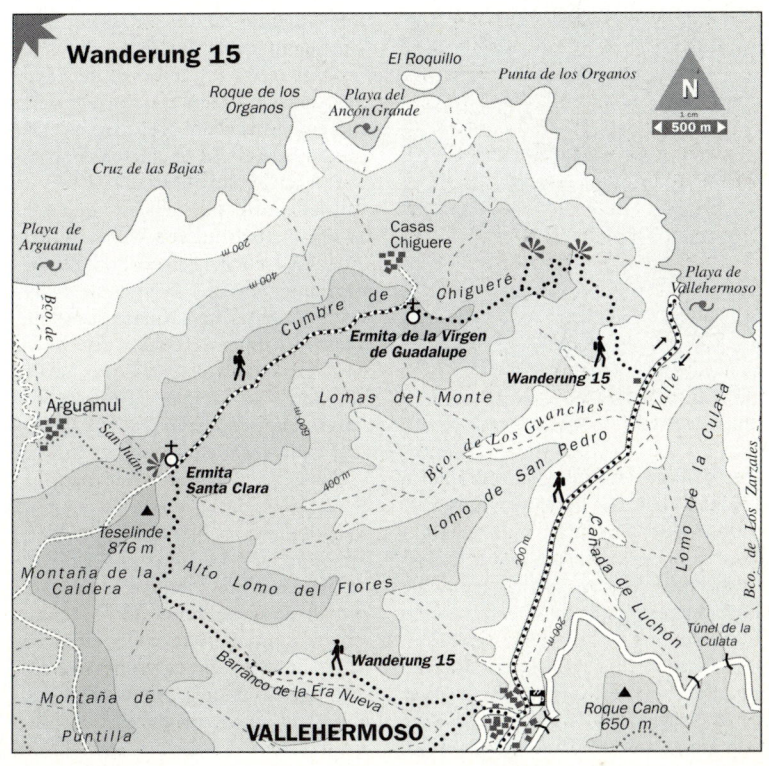

WANDERFÜHRER

terrassierten Berghänge von Vallehermoso. Vor Ihnen liegt Teneriffa, hinter Ihnen ist der Sendemast von
Chorros de Epina zu erkennen.

Weiter höhehaltend nähert sich der
Weg allmählich der Küste. Der Fayal-
Brezal-Wald wird lichter, zwischen
Gagelbäumen und Baumheide ma-
chen sich zunehmend kahle, von tie-

Blattlose Wolfsmilch liebt die Steilküsten

fen Rinnen durchzogene erodierte
Flächen breit. Die karstige Landschaft
nimmt bald einen fast wüstenhaften
Charakter an, wobei die Natur kräftig
in ihren Malkasten gelangt hat – die
Farbnuancen reichen von ockergelb
bis rostrot.

Inmitten der stark erodierten
Hochebene steht einsam die *Ermita
de la Virgen de Guadalupe,* die 1985
von einem in Venezuela zu Geld gekommenen Gomero gestiftet wurde.
Unterhalb davon liegen die berühmten, aber nur vom Meer aus einsehba-
ren Basaltstränge *Los Organos.*

Sie lassen die Ermita rechts hinter
sich und folgen weiter der Piste. An
einer meterhohen Steinpyramide läßt
sich ein kurzer Abstecher entlang des
von Zwergkiefern bestandenen Berg-
rückens zu einem Aussichtspunkt auf
die zerfranste Nordküste machen.

Wieder zurück auf der Piste folgen
Sie dieser knapp 10 Minuten abwärts.
Eine weitere, an die anderthalb Meter
hohe Steinpyramide markiert den
Einstieg hinunter zur *Playa de Vallehermoso* (etwa 150 m bevor der Feld-
weg endet). Rechts der Piste zweigt
nun ein gut erkennbarer Pfad ab. Der
grandiose Abstieg überrascht mit immer neuen Ausblicken auf das Tal von
Vallehermoso, die Steilküste und weiter nordöstlich auf den Weiler Tamargada. Zwischen Kiefern und Zwergwacholder entfaltet sich bereits die typisch kanarische Küstenflora mit
rosettenförmigen Dickblattgewäch-
sen, Dornlattich, Kanarischem Laven-
del und Euphorbien. Anstelle der
sonst weit verbreiteten Tabaiba-Sträu-
cher und Veroden dominiert hier als
botanisches Kleinod die Blattlose
Wolfsmilch, die sich besonders an der
steilabfallenden Nordküste wohl zu
fühlen scheint.

Der Pfad führt in steilen Serpentinen abwärts, im Talgrund rücken die
teilweise unter Folie kultivierten Bananen immer näher. Nach etwa ein-
stündigem Abstieg stoßen Sie kurz
oberhalb der Straße auf ein Anwesen
mit rotem Flachdach. Links davon,

ziemlich dicht am Haus, ist der etwas müllige Ausstieg zur Straße. Links die Straße entlang läßt sich ein kurzer Abstecher zur Playa machen, doch zum Schwimmen ist das Meer hier normalerweise viel zu rauh und zu gefährlich.

Folgen Sie der Straße rechts, gelangen Sie nach 3 km zum Ortseingang von *Vallehermoso*. An der Bar Los Organos nehmen Sie die Straße geradeaus hoch zur Plaza.

16 Zu den wundersamen Quellen von Epina

Vallehermoso (185 m) → Chorros de Epina (800 m) → Presa de los Gallos → Vallehermoso (185 m)

Gehzeit: Knapp 5 Stunden.
Schwierigkeitsgrad: Mittelschwer.
Orientierung: Bis auf den Wegeinstieg unterhalb der Talsperre einfach.
Startpunkt: Plaza Vallehermoso.

Eine lange Rundwanderung, die mit den Schönheiten des Nordens bekannt macht. Die Tour beginnt mit dem Aufstieg zu Chorros de Epina, einem Aussichtslokal und schönem Rastplatz. Als zweite Etappe schließt sich ein bequemes Mittelstück auf einem Forstweg entlang der Nationalparkgrenze an, es geht durch immergrünen Lorbeerwald und Baumheide. Der nur wenig steile Abstieg führt durch ein liebliches und fruchtbares Seitental zurück nach Vallehermoso.

▶ Von der Plaza gehen Sie zwischen der Bar Central und der Caja Canarias die Calle Mayor entlang. Nach knapp 100 m biegen Sie nach der Hausnummer 21 links in einen aufwärts führenden Treppenweg ein, überqueren die Hauptstraße und steigen auf der anderen Seite weiter die Treppe bergauf. Diese gabelt sich nach wenigen Metern, halten Sie sich links.

Am letzten Haus oben am Hang endet die Betontreppe. Es beginnt ein teilweise gepflasterter alter Maultierpfad, der sich über einen Bergrücken hochzieht, genau auf den weit oben sichtbaren Sendemast zu – Ihrem ersten Etappenziel. Rechts unter Ihnen haben Sie einen Blick in den Barranco de la Era Nueva, an dessen rechter Flanke sich der Wanderweg zur *Ermita Santa Clara* entlang schlängelt (siehe Wanderung Nr. 15).

Der Weg wechselt auf die linke Kammseite, jetzt mit Ausblicken auf das Tal von Vallehermoso. Die Hänge beiderseits des Weges sind mit dem für den Nordwesten charakteristischen Phönizischen Wacholder bewachsen, dazwischen machen sich einige Feigenkakteen breit.

Der Weg verläuft zunächst sanft ansteigend oberhalb der Hauptstraße entlang, später dann steiler teils in engen Serpentinen. Nach einer Stunde erreichen Sie eine markante *Felskanzel*, die zu einer kurzen Rast einlädt. Von hier haben Sie einen schönen Überblick über das obere Tal von Vallehermoso mit der Talsperre Embalse de la Encantadora.

Die Sendestation rückt langsam näher. Der Weg führt jetzt direkt an der Überlandleitung entlang. Urplötzlich geht der steinige Pfad in einen erdigen Waldweg über. Zwischen

WANDERFÜHRER

Baumheide und Gagelbäumen ergeben sich erste Ausblicke auf den Teide, immer vorausgesetzt, daß keine
Passatwolken die Sicht behindern.

Unterhalb des Sendemastes mündet der Weg in eine Piste, die nach ein
paar Metern in eine Asphaltstraße
übergeht, die Sie links abwärts gehen.
Sie erreichen nach wenigen Minuten
ein Straßenkreuz. Die Erdstraße
scharf rechts führt in die abgelegenen
Weiler Tazo und Arguamul, halb-
rechts geht es hinunter an die Westküste nach Alojera. Sie gehen jedoch geradeaus weiter und erreichen nach
weiteren 10 Minuten die Hauptstraße
Vallehermoso – Valle Gran Rey, auf
der Sie rechts einschwenken und nach
der nächsten Kehre zum *Ausflugslokal* »Chorros de Epina« (ab Vallehermoso 1 ¼ Stunden) gelangen.

Vom Lokal mit den schönen Pan-
oramafenstern, aber überteuerten
Preisen aus sind es nur wenige Minuten zu einem idyllisch im Wald gelegenen *Picknickplatz*. Von der Straße
zweigt nach 20 m der ausgeschilderte
Forstweg zu den *Chorros de Epina*
ab. Unterhalb der Kapelle liegen
Grillplätze und am Hang versteckte
Tische und Bänke. Hier sprudeln
auch die berühmten wunderbringen-
den Quellen von Epina aus dem Fels
(siehe auch Seite 240).

Zurück am Aussichtsrestaurant gehen Sie nun auf der Straße, auf der Sie
gekommen sind, abwärts in Richtung
Vallehermoso. Sie passieren den Abzweig nach Epina und Alojera und
biegen nach 15 Minuten rechts in den
Forstweg *Camino de Forestal la Me-
seta* ein. Hier beginnt ein bequemes,

höhehaltendes Wegstück, das zunächst oberhalb der Straße entlang
läuft und sich dann in weiten Schleifen am Rande des Nationalparks ent-
langschlängelt. Der Forstweg zieht
sich wie eine Narbe durch den dichten, von Eukalyptus durchsetzten
Fayal-Brezal-Wald. Nach winterlichen Regenfällen zeigt sich auch deutlich, wie verwundbar dieser Weg und
damit seine Umgebung ist – Erdrutsch und Steinschlag aufgrund der
Erosion sind keine Seltenheit.

Endlos lang zieht sich der Forstweg dahin, eine meditative Ruhe
macht sich breit, begleitet von Vogel-
gezwitscher, unharmonisch gestört
vom gelegentlichen Motorbrummen
auf der weiter unten liegenden Straße.

Nach etwa anderthalb Stunden ab
Chorros de Epina haben Sie, immer
auf gleicher Höhe laufend, in einem
weiten Halbkreis den Talschluß umrundet. In einer Rechtskurve zweigt
ein über einen Bergrücken verlaufen-
der Pfad ab, der unbeachtet bleibt. Sie
gehen auf dem Forstweg weiter, jetzt
leicht abwärts. Das Tal von Vallehermoso verschwindet aus dem Blickfeld, vor Ihnen taucht das Stauwehr
Presa de los Gallos auf, das von einem
kleinen Wasserlauf aus dem *Bosque
del Cedro* gespeist wird.

Genau unterhalb der Staumauer
endet der Forstweg. Lassen Sie hier
das neue Wasserhaus rechts liegen und
folgen dem gerölligen Bachbett talabwärts auf einem zunächst kaum erkennbaren Pfad. Halten Sie auf die
unterhalb eines ziegelgedeckten Stein-
häuschens liegenden Terrassen zu.
Vorbei an riesigen Agaven öffnet sich

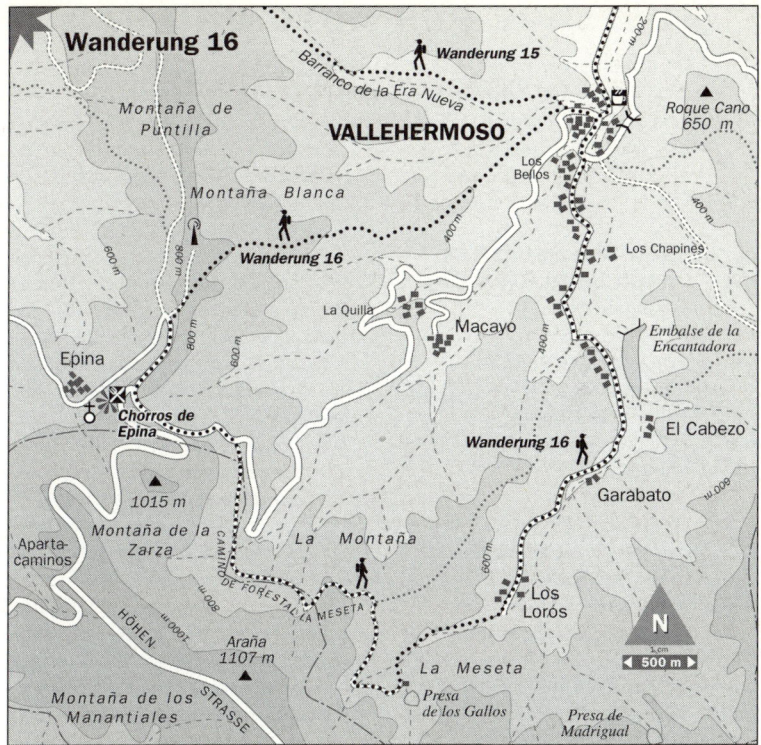

ein fruchtbares Seitental mit Dattel-palmen, Kartoffelfeldern und dem mit Schilf bewachsenen Bachbett.

Bald kommen die ersten Häuser von *Los Loros* in Sicht. Nach kurzem Abstieg in das von Brombeerranken überwucherte Barrancobett trifft der Pfad auf einen von rechts herunter-kommenden Fahrweg, dem Sie links entlang des Bachlaufs weiter abwärts folgen. Wenig später kündigt der As-phaltbelag die Rückkehr in die Zivili-sation an. Auf der kaum befahrenen Landstraße durchwandern Sie nun ein malerisches, vom Tourismus bislang kaum berührtes Seitental mit von Pal-menhainen umstandenen Weilern. Auf den terrassierten Feldern werden Gemüse und Kürbis kultiviert, Oran-gen, Nisperos, Pfirsiche und Feigen gedeihen prächtig. Sie passieren die Ufer des *Embalse de la Encantadora* und gelangen schließlich am Ortsein-gang von *Vallehermoso* an den Kiosco Garajonay. Dort biegen Sie links in die zur Plaza führende Straße ein.

WANDERFÜHRER

AUSFLÜGE PER AUTO UND RAD

Die Insel ist viel zu schön, um die ganzen Ferien an einem Ort zu verleben. Lassen Sie es sich nicht nehmen, La Gomera auf eigene Faust zu entdecken, sei es zu Fuß, per Rad oder im Mietwagen. Die drei folgenden Touren machen Sie mit den reizvollsten Strecken und Naturschönheiten der Insel bekannt. Als besonderen Service habe ich zu jeder Tour spezielle Tips für Radler zusammengestellt.

1 Von San Sebastián nach Valle Gran Rey

Entfernungen und Orte:

km	0	San Sebastián
km	16	Degollada de Peraza
km	20	Roque Agando
km	25	Alto de Contadero
km	28	Laguna Grande
km	40	Arure
km	52	Valle Gran Rey

▶ Vorbei am *Torre del Conde,* dem Grafenturm San Sebastiáns, beginnt am Ortsausgang (an der Tankstelle links) die gut ausgebaute Traumstraße *Carretera del Sur.* In sanften Kehren geht führt sie kontinuierlich bergan, hinauf zum *Monumento al Sagrado Corazón de Jesús,* das schließlich über eine Piste erreicht wird. Unter den ausgebreiteten Armen der Christusstatue ergibt sich ein weiter Blick auf die Bucht von San Sebastián und bei klarer Sicht auf den 3718 m hohen Teide Teneriffas.

Weiter auf der Carretera del Sur aufwärts fahrend, erreichen Sie *Degollada de Peraza.* Der nach dem Grafen Hernán Peraza benannte geschichtsträchtige Paß war im 15. Jahrhundert Schauplatz eines Inseldramas, als der verhaßte Despot in einer nahegelegenen Höhle von einem Urein-

wohner erschlagen wurde (siehe Seite 131). An die Begebenheit erinnert heute eine Gedenktafel. Weitaus eindrucksvoller sind jedoch die Ausblicke, nach Norden in das liebliche Tal von La Laja und hinunter zur Südküste.

Wenige Fahrminuten später führt am rechten Straßenrand ein unscheinbarer Treppenweg zur *Ermita Virgen de las Nieves.* An dem beliebten Ausflugsziel der Gomeros befindet sich ein schön angelegter Picknickplatz.

Am Fuße des 1250 m hohen *Roque Agando* erreicht die Straße die Nationalparkgrenze. Parkausbuchtungen laden immer aufs Neue zu Stops ein, mit grandiosen Ausblicken auf die *Familia de los Roques,* eine Serie freige witterter Vulkanschlote, die durch ihre massigen Formen dem Hochland der Insel ihr charakteristisches Gepräge geben. Direkt am Roque Agando erinnert ein abstraktes Denkmal an die zwanzig Menschen, die bei dem großen Waldbrand von 1984 ums Leben kamen.

Die Straße verläuft durch Fayal-Brezal-Wald weiter am Rande des Nationalparks entlang. Vom Straßenkreuz *Pajarito* erreichen Sie nach anderthalb Kilometern *Alto de Contadero.* Von hier läßt es sich über eine

Forstpiste bequem zum höchsten Punkt der Insel, dem 1486 m hohen *Garajonay,* aufsteigen, von wo aus sich an klaren Tagen der halbe Archipel überblicken läßt.

Nächste Station im Nationalpark ist *Laguna Grande.* Inmitten dichter Waldlandschaft öffnet sich eine weite, fast kreisrunde Lichtung, die kaum noch als das zu erkennen ist, was sie einmal war: Laguna Grande ist ein Vulkankrater, der früher einmal mit Wasser gefüllt war. Heute wird die ehemalige »Laguna« (See) von einer großen Wiese mit Spielplätzen und Grillrosten ausgefüllt. Wo früher die Hexen getanzt haben sollen, tummeln sich nun Ausflügler und Kinderscharen. In dem Landgasthof lohnt eine Einkehr, vorausgesetzt, es parken keine Reisebusse mit Tagesausflüglern vor der Tür.

Am *Cruz de las Hayas* verlassen Sie die Hauptstraße und biegen rechts ab. Das schmale Sträßchen führt über den Weiler Las Hayas zum südlichen Ortsausgang von *Arure.* Hier läßt sich ein lohnender Abstecher zur *Ermita de Santo* machen. Folgen Sie der Straße rechts, bis kurz vor dem Dorfanfang auf der linken Seite eine ausgeschilderte Piste abzweigt. Zu Fuß gelangen Sie nach wenigen Schritten an einen großen Aquädukt, hinter dem die kleine Kapelle verborgen liegt. Vom Vorplatz der Ermita bietet sich eine herrliche Aussicht auf den tief unten liegenden Weiler Taguluche und die Westküste.

Ab Arure beginnt eine der spektakulärsten Wegstrecken, die der kanarische Archipel zu bieten hat. Auf der neu ausgebauten und durch zwei Tunnel um einige Serpentinen entschärften Panoramastraße geht es hinunter in den palmenbestandenen Valle Gran Rey.

Tips für Radfahrer Tour 1
Die Tour beginnt auf der sehr gut ausgebauten Carretera del Sur mit einem etwa 14 km langgezogenen, aber erträglichen Anstieg auf gut 1000 m Höhe. Das Verkehrsaufkommen ist für hiesige Inselverhältnisse groß. Ab Degollada de Peraza weiter sanft bergauf, dann höhehaltend durch die Bergdörfer Las Hayas und Arure. Abschluß der Tour bildet eine grandiose, mehr als 10 km lange Abfahrt nach Valle Gran Rey.

Wegelagerer im Nationalpark

2 Von Valle Gran Rey nach Playa de Santiago

Entfernungen und Orte:

Variante für den Rückweg: Über die Carretera del Sur nach Degollada de Peraza und zurück über Roque Agando und Laguna Grande fahren (Beschreibung siehe Tour 1).

An der Carretera del Sur wird zur Zeit kräftig gebaggert. Mit der Fertigstellung der Straße ist nicht vor Ende 1997 zu rechnen.

▷ Von *La Calera* geht es zunächst talaufwärts, vorbei an der rechterhand pittoresk an den Hang geschmiegten Ermita de los Reyes und weiter durch die Ortsteile Casa de la Seda, Los Granados und Retamal. Lohnender Stop ist der *Mirador El Palmarejo,* ein von dem bekannten lanzarotischen Künstler César Manrique konzipierter Aussichtspunkt, der sich bis auf ein hypermodernes Mobile harmonisch in die Natur einfügt. Das in knapp 800 m Höhe wie ein Adlerhorst an den Rand der Schlucht plazierte Aussichtslokal überrascht mit kreativer kanarischer Küche.

Kurz vor dem Ortseingang von Arure zweigt rechterhand eine Straße nach Las Hayas ab. Über die kahlgeschlagene, im Winter von leuchtend grünen Wiesen eingenommene Hochebene wird die unscheinbare Streusiedlung *Las Hayas* erreicht. Einziger Anziehungspunkt des Ortes ist die *Bar La Montaña*, in der Doña Efigenia für einen außergewöhnlichen, rein vegetarischen Gaumenkitzel sorgt (siehe Seite 210).

Sonnenuntergang hinter der Fortaleza de Chipude und der Silhouette El Hierros

Inselbekannt sind im Nachbardorf *El Cercado* die direkt an der Dorfstraße gelegenen *Töpferstudios*. Die nach alter Guanchen-Art ohne Töpferscheibe gedrehte, im offenen Feuer gebrannte rustikale Keramik ist ein beliebtes Mitbringsel.

In *Chipude,* einer der ältesten Siedlungen La Gomeras, lohnt ein Besuch der Pfarrkirche. Das mehr als 1050 m hoch gelegene Bergdorf wird ganz von der *Fortaleza de Chipude* beherrscht, die das Dorf nochmals um fast 200 m überragt. Der abgeplattete Tafelberg – quasi ein natürlicher Altar – war ein Kultplatz der Altkanarier. Als die spanischen Konquistadoren von der Insel Besitz ergriffen, diente der nur schwer zugängliche Basaltberg auch als Rückzugsgebiet.

Am oberen Ortsausgang von Chipude folgen Sie der Straße Richtung San Sebastián, die jetzt ein Stück durch den mit Baumheide und Gagelbäumen bestandenen Südrand des Nationalparks führt. Vom *Mirador Igualero* aus zeigt sich nochmals die Fortaleza in ihrer ganzen Schönheit, der Blick fällt weit hinunter bis auf die Plantagen von La Dama.

Sie passieren *Igualero* und biegen kurze Zeit später nach Süden auf die Straße nach Alajeró ein. Die Vegetation wird nun zunehmend karger, nur trockenresistente Wolfsmilchgewächse, Feigenkakteen und amerikanische Agaven finden hier noch genügend Lebensraum vor.

Am Abzweig nach Imada läßt sich die Autotour mit einer kurzen Wanderung zum *Drachenbaum von Agalán* kombinieren (siehe Wanderung Nr. 5). Der majestätische Baumriese ist das älteste Exemplar seiner Gattung auf La Gomera.

Der Gemeindesitz *Alajeró* wird rechts liegen gelassen, bis auf die auf das 16. Jahrhundert zurückgehende Pfarrkirche San Lorenzo bietet der Ort selbst nur wenig Sehenswertes. Überall spürbar ist die hier vorherrschende Landflucht, viele Häuser stehen leer.

Auf der Fahrt hinab zum Meer bleibt der Blick bald an der Landebahn des Flughafens haften, die sich trotz vehementer Proteste als unnatürliche Gerade in die erodierte Landschaft hineingeschmuggelt hat. An der Küste schließlich wartet *Playa de Santiago,* das trotz eines großen Clubhotels und einem bescheidenen Individualtourismus noch im Dornröschenschlaf dahindämmert.

 Tips für Radfahrer Tour 2 Zunächst kräftezehrender Aufstieg aus dem Tal, wobei es auch die beiden Tunnel zu durchfahren gilt (Lichtanlage überprüfen!). Wer sich die Tortur ersparen will, kann ein Taxi chartern oder in der Bike Station fragen, ob der Shuttle-Bus noch ein Plätzchen für Rad und Radler frei hat.

Von Arure dann auf einer wenig befahrenen Nebenstrecke nur noch sanft ansteigend durch die Dörfer Las Hayas, El Cercado und Chipude. In den Wintermonaten ist es hier oben oftmals neblig, regnerisch und empfindlich kühl, so daß es nicht verkehrt ist, eine Windjacke und eventuell eine Jogginghose mitzunehmen. Hinter

Seit Anfang der 90er Jahre hat sich die »Bike Station« in *La Puntilla* auch über die Grenzen La Gomeras hinaus einen guten Namen gemacht und steht bei Bikern für Professionalität und Zuverlässigkeit: Verleih von Markenrädern, organisierte Touren und eine Service-Station mit Ersatzteilen und Werkzeug. Für nicht ganz so Sportliche stehen Beach Cruiser bereit, mit großem Sattel, dicker Bereifung und hohem Lenker, womit sich die teils beträchtlichen Entfernungen zwischen den Ortsteilen im Tal schneller und bequem angehen lassen. Auch an Kindersitze ist gedacht.

Biken auf La Gomera: Die sportlichste Art, die Insel zu »erfahren«

Clou« an den geführten Bike-Touren ist der Transfer mit einem Shuttle-Bus hinauf in luftige Höhen, was den Vorteil hat, daß die Kondition für den mühseligen, etwa 14 km langen Aufstieg aus dem Tal für anderes gespart werden kann. Je nach Schwierigkeitsgrad werden verschiedene Touren angeboten. Beliebt ist die *Einsteiger-Tour.* Nach einer kurzen Einführung in die Fahr- und Schalttechnik können daran auch Anfänger teilnehmen, die vorher noch nie auf einem Mountainbike gesessen haben. Etwas Kondition und ein sicheres Gefühl für das Rad sollte man allerdings mitbringen. Mit dem Shuttle-Bus geht es zunächst zur 1260 m hoch gelegenen Laguna Grande, von dort darf zum Garajonay geradelt werden. Höhepunkt ist die abschließende Abfahrt nach Valle Gran Rey.

Mittelschwer ist die *Nordtour* über Chorros de Epina nach Buenavista, wobei 48 km gefahren werden und es 790 Höhenmeter zu überwinden gilt. Für Fortgeschrittene und mittlere Cracks ist die *El-Cedro-Tour* im Programm, mit 70 Fahrkilometern und 950 – 1000 zu überwindenden Höhenmetern schon recht ordentlich anstrengend.

Highlight ist eine kombinierte *Bike-Boots-Tour:* per Rad vom Garajonay hinunter über Benchijigua und Pastrana nach Playa de Santiago, und von dort geht es mit einem kanarischen Schifferboot zurück nach Valle Gran Rey.

Sie sehen, man läßt sich schon etwas einfallen, um den Feriengästen auf La Gomera ein gelungenes Radel-Erlebnis zu verschaffen. Übrigens sind alle Touren mit der Forstverwaltung abgesprochen und führen nicht querfeldein – ein Tabu für Naturfreunde –, sondern über Straßen und Forstpisten.

Und das sind die Preise:

Mountainbike-Verleih 1700 ptas/Tag; Sturzhelm 250 ptas pro Tag; Beach Cruiser ohne Gangschaltung 600 ptas, mit Gängen 800 ptas/Tag. Kindersitz 500 ptas, Kinder-Anhänger 700 ptas/Tag.
Geführte Tour mit geliehenem Fahrrad inklusive Transfer im Shuttle-Bus 4800 ptas. Geführte Tour mit eigenem Fahrrad 3500 ptas. Kombinierte Bike- und Bootstour 6500 ptas.
Shuttle-Service bis Laguna Grande für Einzelfahrer 1500 ptas.

Info & Buchung

Bike Station, La Puntilla 7 (auf halbem Weg zwischen La Playa und Vueltas).
✆ 805082
Auch ausgearbeitete Tourenprogramme für die Nachbarinseln La Palma und El Hierro, inklusive organisiertem Transfer und Unterkunft. Preise auf Anfrage.

Igualero beginnt auf der neu ausgebauten, ebenfalls relativ verkehrsarmen Straße eine langgezogene Abfahrt zur Küste. In Playa de Santiago gibt es gute und preiswerte Unterkunftsmöglichkeiten, man ist auch auf Eine-Nacht-Gäste eingestellt.

3 Die Nordroute über Vallehermoso nach Hermigua

km	0	Valle Gran Rey
km	12	Arure
km	16	Straßenkreuz Apartacaminos
km	20	Chorros de Epina
km	26	Vallehermoso
km	40	Agulo
km	44	Hermigua
km	53	Monte del Cedro
km	59	Mirador del Bailadero
km	63	Cruz de la Zarzita
km	70	Laguna Grande
km	94	Valle Gran Rey

▶ Wie bei Tour 2 geht es zunächst hinauf zum Talrand nach *Arure.* Kurz vor dem Bergdorf läßt sich ein Abstecher zur *Ermita El Santo* machen (siehe Tour 1), mit tollen Tiefblicken hinunter nach Taguluche.

Hinter Arure windet sich die Straße über einen bewaldeten Bergrücken weiter nach Norden, rechterhand mit schönem Panorama auf den Tafelberg von Chipude, zur Linken läßt sich bei klarem Wetter die Westküste und die Silhouette der Nachbarinsel La Plama ausmachen.

Am Straßenkreuz *Apartacaminos* nehmen Sie die Straße Richtung Valle-

WANDERFÜHRER

hermoso, auf der nach wenigen Kilometern *Chorros de Epina* erreicht wird. Durch die Panoramafenster des gleichnamigen Ausflugslokals haben Sie eine tolle Sicht auf den Weiler Epina und die Westküste. Auf einem Forstweg gelangt man vom Lokal in wenigen Gehminuten zur *Ermita San Isidro*. Unterhalb davon liegen ein schöner Picknickplatz und die von den Einheimischen wegen ihrer wundersamen Wirkung geschätzten Quellen von Epina.

Von Chorros de Epina führt die Straße in langen Kehren hinunter ins grüne Tal von *Vallehermoso*, das von dem 650 m hohen *Roque Cano* überragt wird. Das Städtchen mit seinem sehenswerten alten Ortskern bietet zahlreiche Einkehrmöglichkeiten. Auf einer Stichstraße läßt sich ein Abstecher zur *Playa de Vallehermoso* machen, zum Baden ist das Meer hier wie überall an der ungestümen Nordküste allerdings zu rauh und die Küste zu felsig. In den Sommermonaten kann man sich jedoch im Meerwasserschwimmbad erfrischen.

Zurück in Vallehermoso biegen Sie im Zentrum am Kreisverkehr links ab, vorbei an der Tankstelle und dem sehenswerten Kinderspielplatz. Über die Streusiedlung Las Rosas gelangen Sie nach *Agulo*, das zu recht als eines der schönsten Dörfer der Insel gilt. Der geschlossene Ortskern mit seinen mittelalterlich anmutenden Gassen lädt zu einem ausgiebigen Spaziergang ein, bei dem sich neben der außergewöhnlichen Kirche San Marcos mit ihren maurischen Betonkuppeln noch so manch anderes architek-tonische Kleinod entdecken läßt. Vielgepriesen wird der Teide-Blick von Agulo aus; der 3718 m hohe, im Winter schneegepuderte Berggipfel zählt zu den meistgeknipsten Motiven und ist geradezu zum touristischen Aushängeschild Agulos geworden.

Nur noch ein Katzensprung ist es von Agulo nach *Hermigua*. Das langgezogene Straßendorf läßt sich zu Fuß nur mit viel Zeit erkunden, zieht es sich doch über mehr als vier Kilometer durch das üppige, mit Bananenplantagen kultivierte Tal. Touristischer Anlaufpunkt in Hermigua ist das Webmuseum *Los Telares,* das neben einer bescheidenen Sammlung vor allem durch die architektonisch gelungene Anlage und den subtropischen Garten beeindruckt. Ein großer Souvenirshop macht mit der Kunsthandwerkstradition des Ortes bekannt. Vollwertkostfans kommen in der von deutschen Einwanderern geführten Casa Creativa auf ihre Kosten, wo es sich gemütlich unter Sonnenschirmen sitzen läßt.

Im Oberen Tal von Hermigua zweigt von der Hauptstraße nach San Sebastián ein Sträßchen Richtung Monte El Cedro ab, das durch dichten Lorbeerwald in engen Kehren hinauf zur Inselmitte führt. Vom *Mirador del Bailadero* haben Sie einen weiten Blick in den Barranco de la Villa.

Am *Cruz de la Zarzita* (auch Zarcita) trifft die Straße auf die Höhen-

Der Anblick des sich aufwärtswindenden Barranco del Agua läßt die Radler von der Bike Station kalt – sie fahren stets mit Rückenwind bergab

straße, auf der Sie rechterhand über Laguna Grande zurück nach Valle Gran Rey kommen (siehe Tour 1).

Variante für den Rückweg: Von Agulo ein Stück der Straße nach Vallehermoso folgend, biegt kurz vor dem Weiler Las Rosas eine Straße zum Besucherzentrum *Juego de Bolas* ab. Das großzügig angelegte Zentrum informiert anschaulich über das komplizierte Ökosystem des Nationalparks Garajonay. Ein botanischer Garten macht mit der Inselflora bekannt, daneben gibt es kunsthandwerkliche Werkstätten und ein kleines heimatkundliches Museum zu besichtigen.

Von Juego de Bolas führt die Straße quer durch den Nationalpark und trifft bei Laguna Grande auf die Höhenstraße.

Tips für Radfahrer Tour 3

Für den Aufstieg aus dem Tal siehe Tour 2, ab Arure nur noch sanft ansteigend.

Am Picknickplatz Chorros de Epina bietet sich eine Rast an, an den Quellen lassen sich auch die Wasservorräte auffrischen. Von Chorros de Epina dann circa 11 km lange Abfahrt hinunter nach Vallehermoso.

Gleich hinter der Ortsdurchfahrt von Vallehermoso gilt es, den dusteren *Túnel de la Culata* zu durchfahren (Lichtanlage überprüfen!). Bis Hermigua wechseln sich kleine Anstiege mit kurzen Flachstücken und Abfahrten ab.

Nach Hermigua geht es dann auf einem engen und etwas rauhen Asphaltsträßchen mit dem Aufstieg über Monte del Cedro bis hinauf zum Straßenkreuz *Cruz de la Zarzita* nochmals kräftig zur Sache. Zurück über die Höhenstraße mit abschließender langer Abfahrt nach Valle Gran Rey.

Die Tour läßt sich in mehrere Tagesetappen aufteilen, Übernachtungsmöglichkeiten bestehen in Vallehermoso, Agulo und Hermigua.

Auf der Bank

Bank: *banco*
Geldwechsel: *cambio*
Sparkasse: *caja de ahorros*
Postsparkasse: *caja postal*
Geldautomat: *cajero
automático*
Geld: *dinero*
Schein: *billete*
Münze: *moneda*
Bargeld: *dinero en efectivo*
Kreditkarte: *tarjeta de
crédito*
Scheck: *cheque*
Ich möchte 100 DM tau-
schen: *Quisiera cambiar
100 marcos alemanes.*
100 ÖS: *chelines
austríacos.*
100 sFr: *francos suizos.*

Post und Telefon

Brief: *una carta*
Briefkasten: *un buzón*
Briefmarke: *un sello*

Einschreibebrief: *una carta
certificada*
Expreß: *urgente*
Luftpost: *por avión*
Paket: *un paquete*
Päckchen: *un pequeño
paquete*
Post: *correos*
Postkarte: *una tarjeta postal
(tarxeta postal)*
postlagernd: *lista de correos*
Telefax: *un telefax*
Telefon: *un teléfono*
Telefonbuch: *una guía tele-
fónica*
Telegramm: *un telegrama*
Ich möchte eine Briefmarke
für einen Brief/Postkarte
nach Deutschland: *Qui-
siera un sello para una
carta/tarjeta postal para
Alemania.*
Ich möchte in die Bundesre-
publik Deutschland tele-
fonieren: *Quisiera hacer*

*una llamada a la Repúbli-
ca Federal de Alemania.*

Gesundheit

AIDS: *sida*
Apotheke: *farmacia*
Arzt: *médico*
Durchfall: *diarrea*
erbrechen: *vomitar*
Fieber: *la fiebre*
Kopfschmerzen: *el dolor de
cabeza*
Kondom: *condón, preserva-
tivo*
Krankenhaus: *el hospital*
Krankenwagen: *ambulancia*
Menstruation: *menstruación*
Tampon: *tampón*
Unfall: *accidente*
Verband: *el vendaje*
Zahnarzt: *el dentista*
Es geht mir schlecht: *estoy
mal*
Ich bin krank: *estoy en
fermo/a*

Glossar

Barranco: tiefeingeschnittene Schlucht

Bodega: Weinkeller

Cabildo: Sitz der Inselregierung

Caldera: aus dem Spanischen übernommener geologischer Begriff für einen Einsturzkrater, wobei große Teile des Vulkankegels zerstört sind.

calle: Straße

casa: Haus, kann auch Palast bedeuten

Cochenille: Schildlaus, aus deren Körpersaft ein roter Farbstoff gewonnen wird.

Conquista: Spanische Bezeichnung für die Landnahme Mittel- und Südamerikas ebenso wie für die Eroberung der Kanarischen Inseln.

Cumbre: Grat

Endemit: Pfanzen- oder Tierart, die nur in einer bestimmten geographischen Region verbreitet ist.

Ermita: Einsiedelei, kleine Kapelle

Euphorbie: Familie der Wolfsmilchgewächse

Gofio: geröstetes Mais- oder Weizenmehl, siehe Seite 114.

Guanchen: gebräuchlicher Sammelname für die Ureinwohner des Archipels, im engeren Sinne nur die Bewohner Teneriffas, wörtlich »Söhne Teneriffas«.

fiesta: Fest, Kirchen-, Volksfest

Ideogramm: (Schrift-)zeichen, das einen ganzen Begriff symbolisiert wie zum Beispiel bei Hieroglyphen oder der chin. Schrift.

Iglesia: Kirche

Makaronesien: geobiologischer Begriff, der den Naturraum der Kanaren einschließlich Madeira, der Azoren und Kapverden umfaßt.

Malvasier: aus Griechenland auf die Kanaren eingeführte Weinrebe.

mirador: Aussichtspunkt, -turm

Mudejarstil: maurischer Architekturstil, der nach der christlichen Wiedereroberung Spaniens (1492) von verbliebenen moslemischen Handwerkern den Vorstellungen der neuen christlichen Auftraggeber angepaßt wurde. Herausragende Beispiele auf La Palma sind kassetierte Holzdecken, verziert mit rhombischen Dekorationselementen, auch kunstvolles Schnitzwerk an Türen, Fenstern und Balkonen.

Obsidian: kieselsäurereiches, glasiges Vulkangestein

Opuntie: Feigenkaktus mit eßbaren Früchten; diente früher als Wirtspflanze zur Cochenille-Zucht.

Patio: blumengeschmückter Innenhof

Pliozän: jüngste Stufe des Tertiärs

Península: Halbinsel, auch synonym für das spanische Festland.

Petroglyphen: in Stein gravierte prähistorische Felsbilder

Rhizom: (griech.) ausdauernder Wurzelstock, Erdsproß vieler Staudengewächse, aus dem einjährige oberirdische Laubtriebe wachsen.

Sukkulenten: Dickblattgewächse mit wasserspeicherndem Gewebe, die auch in extrem trockenen Regionen überleben können.

Tabaiba: Wolfsmilchgewächs

Tagaror: altkanarischer, von Steinen eingefaßter runder Kult- und Versammlungsplatz.

Tapa: typisch spanische kleine Gerichte oder Appetithappen

Tea: harziges Kernholz der Kanarischen Kiefer

Namensverzeichnis für die Flora

lateinisch – *deutsch* – lokaler Name

Abkürzungen in Klammern: GE = La Gomera-Endemit; KE = Kanarischer Endemit, ME = Makaronesischer Endemit

Adenocarpus foliolosus (KE) – Codeso

Adiantum capillus-veneris – *Frauenhaarfarn*

Aeonium decorum (GE) – *Hauswurz* – Bejeque

Aeonium gomeraense (GE) – *Hauswurz* – Bejeque

Aeonium spathulatum (KE) – *Hauswurz* – Bejeque

Aeonium subplanum (GE) – *Hauswurz* – Bejeque

Die von der Fassade ansprechende Low-Budget-Pension bietet nur sehr einfache Zimmer ohne jeden Komfort

Den Fischern von Santiago geht so manch dicker Fang ins Netz

Bidens pilosa – *Zweizahn* – Amor seco

Bougainvillea spectabilis – *Bougainvillea* – Bougainvillea

Castanea sativa – *Kastanie* – Castaño

Ceropegia ceratophora (GE) – Cardoncillo

Colocasia esculenta – *Taro (Yams)* – Ñames

Dacaena draco (ME) – *Drachenbaum* – Drago

Davallia canariensis – *Kletterfarn*

Dryopteris oligodonta – *Wurmfarn* – Helecho macho

Erica arborea – *Baumheide* – Brezo

Eriobotrya japonica – *Japanische Wollmispel* – Nispero

Eucalyptus globulus – *Eukalyptusbaum*

Euphorbia aphylla (KE) – *Blattlose Wolfsmilch* – Tolda

Euphorbia regis-jubae – *Juba-Wolfsmilch* – Tabaiba

Euphorbia balsamifera – *Süße Wolfsmilch* – Tabaiba dulce

Euphorbia canariensis (KE) – *Säuleneuphorbie* – Cardón

Euphorbia pulcherrima – *Weihnachtsstern*

Ficus elastica – *Gummibaum*

Ficus microcarpa – *Indischer Lorbeerbaum* – Laurel de la India

Hibiscus rosa-sinensis – *Hibiskus*

Ilex canariensis (ME) – *Kanarische Stechpalme* – Aceviño

Ilex platyphylla (KE) – *Großblättrige Stechpalme* – Naranjo salvaje

Juniperus cedrus – *Zedern-Wacholder* – Cedro

Juniperus phoenicea (KE) – *Phönizischer Wacholder* – Sabina

Aeonium spathulatum (KE) – *Hauswurz* – Bejeque

Aeonium subplanum (GE) – *Hauswurz* – Bejeque

Agave sisalana – *Sisal-Agave*

Aichryson laxum (KE) – *Dickblattgewächs*

Aloe arborescens –*Schwert-Aloe*

Apollonias barbujana – *Lorbeerbaum* – Barbuzano

Araucaria heterophylla – *Norfolkpinie*

Arbutus canariensis (KE)– *Kanarischer Erdbeerbaum* – Madroño

Artemisia thuscula (KE)– *Kanaren-Beifuß* – Incienso

Asplenium onopteris – *Streifenfarn*

Kleinia neriifolia (KE) – Verode
Launaea arborescens – *Dornlattich* – Aulaga
Laurus azorica (ME) – *Lorbeerbaum* – Loro
Mirabilis jalapa – *Wunderblume*
Monstera deliciosa – *Philodendron* – Philo-
dendron
Musa cavendishii – *Zwergbanane* – Platano
Myrica faya – *Gagelbaum* – Faya
Nerium oleoander – *Oleander* – Oleander
Nicotiana glauca – *Baumtabak* – Tabaco
moro
Ocotea foetens (ME) – *Lorbeerbaum* – Til
Opuntia ficus-indica – *Feigenkaktus*
(Opuntie)
Passiflora alata-caerulea – *Passionsblume*
Persea indica (ME) – *Lorbeerbaum* –
Viñatigo
Phoenix canariensis (KE) – *Kanarische*
Dattelpalme – Palma
Pinus canariensis (KE) – *Kanarische Kiefer–*
Pinar
Plumeria alba – *Frangipani*
Pteridium aquuilinum – *Adlerfarn* –
Helechera
Pyrostegia venusta – *Feuerbignonie*
Ricinus communis – *Wunderbaum* – Ricino
Salix canariensis (ME)– *Kanarische Weide* –
Sauce
Schinus molle – *Peruanischer Pfefferbaum* –
Pimentero
Sonchus gomerensis (GE) – *Gänsedistel* –
Lechugilla
Sonchus hierrensis (KE) – *Gänsedistel* –
Lechugilla
Spathodea campanulata – *Afrikanischer*
Tulpenbaum
Stephanotis floribunda – *Jasmin*
Strelitzia reginae – *Papageienblume*
Tillandsia dianthoidea –*Luftnelke*
Washingtonia robusta – *Fächerpalme*
Woodwardia radicans – *Wurzelnder*
Grübchenfarn

Namensverzeichnis für die Fauna
deutsch – *lateinisch*
Admiral – *Vanessa vulcanica*
Alpenfledermaus – *Pipistrellus savii*
Berberfalke – *Falco pelegrinoides*
pelegrinoides

Blasenqualle – *Physallia carabella*
Brillengrasmücke – *Sylvia conspicillata*
orbitalis
Bulldogfledermaus – *Tadarida teniotis*
Fischadler – *Pandion haliaetus haliaetus* –
(lokal. Guincho)
Gelbschnabelsturmtaucher – *Calonectris*
diomedea borealis
Gomera-Gecko – *Tarentola gomerensis*
Grindwal – *Globicephalus melaena*
Großer Kohlweißling – *Pieris cheiranthi*
Kanaren-Eidechse – *Gallotia galloti gomerae*
Kanaren-Skink – *Chalcides viridanus*
Kanarenpieper – *Anthus berthelotii*
berthelotii – (lokal. Correcaminos)
Kanarienvogel – *Serinus canaria*
Kanarische Bergstelze – *Motacilla cinerea*
canariensis – (lokal. Alpispa)
Kanarische Hummel – *Bombus canariensis* -
(lokal. Abejo canario)
Kanarischer Buchfink – *Fringilla*
coelebs tintillon
Lachmöwe – *Larus ridibundus*
Lorbeertaube – *Columba junoniae*
Monarch – *Danaus plexippus*
Mönchsgrasmücke – *Sylvia atricapella*
obscura – (lokal. Capirote)
Mopsfledermaus – *Barbastella barbastellus*
Napfschnecke – *Patella crenata* – (lokal.
Lapa)
Nashornkäfer – *Oryctes nasicornis* – (lokal.
Escarabajo rinoceronte)
Papageifisch – *Sparisoma cretense* – (lokal.
Vieja)
Schleiereule – *Tyto alba gracilirostris*
Seehecht – *Mora mediterranea* – (lokal.
Merluza)
Silberhalstaube – *Columba bollii*
Silbermöwe – *Larus argentatus atlantis* –
(lokal. Gaviota)
Sperber – *Accipiteo nisus granti*
Tausendfüßler – *Scolopendra morsitans* –
(lokal. Ciempies)
Turmfalke – *Falco tinnunculus*
Wiedehopf – *Upupa epops*
Zackenbarsch – *Epinephelus guaza*
Zitronenfalter – *Gonepteryx cleobule*

COSTA RICA
Reisehandbuch für das Naturparadies zwischen Pazifik und Karibik

Ob Sie die Reggae-Klänge der Karibik suchen oder das Rauschen des Pazifiks in Ruhe genießen wollen, ob Sie aktive Vulkane besteigen oder den geheimnisvollen Regenwald erforschen wollen – die beiden reiseerfahrenen Autoren führen Sie per Bus, Rad oder Boot sicher durch Costa Rica, nennen Ihnen zuverlässig, wie und wo Sie unterkommen, gut speisen, faul oder aktiv sein können und zeigen Ihnen die schönsten Routen und Wandertouren durch die Naturparks dieses »fabelhaften« Landes.

416 Seiten, 76 Fotos, 23 Zeichn., 65 Pläne und Grundrisse, 4 Farbkarten
Peter Meyer Reiseführer
ISBN 3-922057-29-2
SFr 35,80 • ÖS 269
DM 36,80

MEXIKOS NORDEN
Von der Baja California bis Mexiko-Stadt

Diese beiden aufeinander abgestimmten Bände werden den unterschiedlichen Landesteilen erstmals gleichermaßen gerecht. Mit Baja California, Kupfer-Cañon.

416 Seiten, 47 Karten, 103 Fotos und Zeichn., 4 farbige Klappenkarten
Peter Meyer Reiseführer
ISBN 3-922057-60-8

MEXIKOS SÜDEN
Von Yucatán bis Mexiko-Stadt

Cancún und die Karibikküste, Halbinsel Yucatán und die großen Mayastätten, Acapulco und die Pazifikküste. In beiden Bänden ist Mexiko-Stadt enthalten!

400 Seiten, 59 Karten, 100 Fotos und Zeichn., 4 farbige Klappenkarten
Peter Meyer Reiseführer
ISBN 3-922057-61-6
Beide Bände je SFr 35,80
ÖS 269 • **DM 36,80**

VENEZUELA
Das praktische Reisehandbuch für Erlebnisurlaub

Palmenumsäumte Karibikstrände, schneebedeckte Andenberge, wüstenhafte Sanddünen, weite Savannen und ein Dschungel, wie er im Buche steht. Bootstouren auf dem Orinoco, Trekking durchs Hochland und der höchste Wasserfall der Erde – ein Land wie ein Cocktail. Wie Sie das alles entdecken können, sagt Ihnen dieses Reisehandbuch: Was pack' ich ein, wie komm' ich günstig hin, wo komme ich preiswert unter, und wo geht es zu den schönsten Stränden? Dazu eine umfangreiche und einfühlsame Landeskunde, die Sie auf Land und Leute einstimmt. Das Buch für Erlebnishungrige.

400 Seiten, 126 Fotos und Stiche, 53 Karten und Pläne
Peter Meyer Reiseführer
ISBN 3-922057-59-4
SFr 33,80 • ÖS 254
DM 34,80

Register der Orte und Sehenswürdigkeiten
Städte, (freistehende) Sehenswürdigkeiten, Bauten
Natur, Natursehenswürdigkeiten, Flüsse, Berge, Strände etc.
Haupteinträge **fett,** P = Plan

Fotonachweis

Alle Fotos stammen, wenn nicht hier anders aufgeführt, vom Autor. Für die freundliche Unterstützung mit Fotos danken wir:
Carmen Vasiliou: 34, 35 71, 74, 77, 80, 113, 141, 205, 238, 275 sowie für folgende Bilder auf dem Umschlag: *Mädchen mit Strohhut* (hinten), *Fruchtstand einer Kanarischen Dattelpalme* (Rücken);
Andy Probst: Seite 8, 43, 165, 236;
der *Bike Station Valle Gran Rey:* Seite 89, 299;
und *Gomera Trekking Tours:* Seite 251.

Verkauf auf La Gomera
Dieser Reiseführer ist auf La Gomera bei vielen Verkaufsstellen wie Souvenirshops und Buchhandlungen, vor allem in den touristischen Zentren, erhältlich.

Kartenlegende
© Peter Meyer Reiseführer

🚐	Bushaltestelle, Busverbindung
🚕	Taxistandplatz
🚗	Mietwagenfirma
⛴️	Fähr- und Bootsverbindung
⚓	Hafen, Ankerplatz
🅿	Tankstelle, Parkplatz
ℹ️ ➔	Information, Reisebüro
✉️	Post, Telefon(-zelle)
💱	Bank, Wechselstube
✚ ✚	Apotheke; Arzt, Erste Hilfe
	Laden, Buch- & Kartenhandlung
✚	Kirche
	Kirche, Kapelle
	Friedhof
	Denkmal
🍽️	Restaurant
	Bar, Café, Kneipe
🎵	Kulturzentrum
	Hotel, Pension
	Apartments, Schutzhütte
	Sportplatz, Tennisplatz
🚲	Fahrradladen und -verleih
▲ 1000	Gipfel mit Höhenangabe in m
☀	Aussicht, Rundblick
🚶	Beschriebene Wanderroute
	Quelle, Wasserfall
	Strand, Badestelle

Kartenverzeichnis
Lage der Kanarischen Inseln:
Umschlagklappe, vorne
La Gomera: *Umschlaginnenseite, vorne*
San Sebastián: *Umschlaginnenseite, hinten*
Überblick und Seitenzahlen: *Umschlag-
klappe, hinten*

Thematische Karten
Geologisches Inselprofil *44*
Geologie *45*
Inselrelief mit den Hauptbarrancos *46*
Entstehung einer Passatwolke *49*
Makaronesien *53*
Vegetationszonen *54*
Verbindungen zwischen den Inseln *94*

Stadtpläne
Santiago *154*
Playa de Santiago *160*
Valle Gran Rey, Stadt- bzw. Lageplan *167*
La Calera *189*
La Playa *192*
Vueltas *197*
Hermigua *225*
Agulo *232*
Vallehermoso *239*

Wanderkarten
Nationalpark Garajonay,
 Übersichtsplan *216/217*
El Cedro, Lageplan La Cabaña *223*
Lage der Wanderungen und des NP *248*
Wanderregion San Sebastián:
 Nr. 1 *253*
 Nr. 2 *256*
Wanderregion Santiago:
 Nr. 3 *259*
 Nr. 4 & 5 *264*
Wanderregion Valle Gran Rey:
 Nr. 6, 7 & 8 *268/269*
 Nr. 9 & 10 *273*
 Nr. 11 & 12 *279*
Wanderregion Nationalpark Garajonay:
 Nr. 13 *270*
 Nr. 14 *282*
Wanderregion Vallehermoso:
 Nr. 15 *285*
 Nr. 16 *291*

GALICIEN
und der Jakobsweg durch den Norden Spaniens

Monatelang sind die spanienerfahrenen Autoren von verlassenen Klöstern zu Sprachschulen, von Tropfsteinhöhlen zu Unterkünften in alten Monasterien gereist, haben Fischer, Köche und Modemacher interviewt, Öffnungszeiten notiert und Restaurants getestet, um das erste ausführliche Reisebuch über Galicien zu veröffentlichen. Einer gründlichen Landeskunde und Essays zu »Matriarchat«, Schmuggel, Hexen, Natur und Gastronomie schließen sich aktuelle Infos zur Reisepraxis und lebendige Orts- und Routenbeschreibungen an.

400 Seiten, 93 Fotos & Zeichnungen, 25 Karten und Grundrisse, 4 farbige Pläne
Peter Meyer Reiseführer
ISBN 3-922057-48-9
SFr 31,80 • ÖS 239
DM 32,80

ANDALUSIEN
Praktischer Kulturreiseführer in den Süden Spaniens

Die von Arabien am stärksten geprägte Region Spaniens fasziniert durch die Dichte kultureller Höhepunkte, die den Gegenpol zu einsam schlummernden Bergdörfern und den Nationalparks bilden: Sevilla, die Vielfältige, Granada und die Alhambra, Córdoba mit der Mezquita, Málaga und Cádiz – Städte des Meeres.
Die ausführlichen praktischen Informationen werden von Ausflugstips zu den Weißen Dörfern und den schönsten Badeorten an der Costa del Sol und der Costa de la Luz ergänzt.

384 Seiten, 89 Fotos, Stiche und Zeichnungen, 28 Karten und Grundrisse, 4 farbige Klappenkarten,
Peter Meyer Reiseführer
ISBN 3-922057-45-4
SFr 31,80 • ÖS 239
DM 32,80

KORSIKA
Reisehandbuch für Bade- & Aktivurlaub

Während über zwanzigjähriger Korsika-Erfahrung erkundete Autor und Verleger Peter Meyer die schönsten Flecken der Insel. Gespickt mit historischem Hintergrundwissen und aktuellen Fakten bietet sein Reiseführer: Beurteilung aller Campingplätze, aktuelle Preise, tolle Karten, Informationen für Radler, Taucher, Surfer, Wanderer …, Tips zum Relaxen, Sehenswürdigkeiten im Detail. Das praktische Handbuch für individuelles Reisen kreuz und quer. Mit ihm können Sie das »Gebirge im Meer« ökologisch behutsam entdecken und einen aktiven und preiswerten Urlaub erleben.

464 Seiten, 36 Pläne & Grundrisse, 4 farbige Klappenkarten, 145 Abb.
Peter Meyer Reiseführer
ISBN 3-922057-18-7
SFr 35,80 • ÖS 269
DM 36,80

SENEGAL/GAMBIA

**Praktischer Reiseführer
an die Westküste Afrikas**

Das rundum praktische
Buch gibt einen fundierten
Überblick über Land, Leu-
te und Kultur der beiden
westafrikanischen Länder.
Es geht einfühlsam auf die
Besonderheiten der jewei-
ligen Regionen und Völker
ein, führt durch urwüchsige
Nationalparks, karge
Trockensavannen und zu
paradiesischen Atlantik-
stränden – immer mit kon-
kreten Adressen, Preisen
und Tips. Es berichtet vom
vorbildlichen senegalesi-
schen Projekt des »integrierten sanften Tourismus« und
von der lebendigen Musik-
tradition Gambias, sowie
den Möglichkeiten, beides
individuell kennenzulernen.

**352 Seiten, 87 Fotos und
Stiche, 36 Pläne, 4 farbige
Klappenkarten.
Peter Meyer Reiseführer
ISBN 3-922057-09-8**
SFr 35,80 • ÖS 269
DM 36,80

GHANA

**Praktisches Reisehandbuch
für die »Goldküste« Westafrikas**

Ein Ghanaer beschreibt mit
viel Humor sein Heimatland.
Für die Seele: Sonne, Atlantik und Palmenstrände wie
aus dem Bilderbuch. Für die
Augen: offene Savannen,
imposante Bäume des Regenwaldes, Naturparks mit
exotischen Tieren und
versteckten Wasserfällen.
Für den Tatendrang: Bootstouren auf Dschungelflüssen
oder dem größten Stausee
der Welt.
Und einen besseren Reise-
führer zu Ghana werden Sie
schwerlich finden: dieser ist
der einzige!

**408 Seiten, 107 Fotos und
Zeichnungen, 21 Karten,
4 farbige Klappenkarten.
Peter Meyer Reiseführer
ISBN 3-922057-10-1**
SFr 38,80 • ÖS 291
DM 39,80

*Alle Peter Meyer Reiseführer
sind auf 100% Recyclingpapier
gedruckt – für umweltbewußten
Urlaub von Anfang an!*

OMAN

**Praktischer Reiseführer
an die Ostküste Arabiens**

Die vom arabischen Kultur-
kreis begeisterte Autorin
berichtet nach jahrelanger
Reiseerfahrung über das
Land an der »Weihrauch-
küste«. Sie paart dabei
professionelle Kenntnis mit
viel Einfühlungsvermögen.
Im ersten praktischen Reiseführer zu dem Sultanat am
Indischen Ozean, das sich
dem »sanften Tourismus«
verschrieben hat, bietet sie
umfassende Informationen
zu Landeskunde, Geschichte,
Kultur und Religion, zu
Reisevorbereitung, Anreise,
allen Unterkünften, zu Essen
& Trinken, Verkehrsmitteln,
Aktivitäten und viele einmalige Tips für Individual-
und Pauschalreisende.

**312 Seiten, 114 Abbildungen,
32 Karten und Grundrisse,
4 farbige Klappenkarten.
Peter Meyer Reiseführer
ISBN 3-922057-12-8**
SFr 38,80 • ÖS 291
DM 39,80

PARIS
Praktischer Kulturreiseführer
für Schwärmer und
Kurzentschlossene
In genußvollen Rundgängen
führen der Pariser Pascal
Varejka und der Paris-
Enthusiast Jozef Petro durch
die Seine-Metropole. Auf
verträumten Seitenstraßen
flanieren Sie mit den beiden
über literarische Schau-
plätze des alten, romanti-
schen Paris und geleiten sie
durch den Trubel der
modernen, pulsierenden
Stadt: schließlich sind beide
Autoren Insider der aktu-
ellen Kulturszene. So
können sie Ihnen handfeste
und preiswerte Tips zum
Ausgehen, Essen, Über-
nachten und Fortbewegen in
der »Hauptstadt der Kunst«
vermitteln.

320 Seiten, 98 Abbildungen,
36 Pläne und Grundrisse,
4 Farbkarten, Metroplan
Peter Meyer Reiseführer
ISBN 3-922057-54-3
SFr 29,80 • ÖS 218
DM 29,80

BREMEN
Entdeckerhandbuch für
Stadt und Umland
Touristen, Gäste und Ein-
heimische werden mit diesem
Stadtführer »ihr« Bremen
neu entdecken: Geschichte,
Künstlerleben gestern,
Kulturvielfalt heute, Rund-
gänge von klassisch bis
alternativ, für Neulinge und
für Kinder, quer durch die
Stadt und an der Weser
entlang. Ausflüge per Rad
und Schiff ins Teufelsmoor,
zum Künstlerdorf Worps-
wede und nach Bremer-
haven. Cafés, Kneipen und
Restaurants für alle Lebens-
lagen, Freizeit, Sport,
Adressen, Shopping-Ideen,
Unterkünfte und Verkehrs-
hinweise. *Extra-Infos für*
Rollstuhlfahrer.

320 Seiten, 111 Abbildungen,
20 Pläne und Grundrisse, 4
Farbkarten. Beigelegter farbiger
Stadt- und Verkehrslinienplan.
Peter Meyer Reiseführer
ISBN 3-922057-04-7
SFr 29,80 • ÖS 218
DM 29,80

PRAG und Westböhmen
Praktischer Kulturreiseführer
in die Goldene Stadt
Dieses Buch führt Sie durch
das Gassengewirr links und
rechts der Moldau zu den
Perlen der Gotik und des
Barock, aber auch mitten
hinein in das pralle Kultur-
leben der Musik- und
Theaterszene, zu eleganten
Jugendstil-Cafés und in die
urigen Kneipen der wieder-
erblühenden Hauptstadt
der Bohème.
Und es führt Sie außerdem
in die herrliche Umgebung
und zu den schönsten
Reisezielen in Westböhmen:
Festung Karlstein, Pilsen,
das Chodenland und die
Bäderstädte Karlsbad,
Franzensbad und Marien-
bad.

320 Seiten, 20 Pläne und
Grundrisse, 4 Farbkarten,
93 Abbildungen
Peter Meyer Reiseführer
ISBN 3-922057-53-5
SFr 29,80 • ÖS 218
DM 29,80